青年律师
进阶系列

INTRODUCTION TO CONTRACT PRACTICE

合同实务攻略

思维·实例·技巧

Thinking, example and skill

杨中洁——著

法律出版社 LAW PRESS · CHINA
北京

图书在版编目(CIP)数据

合同实务攻略：思维·实例·技巧/杨中洁著. --北京：法律出版社，2022

ISBN 978-7-5197-6318-3

Ⅰ.①合… Ⅱ.①杨… Ⅲ.①合同法-研究-中国 Ⅳ.①D923.64

中国版本图书馆CIP数据核字(2022)第000314号

合同实务攻略：思维·实例·技巧

HETONG SHIWU GONGLÜE：SIWEI · SHILI · JIQIAO

杨中洁 著

策划编辑 朱海波
责任编辑 朱海波
装帧设计 汪奇峰

出版发行 法律出版社
编辑统筹 法律应用出版分社
责任校对 邢艳萍
责任印制 刘晓伟
经　　销 新华书店

开本 710毫米×1000毫米 1/16
印张 29.5　**字数** 550千
版本 2022年8月第1版
印次 2022年8月第1次印刷
印刷 保定市中画美凯印刷有限公司

地址：北京市丰台区莲花池西里7号(100073)
网址：www.lawpress.com.cn
投稿邮箱：info@lawpress.com.cn
举报盗版邮箱：jbwq@lawpress.com.cn
销售电话：010-83938349
客服电话：010-83938350
咨询电话：010-63939796

书号：ISBN 978-7-5197-6318-3
定价：98.00元
凡购买本社图书，如有印装错误，我社负责退换。电话：010-83938349

缩略语表

一、本书中，法律、法规等规范性文件名称一律使用简称，如《中华人民共和国民法典》，简称《民法典》。

二、其他规范性文件简称如下（按颁布的时间先后顺序）。

序号	文件全称	文件简称	文号
1	最高人民法院《关于审理商品房买卖合同纠纷案件适用法律若干问题的解释》（2020 修正）	《商品房买卖合同解释》	法释〔2020〕17 号
2	最高人民法院《关于审理涉及国有土地使用权合同纠纷案件适用法律问题的解释》（2020 修正）	《国有土地使用权纠纷解释》	法释〔2020〕第 17 号
3	最高人民法院《关于审理城镇房屋租赁合同纠纷案件具体应用法律若干问题的解释》（2020 修正）	《城镇房屋租赁合同解释》	法释〔2020〕17 号
4	最高人民法院《关于适用〈中华人民共和国公司法〉若干问题的规定（三）》（2020 修正）	《公司法解释三》	法释〔2020〕18 号
5	最高人民法院《关于适用〈中华人民共和国民事诉讼法〉的解释》	《民事诉讼法解释》	法释〔2020〕20 号
6	最高人民法院《关于审理民间借贷案件适用法律若干问题的规定》（2020 第二次修正）	《民间借贷解释》	法释〔2020〕17 号
7	《第八次全国法院民事商事审判工作会议（民事部分）纪要》	《八民纪要》	法〔2016〕399 号
8	《全国法院民商事审判工作会议纪要》	《九民纪要》	法〔2019〕254 号
9	最高人民法院《关于审理建设工程施工合同纠纷案件适用法律问题的解释（一）》	《建设工程解释一》	法释〔2020〕25 号

目 录

CONTENTS

第一篇 Chapter 1 合同起草修改的基本原则及合同主体

第一章 | 起草修改合同应遵循的基本原则 / 003

一、起草修改合同应优先体现和保护委托方的合法权益 / 004

二、起草修改合同应与当事人充分沟通 / 006

(一)起草修改合同应当充分了解该合同签订的背景 / 007

(二)充分了解当事人的真实意思表示和当事人拟通过合同实现的利益 / 019

(三)充分了解合同所涉标的、事项的生产、建设、运营等原理;充分了解当事人之间交易的流程等 / 038

三、设定的条款应符合双方交易的程序,具有可操作性和可举证性 / 043

四、义务条款尽可能设定违反的后果并设定相应的解除条款 / 046

(一)对于违反义务,应尽可能设定相应的违约条款 / 046

(二)对于违反义务除了设定违约条款外,尽可能设定相应的解除条款 / 046

(三)对违反义务约定相应的违约条款和解除条款——以建设工程施工合同部分违约和解除条款为例 / 047

第二章 | 合同起草修改常见误区 / 052

一、自认为条款有违公平或可能被认定无效,而不制定或删除对委托人有利的条款 / 052

(一)在草拟或修改合同过程中,自行认为拟定的条款有违公平或存在可能认定为无效的情形,即使该条对委托人有利,也不记入合同或删除 / 052

(二)案例:建设工程施工合同先票后款的约定 / 054

二、涉及价款、费用、责任等条款约定不清,容易导致争议 / 056

三、制定的条款脱离实际从而导致该条款在实际执行过程中存在重大风险并可能造成重大损失 / 057

第三章 | 合同主体 / 063

一、合同主体对合同是否成立的影响 / 063

(一)合同主体对合同是否成立的影响 / 063

(二)合同主体对合同是否成立的影响——通过案例进行解析 / 064

(三)如何确定合同主体 / 066

(四)款项支付与合同主体、责任主体 / 068

(五)在起草、审查、修改、签订合同时涉及合同主体应注意的问题 / 073

(六)合同主体影响合同成立与否相关法律条款 / 074

二、合同主体对合同效力的影响 / 075

(一)合同主体对合同效力的影响 / 075

(二)在起草、审查、修改、签订合同时,有关合同主体对合同效力的影响应注意的问题 / 079

三、合同主体对合同履行的影响 / 085

第二篇 Chapter 2 合同主要条款以及内容

第一章 | 当事人的姓名(名称)和住所 / 097

一、当事人为自然人 / 097

二、当事人为法人或非法人组织 / 097

三、有关主体信息约定的位置 / 098

四、条款范例 / 098

五、实务中关于合同名称的争议和处理意见 / 100

(一)合同载明的主体并未在合同上签字或盖章,非合同主体在合同上签字或盖章,合同主体如何确定 / 100

(二)不具有法人独立地位的主体在合同上签字或盖章的,责任该如何承担 / 102

六、有关当事人姓名和名称书写应注意的事项 / 106

第二章 | 标的、数量和质量 / 107

第一节 合同标的 / 107

一、合同标的的概念 / 107

二、合同标的约定应注意的问题 / 107

（一）对合同标的的约定应具体明确，且合同主体根据合同对标的具有相应权利 / 107
（二）如合同标的存在瑕疵，应如实告知并将瑕疵记载在合同中 / 114
第二节 合同数量和质量 / 126
一、合同对数量的约定 / 126
（一）约定的确定数量的方式必须在实务中可操作，且可计量 / 126
（二）作为双方结算依据的确定标的数量的证明文件，必须约定由双方签字确认 / 127
（三）合同约定数量常用条款模式 / 132
二、合同对标的质量的约定 / 132
（一）合同约定的质量应尽可能有相应的国家或行业标准，如质量分等级的，则应注明质量等级要求 / 132
（二）因质量标准约定不明或约定内容存在争议引发的诉讼 / 135
（三）有的合同，对于是否达到质量标准，还需要经各方验收，有的标的或项目最终还必须通过相关政府部门或事业单位验收通过，在此种情况下，经相关部门或单位验收应作为质量是否符合合同约定的标准之一 / 148
（四）应约定标的物验收和检验的条款 / 152
（五）对于质量产生的争议，应设定便捷的处理制度，以便发生质量争议时，双方能按约及时处理质量争议。如果约定有相应的争议处理机构，必须明确该机构名称，且应事先了解该机构是否受理此类争议 / 156
（六）合同对标的质量约定常用模式 / 158
第三章 | 价款或者报酬 / 161
一、合同应当约定价款和报酬，且约定的价款和报酬应当具体明确 / 161
（一）任何合同都应当约定价款和报酬 / 161
（二）合同约定的价款应当明确具体，且不应相互矛盾 / 163
（三）约定合同价款常用模式 / 170
二、合同价款应约定该价款包括的范围 / 170
（一）合同约定的价款，应明确约定该价款包括的范围、是否含税等；明确约定价款范围，可以有效避免相对方在履约中另行追加价款 / 170
（二）如合同价款为可调价款，应约定可调价款的情形，且应约定，除双方约定可调价款外，其他情形不得对价款进行调整 / 180
（三）合同价款约定常用模式 / 183
三、价款支付应与合同履行进度相挂钩 / 184

(一)价款支付设定条件的作用和意义 / 184
(二)如何设定付款条件 / 187
(三)约定价款支付条件常用模式 / 198
四、应对价款的结算条件、结算时间、结算方式进行明确约定 / 199
(一)结算条件 / 199
(二)结算时间 / 201
(三)结算方式 / 203
五、必须招投标合同中价款约定应注意的事项 / 213
(一)招标人与中标人不得订立实质性背离招投标文件的合同 / 213
(二)订立实质性背离招投标文件的合同条款将可能被认定为无效 / 214
(三)经招投标的合同如需修改价款,该如何处理 / 216
第四章 | 履行期限、地点和方式 / 217
第一节 合同履行期限 / 217
一、义务履行期限 / 218
(一)约定的履行期限应具体明确 / 218
(二)约定的履行期限切忌模糊不清 / 222
(三)对于义务履行设定了期限,必须约定逾期的后果,一般约定具体金额的违约金或违约金的计算方法;对于主要义务履行逾期的,应约定逾期达到一定期限后,守约方有权解除合同 / 223
(四)义务履行期限以及逾期后果条款常用模式 / 227
二、权利行使的期限及后果 / 227
第二节 合同履行地点 / 234
一、合同约定履行地 / 234
二、法律规定的履行地 / 235
三、合同履行地点常用条款模式 / 237
第三节 履行方式 / 237
一、交付以及风险转移 / 237
二、与交付有关的条款应如何约定 / 237
(一)应对交付标的作出的明确约定 / 237
(二)对交付标的的风险提示和瑕疵告知 / 241
(三)对具体交割的形式、程序和步骤应进行约定 / 243

(四)默示交付条款及其应用 / 246

(五)对于交付的标的物如需要运输的，应约定具体的交货方式(是买受人上门自提还是供方负责送货)、在途风险的负担 / 250

第五章 | **违约责任** / 252

第一节 违约责任的本质及特性 / 252

一、违约责任的本质及特性 / 252

二、从合同履行和管理看违约责任条款 / 253

第二节 设定违约条款的原则 / 254

一、相关法律规范 / 254

二、设定违约条款应遵循的原则 / 255

三、违约条款常用模式 / 255

第三节 如何约定违约条款 / 256

一、原则1：任何合同，均应当设定逾期履行义务的逾期违约金条款 / 256

(一)法律规范对义务的有关分类和规定 / 256

(二)如何设定逾期履行义务的逾期违约金条款 / 257

(三)设定逾期履行义务的逾期违约金条款常用模式 / 273

二、原则2：合同约定的义务均有相应的违约条款相对应，必要时应设定相应的兜底条款；设定的违约条款，应尽可能是具体的违约金金额，或在对方违约时可以直接根据合同约定计算出违约金金额的计算方式 / 274

(一)违约金条款，除前面所述的逾期违约金条款外，对于其他不适宜约定逾期违约金条款的，也应尽可能约定相应的违约金条款，比如可以约定每次违约的违约金金额等，为避免挂万漏一，可以约定相应的兜底条款 / 274

(二)就其他不适宜约定逾期违约金条款，如何约定违约责任的常用条款模式 / 280

三、原则3：逾期违约条款必须设定在达到一定天数时的解除权 / 280

(一)解除权包括法定解除权和约定解除权 / 280

(二)逾期违约条款必须设定在逾期达到一定天数时的解除权 / 281

四、原则4：违反其他义务的情形，除设定违约金条款外，应规定在达到一定程度或条件时的解除权 / 289

(一)有的合同义务，即便违反，无法按每天支付违约金来计量，而是按次或项来计量，在此情况下，无法以逾期达到一定天数来约定合同解除权，此时，可以结合违约程度、次数、造成的后果损失等，约定违约解除权 / 289

(二)违反其他义务达到一定程度或情形解除权约定常用模式 / 291
五、原则5:设定违约解除权条款,应同时设定解约违约金 / 292
(一)设定违约解除权条款,应同时设定解约违约金 / 292
(二)条款范例和案例 / 293
第六章 | 如何约定合同解除条件以及相应的责任 / 299
一、任何合同中应尽可能约定合同解除条件 / 299
二、如何约定合同解除条款以及相应责任 / 300
(一)合同解除条件,应采取列举和兜底的方式,列举的解除条件一般可以包括违反法律法规的行为、违反合同主要义务的行为、迟延履行达到一定程度的行为、其他违约行为导致合同目的无法实现的情形;约定的合同解除条件应有利于督促对方积极履行合同,应有利于保持合同的稳定性 / 300
(二)设定违约解除权条款,应同时设定解约违约金 / 313
(三)合同解除如需要对方返还原物、交还场地的,应明确约定合同解除后应在何种时间范围内交还原物和场地、逾期交还的后果和责任(建议约定逾期交还的违约金) / 313
(四)合同解除条款常用模式 / 322
第七章 | 解决争议的方法 / 323
一、解决争议方法条款——诉讼 / 323
(一)约定通过诉讼解决争议的,尽可能同时约定管辖法院 / 323
(二)应当注意选择正确的管辖法院 / 323
二、解决争议方法条款——仲裁 / 324
(一)关于选择仲裁机构仲裁的有关法律规定和司法解释 / 324
(二)应如何约定仲裁条款 / 325
第八章 | 通知和送达条款 / 331
一、通知和送达在实体法中的作用——通知和送达贯穿合同签订、履行和终止的全过程 / 331
(一)在合同订立过程中,一方应当按照诚实信用原则履行通知义务 / 331
(二)在合同履行中,一方应本着诚实信用原则履行通知义务;一方义务的履行往往有赖于向对方发出通知、递送相关的申请和资料 / 332
(三)转让债权的,应当通知债务人 / 332

（四）行使法律规定的权利，需要将有关通知送达对方，如行使解除权、抵销权等，主张权利的通知必须送达对方才发生法律效果（导致法律关系的变动和消灭） / 336
（五）涉及期间权利的，能否提供证据证明在规定期限内向对方主张权利（如送达了主张权利的通知），直接关系到权利是否消灭（除斥期间）或是否发生时效中断的效果（诉讼时效） / 340
（六）发生不可抗力的，应及时通知对方 / 341
二、通知和送达条款在程序法中的作用 / 343
三、通知和送达条款常用模式 / 344

第三篇 Chapter 3 合同其他条款及内容

第一章 | “鉴于”条款 / 351
一、对签订合同的背景、依据和订约双方各自情况进行说明 / 352
二、对此前双方诸多合同以及合同履行进行清理 / 353
三、对订约双方各自的订约目的进行明确 / 356
四、书写“鉴于”条款应注意的事项 / 358

第二章 | 保证和陈述条款 / 359
一、签约主体签约资质的保证，如签约主体保证签订合同时其内部已经完成了签订本合同必要的审批程序，已经根据公司章程完成表决程序等 / 359
二、对于影响合同目的能否实现或合同一方在合同中核心利益能否实现和保障的事项，一般需由对方予以保证和承诺，一旦违反，守约方即有权解除合同 / 361

第三章 | 权利保留条款 / 366
一、问题的由来 / 366
二、权利保留条款的内容 / 372
三、权利保留条款常用模式 / 373

第四章 | 默示条款 / 374
一、沉默意思表示及其后果 / 374
二、沉默意思表示在实务中的争议及案例 / 376
三、实务中该如何对待和约定与沉默有关的条款 / 388

四、默示条款以及限制适用默示条款的常用模式 / 389

第五章 | 保密条款 / 390

一、保密条款范例 / 390

二、约定保密条款应注意的事项 / 398

第六章 | 履约保证金/函条款 / 399

一、履约保证金/函的概念 / 399

二、履约保证金/函的条款范例及案例 / 400

第七章 | 账户共管条款 / 411

一、共管账户的方式、风险 / 411

二、账户共管合同必备条款 / 412

三、账户共管条款范例和案例 / 412

四、账户共管条款常用模式 / 421

第八章 | 实际履行合同与报政府备案合同不一致的解释条款 / 422

第九章 | 附条件合同的条件条款 / 424

一、合同约定生效条件或终止条件,应注意的事项 / 424

二、附条件合同条款范例和案例 / 425

第四篇 Chapter 4 如何办理诉讼过程中的和解与调解

第一章 | 前言 / 437

一、和解与调解的共同点 / 437

二、和解与调解的区别 / 438

三、选择和解还是调解 / 441

四、不宜和解与调解的情形——案件处理结果为被告向案外人追偿(索赔)或诉讼的依据 / 441

第二章 | 和解应注意的问题 / 444

一、一个失败和解案例引发的思考 / 444

(一)案例简介 / 444

(二)分析——以上和解协议的不足以及正确做法 / 444

（三）以上案例引发的思考 / 445
二、和解应注意的问题 / 445
（一）和解应彻底解决双方之间的纠纷 / 445
（二）和解应注意所在的程序以及相应后果 / 448
（三）和解协议常用的兜底条款模式 / 449
第三章 | 办理调解应注意的问题 / 451
一、调解书应当载明不按调解书履行的责任和后果，避免因调解作出的让步和妥协，在对方不履行调解书的情况下丧失追索责任的权利 / 451
二、调解书不便记入或法院经审查不允许记入调解书的内容，可以记入调解笔录 / 452

第一篇

Chapter 1

合同起草修改的基本原则及合同主体

第一章

起草修改合同应遵循的基本原则

合同是民事主体日常生活、生产经营的基本形式,民事主体任何形式的交易最终都体现为合同,合同是双方利益的体现,任何合同都是当事人经过利益博弈后所订立,各方要实现其利益需要通过合同,发生纠纷后,要实现和维护自身合法权益也需以合同为据,通过向法院起诉或向仲裁机构申请仲裁的方式得到最终实现。

合同的本质,《民法典》第 464 条第 1 款规定:“合同是民事主体之间设立、变更、终止民事法律关系的协议。”

合同对双方具有约束力,且一般情况下只对双方具有法律约束力(《民法典》第 465 条规定:“依法成立的合同,受法律保护。依法成立的合同,仅对当事人具有法律约束力,但是法律另有规定的除外”),如何签订合同,如何通过合同体现当事人的真实意思表示,通过合同固定当事人应享有的合法权益,通过合同设定各方权利义务对当事人而言甚为重要。笔者认为,起草修改合同应遵守以下基本原则:

1. 原则 1:起草修改合同应优先体现和保护委托方的合法权益。

2. 原则 2:起草修改合同应与当事人充分沟通:(1)充分了解该合同签订的背景;(2)充分了解当事人的真实意思表示;(3)当事人拟通过合同实现的利益;(4)充分了解当事人对签订履行该合同需要防范的风险;(5)充分了解合同所涉标的、事项的生产、建设、运营等原理;(6)充分了解当事人之间交易的流程等。

3. 原则 3:设定的条款应符合双方交易的程序,具有可操作性和可举证性。

4. 原则 4:义务条款尽可能设定违反的后果并设定相应的解除条款。

以下就起草和修改合同需要遵循的原则进行论述。

一、起草修改合同应优先体现和保护委托方的合法权益

起草修改合同如不优先体现和考虑委托方利益,一旦发生争议,委托方将无法依据合同取得谈判优势地位,更遑论诉讼中根据合同取得诉讼优势地位。

既然合同是双方对利益的安排,就立场而言,自然是优先考虑和保护委托方的合法权益,且作为起草和修改方,也应该本着优先考虑和维护委托方的利益出发,如果在起草和修改合同时,只是优先考虑对方利益或者只是站在公正的立场(这里需要明确的是,合同双方谈判的地位没有绝对的平等,这也决定了签订的合同不存在绝对的公平),此种情况下起草和修改的合同往往不能完全体现委托方的利益或者对委托方权益保护得并不彻底到位,一旦发生争议,委托方就无法根据合同提出对己方有利的主张。

尤其是在委托方本身具有谈判优势地位的情况下,一味地照顾对方利益或考虑公平,而忽略己方利益,在发生争议的情况下并不利于委托方对争议的处理和与对方谈判时取得的先机和优势,更谈不上在诉讼中取得优势地位。

很多情况下,双方因合同履行发生争议,首先会就合同履行中存在的问题进行谈判,如果双方签订的合同对委托方有利,一旦发生争议,委托方可以直接根据合同约定取得优势的谈判地位,有利于委托方在谈判时容易达成对己方更为有利的结果,也更有利于纠纷的顺利解决。

条款范例:在承包合同中约定发包人有权调整工程范围可以有效解决解除合同产生的争议。

发包人就其开发的某项目总计 10 栋楼,拟发包给承包人,发包人设定了合同解除条款,但考虑到解除条件是以承包人违约为前提,而就何方违约,该违约是否达到解除条件,在实务中争议较大,且如果行使解除权,在发包人通知承包人解除时,一旦承包人提起诉讼,则意味着发包人发送的解除通知不发生效力,是否解除需等待法院判决,自此将进入漫长的诉讼程序,既耗费时间,也耽误现场工期,还会造成发包人在资金、交房上产生重大损失,这些损失是发包人难以承受的。发包人提出,如何通过合同设定一定的条款,既可以避开解除合同时就违约责任如何确定、是否满足解除条件以及对方起诉导致解除合同进入漫长的诉讼程序,又可以使

发包人有效减少承包人工作范围甚至达到类似解除合同的效果,就此,经办律师在起草合同时,设计以下相关条款:

一、工程概况

1. 工程名称:________________________。

2. 工程地点:________________________。

3. 工程立项批准文号:__________________。

4. 资金来源:________________________。

5. 工程内容:________________________。

群体工程应附《承包人承揽工程项目一览表》(附件1)。

6. 工程承包范围:______________________。

7. 承包人应根据工程验收的需要,对由发包人直接发包的工程及时配合办理相关质量检查、验收等手续(如免费盖章等)。

8. 负责由于承包人原因而产生的建筑垃圾外运并按相关环保要求处置以及施工完成后进行专业清洁。

9. 除非合同中另有规定或发包人向承包人发出了书面声明,否则,承包人的承包范围也将包括合同条款没有特别说明,但在图纸中有所规定或为实现合同目的所合理包含的一切内容与项目。

10. 发包人可以书面向承包人发出指令,增加、减少、省略或改变合同范围内下述一项或几项:

(1)承包人的承包范围与数量;

(2)图纸;

(3)设备进场、工程施工及竣工的时间与顺序;

(4)工程施工基线、位置、尺寸、质量;

(5)安装工程的设备规格、品牌、技术参数、生产企业等;

(6)工程施工相关的任何种类的附加工作;

(7)承包人需提供的服务。

11. 如果上述变更使承包人履行合同义务的费用或时间增加或减少,发包人应与承包人就合同价款或工期或两者进行公平的调整。对于增加与变更的工程项目(经双方书面确认为准),合同中已约定有计价方法的,发包人与承包人应按照合同中原有的计价方法调整合同价,合同中没有可以参照的计价方法时,发包人与承包人应另行协商确定计价方法。承包人增加费用与延长工期的调整要求,必须在收到发包人变更指令后5日内提出,否则,视为无新增费用或工期延长需求且承包人放弃增加费用与延长工期的请求权。

12. 承包人履行合同的质量、进度不符合合同约定或存在其他违约事实的,发包人有权直接减少承包人的承包范围直至解除合同,对此,承包人无权向发包人提出任何补偿或赔偿要求。

13. 除本合同另有约定外,发包人因建设工程开发计划调整等其他非承包人原因而单方面要求提前终止本合同履行的,应至少提前15日以书面形式通知承包人并就双方确认无异议的承包人已经施工的合格工程量及已采购并交付给发包人的材料据实结算及支付工程款,但除此以外发包人无须支付其他赔偿或补偿款,双方届时另行协商一致的除外。

14. 承包方式:承包人以包工、包料、包质量、包工期、包文明施工、包安全、包运输(含二次运输)、包地下室降排水、包验收合格等的方式承包。

律师点评:以上第9~13款的约定,客观而言,对承包人极为不公平,因为一旦赋予发包人调整工程范围的权利,则意味着:发包人有权随时根据情况对承包人承包范围进行调整,比如,施工的栋数、施工的范围,发包人甚至可以根据该条,将承包合同工程量清单计价中利润较多的工程剔除,而由承包人施工利润较少的工程。应当说,以上条款赋予了发包人较大的权利,履行中一旦双方发生争议,发包人无须使用解除条款,依据以上约定直接减少承包人的承包范围,也可以达到解除效果,由此可以有效回避双方对承包人是否构成违约,该违约是否达到解除条件以及发出解除通知后,承包人提起异议之诉导致的解除无法成就的窘境,可以有效解决纠纷,更使得发包人在谈判中处于绝对有利地位。

二、起草修改合同应与当事人充分沟通

起草修改合同应与当事人充分沟通包括:充分了解该合同签订的背景;充分了解当事人的真实意思表示;当事人拟通过合同实现的利益;充分了解当事人对签订履行该合同需要防范的风险;充分了解合同所涉标的、事项的生产、建设、运营等原

理;充分了解当事人之间交易的流程等。

起草修改合同切忌闭门造车不与当事人沟通,切忌在不了解签订合同的背景、当事人意图、签订合同双方存在争议的情况下而仅对当事人提供的条款进行文字上的修订。经办律师不与当事人沟通而自行起草修改的合同不仅不能达到签订该合同的目的(如实现当事人的利益、规避当事人认为存在的风险等),有时候反而起到相反的效果。

(一)起草修改合同应当充分了解该合同签订的背景

1. 合同双方的基本情况,如拟签约的是自然人还是法人或非法人组织,是国有企业还是民营企业;此次交易活动,双方当事人是否具有相应的民事行为能力,是否需具备一定资质的条件;交易双方履约能力如何。

2. 签订合同前,应对合同双方交易的方式、价款、款项支付的安排(如款项支付是否设定先决条件、款项支付是否与对方完成一定事项相挂钩等)、税费的安排、主要权利义务内容协商情况等有所了解。

3. 交易标的涉及不动产、房地产项目或特殊动产的,应现场实地勘察。以房地产项目为例,如果双方交易的标的为土地使用权、房地产项目或通过转让持有土地使用权的房地产项目公司的股权达到交易土地使用权、房地产项目的目的,则此类合同必须进行现场踏勘,对地块和项目查询了解以下信息:

(1)项目地块红线范围内的现状,包括:

其一,地块是否是净地,地面上是否有建筑物、构筑物;如果有建筑物,则建筑物是住宅、商铺、办公楼还是车库等;是否需要拆迁;建筑物是否已经办理取得权属证明(建筑物是否取得权属证明涉及拆迁难易问题——如果是个人住宅房屋并已取得产权证的,此种类型的房屋拆迁难度较大;如果房屋是单位的,由于是单位与委托人签订合同,则此部分房屋拆迁较为容易)。

其二,周边道路情况,是否有市政道路通达。

其三,地块上是否有高压电缆;地下是否存在燃气管道、通信线路、国防光缆等。

其四,是否有人在此居住、办公;如果有人在此居住,居住人员的构成情况。

(2)项目地块的规划:

项目地块所在位置的最新控制性详细规划,在该规划中,项目地块位置是何种用途。(可去规划主管部门查询)

(3)相关政策的了解:

其一,如收购地块为工业用地,目前该市的土地政策是否可以通过工业用地直接缴纳土地使用权出让金而将地块用途变更为商住用途?还是需要统一由国土部门收储并统一挂牌?(政策方面可以直接向当地国土部门咨询)

其二,如果收购的项目为旧城改造项目,是否可以通过旧城改造的方式将土地变性?旧城改造的程序如何?

(4)在调查过程中需尽可能收集证据:

其一,拍照和录像。这是最简单也是最基本的取证手段。拍照主要从整体、内部两个方面进行,尤其要拍下记载有项目名称、负责人等信息的照片(如房地产项目,一般会在部分楼栋上刻制项目业主、承包方、项目负责人、竣工时间等内容)。

其二,向政府部门调查有关证明材料,如工商登记资料等。

其三,向政府部门咨询了解有关政策。

(5)在完成以上事项后,结合调查了解的情况与委托人以及合作方沟通后提出相关处理意见。

4. 总而言之,笔者认为,现场踏勘主要就以下事项进行了解:

(1)现状。对相关标的物、现场的现状进行了解,比如标的物的外形、大小、结构(如是钢制还是木质);如果是机器设备,则该设备的运行原理是什么;如果是在建工程,则工地现状如何,是否还有工人在现场,工人人数大概是多少,是否有周转材,现场的机械设备大概有哪些;施工进度如何等。

(2)现场的周边环境如何?是否有道路通达?

(3)重点对交易的标的物进行详细的了解,包括该标的物运行原理、委托人拟通过此次交易取得何种利益、从专业的角度如何进行分析等,尽可能向现场人员和经办人员了解事件的来龙去脉。尽可能向专业人员了解标的物运行原理。

(4)涉及报批报建的,了解报批报建流程,每一步骤需要哪些资料向哪个政府部门报批,报批报建的时限。

(5)在力所能及的范围内,尽量到政府部门调取与交易标的、对方有关的材料,如工商登记、土地和房产登记信息、标的有关规划信息等。

(6)现场踏勘必须通过拍照和摄像的方式保留证据。拍照和摄像应当从远景、近景角度分别拍摄,从整体和细部分别拍摄。

5. 了解拟签订的合同是否是补充协议,在签订该协议前,双方是否有过书面往来文件、函件,是否签订过协议,如果有,务必要求当事人提供并且应当熟悉此前签订的协议文件;签订本协议是对此前协议、文件的修订还是重新签订;与此前签订的文件协议的关系如何协调,是否需要作废此前签订的文件协议;一旦新签订的协议与此前签订协议有冲突或矛盾时,应该以哪一份协议为准;为什么要签订补充协议,双方签订补充协议是为了解决什么分歧和争议,签订此补充协议双方希望达到的目的等。

合同案例:通过与当事人深入沟通,才能制定出符合现实且能真正有效化解和防范风险的合同

●当事人发给经办律师的合同

2017年某月某日,某房地产公司向经办律师发了三份合同,要求进行修改,合同原文如下:

合同1:

某花园产权车位换购协议

甲方(出卖人):

地址:________________________________

乙方(买受人):_____________________身份证件号码/公司注册号:_________

地址:_____________________电话:__________

甲、乙双方于××××年×月×日签订《商品房买卖合同》,所属物业为________区__号楼____号房,并同时约定甲方赠送一个人防车位附条件和限时限区的使用权给予乙方。现就所赠送人防车位可变更为优先换购产权车位的相关事宜,在平等、自愿、充分协商一致的基础上订立本协议。甲、乙双方在签订本协议时,对各自的权利、义务清楚明白,并愿按本协议严格执行。具体内容如下:

1. 乙方自愿放弃赠送的人防车位使用权,获得本区产权车位优先选购权。

2. 乙方在________区车位正式公开销售前甲方通知的优先选购期内,补缴一定金额的购车位款,则可享优先选择产权车位位置、提前预订一个车位号的权利:

普通标准车位、微型车位(宽度小于或等于2.4米):补缴4万元整/个;

大车位(宽度大于2.4米):补缴6万元整/个;

子母车位:补缴10万元整/个。

3. 如乙方在2017年12月25日之前预订产权车位号,则可享受以下补车位款优惠:

普通标准车位、微型车位(宽度小于或等于2.4米):补缴3.92万元整/个;

大车位(宽度大于2.4米):补缴5.88万元整/个;

子母车位:补缴9.8万元整/个。

4. 乙方在2017年12月25日之前自愿选择预订产权车位号,并签订产权车位换购协议的,由某花园的物业公司提供指定区域的免租金临时停车位供乙方使用至________区车位公开销售时止。车位的形式、位置乙方不得指定,由物业公司统一安排,并向物业公司按时缴纳相关车位服务费和水电公摊费用,相关具体权责由乙方与物业公司另行约定。

5. 甲方在车位取得预售证后,在正式销售之前将以电话等形式通知乙方完成换购,补缴车位认购款,签订车位认购书。

6. 乙方需确保其通讯地址及联系电话的真实性,若有更改须以书面通知甲方,如因乙方导致甲方联系不上或通知书未能到达而产生的任何损失,概由乙方承担责任。

7. 本协议经甲、乙双方签字或盖章后生效。本协议一式叁份,甲方执贰份,乙方执壹份,均具有同等法律效力。

8. 本协议未尽事宜,经甲、乙双方协商可签订补充协议,补充协议与本协议具有同等法律效力。

合同2:

某花园车位使用权协议书

甲方:

地址:　　　　　　　　　　　　　　　　　　电话:

乙方：　　　　　　　　　　　身份证件号码/公司注册号：

地址：　　　　　　　　　　　电话：

乙方系居住于某花园的业主，对某区某栋某号房拥有产权，经甲、乙双方协商一致，就某花园4区地下人防车位的使用事宜达成如下协议，以资双方共同遵守。

一、基本情况

1. 甲方系某花园项目开发商，授权某物业管理有限公司N分公司进行车位的服务和管理。

2. 乙方拥有车辆牌号为____________________，需停放于小区内。

3. 双方约定乙方该车辆，停放于固定车位编号：__________。

二、停车期限

停车期限自______年______月________日至______年______月______日。

三、服务费用

1. 乙方向甲方授权的某物业管理有限公司N分公司按时缴纳相关物业管理费用________元/月，________个月合计（大写）________元，（RMB ______元），按□年□半年□季度□月支付。人防车位另需缴纳维护费用______元/月，________个月合计（大写）____________________元，（RMB ______元），按□年□半年□季度□月支付。

2. 停车证工本费______元，一个车位只能办理一张停车卡，若补办甲方则收取工本费30元。

四、甲方权利义务

1. 授权某物业管理有限公司N分公司为乙方办理或者补办停车证。

2. 授权某物业管理有限公司N分公司负责乙方车位场所的清洁，设施维护。

3. 授权某物业管理有限公司N分公司维护车辆引导、停放秩序。

五、乙方权利义务

1. 妥善使用车位，保持停放车辆和场地的整洁。

2. 不得损害甲方和其他业主的利益。由于乙方人员的故意或过失行为对甲方及其他业户的财产、物品等造成损害的，由乙方承担。

3. 不得堵塞车道，不得占用他人车位，不得将装有易燃、易爆、剧毒等危险品或车况不良、漏油的车辆停放于小区内以保证安全。

4. 本车位仅作为提供乙方车辆停放的场所,不得堆放杂物或作其他用途。

六、其他约定

1. 乙方应当遵守《业主手册》中有关道路及车库管理规定,做到车辆在小区道路内安全行驶、停放整齐、有序。

2. 乙方办理停放车位应自觉提供身份证复印件、产权证复印件、车辆行驶证复印件、车辆保险协议复印件。

3. 需办理车辆停放证,如停车证遗失,应及时到管理部办理遗失补办手续。

4. 该车位仅限于停放________机动车。

七、有下列情形之一的将视乙方违约,甲方有权解除本协议并收回车位免费使用权

1. 乙方擅自变更车位用途的。

2. 未经甲方同意,乙方擅自转让该车位使用权的。

八、本协议经甲、乙双方签字或盖章后生效。本协议一式三份,甲方执二份,乙方执一份,均具有同等法律效力。

九、本协议未尽事宜,经甲、乙双方协商可签订补充协议,补充协议与本协议具有同等法律效力。

合同3:

某花园放弃车位赠与协议

赠与人:N某巨成置业有限公司(以下简称甲方)

联系电话:____________________

受赠人:____________________(以下简称乙方)

联系地址:____________________

邮政编码:______________________________

身份证号码:____________________　联系电话:____________________

甲、乙双方于××××年×月×日签订《商品房买卖合同》,所属物业为____区____号楼____号房,并同时约定甲方赠送一个人防车位附条件和限时限区的使用权给予乙方。现经双方友好协商,根据《中华人民共和国合同法》及相关法律法规的规定,就乙方放弃甲方所赠送的人防车位使用权及相关权利,达成如下协议:

1. 乙方自愿放弃赠与的人防车位使用权。

2. 乙方自愿放弃赠与的，甲方向乙方赠与价值人民币________万元整的“产权车位认购抵扣券”，乙方凭此券在甲方公开销售某花园________区车位时等值抵扣市场公开销售价格，但抵扣券为实名登记制，不得转让；不得在购买单个车位时叠加使用。

3. 自本协议签订之日起，乙方放弃赠与的人防车位使用权。

4. 乙方放弃人防车位使用权赠与后，其所认购某花园房产若已交房，则由某花园的物业公司提供指定区域的免租金临时停车位供乙方使用至________区车位公开销售时止。车位的形式、位置乙方不得指定，由物业公司统一安排，并需向物业公司按时缴纳车位服务费50元/月、车位维护费用50元/月，水电公摊按实际分摊收取。具体相关权责由乙方与物业公司另行约定。

5. 本协议自双方签字、盖章之日起生效。

6. 本协议未尽事宜，需经双方协商，签订补充协议。补充协议与本合同具有同等法律效力。

7. 本协议一式三份，甲方执二份、乙方执一份，每份均具有同等法律效力。在协议签订、履行过程中发生争议的，双方应当本着友好、协作的精神进行协商；协商不成，任何一方有权向合同履行地人民法院提起诉讼。

●沟通修改的过程

如果不经了解情况，只是简单对以上合同条款进行修改，很难找到找准风险点，就此经办律师向开发商详细了解拟签订的以上三份合同的有关背景和情况：

其一，为什么要签订以上三份合同，签订三份合同之前是否与业主签订有其他协议，如有，应提供；

其二，此次拟签订的合同，是不是开发商与业主就此前签订的协议存在争议和纠纷；

其三，此次拟签订的合同，开发商的诉求是什么，需要达到什么目的。

经了解：

该开发商由于前期（约2015年）在推出“买房送车位活动”时，某花园的销售口径是“买房就送人防车位”“在购房款中加5万元就可以获赠一个人防车位的使用权”，双方签订了一份《某花园客户车位使用确认单》（以下简称《确认单》），《确认单》约定：在客户按照《商品房买卖合同》约定按时缴纳房款的前提下，上述客户可以享有免费使用一个人防车位之权利。(1)对于该车位,客户清楚知道并同意接受其只享有附条件和附期限的使用权,不享有所有权,甲方(开发商)有权对其产权进行处置,但在《确认单》约定的车位使用期限内不得影响乙方正常行使其使用权;(2)具体车位编号,待开发商通知后,客户凭本《确认单》到某花园营销中心在甲方指定范围内选定(人防车位的位置以政府相关部门最终审批位置为准);(3)客户在使用车位时必须遵守物业管理规定,缴纳物业费;(4)客户选定车位后,凭本《确认单》签订相关的《车位使用权协议》,在《车位使用权协议》签订后,本《确认单》自动失效并被收回;(5)若客户退房、换房或未按《商品房买卖合同》约定及时足额支付房款的,本《确认单》自动失效;(6)该车位使用权的有效性及归属以该车位购买单元的产权为基础,不得单独使用。如该购买单位产权发生转移,则该车位使用权一并转移。

开发商在推出以上活动时,忽略了一个重要的事项:该小区分为3、4、5、7四个区,每个区相对独立且地下互不相通;以上赠送的人防车位中,有部分系地面车位,有部分为机械车位。赠送的人防车位均集中在4区的地下室。以上产生两个问题:其一,购买了5区的业主获赠的是4区地下室车位,如该业主将车停放在4区地下室后,必须上到一楼,在地面上穿越4区进入5区,而4区和5区相距近100米,由此造成该业主使用上的不便;其二,获赠的如果是机械车位,则导致使用上的不便,机械车位倒车入库难度较大,且上下两层,使用费用较高。这些情况开发商在销售赠送车位时未告知业主,导致业主意见极大,多次上访拉横幅要求开发商赔偿,为了解决这些争议,开发商拟定了赠送车位换购产权车位的措施,具体内容为:

1. 获赠人防车位的业主,可以在2017年12月25日之前,优先选择产权车位位置,提前预订车位号,并签署《某花园产权车位换购协议》,待车位正式取得预售证之后,再缴纳相关款项,并签署相关销售文件。

2. 在2017年12月25日之前选择了预订产权车位号的业主,在车位正式销售之前可以免租金使用一个车位,但需要根据物业公司的规定缴纳相关物业管理费。

3. 由于前期在推出"买房送车位活动"时,某花园的销售口径是"买房就送人防车位""在购房款中加5万元就可以获赠一个人防车位的使用权",因此,业主普遍认为,赠送的人防车位价值5万元,希望放弃获赠人防车位,开发商给予退款处理。开发商不接受该部分业主的诉求,但为该部分业主提供8万元产权车位抵扣券,业主可以凭此券在购买产权车位时抵扣相应价款,但抵扣券不可以转让,不可以在购买单个车位时叠加使用,只能在某花园推出产权车位销售时使用。

4. 在 2017 年 12 月 25 日之前选择了预订产权车位号的业主,其购买价格在以上补差价的基础上,额外获得 2 个点的优惠。即普通标准车位、微型车位补差价的额度为 3.92 万元、大车位补差价额度为 5.88 万元、子母车位补差价额度为 9.8 万元。

选择该方式的业主,签署《某花园放弃车位赠与协议》。

该部分业主在车位正式销售之前可以免租金使用物业公司划定区域的临时停车位,但需要根据物业公司的规定缴纳相关物业管理费用。

以上三份合同为开展以上活动所用,合同 1《某花园产权车位换购协议》和合同 3《某花园放弃车位赠与协议》是为了解决此前赠送车位引发的争议,合同 2《某花园车位使用权协议书》是作为配套的协议,即解决客户在放弃赠送的人防车位后至购买产权车位期间停车的问题。因此主要的核心协议为合同 1,且合同 1 可以将合同 3 的内容一并纳入。

●开发商提供的合同存在的问题

其一,开发商提供的合同 1、合同 2 和合同 3,均没有自愿解除《确认单》的表述,而只是表述为放弃赠与的车位,从法律意义上讲并不严谨,因此应明确双方自愿终止《确认单》。

其二,开发商提供的合同 1 和合同 3,仅是约定业主放弃此前赠与的车位,但并未约定业主放弃以《确认单》向开发商主张一切权利的约定,由此导致的结果是即便业主放弃此前赠与的车位,但并不意味着放弃向开发商主张责任的权利,存在较大的风险隐患。

结合了解到的情况,并结合开发商提供的合同版本,经办律师将风险点梳理出来并以此设定相应条款。

●梳理出来的风险点

其一,签订《某花园放弃车位赠与协议》的本质为解除此前签订的《确认单》,且对于取得 8 万元抵扣券并以此换购产权车位业主,必须承诺放弃以任何方式向开发商主张因签订、履行和终止《确认单》所产生一切责任损失的权利。而开发商提供的合同 1 和合同 3,恰恰未有此约定,其导致的结果是即便业主放弃此前赠送

车位并取得8万元抵扣券,业主仍保有以《确认单》向开发商主张权利的可能,为防范此项风险可以设定以下条款:

在合同1中明确约定:

1. 双方协商一致,自愿解除编号为××××的《某花园客户车位使用确认单》,乙方自愿放弃赠与的人防车位使用权及该《确认单》项下的任何权利,同时甲、乙双方互不追究任何责任。

2. 乙方自愿放弃赠与的人防车位使用权及编号为××××的《某花园客户车位使用确认单》项下的任何权利,甲方无须对乙方进行任何形式的经济补偿,也无须向乙方支付、退还任何形式的款项(包括退还部分房款——如有)。

其二,为了防止部分业主在放弃赠与车位并取得产权车位抵扣券后最终未认购产权车位,进而再行以《确认单》来主张权利的情况,应约定一旦签署放弃获赠人防车位协议并获取8万元抵扣券,无论此后是否换购产权车位,均不影响《某花园放弃车位赠与协议》的效力,换言之,该协议一经签订即不可反悔,具体可以在《某花园放弃车位赠与协议》设定如下条款:

甲方向乙方赠与价值人民币________万元整的"产权车位认购抵扣券"(该抵扣券的有效期至甲方就乙方所购住宅的楼栋对应的地下车位第一次开盘或公开销售时止,过期的自动失效终止且不得再行使用,且乙方也不得以已经解除的《某花园客户车位使用确认单》向甲方主张任何权利、补偿、赔偿、责任和款项费用等),乙方凭此券在甲方公开销售某花园________区车位时等值抵扣车位款,但抵扣券为实名登记制,不得转让、更名,不得在购买单个车位时叠加使用。

自本协议签订之日起,乙方放弃此前甲方赠与的人防车位使用权。

其三,为了确保签署《某花园放弃车位赠与协议》并获取抵扣券的业主及时使用抵扣券,经办律师建议抵扣券应在产权车位第一次开盘时使用,即换购业主应在第一次开盘当日与开发商签订车位的认购协议并按照约定缴交定金,逾期该抵扣券自动作废失效,经办律师具体设定以下条款:

在乙方签署本协议并且严格遵守本协议第2条(放弃追究前述《确认单》项下任何权利的约定)约定后,甲方向乙方赠与价值人民币________万元整的"产权车位认购抵扣券"(该抵扣券的有效期至甲方就乙方所购住宅的楼栋对应的地下车位第一次开盘或公开销售时止,过期的自动失效终止且不得再行使用,且乙方也不得以已经解除的《某花园客户车位使用确认单》向甲方主张任何权利、补偿、赔偿、责任和款项费用等)，乙方凭此券在甲方公开销售某花园________区车位时等值抵扣车位款，但抵扣券为实名登记制，不得转让、更名，不得在购买单个车位时叠加使用，因合同 1 和合同 3 的内容有所重叠，因此将合同 3 的内容并入合同 1。

●经办律师修改后的合同版本

合同 1：

某花园产权车位换购协议

甲方(出卖人)：____________________

地址：______________________________

乙方(买受人)：____________________

身份证件号码/公司注册号：__________________

地址：__________________________________　电话：____________________

甲、乙双方于××××年×月×日签订合同编号为××××的《商品房买卖合同》，乙方认购某花园____区____号楼____号房(以下简称该物业)，并同时签署编号为××××的《某花园客户车位使用确认单》。现经双方友好协商，根据《中华人民共和国合同法》及相关法律法规的规定，就乙方放弃甲方所赠送的人防车位使用权及相关权利，达成如下协议：

1. 双方协商一致，自愿于本协议签订之日即解除编号为××××的《某花园客户车位使用确认单》，乙方自愿放弃赠与的人防车位使用权及该《确认单》项下的任何权利，甲、乙双方互不追究任何责任。

2. 乙方自愿放弃赠与的人防车位使用权及编号为××××的《某花园客户车位使用确认单》项下的任何权利，甲方无须对乙方进行任何形式的经济补偿，也无须向乙方支付、退还任何形式的款项(包括退还部分房款——如有)。

3. 在乙方签署本协议并严格按本协议第 2 条遵守执行后，乙方获得在某花园________区产权车位优先选购权，即乙方在________区车位正式公开销售前甲方通知的优先选购期内，补缴下列金额的购车位款，则可享优先选择产权车位位置、提前预订一个车位号的权利：

(1) 普通标准车位、微型车位(宽度小于或等于 2.4 米)：补缴 4 万元整/个；

(2) 大车位(宽度大于 2.4 米)：补缴 6 万元整/个；

(3)子母车位:补缴10万元整/个。

4. 如乙方在2017年12月25日之前签订本协议并预订产权车位号,则可享受以下补缴车位款优惠:

(1)普通标准车位、微型车位(宽度小于或等于2.4米):补缴3.92万元整/个;

(2)大车位(宽度大于2.4米):补缴5.88万元整/个;

(3)子母车位:补缴9.8万元整/个。

5. 乙方在2017年12月25日之前签订本协议并自愿选择预订产权车位号,并签订产权车位换购协议的,由某花园的物业公司提供指定区域的免租金临时停车位供乙方使用至________区车位第一次公开销售时止,免租金临时停车位的形式(包括机械车位)、所在楼栋区域、位置、大小等,乙方不得指定,由物业公司统一安排,并且乙方需向物业公司按时缴纳车位服务费、车位维护费用,水电公摊(按实际分摊收取)等与物业服务有关的费用。具体相关权责由乙方与物业公司另行约定。

6. 甲方在车位取得预售证后,在正式销售之前将以电话、短信、邮寄或其他形式通知乙方进行换购,乙方按通知要求的时间补缴车位认购款,按甲方要求签订车位认购书或买卖合同。

双方约定,乙方的电话:____________,通讯地址:____________________________,甲方以邮寄方式通知的,邮件寄出或者投邮后的第三天视为送达;以短信发送通知的,发送时间即视为对方收到通知的时间,发送内容即视为通知内容;通过电话方式通知的,以打入上述电话的通话记录为依据视为送达。甲方也可以通过登报(双方选定的报纸媒体为广西日报社主办的《南国早报》)的方式进行通知和送达,报纸刊登的当日即视为通知送达。

7. 乙方需确保其通讯地址及联系电话的真实性,若有更改须以书面通知甲方,如因乙方原因导致甲方联系不上或通知书未能送达而产生的任何责任,概由乙方承担。以上地址亦作为法律、诉讼文书送达地址,如因地址变更或拒绝签收导致退件的,退件之日即视为法律、诉讼文书送达之日。

8. 如乙方未在甲方通知的时间内进行换购、补缴车位认购款和签订车位认购书的,视为乙方放弃某花园________区产权车位的优先选购权,甲方无须进行任何形式的经济补偿,包括退还部分房款等。因双方也已经解除了编号为××××的

《某花园客户车位使用确认单》,因此乙方也不得再以该《确认单》向甲方主张任何权利、赔偿、补偿、退款和费用等。

9. 本协议经甲、乙双方签字或盖章后生效。本协议一式三份,甲方执二份,乙方执一份,均具有同等法律效力。在协议签订、履行过程中发生争议的,双方应当本着友好、协作的精神进行协商;协商不成,任何一方应向甲方所在地人民法院提起诉讼。

10. 本协议未尽事宜,经甲、乙双方协商可签订补充协议,补充协议与本协议具有同等法律效力。

(二)充分了解当事人的真实意思表示和当事人拟通过合同实现的利益

1. 意思表示和意思表示真实。

所谓"意思表示",是指向外部表明意欲发生一定私法上效果的意思的行为。意思表示由客观要件与主观要件构成。客观要件是指在客观上可认识其在表示某种法律效果意思。主观要件是指内心的意思,更可分为行为意思、表示意思与效果意思。意思存于内心,是不能发生法律效果的。当事人要使自己的内心意思产生法律效果,就必须将意思表现于外部,即将意思发表。发表则须借助语言、文字或者表意的形体语汇。意思表示所发表的意思,是体现为私法效果的意思,亦即关于权利义务取得、丧失及变更的意思。

《民法典》第 133 条规定:"民事法律行为是民事主体通过意思表示设立、变更、终止民事法律关系的行为。"

意思表示真实是民事法律行为有效的核心要件,《民法典》第 143 条规定:"具备下列条件的民事法律行为有效:(一)行为人具有相应的民事行为能力;(二)意思表示真实;(三)不违反法律、行政法规的强制性规定,不违背公序良俗。"

根据《民法典》的规定,意思表示真实是民事法律行为有效的核心要件,换言之,以虚假意思表示作出的民事法律行为无效(含绝对无效和相对无效)。

《民法典》第 146 条规定:"行为人与相对人以虚假的意思表示实施的民事法律行为无效。以虚假的意思表示隐藏的民事法律行为的效力,依照有关法律规定处理。"

第 147 条规定:"基于重大误解实施的民事法律行为,行为人有权请求人民法院或者仲裁机构予以撤销。"

第 148 条规定:“一方以欺诈手段,使对方在违背真实意思的情况下实施的民事法律行为,受欺诈方有权请求人民法院或者仲裁机构予以撤销。”

第 149 条规定:“第三人实施欺诈行为,使一方在违背真实意思的情况下实施的民事法律行为,对方知道或者应当知道该欺诈行为的,受欺诈方有权请求人民法院或者仲裁机构予以撤销。”

第 150 条规定:“一方或者第三人以胁迫手段,使对方在违背真实意思的情况下实施的民事法律行为,受胁迫方有权请求人民法院或者仲裁机构予以撤销。”

第 151 条规定:“一方利用对方处于危困状态、缺乏判断能力等情形,致使民事法律行为成立时显失公平的,受损害方有权请求人民法院或者仲裁机构予以撤销。”

2. 起草修改合同应了解当事人的真实意思表示;应当对通过某种形式掩盖双方订约真实目的的合同的法律后果有所预见,就该后果设定相应条款以保护当事人在此交易中追求的合法权益。

当事人签订合同的目的是实现某种目的和获取某种利益,此种目的和利益即当事人真实意思表示。一般情况下,合同是以当事人真实意思表示为据,通过设定条款来实现,换言之,条款本身即体现了双方真实意思表示,但有些情况下,当事人基于某种考虑,通过签订某种形式的合同内容来掩盖双方真实意思表示,在此种情况下,经办律师应充分了解合同背后当事人的真实意图,且对于可能的法律后果(如该合同是否有效,如果无效,法院会如何处理,相应的法律规定如何)应有充分的预见并告知当事人,签订的合同条款应考虑到在发生此种后果的情况下,如何通过设定相应条款维护当事人合法利益。

这里需要强调的是,掩盖双方真实意思表示的合同并非一律无效,法院在审理过程中一般会通过双方约定的条款内容、履约情况并结合有关法律法规和司法解释探寻双方真实的意思表示,并以该真实意思表示确定双方之间的法律关系,以此确定双方之间的权利义务。

以下就实务中常见的合同形式与真实意思表示不一致的合同为例,探讨在此情况下合同的效力以及设计此类合同时应注意的问题:

(1)最高人民法院部分司法解释对特定案件中,就如何认定双方真实意思表示作了特别规定,此类案件在如何确定双方真实意思表示所对应的真实法律关系,按最高人民法院的规定办理。

比如《国有土地使用权纠纷解释》第 21 条规定:“合作开发房地产合同约定提供土地使用权的当事人不承担经营风险,只收取固定利益的,应当认定为土地使用权转让合同。”

第 22 条规定:“合作开发房地产合同约定提供资金的当事人不承担经营风险,只分配固定数量房屋的,应当认定为房屋买卖合同。”

第 23 条规定:“合作开发房地产合同约定提供资金的当事人不承担经营风险,只收取固定数额货币的,应当认定为借款合同。”

第 24 条规定:“合作开发房地产合同约定提供资金的当事人不承担经营风险,只以租赁或者其他形式使用房屋的,应当认定为房屋租赁合同。”

(2)常见的合同形式与意思表示不一致的案例——以商品房买卖合同作为借款担保所签订的《商品房买卖合同》以及相应的回购合同。

此种情况下,借款人一般会与贷款人签订商品房买卖合同,并约定贷款人签订《商品房买卖合同》当日一次性付清房款,约定的房价款一般是正常销售价款的50%左右,双方同时另行签订一份回购合同,约定一定期限的回购期(此期限为借款期),且约定回购期内借款人需按照一定比例支付资金占用费(利息),回购合同同时约定如借款人在规定回购期届至时应一次性回购房屋,否则贷款人有权行使《商品房买卖合同》的权利,并要求履行《商品房买卖合同》。

以上即名为商品房买卖实为民间借贷担保的一般操作方式,关于此种情况下《商品房买卖合同》的效力、回购合同的效力、法院如何裁判,《民间借贷解释》第 23 条第 1 款规定:“当事人以订立买卖合同作为民间借贷合同的担保,借款到期后借款人不能还款,出借人请求履行买卖合同的,人民法院应当按照民间借贷法律关系审理。当事人根据法庭审理情况变更诉讼请求的,人民法院应当准许。”

合同案例:陈某峰、张某平与营口丽湖地产有限公司、营口河海新城房地产开发有限公司民间借贷纠纷案【案号:(2018)最高法民终234号】

最高人民法院认为,本案二审争议焦点为陈某峰、张某平与丽湖公司之间的法律关系性质。陈某峰、张某平主张与丽湖公司之间系商品房买卖合同关系,丽湖公司主张与陈某峰、张某平签订商品房买卖合同系担保的借贷关系。

《合同法》第130条规定:“买卖合同是出卖人转移标的物的所有权于买受人,买受人支付价款的合同。”买受人支付房屋对价的目的在于取得房屋所有权是房屋买卖合同关系的基本法律特征。

首先,陈某峰、张某平作为自然人,一次性购买226套商品房的行为本身并不属于通常情形下自然人为使用或投资进行商品房买卖的情形。即使如陈某峰、张某平主张其系以炒房为目的进行的大批量团购,但在案涉房屋尚没有开发完成的情形下一次性购买226套商品房并一次性全额支付购房款,且丽湖公司在收到购房款后也没有为陈某峰、张某平开具付清购房款的发票,从该交易本身的商业风险考虑亦具有一定不符合常理之处。

其次,陈某峰、张某平与丽湖公司双方签订的案涉226套《商品房买卖合同》约定的房屋单价为3000元/平方米,总面积约为27,775平方米,总价款83,229,930元。陈某峰、张某平自认实际购房单价为1800元/平方米,实际支付购房款为5000万元。陈某峰、张某平与中金天盛公司签订《委托付款协议》约定的代付购房款亦为5000万元,中京华所对丽湖公司的审核意见载明,2011年5月17日丽湖公司收到中金天盛公司转款83,229,930元,同日通过翊华公司转回中金天盛公司33,229,930元,中金天盛公司实际转给丽湖公司5000万元。上述本案查明的事实足以证明中金天盛公司代陈某峰、张某平支付的款项金额为5000万元,陈某峰、张某平上诉主张翊华公司转回中金天盛公司的33,229,930元与本案无关,与事实不符。

陈某峰、张某平称对外宣称和合同上签订单价3000元/平方米是为了不影响丽湖公司地产项目的市场销售价格,(2016)辽民终529号民事判决查明的事实显示,丽湖公司以1500元/平方米的价格将丽湖名居小区55套房屋出售给耿某,股东会决议载明为维护市场价格稳定,以2800元/平方米的价格对出售给耿某的房屋进行备案登记。

上述陈某峰、张某平的陈述及另案生效判决查明事实表明,本案中陈某峰、张某平与丽湖公司签订的商品房买卖合同约定的购房价3000元/平方米应与当时案涉项目房屋对外市场交易价格相吻合,陈某峰、张某平并无证据证明该市场销售价在当时属于虚高价。据此,陈某峰、张某平以1800元/平方米购买案涉房屋,接近当时市场出售价格的一半,并不符合商品房买卖交易中开发商通常能够让利的幅度,反而与民间借贷用于担保的房屋作价通常低于实际市场出售价格的特点相吻合。而上述生效民事判决亦认定耿某与丽湖公司签订的商品房买卖合同不具有真实性。

再次,丽湖公司与李某某签订的案涉《居间合同》约定丽湖公司须向其支付525万元居间服务费。丽湖公司应在购房款到账当日向李某某支付1/3的服务费,即175万元,以后每满一个月支付1/3,直到全部支付完毕。本院查明的事实表明,丽湖公司于2011年5月17日、6月17日、7月15日分别向李某某支付了175万元,共计525万元。其中两笔转款的付款用途载明为暂支利息款。丽湖公司主张支付李某某的525万元系利息与其财务记载相吻合。由于陈某峰、张某平系一次性全额支付购房款,丽湖公司在收到了购房人支付的全部购房款的情形下却按月给付促成该笔交易的李某某居间费用,显然也不符合常理,而按月给付利息是民间借贷中常见的情形。

最后,陈某峰、张某平与丽湖公司签订商品房买卖合同后又分别签订了《商品房回购合同书》,约定丽湖公司在2011年8月16日以1800元/平方米的价格支付回购款后双方签订的商品房买卖合同自行解除。最晚可以迟延至2011年9月16日,但应给付迟延期间溢价款。如丽湖公司未能按约定时间给付回购款,除非陈某峰、张某平同意,否则丽湖公司无权再回购。

上述回购合同显示的丽湖公司作为房屋出卖方,在购房人已经全额支付了购房款的情形下仍保有通过回购的方式将房屋取回的权利,与房屋买卖合同关系中买受人付清购房款后,出卖方即负有交付房屋并办理产权过户义务的通常权利义务内容不一致,而与目前实践中以尚未建成的预售商品房为借款担保时采取的由出卖方在借款到期前保有房屋回购权的常见方式相吻合。且案涉回购合同约定按原购房价回购,仅约定支付延期回购溢价款,对自该款项发生至约定的回购日前丽湖公司占用陈某峰、张某平购房款3个月是否给付利息等并未约定,结合丽湖公司主张的其分3个月向李某某支付的525万元系给付的利息,则可以对此作出合理解释。

陈某峰、张某平主张由于丽湖公司与河海公司就案涉房屋所有权问题产生了纠纷,为减少损失而与丽湖公司签订回购合同。但本院审理中,双方明确系于2011年7月19日签订案涉《商品房回购合同书》,而河海公司系于2011年8月29日才就案涉房屋所涉纠纷向营口仲裁委员会提交仲裁申请,陈某峰、张某平陈述的签订回购合同的原因与事实不符,也不具有合理性。

综上所述,尽管丽湖公司并未提供证明其与陈某峰、张某平之间以案涉226套《商品房买卖合同》为借贷提供担保的直接证据,但陈某峰、张某平与丽湖公司签订的商品房买卖合同从所购房屋数量、实际购房单价与市场交易价的差异、支付的购房款数额以及所谓的居间费用的支付方式、丽湖公司在一定期限内保有回购权等事实,均与以支付购房款取得房屋所有权为目的的房屋买卖合同关系的法律特征不符,而与民间借贷中以签订商品房买卖合同并进行备案的方式为借贷提供担保的通常做法相吻合。

一审基于在案证据对双方签订合同的真实意思经合理性分析判断认定陈某峰、张某平与丽湖公司之间不属于真实的商品房买卖合同关系,系以案涉226套房屋的买卖合同为担保的借贷法律关系,并经向陈某峰、张某平释明后,陈某峰、张某平明确拒绝变更诉讼请求的情形下,裁定驳回陈某峰、张某平的起诉,认定事实及适用法律并无不当。

二审法院裁定:驳回上诉,维持原裁定。

律师点评:以上案件中,陈某峰、张某平与丽湖公司虽然签订了《商品房买卖合同》,但结合案件事实和证据,即陈某峰、张某平与丽湖公司签订的商品房买卖合同从所购房屋数量、实际购房单价与市场交易价的差异、支付的购房款数额以及所谓的居间费用的支付方式、丽湖公司在一定期限内保有回购权等事实,均与以支付购房款取得房屋所有权为目的的房屋买卖合同关系的法律特征不符,而与民间借贷中以签订商品房买卖合同并进行备案的方式为借贷提供担保的通常做法相吻合。

律师在起草修改此类合同中,应注意以下事项:

其一,对双方签订合同的目的、交易内容、交易背景等必须有充分的了解。

其二,运用法律思维,以法律关系为入口,结合双方交易内容和本质,查询此类合同在司法实务中法院的认定,独立判断双方之间的真实意思表示和一旦发生纠纷,法院对双方法律关系可能如何认定以及相应的后果;将前述事项如实告知当事人,使当事人对可能产生的结果有所预见,如有必要,可以制作法律风险告知书并由当事人签字确认。

其三,在尊重当事人意愿的情况下(如虽然真实的法律关系为借贷,但当事人仍坚持按照商品房买卖合同形式签订合同),尽可能以法院最终认定的真实法律关系为基础,在此基础上,务必将当事人签订此类合同拟达到的目的和利益约定明确,比如,以陈某峰、张某平诉丽湖公司案为例,虽然双方之间真实的法律关系为借贷,商品房买卖合同只是借贷的担保,关于借款利息和本金的归还,双方通过签订回购协议进行约定,结合以上内容不难看出,回购协议是陈某峰、张某平取得借款本金和利息的关键合同,虽名为回购协议,但实为借贷,因此务必在回购协议对有关利息的计算、本金的归还、逾期归还的责任等进行约定,只有这样才能在合同形式与意思表示不一致的情况下,尽可能通过合同维护好当事人的合法权益。

3. 合同形式与意思表示不一致情形下起草和审核合同应注意的事项。

(1)应将存在的风险告知当事人。

比如以签订《商品房买卖合同》作为借款担保的合同,在借款人未能按期清偿债务时,贷款人拟行使《商品房买卖合同》中买受人权利,显然难以得到法院支持。律师在起草修改此类合同时,应将此种法律后果告知当事人。

(2)起草修改此类合同,应通过合同形式,着力约定在真实法律关系中,当事人享有的合同权利,尤其是要明确当事人拟通过合同实现的利益,并着力在合同中设定相应的条款。

以合作开发房地产合同为例,《国有土地使用权纠纷解释》第 21 条规定:“合作开发房地产合同约定提供土地使用权的当事人不承担经营风险,只收取固定利益的,应当认定为土地使用权转让合同。”

作为提供土地一方律师,在起草修改此类合同时,应明确提供土地一方本质上是转让土地使用权,换言之,提供土地一方是卖方,合作方是买方,作为出卖人,其出卖标的物的目的是取得固定收益(如金钱或房屋),因此在审查合同时,应重点审查该合同是否约定了买受人支付固定收益的时间,且就此是否设置了相应的违约责任条款以及对应的解除条款;是否约定了标的物过户交割的时间;是否明确约定了出卖人除收取固定收益外,无须承担任何资金投入等;至于出卖人是否参与所谓合作项目,并非出卖人的主要目的,即使参与有限的经营管理其最终目的也是确保出卖人能通过参与有限的经营管理确保实现合同约定的固定收益,而非实际参与经营管理。

合同案例:委托方NT房地产公司(以下简称委托方或NT公司)拟以某地块与第三方合作开发

签订背景以及情况介绍:2010年因G市高铁建设,原G市火车站既有铁路货场整体东移约2公里还建新站货场,腾出既有货场场地用于GG线路高铁站广场建设。2013年G市政府制定完成某GG高铁站广场建设总体规划,广场占地面积583亩,其中征用既有货场用地180亩。N局集团有限公司(以下简称N局集团公司)与G市政府协商达成协议:G市政府将广场规划图中的B、E地块铁路用地共约56.38亩(B地块约38.03亩、E地块约18.35亩,B地块中约有4亩农用地政府正在进行征收和置换工作;实际面积及位置以最终取得的土地为准)交由原N局集团公司进行房地产开发。现N局集团公司授权其下属NT公司进行开发并公开遴选合作方合作开发本项目。

NT公司通过招标方式确定了合作方HG公司,合作方式:双方共同成立项目公司,并以项目公司名义与政府签订相关土地使用权出让合同,其中NT公司在项目公司占股49%,HG公司占股51%。

合作方通过项目公司对项目地块进行拆迁安置补偿,取得项目地块土地使用权并进行房地产开发,合作方负责筹集项目开发所需投入的全部资金,并负责开发建设具体实施工作,委托方按照中标金额取得固定的项目开发收益。

委托方就约定的固定收益(成交金额)分三次收取,计划建设销售时间为3年,项目公司取得土地后的12个月内,须向委托方支付金额不低于固定收益的40%,

项目公司取得土地后的24个月内,须向委托方支付金额至固定收益的70%,项目公司取得土地后的36个月内,须向委托方支付金额至固定收益的100%。如项目公司提前完成销售,则销售完成95%前项目公司必须向委托方将所有固定收益支付完毕。若项目公司未实现盈利或不能按时向委托方支付固定收益则由合作方承担连带支付责任。项目合作方所属集团公司对委托方应取得的固定收益(中标金额)承担连带保证责任。

律师点评:以上合作方式中,委托方提供土地,合作方提供资金,委托方不承担任何经营风险,只收取固定收益,此种合作名为合作开发,实为土地使用权转让,作为委托方律师,在起草此类合同时,应重点关注:委托方不承担项目开发建设的一切资金且不承担任何经营风险;委托方收益取得以及收益未能如约取得的风险防范措施,相应设定违约条款;委托方不参与经营,但为确保委托方收益能如约取得,委托方应当对项目公司的经营活动进行适当监管(如对印章使用情况、合同签订情况享有知情权)。

针对上述情况,设定了相应条款:

●对合作方式以及收益取得的约定:

2.1　合作目的与合作方式:

2.1.1　合作目的:通过合作,乙方(合作方,下同)按本协议约定支付拆迁补偿、土地处置款以及根据协议约定应支付的费用等,并按约定向甲方(委托方,下同)支付固定收益、款项,乙方取得项目所属地块开发经营权并按本协议约定享有项目收益。

2.1.2　合作方式:由双方成立项目公司,共同向规划、国土等相关部门报审,协调国土部门与甲乙双方合资成立的项目公司签署土地使用权出让合同;乙方负责提供取得用地所需的一切资金并负责项目的开发建设、交付,负责支付用地所需的土地使用权出让金、办理土地权证所需相关税费、承担开发建设所需全部资金。

2.2　项目公司的设立:本协议签订后的20个工作日内,甲乙双方应当共同与G市政府沟通协调B地块4亩土地的土地使用权出让工作。不论项目公司是否在本条约定的时间内获得该4亩土地的使用权,甲乙双方均应按本合同约定设立项目公司。

本协议签署后的30个工作日内,甲乙双方共同出资成立项目公司,原则上项目公司双方注册资本出资比例及初始股比为甲方49%,乙方51%。如政府部门要求或需要甲方在项目公司占股100%的,则乙方不得持有异议,否则视为违约,甲方可按办理土地出让需要经双方协商调整股比。出资方式为货币(人民币)方式,项目公司注册资本为【1000】万元。如根据国土部门办理土地出让或其他行政机关要求,该项目公司股权需要调整的,则甲乙方必须按照国土部门或其他行政机关要求进行调整,但该调整不影响甲方根据本协议所享有的收益和权益,甲方在项目公司所享有的管理、决策等权力,甲方仍有权根据本协议约定的进度取得收益;如由于任何一方不按国土部门或其他行政机关要求调整比例(如不配合办理股权变更登记等)导致项目公司未能在国土部门或其他行政机关要求时间内与国土部门签署土地使用权出让合同或办理土地权属证明的,则由该方承担逾期之责任并承担由此导致的损失。无论乙方在项目公司所占股比如何,乙方都必须在项目公司与国土部门签订土地使用权出让合同后按照该合同交付土地使用权出让金并缴纳税费以办理土地证,具体支付方式为乙方将款项支付至项目公司,并由项目公司支付至国土部门以及税务部门。

在项目公司注册成立过程中,甲方可以采取认缴或实缴的方式。如果是实缴,则在转让股权时乙方还需按照转让股比对应的注册资本金额支付转让对价给甲方。

……

2.4　合作对价:

2.4.1　项目公司设立后,乙方须以项目公司名义在30个工作日内与N局集团公司签订拆迁安置补偿协议(对N局集团公司的建筑物构筑物等给予拆迁安置补偿)。协议签订后30个工作日内,乙方须向项目公司投入足够资金并用于支付N局集团公司拆迁补偿、土地处置费4000万元,补偿方式为货币补偿和产权置换相结合,具体为:乙方按照协议约定支付服务拆迁、土地处置补偿费2500万元;对于剩余的1500万元,乙方须按甲方要求购买甲方指定物业进行产权置换并移交至甲方指定机构。乙方须投入足够资金用于支付拆迁补助、奖励、杂物间补助、装修补偿、安置过渡等所有相关拆迁安置费用。乙方未按要求与N局集团公司签订拆迁安置补偿协议,甲方有权直接从履约保证金中划扣款项和违约金。

2.4.2　第2.4.1条约定N局集团公司的建筑物、构筑物的价值如经依法评估

(评估单位的选择和评估程序均合法,且评估单位需经甲方确认),评估金额超过4000万元的,则乙方同意对于多出部分,由乙方在评估报告出具后的90个工作日内支付完毕;如评估结果低于4000万元的,则按4000万元确定,对于已经支付的4000万元不再退还。

2.4.3　除第2.4.1条约定价款外,甲方享有合作项目固定收益,该收益总额为乙方竞价成交金额。当项目公司实际获得土地使用权面积与56.38亩差额不超过10%(包含本数)的,固定收益金额不作任何调整;当项目公司实际获得土地使用权面积与56.38亩相比差额高于或低于10%(不包含本数)的,则按高出或低于10%以外部分所占56.38亩的比例对固定收益金额作相应调整。该固定收益系税后收益,该收益所发生的一切税费甲方不予承担,均由乙方筹划并承担。

2.4.4　本协议合作对价:第2.4条约定的拆迁安置补偿款和甲方享有合作项目固定收益。双方同意,就甲方享有的固定收益系税后收益,该收益所发生的一切税费甲方不予承担。具体支付方式:如根据协议约定乙方应支付的当期固定收益为X,对应所需缴纳的税费(包括但不限于所得税以及其他应纳税费)Y,则乙方实际应支付款项为X+Y。

双方同意,在确保甲方按约取得本协议收益且合法的前提下,甲方可配合乙方做好税务筹划。

2.4.5　以上所述的拆迁安置补偿款和固定收益,以项目公司名义支付,支付方式为由乙方向项目公司转入所需支付的款项并由项目公司支付给收款方;以项目公司名义支付的,则乙方对项目公司所承担的责任和费用支付等承担连带责任,即如因乙方原因未能及时将款项投入项目公司并由项目公司支付的,则视为乙方违约,甲方有权要求乙方连带承担或以上相关协议对应的主体有权直接要求乙方承担连带责任。

2.5　乙方支付固定收益时间和甲方转让股权时间。

2.5.1　甲方固定收益分36个月收取,甲方根据乙方支付款项的进度相应办理有关股权变更手续,具体内容如下:

(1)项目公司取得土地使用权(如果是分期取得的,则取得第一期用地即视为前述所约定的“项目公司取得土地”的条件达成)后(指项目公司首次与国土部门签订国有土地使用权出让合同,下同)的12个月内,须向甲方支付金额不低于固定收益的40%和应缴纳税款,甲方足额收到固定收益的40%以及应缴纳税款Y后,甲方有义务在20个工作日内使乙方成为项目公司占股(含乙方自行持有的股权)70.6%的股东(如经双方协商,乙方支付给甲方的固定收益超过固定收益总额的40%,则甲方按照相应实际支付的比例转让相应股权给乙方)。需要办理股权转让的,双方应在前述时间内,共同向工商登记办理股权变更登记,由于一方不配合导致的逾期责任,由该方承担。因办理股权变更所产生的税费由双方根据法律规定各自承担。

(2)项目公司取得土地后的24个月内,须向甲方位支付金额至固定收益的70%和应纳税款,甲方足额累计收到固定收益达70%及应缴纳税款Y(如此前乙方已经按约支付股东收益的40%,则此次支付固定收益的30%),甲方有义务在20个工作日内使乙方成为项目公司占股(含乙方自行持有的股权)85.3%的股东(如经双方协商,乙方支付给甲方的固定收益超过固定收益总额的30%,则甲方按照相应实际支付的比例转让相应股权给乙方)。需要办理股权转让的,双方应在前述时间内,共同向工商登记办理股权变更登记,由于一方不配合导致的逾期责任,由该方承担,因办理股权变更所产生的税费由双方根据法律规定各自承担。

(3)项目公司取得土地后的36个月内,须向甲方支付金额至固定收益的100%及应缴纳税款Y。甲方足额收到全部剩余固定收益款项和应纳税款Y后,甲方有义务在20个工作日内使乙方成为项目公司占股(含乙方自行持有的股权)100%的股东,需要办理股权转让的,双方应在前述时间内,共同向工商登记办理股权变更登记,由于一方不配合导致的逾期责任,由该方承担,因办理股权变更所产生的税费由双方根据法律规定各自承担。

(4)项目按计划完成建设和销售(这里的完成销售指的是项目公司与买受人签订《商品房买卖合同》并完成合同的网签和备案,且项目公司如约收到购房款)时间为取得土地后36个月内,如项目公司提前完成销售,则销售完成95%前项目公司必须向甲方将所有固定收益支付完毕。甲方有义务在20个工作日内使乙方成为项目公司占股(含乙方自行持有的股权)100%的股东。

第六条　乙方权利义务

6.1　乙方有权通过本协议之履行取得项目公司股权并通过项目公司享有项目用地和开发经营权益。

6.2　乙方承诺,所提供的一切资金来源合法。乙方提供项目一切所需资金,包括但不限于:根据本协议支付至少4000万元的拆迁补偿、土地处置费(其中包含价值1500万元的房屋产权或现金补偿)、固定收益、负责支付取得用地所需的土地使用权出让金以及办理权属证明时所需相关税费、负责项目的前期报批报建以及办理有关开工手续、开工建设、建设过程中各种验收、竣工验收等所需全部相关费用。如迟延支付前述费用的,需承担全部的滞纳金、违约金、赔偿金和因延迟支付所增加的全部税费。

6.3　如约向甲方支付固定收益。

6.4　负责办理报批报建以及项目的施工、建设和运营,包括但不限于:

6.4.1　办理并取得项目的立项、土地使用权证、建设用地规划许可证、建设工程规划许可证、建设工程施工许可证、预售证、五方验收、其他配套验收(包括但不限于水、一户一表、电梯、消防安防、园林绿化、燃气等)、竣工验收备案、房屋不动产登记证等;

6.4.2　选聘施工的总包、分包单位和选聘监理单位;

6.4.3　项目公司的运营管理和销售;

6.4.4　选聘前期物业公司;

6.4.5　按国家和地方规定缴纳税款税费;

6.4.6　乙方须投入足够的资金确保项目正常建设施工,不得出现因乙方投入资金不足导致项目停工、民工聚众闹事、讨薪等;

6.4.7　承担项目公司生产经营中的责任和风险;

6.4.8　其他涉及项目开发、建设、交付和物业管理的相关事宜。

6.5　如乙方不按第6.2、6.3、6.4条约定承担责任或在履行本协议中需承担责任费用的,则甲方有权以乙方履约保证金进行支付抵扣。

6.6　除本协议中另有规定外或经双方共同协商同意外,乙方通过中标和本协议所享有的权益(含在项目公司的收益和股权等)不得以任何形式进行转让、质押、设定权利负担、与第三方进行联营、合作或以任何形式进行处置,否则甲方有权要求乙方按甲方要求的方案纠正,逾期完成的,乙方每天向甲方支付10万元违约金;甲方同时有权解除本合同。乙方也不得将本协议所约定的义务以任何形式(包括但不限于合作、转让、出租等)进行转让或转包,否则视为违约,责任同上。甲方同时有权按本协议第8条约定解除本合同。

第九条 担保

乙方同意,在本协议签署后的10个工作日内,协调其控股公司即广西GT有限公司按本协议附件出具《担保函》,逾期或不按附件《担保函》内容格式出具担保函的,视为乙方违约,每逾期1日,乙方承担10万元违约金,逾期超过10日的,甲方有权解除本合同,乙方需另行支付500万元违约金。

双方同意,对于本协议所约定的乙方需向甲方支付的固定收益和税费,双方同意在项目公司取得用地后由项目公司承担连带保证责任,保证期限为3年,如是分期支付,则保证期限相应分期开始计算。

●合作开发房地产合作中,提供土地一方不参与经营,但为确保收益而对项目公司进行适当监管的约定:

第四条 项目公司的管理

4.1 项目公司股东会

4.1.1 除第4.1.3条特别约定内容外,项目公司股东由甲方乙方构成,由甲方乙方按照股权比例进行表决,但以下事项需经全体股东100%表决同意:

(1)制定和修改项目公司的章程;

(2)对项目公司的增资、减资、分立、合并、解散、清算、股权结构调整或变更公司形式作出决议;

(3)决定项目公司设立子公司、合资企业或其他对外投资方案;

(4)对项目公司股东转让其所持有的项目公司股权作出决定;股东实际控制人发生变动的;

(5)决定项目公司融资安排(此部分融资方式包括但不限于项目公司提供保证担保或反担保,以项目公司土地抵押,将项目公司在建工程或预售房屋进行备案抵押或将房屋备案至第三方并由第三方以房屋进行抵押融资等)、资产处置(包括但不限于抵押、转让等)、对外担保(为客户购房提供按揭担保除外);

(6)决定项目公司向股东或其他任意第三方提供借款;

(7)订立任何不是基于一般的市场公平原则所商议形成的交易;

(8)公司股东或实际控制人的股东发生变动;

(9)公司股东或实际控制人以转让、租赁、赠与或其他方式对公司资产进行

处理;

(10)以公司资产向与公司主营业务不相关的行业进行投资(包括但不限于债券、套期保值期货、公开市场上的上市公司股票、委托理财等),且单次投资额大于或等于公司最近一期经审计净资产值20%的项目进行审批;

(11)公司法定代表人、甲方派驻公司董事会成员、监事的变更;

(12)重大决策,包括但不限于收购新的项目或地块;新开发项目等。

对前款所列事项股东以书面形式一致表示同意的,可以不召开股东会会议,直接作出决定,并由全体股东在决定文件上签名、盖章。

4.1.2 特别说明:甲方或乙方的实际控制人发生变动,必须事先经对方书面同意,且拟受让股权的受让方已经签署有关文件同意无条件按其入股前甲乙方以及项目公司规章制度执行,否则不得变动,即便变动的,对方有权主张撤销或确认该等变动无效,对方和项目公司有权拒绝配合办理一切股权变动手续,由此产生的责任和损失由变动方承担。

4.1.3 乙方未按本协议第2.4条和第2.5条约定按时足额支付拆迁补偿费(或进行产权置换)、土地出让金、税费、固定收益累计达60日(含本数)的,甲方及甲方委派监事有权直接召集项目公司股东召开股东会,并有权选择以下任一方式形成股东会决议,乙方须无条件同意决议内容:

(1)单方解除本合同并决定注销项目公司,项目公司和乙方配合甲方办理注销手续,乙方应当无条件配合完成注销项目公司的工商手续,注销项目公司、清算项目公司资产所产生的全部税款和费用由乙方承担。

(2)甲方有权单方决定引入第三方战略投资者注入资金缴纳前述等各项费用。第三方战略投资者投入的资金作为项目公司增资扩股资金,扩股比例按第三方投入资金占三方总投入资金比例计算股权比例,乙方无条件同意和配合甲方和第三方战略投资者办理股权转让登记手续。乙方拖延办理股权转让手续的,需对第三方投入资金的清偿承担连带清偿责任。

(3)经甲方书面通知后,乙方应当无条件将所持有的全部项目公司股权转让至甲方指定第三方,并承担股权转让所产生的全部税费。乙方转让股权作价:乙方不得以项目公司已经取得土地资产或任何其他资产为由而要求对其股权给予溢价转让,乙方同意其股权作价不得超过乙方已实际支付投入款项本金总额。

(4)甲方有权单方决定将项目转让给第三方,乙方不得以任何理由拒绝,转让所取得的价款优先用于支付甲方固定收益。

4.2 项目公司董事会

4.2.1 董事会的成员组成和表决:

4.2.1.1 项目公司董事会成员共3人,其中甲方指派1人,乙方指派2人,董事会会议进行表决,按每人一票进行表决,对于甲方乙方各自指派的人员,未经指派方同意,不得以任何理由任何形式对该方指派的董事会成员进行更换、对其职权进行变动。公司董事长由乙方指派,法定代表人由乙方指派。甲方指派的董事所担任的董事职务在乙方如约支付完毕本协议第2.4.2条款项和甲方如约取得本协议约定全部固定收益后,在将甲方在项目公司所占剩余股比全部转让时一并变更为乙方指定人员。

甲方指派董事对董事会决议有一票否决权。

4.2.1.2 董事的指派方有权自主决定派出董事的变更,各股东和其他董事对此均不得持异议且应及时相应完成公司章程的修订和在工商部门的备案。

4.2.1.3 董事会决议应由到会董事签字;代为签字的,应当附该董事亲笔签字的授权委托书。

4.3 项目公司监事

项目公司不设监事会,设监事1名,由甲方委派人员担任。监事根据《公司法》行使职权。该监事的变更时间与甲方退出董事的时间相同。

4.4 项目公司经营、管理和款项支付的基本规定

4.4.1 项目公司人员基本组成及基本职责。项目公司的总经理由乙方指派,该总经理全面负责公司经营和管理,执行股东会和董事会决定。

4.4.2 甲方委派一名财务副总监(其余岗位人员委派可与乙方另行商议约定),享受公司同等职务及岗位的工资待遇。任职时间至派出董事任职结束时止,乙方及项目公司不得以任何理由和形式对甲方派驻财务人员进行更换、对其职权进行变动和限制。

4.4.3 项目投资开发资金全部由乙方筹措并管理,公司必须完善公司管理制度和财务管理制度,甲方有权对项目公司委托第三方进行审计并有权对项目公司账务进行监督,但不应影响项目公司的正常经营。

4.5　印章的管理

4.5.1　本条所称印章是指项目公司印章(根据公安机关准刻证所刻制的公章、财务专用章、合同专用章)、法人印鉴(在银行留存的预留法人印鉴),以上印章由乙方派出的人员进行保管和管理。但甲方有权随时检查乙方用章情况,乙方必须无条件配合。甲方对于乙方违反本协议约定使用印章或将印章用于与项目无关或通过盖章使得项目公司负担超过常规情况下的债务或以项目公司名义提供担保(包括以项目公司名下土地提供抵押担保)进行融资(融资成本超过年利18%的),则甲方有权要求与乙方共管以上印章。

乙方必须依法依规依约使用印章,不得滥用印章,不得从事违法违规行为,乙方有违本协议约定的,甲方有权要求乙方交出以上印章进行共管。

●有关违约责任的约定:

第八条　违约责任

8.1　甲乙双方应全面、实际履行本协议约定条款所确认的各项义务,任何一方未依照协议约定履行义务,均构成对本协议的违反,应承担违约责任。违约方除继续履行合同义务外,应该赔偿另一方由此而引发的全部经济损失。

8.2　对于到期应支付给甲方固定收益,乙方和项目公司不得以任何理由拒付、延付或部分支付,否则视为违约。

乙方及项目公司未能按约支付本协议任一期固定收益款项的,均构成违约,每迟延1日,按应付未付额每日万分之四支付违约金,相应地,甲方办理股权过户的手续相应顺延直至乙方支付完毕全部应付款和违约金时止;各期累计逾期天数达60天的,甲方有权解除本合同,甲方解除本合同的,乙方应按甲方应得固定收益的20%支付违约金,已经支付的拆迁补偿款亦不予退还;且乙方应当在10日内无条件配合甲方办理将乙方所持有项目公司股权变更为甲方或甲方指定方(如乙方已经完成注册资金实缴的,则转让股权对价为股权对应的注册资本金金额;如乙方未实缴的,则甲方无须支付对价),逾期的,按应变更股权对应的注册资金每日万分之四支付违约金,乙方自行承担股权变更所需的一切费用,在办理完毕股权变更后的30日内,甲方在扣除乙方应承担的违约金、责任损失费用后,将剩余款项(剩余款项是指按经甲方确认的乙方实际投入金额减去乙方应承担的违约金、责任损失费用后的款项,下同)无息退还给乙方。

8.3　乙方在签订本协议后应按约与N局集团公司签订拆迁安置补偿协议并向其支付4000万元(按照协议约定支付货币或等价值产权房屋),逾期的,按应付未付额每日万分之四支付违约金,累计逾期超过30日的,甲方有权解除本合同,乙方应按4000万元的20%支付违约金,且乙方应当在10日内无条件配合甲方按第4.1.3条约定处理,逾期的,按应变更股权对应的注册资金每日万分之四支付违约金,乙方自行承担股权变更所需的一切费用,在办理完毕股权变更后的30日内,甲方在扣除乙方应承担的违约金、责任损失费用后,将剩余款项(如有)无息退还给乙方。

8.4　乙方在G市国土部门书面通知送达后10日内应当通过项目公司支付完毕土地出让金并交纳全部税费,逾期的,按应付未付额每日万分之四支付违约金,逾期超过30日的,甲方有权解除本合同,乙方应按未支付的土地出让金、税费和因延迟支付所产生的滞纳金、需增付的税费等全部费用的20%支付违约金,且乙方应当在10日内无条件配合甲方按第8.2条约定办理股权变更,逾期的,按应变更股权对应的注册资金每日万分之四支付违约金,乙方自行承担股权变更所需的一切费用,在办理完毕股权变更后的30日内,甲方在扣除乙方应承担的违约金、责任损失费用后,将剩余款项(如有)无息退还给乙方。

8.5　因甲方或乙方中的一方原因导致项目公司未能如约设立的,则由该责任方按每日5万元支付违约金,逾期超过30日的,则守约方有权解除本合同,并有权要求违约方支付500万元违约金。

8.6　因乙方原因导致本项目楼盘未按本合同约定时间开盘销售,按项目公司取得地块所对应的甲方应得全部固定收益额为基数,按每日万分之一支付违约金,逾期时间超过30日的,甲方有权单方解除本合同并要求乙方支付500万元违约金。

8.7　乙方在履行本协议过程中,如存在违约行为,甲方有权要求乙方整改,乙方未按甲方要求整改完成的,则甲方有权顺延办理股权以及其他董事、监事等的变更手续;如逾期整改超过30日或各项违约行为逾期整改时间累积超过120日或乙方之违约或违约后拒绝整改的行为导致甲方重大损失等的,甲方均有权解除合同。

8.8　因乙方违约导致甲方依约或依法解除本合同的,乙方需另行支付本协议固定收益20%的违约金(本协议关于解约违约金另有约定的,按该约定)。合同解除后，乙方需退出项目公司，有关退出的约定按第8.2条执行。

8.9　因甲方违约导致乙方依约或依法解除本合同的，甲方需另行支付本协议固定收益20%的违约金（本协议关于解约违约金另有约定的，按该约定）。

8.10　因国家政策因素或地方政府政策因素导致合作项目无法实施的，项目土地无法进行出让的，甲方应及时退还乙方的履约保证金，不计利息。如项目公司已经产生费用支出的，已发生的费用由乙方承担，其他事宜双方另行协商。

8.11　甲方单方解除本合同的，有权选择按照第4.1.3条第1~4项中任一方式处理或按第8.2条处理，乙方须无条件配合甲方办理各项手续。如甲方不解除合同，但达到第4.1.3条所约定条件的，甲方也可以选择按第4.1.3条第1~4项中任一方式处理，乙方逾期履行的，每逾期1日应向甲方支付本项目中标金额万分之四的违约金。

律师点评：对公司进行监督管理，主要从以下方面进行，在设定有关条款时，亦应结合具体情况，作出相应约定：

1. 项目公司股东会。股东会是公司的最高权力机构，对公司经营决策以及其他重大事项拥有决定权。合同一方可以通过约定哪些重大事项须股东会表决、重大事项的表决程序、表决票数等，实现对公司重大决策的参与、监督和管理。

(1)约定哪些重大事项必须经股东会表决，比如以上合同中约定，但以下事项需经全体股东100%表决同意：制定和修改项目公司的章程；……重大决策，包括但不限于收购新的项目或地块、新开发项目等。

(2)约定表决程序和表决权比例，一般情况下，为了确保小股东利益，可约定部分重大事项必须经公司全体股东100%股权表决才能通过。

2. 项目公司董事会。项目公司董事会是项目公司日常运营和决策机构，不参与经营一方可以向项目公司派出一名董事，并赋予该董事在特定情况下的一票否决权。同时必须约定，一方派出的董事非经派出方同意不得变更和撤换，以避免派出的董事此后被对方通过董事会或股东会表决的方式撤换。

3. 不参与经营一方一般应派出一人出任监事。

4. 除了以上董监高外，涉及对公司日常经营进行监督管理的，主要通过合同审批流程、用款审批流程、用印流程来完成，具体内容如下：

(1)合同审批流程。可以在合作合同中约定，任何款项的支付必须依据合同，同时在合同审批流程中约定,不参与经营一方派出的人员作为合同审批流程的必经程序,在此种情况下,可以对公司具体经营活动及时了解,并对危害该方利益的活动及时予以制止。

(2)用款审批流程。不参与经营一方可以向项目公司派出一名会计或出纳,同时派出一名财务负责人负责用款的审批,对用款审批流程约定,非经派出的会计和财务负责人签字不得付款。如此可以对公司的付款情况及时掌握和了解,并对损害该方利益的付款予以制止。

(3)用印流程。印章,就其效力(主要是从能否得到法院认定角度判断)而言,在公安机关备案印章为公司意思表示最主要和最重要的方式,在公安机关备案的印章,主要包括公章、合同专用章、财务专用章及法人印鉴。公司对外的活动主要通过加盖印章完成,控制了印章,基本意味着控制了公司的经营活动,因此实务中,对公司印章的管理控制极为关键。印章的管理和控制主要包括印章的保管、用印的流程、印章的注销和重新刻制印章。

关于印章的保管,可以约定共同管理,比如可以约定印章存放在保险柜,双方当事人各持有一半密码,由此可以实现印章的共管。

关于用印流程,可以约定,有关文件合同未按照合同约定的审批流程完成签批的,一律不得用印,由此可确保盖章的合同文件必须经该方人员的签字同意。

关于印章的注销和重新刻制。双方可以约定,未经一方同意不得擅自作废印章和重新刻制印章,同时就操作层面而言,按照我国目前印章刻制的管理,作废在公安部门备案的印章和重新刻制印章,必须经公司法定代表人申请,因此哪一方派驻的人员担任法定代表人对此后印章的作废和重新刻制至关重要。

(三)充分了解合同所涉标的、事项的生产、建设、运营等原理;充分了解当事人之间交易的流程等

向当事人了解拟签订履行合同需要防范的风险。对于拟从事的交易活动可能存在的争议和风险,当事人往往比律师更清楚,尤其是涉及一些较为专业的领域(如建设工程领域),因此应当向当事人了解签订履行的合同可能存在的风险。

以南宁市某房地产公司拟修订的《商品房买卖合同》为例。在《商品房买卖合同》中,涉及开发商主要义务之一为交房,南宁市住建局发布的《商品房买卖合同》模板中涉及交房条件的条款如下:

第十条　商品房交付条件

该商品房交付时应当符合下列第 1 或 2、3、___、___、___项所列条件(备注:第 1 项、第 2 项必须且只能选一项,其他项可多选):

1. 该商品房建设工程经竣工验收合格;

2. 该商品房已取得建设工程竣工验收备案证明文件;

3. 该商品房已取得有资质的房产测绘机构出具的房屋面积测绘报告(实测绘);

4. 满足第十一条第(一)款中出卖人承诺的基础设施设备达到的条件;

5. ________________;

6. ________________。

修改过程:

对以上房屋交付条件的修改,必须弄清南宁市政府部门对商品房交付条件的规定、流程,然后才能合理确定交房时间、交房条件。此方面,律师显然不如在开发商专门负责报批报建的工作人员,就此经办律师在修改合同前向该工作人员虚心请教交房应达到的条件和交房流程,并同时查阅有关政府文件,在了解清楚当地政府对交房条件和交房流程的规定后,对商品房买卖合同进行修订。

按照南宁市政府的规定,房屋交付需达到五方验收条件,其流程为:房屋达到竣工交付条件后,由建设、施工、监理、勘察、设计五方进行五方预验收,五方预验收通过后,开发商报请规划核实并完成消防验收后报请住建部门审核并由住建部门组织五方验收,验收通过后取得五方验收合格的证明文件。以上环节中,涉及消防验收和规划核实需要一定的时间,因此,经办律师建议开发商在设定交房时间时务必充分考虑完成以上事项的时间。

同时这里还需要注意的是:

其一,房屋配套设施设备未能完成的,不应视为房屋未达到交付条件,如果要求配套设施设备全部完成,则意味着开发商在一定时间内较难全部完成[因为这些配套设施设备涉及多个政府部门(如园林备案涉及园林政府主管部门)、垄断性单位(如供水和供电)],尤其是分期建设的小区,有的配套设施设备(如医务室、球场、泳池等)规划在后期,在此种情况下,如果不约定配套设施设备交付不影响房屋交付,则买受人可能会以配套设施设备未交付为由而认为房屋未达到交付条件并要求开发商承担赔偿责任。

其二,一旦房屋达到五方验收条件,交房时房屋存在的质量瑕疵(如空鼓、非结构性开裂)等,开发商负有整改义务,但不视为房屋未达到交付条件。

应当注意的是,以上所述配套设施设备包括但不限于道路、一户一表、给排水、燃气、电梯、网络、道路智能化工程和设施设备。

结合南宁市政府对房屋交付的有关规定,经办律师对以上条款进行了如下修改和补充约定:

针对第十条的补充约定:

双方同意,《商品房买卖合同》第十条第一款约定的"该商品房建设工程经竣工验收合格"是指:该房屋经建设、施工、监理、设计、勘察五方单体验收合格后,即达到本《商品房买卖合同》约定的交房条件,对房产交付时存在或有证据证明交付前已存在但交付后才发现的部分瑕疵的情况由出卖人进行整改,但不视为质量不合格,整改期间不视为出卖人逾期交房,买受人不得以此拒绝收房和索赔。

针对小区配套设施设备不能作为交房条件的约定:

第十一条　商品房相关设施设备交付条件

(一)基础设施设备

1. 供水、排水:交付时供水、排水配套设施齐全,并与城市公共供水、排水管网连接,实现一户一表。使用自建设施供水的,供水的水质符合国家规定的饮用水卫生标准,____。

2. 供电:交付时纳入城市供电网络并正式供电,实现一户一表。

____。

____。

3. 燃气:交付时完成室内燃气管道的敷设,并与城市燃气管网连接,保证燃气供应,实现一户一表。

____。

4. 电话通信:交付时线路敷设到户。

5. 有线电视:交付时线路敷设到户。

6. 宽带网络:交付时线路敷设到户。

以上第1、2项由出卖人负责办理开通手续并承担相关费用;第3、4、5、6项需要买受人自行办理开通手续并承担相关费用。

如果在约定期限内基础设施设备未达到交付使用条件，双方同意按照下列第　(2)　种方式处理：

(1)以上设施中第1、2项在约定交付日未达到交付条件的，出卖人按照本合同第十三条的约定承担逾期交付责任。

第3项未按时达到交付使用条件的，出卖人按日向买受人支付　×　元的违约金；第4项未按时达到交付使用条件的，出卖人按日向买受人支付　×　元的违约金；第5项未按时达到交付使用条件的，出卖人按日向买受人支付　×　元的违约金；第6项未按时达到交付使用条件的，出卖人按日向买受人支付　×　元的违约金。出卖人采取措施保证相关设施于约定交付日后　×　日之内达到交付使用条件。

(2)买受人不得以上述设施设备未交付为由拒绝收房，以上不作为房屋未达到交付条件的依据，也不作为买受人向出卖人主张逾期交房责任的依据。如供水、排水、供电、燃气、电话通信、有线电视、宽带网络等基础设施设备在约定期限内未达到交付使用条件，出卖人不承担违约责任。买受人同意出卖人提供临时用水用电以及同意按该临时用水用电收费标准(如需)缴纳费用。

(二)公共服务及其他配套设施(以建设工程规划许可为准)

1. 小区内绿地率：______年____月____日达到____________；

2. 小区内非市政道路：______年____月____日达到____________；

3. 规划的车位、车库：______年____月____日达到____________；

4. 物业服务用房：______年____月____日达到____________；

5. 医疗卫生机构：______年____月____日达到____________；

6. 幼儿园：______年____月____日达到____________；

7. 学校：______年____月____日达到____________；

8. __________________________________；

9. __________________________________。

以上设施未达到上述条件的，双方同意按照以下方式处理：

1. 小区内绿地率未达到上述约定条件的，不视为出卖人逾期交付房屋，出卖人负责及时完成整改，但不承担其他责任损失，买受人不得以此为由要求解除合同或拒绝收房。

2. 小区内非市政道路未达到上述约定条件的,不视为出卖人逾期交付房屋,出卖人负责及时完成整改,但不承担其他责任损失,买受人不得以此为由要求解除合同或拒绝收房。

3. 规划的车位、车库未达到上述约定条件的,不视为出卖人逾期交付房屋,出卖人负责及时完成整改,但不承担其他责任损失,买受人不得以此为由要求解除合同或拒绝收房。

4. 物业服务用房未达到上述约定条件的,不视为出卖人逾期交付房屋,出卖人负责及时完成整改,但不承担其他责任损失,买受人不得以此为由要求解除合同或拒绝收房。

5. 其他设施未达到上述约定条件的(包括但不限于道路智能化工程),不视为出卖人逾期交付房屋,出卖人负责及时完成整改,但不承担其他责任损失,买受人不得以此为由要求解除合同或拒绝收房。

补充约定:买受人已知该房产所在小区为分期建设分期交付使用,相应的基础设施与公共配套建设也将分期建成交付,买受人已知该房产交付时及交付后小区其他工程可能仍处于施工过程中,且该施工可能会对房屋的采光、噪声、通行、粉尘及买受人的使用产生影响,买受人对此无异议,买受人确认不因此而向出卖人主张任何权利或责任,并保证对于小区后续建设的基础设施、公共配套的座落地点及对买受人造成的影响等问题,在任何时间不向出卖人提出任何权利主张及索赔。买受人已清楚了解该房产所在整个项目的规划审批情况,并对该房产目前的物理状况、法律状况、周边环境及可能存在的不利因素均予以认可。

律师点评:识别合同签订和履行存在的风险永远是建立在不断实践的基础之上的,对于专业领域问题,在起草修改合同过程中,应向专业人员请教,切忌闭门造车,切忌脱离实际而仅对合同条款本身进行修改,因为合同签订履行可能遇到的风险不在于合同本身,而来自实践,合同需将签订履行中存在的风险通过合同预先约定并提出相应的防范措施,如此才能使合同约定的条款和风险防范措施切实可行。

三、设定的条款应符合双方交易的程序，具有可操作性和可举证性

律师起草修订的条款必须符合双方交易流程，否则此类条款即使约定了，实际操作中当事人无法遵照执行，如要遵照执行，必然导致严重违背双方交易方式并给双方的交易带来混乱，这样的条款除了给当事人制造不必要的麻烦外毫无用处。

如果经协商，需要通过合同条款来设定某种交易模式，则通过条款设定的交易模式应当具有实际的可操作性，并将操作流程予以明确。

对于涉及义务性或在一定条件下免除一方责任的条款，应当在发生争议时通过举证证明，无法通过举证证明的免责条款，一旦发生争议毫无用处。

条款范例1：草拟的条款应当符合双方交易流程——签证条款的约定。

建设工程施工过程中，对于因不可抗力、设计变更等导致工期延误；因设计变更等导致的工程量增减或其他零星工程施工，一般是通过签证完成。每个项目发包人所制定的签证审批流程并不完全一致，且各种签证金额审批权限也不同，因此在起草修订建设工程施工合同时，涉及签证的条款，应当与委托方充分沟通，并了解清楚以下哪些事项可以作为签证事项；签证发起和审批涉及哪些主体；流程如何进行；权限如何确定；涉及的表单有哪些；完成审批一般需要的时限等。了解清楚以上事项后，才能制定出符合双方交易方式且具有可操作性的签证条款。

除了以上流程外，由于签证在实务中争议较大，且常常存在发包人部分人员与承包人勾结夸大签证金额甚至制作虚假签证的情形，而法院在审理案件过程中一般会以签字人员为发包人工作人员或有权代表发包人为由而判决此类签证对发包人有效。为了防范签证风险，严格控制成本，发包人制定了相应的签证条款，条款内容如下。

8. 工期及费用签证审批流程

(1)当发生费用、工期顺延签证的事件时，乙方应在事件发生后3日内按本合同约定向甲方工程部提出申请(需加盖乙方公章)，甲方在收到乙方申请后10个工作日进行审批。

(2)经甲方审批同意并加盖甲方单位公章的签证同意确认书作为结算的唯一依据[其他任何甲方员工(包括但不限于甲方施工员、工长、预算员、项目负责人、

分管副总、总经理、法定代表人以及其他甲方员工)在没有甲方盖章的情况下而签署的任何意见、承诺均对甲方无效]。

(3)签证单一式三份,甲方成本部、甲方工程部、乙方各执一份。

(4)乙方未按照本合同约定程序、时间及要求办理签证的,视为乙方放弃签证的权利,甲方有权不予受理。

9. 合同价款以外费用签证有关约定

(1)合同承包范围内事项(含本合同条款没有特别说明,但在图纸中有所规定或为实现合同目的所合理包含的一切内容与项目)、非甲方重大设计变更引起的工程量增加、工程质量整改引起的费用增加、乙方工期延误引起的费用增加、其他乙方违约情况下引起的任何费用增加等均不属于签证范围,甲方亦不办理任何签证;以上引起的费用等由乙方自行承担。

(2)乙方对需要费用签证的事件(以下简称事件)发生应有预见,并于实际发生前3日书面通知甲方并经甲方审定同意(未经甲方同意的由乙方自行承担责任、费用),乙方应于事件发生日之后3日内向甲方工程部提交签证单,并写明事件发生原因、工程量及费用额度、费用依据等,甲方收到后在10个工作日进行审批。乙方不得以签证事项双方未达成一致而停工、怠工。

律师点评:以上有关签证流程,特别强调了单一某个人在签证单上签字并无约束力,以限制现场人员或某个人签证的效力,即"其他任何甲方员工(包括但不限于甲方施工员、工长、预算员、项目经理、分管副总、总经理、法定代表人以及其他甲方员工)在没有甲方盖章的情况下而签署的任何意见、承诺均对甲方无效"。

条款范例2:商品房买卖合同中开发商免责条款——草拟的条款应当具有可举证性。

在商品房买卖合同中,开发商的义务是交付符合双方约定的房屋和办理权属登记,对于房屋交付,双方一般会在合同中约定,如发生一定事由,开发商可以据此免责。经办律师在草拟修订此类条款时,除了应将可免责事由约定清楚外,还应考虑所约定事由一旦发生争议是否可以通过举证证明,如此才能达到最终免责的效果。以下以修订的涉及房屋交付开发商免责条款为例:

如遇下列特殊原因,除双方协商同意解除合同或变更合同外,出卖人可据实予以延期:

序号	约定的免责条款	举证的证据
1	因国家法律法规、政策改变,政府行为或施工过程中出现规划部门批准的规划设计变更等,导致工期延长的	相关法律法规;规划部门审批同意变更规划和设计的批复等;针对以上事项,建设、监理、施工出具的延期签证单
2	政府有关部门的临时限制行为(如通知停工或禁止车辆进出该商品房施工场地等)而影响工期的,包括但不限于政府因中国—东盟博览会等会议、各种文体赛事、庆典、中考、高考、创城、创卫、交通管制以及市政建设等要求停工或限制施工时间的,包括可预见和不可预见的	政府官网发布的通知,如每年东盟博览会、中、高考等政府都会对停止施工事项发布通告;针对以上事项,建设、监理、施工出具的延期签证单
3	气象部门记录降水量达到中雨(含)以上、刮大风(六级或六级以上)而影响工期的	到当地气象部门打印气象清单(清单会记载一个时段内当地降水情况);针对以上事项,建设、监理、施工出具的延期签证单
4	非出卖人原因,一周内停水停电超过8小时(含)导致工期受影响的(每8小时计算一天,不足8小时按8小时计算)	供水、供电公司发布的停水、停电通知;针对以上事项,建设、监理、施工出具的延期签证单
5	出卖人将竣工资料、报告提交政府部门并被接收后(以政府接收资料日期为准),因政府部门未能按公示的期限办结(包括等待验收或丈量的时间)所导致无法按约定交付房屋的	将竣工资料、报告提交给政府部门所取得的回执单;政府办理验收和丈量承诺的办结时限(可查询政府网站并打印网页)
6	买受人未能按合同约定付清总价款;买受人以该商品房抵押贷款或采用分期付款的方式支付购房款,贷款银行尚未将买受人的贷款发放给出卖人或分期付款未付清购房总价款	可以提供买受人付款凭单、贷款银行出具相应证明

律师点评:从以上设定的开发商逾期交房免责条款看,所有免责条款都可通过举证证明,只有可以通过举证证明的免责条款,一旦发生争议,才能通过向法院提供证据的方式达到免责的效果。

四、义务条款尽可能设定违反的后果并设定相应的解除条款

(一)对于违反义务,应尽可能设定相应的违约条款

义务条款如果没有设定违约责任(如具体的违约金或违约金的计算方法),一旦对方违约,难以及时制裁(因为缺少直接简单地计算违约金的标准);如果仅约定赔偿损失,举证较为麻烦,如对方不同意赔偿,只能通过诉讼解决,但对于合同履行存在的争议,诉诸法院的毕竟是少数,只有设定相应的违约条款,可以直接简单地计算出对方应承担的违约金,才有利于合同履行中对对方应承担的违约金进行直接扣除,即使不扣除,也可以使非违约方在谈判中处于极为有利的地位。综上,在起草修订合同的时候,尽可能针对每一项义务设定具体的违约金条款。如果无法一一对每项义务设定违约金条款,可以设定兜底性条款,如约定:乙方违反双方约定的义务或法律法规规定的义务,除本协议约定外,按照每项/次支付500~1000元的违约金,各项违约金可以分别累加计算,如支付的违约金不足以弥补损失的,甲方仍有权主张损失赔偿。

相关法律规范:

《民法典》第585条规定:“当事人可以约定一方违约时应当根据违约情况向对方支付一定数额的违约金,也可以约定因违约产生的损失赔偿额的计算方法。

约定的违约金低于造成的损失的,人民法院或者仲裁机构可以根据当事人的请求予以增加;约定的违约金过分高于造成的损失的,人民法院或者仲裁机构可以根据当事人的请求予以适当减少。

当事人就迟延履行约定违约金的,违约方支付违约金后,还应当履行债务。”

(二)对于违反义务除了设定违约条款外,尽可能设定相应的解除条款

合同解除权分为约定解除权和法定解除权,法定解除权相较于约定解除权,较难举证,且一定条件下还需要发催告通知,催告完毕后,如对方仍未履行的,才能通知解除,显然,行使法定解除手续烦琐;而约定简单明确的解除条件,一旦达到双方约定条件,即可以行使解除权,尤其在诉讼中,约定解除权更容易举证,说理也更为便捷,更易于被法官理解和接受,且一般情况下争议不大。由此可见,约定解除权行相较于法定解除权,行使起来更为便捷,因此,在起草合同时,对于违反义务达到

一定程度的,应尽可能设定相应的解除条件。

同时,对于因违约导致合同解除,也应设置相应的违约金条款即解约违约金,既便于在诉讼中主张,也可省去解除合同后主张损失赔偿的麻烦,毕竟主张损失需要提供证据证明,而如果约定了解约违约金,则可以直接主张此项违约金。具体约定方式可以在每一条解除条款后设定,同时可以设定兜底条款,如:除本协议约定外,甲方依约或依法解除本协议的,有权要求乙方另行支付违约金×××元,如该违约金不足以弥补甲方损失的,甲方仍有权要求乙方赔偿。

相关法律规范:

《民法典》第585条第1款规定:"当事人可以约定一方违约时应当根据违约情况向对方支付一定数额的违约金,也可以约定因违约产生的损失赔偿额的计算方法。"

(三)对违反义务约定相应的违约条款和解除条款——以建设工程施工合同部分违约和解除条款为例

16.2.2　承包人违约的责任

16.2.2.1　经发包人审定的施工进度具有约束力,如因承包人原因而导致未能按施工进度完工的,则每逾期一天,按签约合同价万分之二向发包人承担违约责任。

如因承包人原因未能按本合同约定时间竣工验收的,每延迟一天承包人按签订合同价的万分之五向发包人支付违约金。同时承包人承担由此给发包人造成的其他损失[包括但不限于发包人被购房业主追究延期交房的违约责任、损失(包括直接损失和间接损失)等]。

16.2.2.2　如发生因承包人与农民工之间的纠纷影响发包人正常经营及工作的,包括农民工在工地、发包人营业场所、售楼部、项目现场、办公场等地,聚集、闹事、堵路以及存在其他影响发包人工地施工、发包人声誉等情形,或受到媒体曝光给发包人造成重大影响的,视为承包人违约,每出现一次此类情况,承包人应向发包人支付10万元的违约金,发包人有权从需支付给承包人的任何款项中直接抵扣,发生上述情形,发包人有权不经承包人同意而直接将款支付给农民工,支付的款自动直接冲抵应支付给承包人的工程款,且承包人按支付额的20%承担违约责任。

16.2.2.3 因承包人责任出现质量问题、安全事故或渗水、漏水等其他原因,受到报纸、电视、广播等媒体的曝光或政府有关主管部门的通报批评均会给本工程的社会形象造成损害,故承包人在工程施工过程中以及工程验收合格移交后的2年内出现上述情形的,每出现一次,承包人应向发包人支付1万~10万元的违约金,具体金额由发包人根据违约情况、造成的影响和损失确定。

16.2.2.4 因承包人原因造成工程停工、消极怠工,每一天承包人按签约合同价的万分之五向发包人支付违约金;超过30个日历天的,自第31个日历天起,每一天承包人按签约合同价的千分之一向发包人支付违约金。

16.2.2.5 承包人存在以下情形之一的,发包人有权解除本合同,如发包人因此而解除本合同的,发包人有权要求承包人支付签约合同价金额30%的违约金,违约金不足以弥补发包人损失的,承包人另行补足,且发包人有权从需支付给承包人的任何款项中直接抵扣:

(1)因承包人原因造成工程停工、消极怠工或逾期竣工超过30个日历天或承包人中途退场的;

(2)因承包人原因工程进度达不到本施工合同第一部分协议书第3条第4款约定的预售节点及封顶节点工期要求累计逾期超过30个日历天;

(3)未经发包人同意,承包人擅自将其承包范围内的工程对外另行转包或者承包人以挂靠形式承担本项目施工的;

(4)因承包人原因被行政机关责令停工超过30个日历天的;

(5)承包人项目经理在开工后未就位主持工作的;

(6)工程发生"较大事故"或以上质量事故的;

(7)承包人存在违约行为经发包人限期整改而未完成整改的;

(8)其他严重违反合同的行为;

(9)发包人依约或依法定事由解除合同或承包人无故解除合同。

16.2.2.6 承包人不服从不执行发包人及监理方的合理指令的,按每次20,000元向发包人支付违约金。

16.2.2.7 对于业主验房时或者收房后提出的维修要求承包人必须于24小时内开始整改,并按整改通知要求的时间内完成整改工作,否则,视为承包人违约,承包人应按5000元/次承担违约责任。承包人未在规定时间内开始整改,每逾期一天,向发包人支付1000元的违约金。承包人在规定时间内未完成整改的,每逾期一天,向发包人支付1000元的违约金。

16.2.2.8　承包人未按约定提交工程结算资料的,承包人同意每延迟一天按签约合同的万分之五向发包人支付违约金,该违约金在结算款中扣除。承包人不得以任何理由拒绝向发包人交付竣工验收所需的资料,否则承包人因此造成发包人损失的,承包人承担全部责任。

16.2.2.9　承包人未能按约定向发包人提交履约保证金或履约保函,发包人有权单方终止合同,同时要求承包人赔偿发包人的一切损失。

16.2.2.10　承包人未能按约定时间提供施工组织设计,承包人向发包人支付违约金5000元/天,延期提交的施工组织方案所涉及的费用,发包人概不负责,且因此产生的隐蔽工程增加的费用不予计取。

16.2.2.11　承包人管理人员或施工人员私自将各类施工材料夹带出施工现场的,承包人除须按材料价值的两倍赔偿外,还须按5000元/人/次向发包人支付违约金。

16.2.2.12　施工过程中,发生的任何安全事故均由承包人自行承担,承包人还需按每次1万~10万元支付违约金,因此造成发包人损失的,承包人须承担赔偿责任。

16.2.2.13　合同履行过程中,承包人需支付的违约金、赔偿款等发包人均可在承包人的任何款项中直接扣收,发包人扣收的该违约金数额视为发包人已支付同等数额的工程款(进度款)给承包人。

16.2.2.14　无论何种原因导致本合同解除或者终止的,承包人均应在合同终止之日起的10日内清退出场(包括人、材、机,垃圾的清理,并且不存在妨碍发包人自行或者发包人另行委托的第三方进场施工的情形),并且必须与发包人办理完毕档案资料、现场等移交工作,否则,每逾期一天承包人按签约合同价的千分之一向发包人支付场地占用费(发包人有权在应当支付给承包人的任何价款中直接抵扣),按前述标准仍不足弥补发包人损失的,承包人仍然应当赔偿;对于承包人不完成清场的,发包人有权按本合同约定采取强制性措施予以清退,造成的损失,由承包人自行承担。对于工程量、工程造价的确定,按16.2.3有关约定办理。

16.2.2.15　除以上约定外,承包人违反本协议约定义务或法定义务的,按每次1000元~10,000元支付违约金。

16.2.2.16 本合同约定的违约金标准是发包人和承包人在充分协商并自愿约定的,且认可其可能具有惩罚性,承包人不得以违约金过分高于发包人的实际损失为由要求法院对违约金进行削减。凡本合同中所约定的应承担的违约金或其他费用,发包人有权直接从应支付的合同款中予以扣除。若有不足,承包人应在15个工作日内补足,逾期不予补足的,每逾期一天,承包人按照应补足金额的每天千分之一直接向发包人支付违约金。

16.2.2.17 本合同中如某一违约行为同时适用两条或两条以上违约条款的,除法律有明确规定外,违约条款相互独立,累加适用。本合同中某一条款中所约定的违约责任不影响本合同中其他条款关于违约责任的相关约定,不影响当事人基于法律规范或其他合同约定所享有的一切权利。

16.2.3 因承包人违约解除合同

发包人根据本合同约定或法定事由解除施工合同,承包人应在接到发包人解除施工合同的通知之日起10日内将人员、材料、设备无条件撤离工地,并将施工现场和在建工程及工程资料完整地交给发包人,发包人在接收场地及施工资料后,双方进行已完工程的质量检验、工程量认定及工程价款的结算。承包人不积极配合进行质量检验、工程量认定及结算或者双方在合同解除后30日内未能就上述达成一致的,视为承包人放弃确认工程量的权利,相关工程量的确认以发包人审核确认的为准,承包人对以上结果不持异议;或者承包人在合同终止后未按约不积极配合进行质量检验、工程量认定及结算或者双方在合同解除后30日内未能就上述达成一致的,也视为承包人同意发包人有权自行委托有资质的中介机构(承包人放弃参与选择中介机构的权利)进行质量检验、工程量鉴定及工程价款的结算,及视为承包人放弃对检验、鉴定或结算结果提出异议的权利,鉴定费亦由承包人全额承担,并由发包人在应付款中抵扣。发包人有权组织其他施工单位进场施工,承包人不得以任何方式阻挠。

发包人继续使用承包人在施工现场的材料、设备、临时工程、承包人文件和由承包人或以其名义编制的其他文件的费用承担方式:使用人承担。

律师点评:以上条款系某施工合同中,有关承包人违约责任的条款。以上条款中,所有的违约行为均约定有具体的违约金,且约定的违约金均为具体金额或可以直接计算的金额,为免挂万漏一,以上条款同时约定了兜底条款,即“16.2.2.15 除以上约定外,承包人违反本协议约定义务或法定义务的,按每次 1000 元～10,000 元支付违约金”。

以上条款还约定了合同解除条件,并对合同解除后场地、资料的移交作了约定,这样有利于督促承包人在合同终止后及时退场;同时还约定了在合同未履行完毕的情况下,一旦解除合同,对已完工程质量如何进行检验,对已完工程造价如何确定。

总而言之,任何违反义务的行为应尽可能约定具体、明确的违约责任条款,并约定解除合同条款。

第二章

合同起草修改常见误区

一、自认为条款有违公平或可能被认定无效，而不制定或删除对委托人有利的条款

（一）在草拟或修改合同过程中，自行认为拟定的条款有违公平或存在可能认定为无效的情形，即使该条对委托人有利，也不记入合同或删除

以上做法忽视了以下几个问题：

1. 经双方签订的合同条款，一经签订即具有法律效力，除法院或仲裁机构依法确认无效或撤销合同外，任何人不得单方认定合同条款无效。

由于经办律师无权自行认定合同条款无效，因此在未经法院或仲裁机构裁判前，仅以自己的观点认定条款无效显然是错误的，在此错误观点基础上，将对委托人有利的条款删除显然也是错误的。

2. 签订的合同，最终涉诉的毕竟是少数，签订对委托人有利的合同，一旦发生纠纷，有利于委托人取得较为优势的谈判地位，为协商解决纠纷奠定良好的基础。

就实务而言，就签订履行的合同诉至法院毕竟是少数，更多的情况下是双方协商解决。一份对委托人有利的合同，即便其中的条款可能因某种原因被认定无效，但由于诉至法院的情形毕竟是少数，即便诉至法院，是否被认定无效还需经法院裁判，其结果也并非一律无效。而一份对委托人有利的合同，将会使得委托人在协商处理纠纷过程中处于有利的地位，为协商谈判过程中委托人取得更多的合法利益打下基础，因此即便某一条款可能被认定无效，但只要对委托人有利，应当写入合同。

相关法律法规：

《民法典》第147条规定："基于重大误解实施的民事法律行为，行为人有权请

求人民法院或者仲裁机构予以撤销。”

第148条规定:“一方以欺诈手段,使对方在违背真实意思的情况下实施的民事法律行为,受欺诈方有权请求人民法院或者仲裁机构予以撤销。”

第149条规定:“第三人实施欺诈行为,使一方在违背真实意思的情况下实施的民事法律行为,对方知道或者应当知道该欺诈行为的,受欺诈方有权请求人民法院或者仲裁机构予以撤销。”

第150条规定:“一方或者第三人以胁迫手段,使对方在违背真实意思的情况下实施的民事法律行为,受胁迫方有权请求人民法院或者仲裁机构予以撤销。”

第151条规定:“一方利用对方处于危困状态、缺乏判断能力等情形,致使民事法律行为成立时显失公平的,受损害方有权请求人民法院或者仲裁机构予以撤销。”

3. 即使合同无效,但部分条款仍然有效,起草修订合同时,此部分条款仍需以有利于委托方的方式制定。

《民法典》第156条规定:“民事法律行为部分无效,不影响其他部分效力的,其他部分仍然有效。”

第507条规定:“合同不生效、无效、被撤销或者终止的,不影响合同中有关解决争议方法的条款的效力。”

根据上述规定,即使合同无效,合同中有关争议解决的条款仍有效,比如管辖条款,就此,建议在符合《民事诉讼法》规定的情况下(不违反专属管辖的规定),合同应尽可能约定管辖条款,比如可以约定:

甲乙双方在履行合同时发生争议,双方协商解决。如协商不成,由工程所在地人民法院管辖。

或甲乙双方在履行合同时发生争议,双方协商解决。如协商不成,由甲方所在地有管辖权的人民法院依法裁决。

4. 部分合同,即使合同无效,但双方约定的有关条款仍可作为解决双方争议的依据。

(1)建设工程施工合同。

《建设工程解释一》第6条规定:“建设工程施工合同无效,一方当事人请求对方赔偿损失的,应当就对方过错、损失大小、过错与损失之间的因果关系承担举证责任。

损失大小无法确定,一方当事人请求参照合同约定的质量标准、建设工期、工程价款支付时间等内容确定损失大小的,人民法院可以结合双方过错程度、过错与损失之间的因果关系等因素作出裁判。”

(2)房屋租赁合同。

《城镇房屋租赁合同解释》第4条规定:“房屋租赁合同无效,当事人请求参照合同约定的租金标准支付房屋占有使用费的,人民法院一般应予支持。

当事人请求赔偿因合同无效受到的损失,人民法院依照民法典第一百五十七条和本解释第七条、第十一条、第十二条的规定处理。”

(二)案例:建设工程施工合同先票后款的约定

在建设工程施工领域,因建筑企业之间竞争激烈,因此开发商在签订合同时有较为明显的优势,相关合同条款对承包人而言也较为严苛。其中比较典型的条款之一为先票后款,对此双方一般约定如下:所有工程款以银行转账方式转至合同约定的乙方账户上。甲方每次付款前,乙方需先行提供当次申请支付金额等额合法有效的税务发票给甲方(如果是开具增值税专用发票,还需要注明。——笔者注),否则,甲方有权拒付该笔款项。甲方在收到发票后按合同约定支付工程款给乙方。乙方提供的发票若非合法有效,则甲方在任何时候均有权要求乙方重新开具,乙方立即退还甲方已付全部款项,甲方并有权要求乙方按合同总价的双倍向甲方支付违约金,虚假发票所致的行政处罚或其他后果均由乙方承担,导致的行政、刑事责任由乙方承担,且甲方有权视情况解除合同并追究乙方的违约责任。

对于上述涉及开具发票的条款,实务中存在争议:有的观点认为,此类条款对承包人而言过于严苛,且有失公平,毕竟在建设工程施工合同中,承包人的主要义务是建设施工,发包人的主要义务是支付工程价款,开具发票只是附随义务,以附随义务的不履行来对抗主要义务的履行,显然有失公平,因此对于发包人以此为抗辩的,不应支持。

比如,在遵义红色旅游(集团)有限公司与湖南楚峰园林建设有限公司建设工程施工合同纠纷一案中,最高人民法院在(2017)最高法民终242号二审民事判决书中论述仙谷山公司能否以施工方楚峰公司未履行开具发票的义务为由而拒绝支付工程款时,其认为:仙谷山公司与楚峰公司之间系建设工程施工合同法律关系,仙谷山公司作为发包人的主要合同义务就是支付工程款,楚峰公司作为承包人的主要合同义务是交付建设成果,而开具发票仅是楚峰公司的附随义务。在涉案工程经竣工验收后,仙谷山公司即负有按《工程结算确认表》支付工程款的义务。在工程款的支付过程中,仙谷山公司从未以对方未开具发票为由主张先履行抗辩权,楚峰公司也未曾作出拒绝履行开具增值税发票义务的意思表示,仅抗辩仙谷山公司应先支付工程欠款。仙谷山公司迟延支付剩余1948万元工程款,楚峰公司为避免垫付税款造成的损失,未开具全部工程款(包括部分已付款)增值税发票,也是合理行使抗辩权。故红旅集团以楚峰公司尚未足额开具已付工程款的发票为由拒付剩余工程欠款,理由不成立。

当然,也有的观点认为,此约定并未违反强制性的法律法规,也未被认定无效,在未被认定无效的情况下,就应为有效,既然有效,就应当执行,法院对此也不应予以干涉;而且,先票后款在实务中也属惯例。综上,对于乙方未按照约定开具发票的,甲方有权拒绝支付价款。

江苏省高级人民法院民一庭组织编写的《建设工程施工合同案件审理指南》认为:对于发包人能否以承包人未开具发票作为拒付工程款的抗辩理由,司法实务中存有不同观点。一种观点认为,开具发票是双方当事人在合同中约定的义务,既然是合同义务,就应当遵守,承包人未依照约定开具发票,发包人享有同时履行抗辩权。另一种观点认为,发包人的主要义务是按照工程进度支付工程款,在承包人已完成合同主要义务的即按约定施工的情况下,发包人未按合同约定支付工程款显然构成违约。开具发票与支付工程款之间不具有对等关系,发包人以承包人未开具发票作为拒付工程款的抗辩理由不能成立。我们认为,由于支付工程款义务与开具发票义务是两种不同性质的义务,前者是合同的主要义务,后者并非合同的主要义务,两者不具有对等关系。因此,在一方没有开具发票的情况下,另一方不能以此为由拒绝履行合同主要义务即支付工程价款,当事人另有明确约定的除外。实践中有争论的是,对于当事人约定应当何种程度才能视发包人具有履行抗辩权?一种观点认为,只要约定了先后履行顺序即可,如约定先开具发票后支付工程款;另一种观点认为,不仅要约定先后顺序,还应明确约定违反后果,如约定先开具发票后支付工程款,不开具发票有权拒付工程款。我们同意第一种观点,从当事人文义能够推知先后履行顺序即构成先履行抗辩权,至于后果系履行顺序约定的当然之意。①

律师点评:关于先票后款,实务中虽然存在争议,且此条款本身对承包人而言显得过于严苛,但对发包人而言,绝不可因为此条款存在争议而不写入合同中,就算存在争议,从以上争议不难看出,在有的情况下法院也是支持发包人以此条作为抗辩,尤其是在实际履行中,此条有利于发包人财务上的管理,是发包人在财务管理上的有效手段。

二、涉及价款、费用、责任等条款约定不清,容易导致争议

涉及价款、费用和责任条款,应尽可能将价款费用包括的范围、组成、计算方式约定明确;对于可调价的情形,亦应明确约定,以避免在履行中发生争议;对于责任,如违约责任条款,应尽可能将违约行为的内涵、外延(具体包括哪几种违约行为)约定明确,一旦对方违约,即可以按照约定进行处理。同时,只有尽可能地约定明确,才能最大限度避免法官运用自由裁量权对条款进行解释,因为一旦存在法官行使自由裁量的地方,就会导致诉讼风险的增加和诉讼结果的不可控。

条款范例:某设计合同中,设计人拟约定在委托设计的项目发生变更时,其可以增加费用。

约定1:由于甲方变更委托设计项目或项目内容,以致造成乙方设计需返工时,甲方应支付相应的返工、赶工等补偿,且双方需重新商定提交文件时间。

约定2:由于甲方变更委托设计项目或项目内容(如容积率、规划用途等),以致造成乙方设计需返工时,甲方应支付相应的返工、赶工等补偿,且双方需重新商定提交文件时间。

约定3:由于甲方变更委托设计项目或项目内容(如容积率、规划用途以及其他规划指标等),以致造成乙方设计需返工时,甲方应支付相应的返工、赶工等补偿,且双方需重新商定提交文件时间。

律师点评:以上关于设计人可以增加设计费的约定,关键在于如何将"变更委

---

① 李玉生主编,俞灌南副主编:《建设工程施工合同案件审理指南》,人民法院出版社2019年版,第133~134页。

托设计项目或项目内容"的内涵和外延约定清楚,约定 1 所约定的内容过于笼统,且容易导致解释上的争议,比如何为"变更设计项目",何种情况下构成变更设计项目?由于未作明确约定,极容易导致争议,比如项目的面积变更是否属于变更设计项目?项目的地址、规划用途(如原来为商业后来改为住宅等)等,是否属于变更?由于未作明确约定和列举,容易导致争议。

约定 2 对设计变更的内容作了列举,但仅列举了两项,容易造成遗漏,而约定 3 则通过列举和兜底的方式,将"变更"作了明确约定,既可以在一定程度上避免理解上的分歧,也能最大限度地保护设计人的利益。

三、制定的条款脱离实际从而导致该条款在实际执行过程中存在重大风险并可能造成重大损失

草拟的条款应当与当事人实际履行、具体操作流程相符,对于风险的防范和控制应结合实际操作的每个过程环节,相应发现风险并作出相应的条款安排,绝不能不经过调查研究,笼统地约定权利义务和违约责任条款,由此制定的条款,不仅不能起到风险防范的作用,反而会给当事人带来重大的风险和损失。

条款范例 1:货物买卖合同关于货物交接的约定。

约定 1:本合同货物由供方负责送货上门,供方应当按照需方要求将货物送到需方指定地点,经过需方指定采购员、成本部指定人员、项目部指定人员验收和仓管人员(上述人员详见第 2 条第 4 款)入库并由以上四人共同签署确认书方能作为收货的依据(除前述人员外,任何人员包括但不限于需方的法定代表人、总经理、项目经理、施工员、员工、上述四人中的一人至三人等签署的文件、收货凭证等,均不得作为收货的凭据)。在需方验收并签署确认书前,由于交货发生的各种费用包括但不限于人工、机械、材料、运输费、货物到达指定地点的装卸费、搬运费(含人工、机械、辅材等相关费用)、管理费、安装费(含人工、机械、辅材等相关费用)、税金等各种相关费用以及在途风险由供方承担。

约定 2:本合同货物由供方送货上门,需方现场验收完毕入库即完成货物交付。

律师点评:以上关于货物交付,约定1和约定2最大的区别在于,约定1根据货物交付时需方的收货验货流程,相应约定了具体流程和责任人员,并约定具备何种条件的送货单方为有效,由此可以有效规范收货验货流程,防止供货人员与需方部分人员串通虚构供货单进而损害需方利益。

约定2只是简单地约定货物交付后经验收完成交付,实务中,常见的纠纷为:由供方提供送货单,送货单上可能有需方的采购员、施工员、仓管等某一人员或数人签字,甚至送货单上只有现场保安签字,由于没有约定明确的入库、验收手续和签字人员,导致供方提供的送货单上,需方任何人员签字都可能被认定为职务行为并对需方有效,极易诱发供方与需方个别人员串通虚构供货数量进而损害需方利益的行为。

条款范例2:商品房买卖合同关于办理权属登记的条款。

因出卖人的原因,买受人未能在商品房交付使用后730日内取得该商品房的不动产权证书的,双方同意按照下列第______种方式处理:

1. 买受人有权解除合同。买受人解除合同的,应当书面通知出卖人。出卖人应当自解除合同通知送达之日起15日内退还买受人已付全部房价款(含已付贷款部分),并自买受人付款之日起,按照中国人民银行公布的同期贷款基准利率______%(不低于中国人民银行公布的同期贷款基准利率)计算给付利息。自买受人应当完成房屋交易手续和取得不动产权证的期限届满之次日起至实际全部完成房屋交易手续和取得不动产权证之日止,出卖人按日计算向买受人支付全部房价款万分之一的违约金。

2. 买受人不解除合同的,出卖人自买受人应当取得不动产权证书的期限届满之次日起至实际取得不动产权证书之日止,按日计算向买受人支付买受人已付房价款万分之一的违约金,并于买受人实际取得不动产权证书之日起60日内向买受人支付。

补充约定:对产权登记的补充约定。

1. 双方同意,在《商品房买卖合同》约定的商品房交付使用后的730日内(如出卖人根据《商品房买卖合同》约定可以顺延交房的,则本条约定的办理权属登记时间相应顺延;如果提前交房的,则仍按照《商品房买卖合同》约定的房屋交付时间作为计算办证的起始时间),出卖人办结《商品房现售备案证明》,则视为出卖人完成了房屋权属登记办理的义务。

2. 如买受人选择银行贷款的方式且由出卖人承担担保责任，则买受人委托出卖人或出卖人指定的代理机构办理房屋权属转移登记手续和预告登记手续，该委托不可撤销。买受人选择一次性付款或出卖人不承担担保责任的，可以自行办理也可以委托出卖人或出卖人指定的代理机构办理房屋权属转移登记手续，委托服务费用以现场公示收费标准为准，由买受人承担；如委托其他人办理的，则受托人必须出具经公证部门签发的《委托公证书》，否则受托人无法领取相关办证资料。

3. 如买受人未付清法律、法规等规定应缴纳的相关税费、住宅专项维修资金，或者未提供规定所需的资料（包括但不限于签署授权委托书，签署办理权属登记申请表等）、未付清全部应付款（含面积差价款）、各种违约金、利息、办证手续费、应当由买受人缴纳的其他费用、未及时按约前来办理交房手续、未偿还由出卖人代偿的按揭款及其利息、违约金等，出卖人有权拒绝按本合同约定时间为买受人办理权属登记相关手续，且无须承担任何责任。出卖人办理产权的时间从买受人提交全部资料、税费、付清全部应付款项之日开始起算。

4. 在出卖人为买受人向按揭银行提供担保的情况下，如因买受人原因（包括但不限于未按出卖人要求及时提供相关证件及资料）造成延迟办理产权登记相关手续的，或迟延办理房屋抵押登记或未按照本合同约定按时足额缴纳住宅专项维修资金、契税、产权登记费、物业费等相关费用，则每延期一天应向出卖人支付总房款万分之四的违约金。

律师点评：商品房买卖合同中，办理权属登记是开发商的主要义务之一，要将办理权属登记的条款约定清楚并防范其中的风险，应知道办理权属登记的方式、实务中存在的问题，相应制定合同条款。

1. 取得现售证后买受人不配合办理权属登记的风险及防范此风险的条款。

实务中，开发商办理房屋权属登记，需先达到办证条件，达到办证条件一般是指开发商办理并取得商品房现售备案证（俗称现售证），取得现售证后，具体办理权属转移登记有两种方式：一种是由买受人委托开发商代办；另一种是由买受人自行办理。

由于现售证的办理不需要买受人配合，且属于开发商的义务，且一旦取得现售证，也就意味着项目已经达到了办证条件，在达到办证条件后，如何完成权属转移登记分两种情况:如果是委托开发商办理的,则需要买受人在开发商指定时间内向开发商提交委托书、身份证复印件、缴纳契税等证明文件;如果是买受人自行办理的,则需要买受人向开发商主动索取自行办理权属登记所需的相关证明文件等,从以上内容可见,取得现售证后,能否最终完成权属登记的办理,主要有赖于买受人的配合和提供资料,因此开发商为了规避取得现售证后买受人不配合办理权属登记导致办证迟延的风险,部分开发商以取得现售证即视为完成办理权属登记的义务。

当然,办理并取得现售证,对买受人而言实际上仍未取得权属登记,因此部分开发商从较为公平的角度出发,拟定以下条款:出卖人办结《商品房现售备案证明》后应在30日内通知买受人,买受人应在通知规定时间内提供办理权属登记所需的资料文件,逾期产生的责任损失由买受人自行承担。

2. 按揭买受人取得房屋权属证明文件后不积极配合办理房屋抵押登记导致开发商承担保证责任时间的延长。

就实务而言,银行与开发商在办理按揭合作过程中,对于按揭房屋,一般都会要求开发商在买受人逾期还款情况下承担连带保证责任,保证责任期限至该房屋办理并取得房屋不动产权证且该房屋办理完毕抵押登记(取得他项权证)时止,实务中,如果允许按揭客户自行办理权属登记,一旦其自行取得不动产证后不主动与按揭银行联系办理该房屋的抵押登记,导致的结果是,该房屋虽然取得了不动产权证,但该房屋迟迟未能按与银行签订的按揭合同约定办理抵押登记,由此对银行和开发商而言都将造成重大风险:

其一,对银行而言,房屋取得了不动产权证,但由于未能办理抵押登记,导致买受人向银行所借款项没有抵押的担保措施,一旦买受人无法按约定偿还借款,银行将可能无法对该房屋行使抵押权。

其二,对开发商而言,房屋取得不动产权证后,由于买受人迟迟不办理抵押登记,导致开发商对银行承担的连带担保责任迟迟无法解除,一旦买受人未能按约定偿还借款,开发商将面临银行的追索和责任承担。

基于以上原因,开发商一般会约定,对于按揭客户,必须由客户委托开发商代办不动产权登记,且委托其代持有该不动产权证,在取得不动产权证后,开发商将该证提交给按揭银行,由按揭银行根据与买受人签订的按揭合同和买受人此前签署的委托办理抵押登记的委托书办理抵押登记，由此可以实现整个不动产权证和抵押登记办理的无缝衔接。

如果对以上流程以及实务中常见的风险不熟悉，很难想到对于按揭客户需约定必须由买受人委托开发商代办权属登记，也就无法有针对性地防范和化解以上风险。因此以上补充协议约定："……2. 如买受人选择银行贷款的方式且由出卖人承担担保责任，则买受人委托出卖人或出卖人指定的代理机构办理房屋权属转移登记手续和预告登记手续，该委托不可撤销。买受人选择一次性付款或出卖人不承担担保责任的，可以自行办理也可以委托出卖人或出卖人指定的代理机构办理房屋权属转移登记手续，委托服务费用以现场公示收费标准为准，由买受人承担；如委托其他人办理的，则受托人必须出具经公证部门签发的《委托公证书》，否则受托人无法领取相关办证资料。"

3. 买受人只有依约或依法缴纳契税、公共维修资金、补缴房款（如权属登记实测面积大于预售面积），开发商才有义务依约办理权属登记。

就房屋买卖合同而言，开发商的主要义务在于依约交房和办理权属登记，买受人的主要义务在于依约缴纳各种款项包括房款和公共维修资金，依法缴纳契税。对于要求买受人依约缴款，开发商可以制约的手段主要是交房和办证，一旦完成房屋交付和权属登记办理，则对于要求买受人缴纳款项，开发商也就失去了制衡手段，只能通过诉讼追缴，而考虑到诉讼的金钱和时间成本，通过交房和办证来督促买受人依约或依法缴纳各种款项成为合同的首选方式，由此开发商一般都会约定不按约支付房款、缴纳税费等导致的逾期交房和办证责任由买受人自行承担。

交房前，买受人逾期缴纳的款项主要是房款、公共维修资金等；办证前，买受人逾期缴纳的款项一般包括契税、公共维修资金、面积补差需缴纳的房款（权属登记实测面积大于预售面积，根据合同约定买受人需补交房款）。只有对房屋买卖流程和实务中常见的上述风险熟悉，才能制定相应的防范风险的合同条款。

比如以上条款约定，"如买受人未付清法律、法规等规定应缴纳的相关税费、住宅专项维修资金，或者未提供规定所需的资料（包括但不限于签署授权委托书，签署办理权属登记申请表等）、未付清全部应付款（含面积差价款）、各种违约金、利息、办证手续费、应当由买受人缴纳的其他费用、未及时按约前来办理交房手续、未偿还由出卖人代偿的按揭款及其利息、违约金等，出卖人有权拒绝按本合同约定时间为买受人办理权属登记相关手续,且无须承担任何责任。出卖人办理产权的时间从买受人提交全部资料及缴清税费、付清全部应付款项之日开始起算”。

综上,在草拟合同条款时,绝不可以闭门造车,必须深入实践,充分了解和理解实务中的操作流程和实务中常见的风险,对于该流程和风险有针对性地制定合同条款,只有这样才能制定出合乎实际且最大限度地保护当事人合法权益的合同条款。

第三章

合同主体

合同主体对合同是否成立、是否有效、合同履行等有着重大影响,在起草和修改合同前,应首先对合同主体进行考量和审查。

一、合同主体对合同是否成立的影响

(一)合同主体对合同是否成立的影响

《民法典》第464条第1款规定:“合同是民事主体之间设立、变更、终止民事法律关系的协议。”没有主体的合同,显然无法成立。既然合同是平等主体之间设立、变更和终止民事权利义务关系的协议,缺少了合同主体,自然难谓合同成立,因合同不成立,自然就不生效,对当事人也不具有约束力。

我们所说的合同,其形式多种多样,《民法典》第469条规定:“当事人订立合同,可以采用书面形式、口头形式或者其他形式。

书面形式是合同书、信件、电报、电传、传真等可以有形地表现所载内容的形式。

以电子数据交换、电子邮件等方式能够有形地表现所载内容,并可以随时调取查用的数据电文,视为书面形式。”

订立合同的意思表示往往是通过签字和盖章完成,换言之,确定当事人是否是合同主体,关键在于该当事人是否在合同上签字或盖章,如果合同上虽然记载有当事人的名称,但该当事人并未在合同上签字或盖章,则该当事人并非合同主体,其与合同上其他主体之间并未成立合同。

除了签字和盖章,行为也是当事人意思表示的方式。《民法典》第490条规定:“当事人采用合同书形式订立合同的,自当事人均签名、盖章或者按指印时合同成立。在签名、盖章或者按指印之前,当事人一方已经履行主要义务,对方接受时,该合同成立。"

(二)合同主体对合同是否成立的影响——通过案例进行解析

案例:再审申请人裘某芬与被申请人经纬纺织机械股份有限公司及一审被告新疆天盛实业有限公司、雄峰控股集团有限公司、张某海、何某荣、陈某丽、葛某国、汤某芳分期付款买卖合同纠纷再审案

案号:新疆维吾尔自治区高级人民法院生产建设兵团分院(2016)兵民再13号

案情简介

2010年12月16日,经纬公司以其下属经纬纺织机械股份有限公司新疆销售技术分公司名义与天盛公司签订了《棉花购销合同》,双方约定经纬公司向天盛公司采购总价为9600万元的细绒棉;天盛公司于经纬公司支付7680万元首付款后7日内交货,货到需方后付清余款;如不能按期交货,天盛公司应即刻返还全额货款并支付违约金,违约方应支付守约方每日合同金额万分之五的违约金。同日,雄峰公司向经纬公司出具《担保函》,张某海等六名自然人(其中包括裘某芬)分别向经纬公司出具《个人保证担保函》,分别为天盛公司在《棉花购销合同》项下的各项义务及责任承担连带保证责任。合同签订后,经纬公司依约于2010年12月17日向天盛公司支付了7680万元首付款。天盛公司于2010年12月21日向经纬公司发出《不能履行棉花购销合同确认函》,确认因其原因不能供货,且承诺于3日内退还经纬公司已经支付的7680万元预付款,并支付违约金;如有逾期,将依据棉花购销合同规定加倍支付逾期违约金。后经纬公司分别于2011年6月29日、10月25日发函催告,但天盛公司未予偿还预付款。因一审过程中,各自然人的保证人未到庭,因此一审法院认定了《担保函》的证明力。一审最终判令"张某海等六名自然人在其保证范围内承担连带保证责任的请求应予支持。本案中,应确认上述保证人对天盛公司在《棉花购销合同》项下的债务承担连带责任"。

裘某芬提起再审申请称,(1)本案程序违法。一是根据《民事诉讼法》的规定,经纬公司起诉状应当写明当事人的职业、工作单位、证据及证据来源,但其起诉状中均无上述内容,不符合立案条件。二是本案原审法院在经纬公司没有说明裘某芬的工作单位且没有证据表明裘某芬下落不明的情况下采用公告送达，违反了《民事诉讼法》的送达规定。三是原审法院剥夺了裘某芬要求鉴定的程序性权利，且对存在重大疑点的《个人保证担保函》未予鉴定。(2)本案认定事实错误。原审中被申请人经纬公司坚持称所谓的裘某芬填写的担保函是天盛公司提供的，是否为本人所写无法确认。天盛公司对这份担保函的真实性则持有异议，而原审在无法确认担保函的真实性的情况下，认定该担保函是本人所写是错误的。为此，请求再审依法查明案件事实，驳回被申请人经纬公司对再审申请人裘某芬的诉讼请求。再审庭审中，再审申请人裘某芬向本院提交了书面申请，请求对《个人保证担保函》中裘某芬的签名及指印是否为本人所为进行司法鉴定。

再审过程中，经本院委托，新疆恒正司法鉴定中心于2016年4月26日依法作出恒正司鉴〔2016〕文痕鉴字第100－A号和第100－B号《司法鉴定意见书》，鉴定意见分别为："落款日期为2010年12月16日《个人保证担保函》上共有人签字并按指印处'裘某芬'签名不是裘某芬本人所写。""落款日期为2010年12月16日《个人保证担保函》上共有人签字并按指印'裘某芬'签名处的指印，捺印模糊纹线有重叠，不清晰，可供比对的特征少，不具备鉴定条件，无法作出鉴定意见。"

结合上述鉴定意见，新疆维吾尔自治区高级人民法院生产建设兵团分院认为，"本案再审中，再审申请人裘某芬主张，其从未同意为天盛公司的债务承担保证责任，也未出具过担保函。根据再审查明的上述事实，已足以否定原一审认定的'裘某芬向经纬公司出具了《个人保证担保函》'的事实，裘某芬主张的事实成立。现被申请人经纬公司不能提供证据证明裘某芬为天盛公司的债务提供了担保，根据《最高人民法院关于适用〈中华人民共和国民事诉讼法〉的解释》第九十条第二款'在作出判决前，当事人未能提供证据或者证据不足以证明其事实主张的，由负有举证证明责任的当事人承担不利的后果'的规定，经纬公司依法应当承担对其不利的法律后果，对其要求裘某芬为天盛公司的债务承担连带清偿责任的诉讼请求，依法不予支持。裘某芬的再审请求理由成立，应予以支持"。

律师点评：本案中，裘某芬是否承担本案连带责任，关键在于《个人保证担保函》上的签字是否为裘某芬本人签字，如果是其本人签字，则在裘某芬与经纬公司之间成立保证担保合同,如果并非裘某芬本人签字,则意味着双方之间不存在担保合同关系,经纬公司据此要求裘某芬承担担保责任无事实和法律依据。

本案在再审过程中,裘某芬申请对《个人保证担保函》上有关“裘某芬”的签字和指印是否为其本人的签名和指印进行鉴定,经鉴定,《个人保证担保函》上的“裘某芬”并非其本人签名。再审法院据此最终认定因签名并非裘某芬签名,因此裘某芬不承担本案担保责任。

(三)如何确定合同主体

1. 一般而言,在合同上签字或盖章的主体(包括自然人、法人或非法人组织)是合同主体。实务中,常见的问题是合同上打印或记载的主体名称与签字或盖章的主体不一致。此时应当以签字或盖章的主体作为合同主体。法律依据:《民法典》第 490 条第 1 款:“当事人采用合同书形式订立合同的,自当事人均签名、盖章或者按指印时合同成立。在签名、盖章或者按指印之前,当事人一方已经履行主要义务,对方接受时,该合同成立。”

2. 如果签字一方是以他人名义签订合同,则需要考虑以他人名义签订合同的主体是否有代理权,如果没有代理权,除非构成表见代理,否则合同权利义务以及产生的责任由签订的人承担;如果有代理权,该合同由被代理人承担,合同的主体为被代理人。

对于法定代表人以法人名义从事民事活动,因法定代表人根据法律规定享有代表权,其后果一般应当由法人承担。即便法定代表人越权代表,一般情况下其代表行为的后果亦由法人承担。

根据《九民纪要》的规定,对于法定代表人以法人名义对外提供担保,应当区别不同的情况来确定法人是否应承担责任,该纪要第 17 条规定:“〔违反《公司法》第 16 条构成越权代表〕为防止法定代表人随意代表公司为他人提供担保给公司造成损失,损害中小股东利益,《公司法》第 16 条对法定代表人的代表权进行了限制。根据该条规定,担保行为不是法定代表人所能单独决定的事项,而必须以公司股东(大)会、董事会等公司机关的决议作为授权的基础和来源。法定代表人未经授权擅自为他人提供担保的,构成越权代表,人民法院应当根据《合同法》第 50 条关于法定代表人越权代表的规定,区分订立合同时债权人是否善意分别认定合同效力:债权人善意的,合同有效;反之,合同无效。”

以上所述代理权和代表权有时有交叉相同之处,但二者有着本质的区别,对此最高人民法院从权限、善意相对人、权限来源以及是否为职务行为四个方面进行了区分:

(1)从相关权限的表述看。《合同法》《民法总则》将无权代理概括为没有代理权、超越代理权以及代理权终止后三种情形。而《合同法》第 50 条仅有“超越权限”的表述,并无“没有代表权”或者“超越代表权”的表述。

(2)从善意相对人的表述看。关于越权代表,《合同法》第 50 条仅区分善意与恶意两种情形:善意的,合同有效;恶意的,合同无效。并未考虑相对人的过失问题。但从《民法总则》第 171 条、第 172 条关于无权代理、表见代理的规定,实际上是将无权代理区别为三种情形:相对人善意的无权代理(第 171 条第 3 款)、相对人恶意的无权代理(第 171 条第 4 款)、相对人善意且无过失的表见代理(第 172 条)。可见,越权代表与无权代理的归责并不完全一致。

(3)从权限来源的表述看。根据《民法总则》第 61 条第 2 款有关“法定代表人以法人名义从事的民事活动,其法律后果由法人承受”的规定,法定代表人无须另行授权,就可以一般性地代表公司从事民事活动。即便超越权限对外从事行为,也仅是越权代表,并非无权代表。而除法定代理人外,委托代理一般是一事一授权,代理人变动性很大。在无权代理的情况下,代理人根本就没有代理权,其与所谓的被代理人间并无任何联系。正因如此,《合同法》第 50 条仅有越权代表的规定,而无无权代表的规定。

(4)从是否为职务行为的表述看。法定代表人是公司的法定机关,其代表权限来源于法律的明文规定。法定代表人对外从事的行为,即便是越权行为,也是公司对外从事的行为,本质上属于履职行为,即便越权行为不对公司发生效力,但由法定代表人个人承担责任也缺乏依据。而委托代理情况下,代理人的权限来自被代理人的授权,未经被代理人授权的,其行为与被代理人无关,自然不对被代理人发生效力,而应由代理人自身承担责任。①

3. 如行为人没有代理权、超越代理权或者代理权终止后以被代理人名义订立

① 以上引自最高人民法院民事审判第二庭编著:《〈全国法院民商事审判工作会议纪要〉理解与适用【条文·释义·原理·实务】》,人民法院出版社 2019 年版,第 183~184 页。

合同,相对人有理由相信行为人有代理权的,该代理行为有效,代理人签订的合同直接约束被代理人,合同主体为被代理人。

(四)款项支付与合同主体、责任主体

1. 一般而言,判断当事人是否是合同主体,应当依据合同,而不应根据付款主体,且款项的支付一般也支付至合同相对方账户,即便款项支付至第三方,一般也是收款方委托第三方收款,在此种情况下,第三方收款的行为一般是受合同一方委托收款,二者之间是委托代理关系,根据《民法典》的规定,此种代理的后果仍由委托方承担,换言之,即便合同一方委托第三方收款,该第三方也不可能成为合同主体。

如双方在合同中约定有具体的收款主体的,则支付至该收款主体名下。此时的合同主体不因款项支付的对象并非合同主体而改变。

如甲向乙购买货物,双方在合同中约定,乙方的收款账户名称为丙并相应约定了丙的收款账号和开户行,此时甲方向丙方账户支付款项的,即视为甲方履行了付款义务,本案合同主体并不因款项支付给丙方而使得丙方成为合同主体。相应地,在该案合同纠纷中,丙方也非合同之诉的当事人。

2. 有的情况下,由于款项系支付给第三方,就原告的诉讼策略而言,其一般会将收款方列为被告并追究其责任;法院基于查明事实的需要,可能会将收款方追加为第三人。但原则上,收款主体并非合同主体和合同责任承担的主体。

3. 有的案件中,被告与收款方系关联关系并存在款项支付关系,根据我国《公司法》《民法典》等规定,涉案合同主体并非收款方,但该方亦有可能根据法律和最高人民法院的规定承担责任。

(1)公司股东抽逃出资的,债权人有权要求抽逃出资的股东在抽逃出资本息范围内对公司债务不能清偿的部分承担补充赔偿责任。

《公司法解释三》第 14 条规定:“股东抽逃出资,公司或者其他股东请求其向公司返还出资本息、协助抽逃出资的其他股东、董事、高级管理人员或者实际控制人对此承担连带责任的,人民法院应予支持。

公司债权人请求抽逃出资的股东在抽逃出资本息范围内对公司债务不能清偿的部分承担补充赔偿责任、协助抽逃出资的其他股东、董事、高级管理人员或者实际控制人对此承担连带责任的,人民法院应予支持;抽逃出资的股东已经承担上述责任,其他债权人提出相同请求的,人民法院不予支持。”

(2)公司与股东之间存在的资金往来,是被认定为股东与公司人格混同的证据之一,该等资金往来并结合其他证据证实股东滥用法人人格独立以逃避债务损害债权人利益的,该股东须对公司债务承担连带责任。

根据《九民纪要》第10条的规定,认定公司人格与股东人格是否存在混同,最根本的判断标准是公司是否具有独立意思和独立财产,最主要的表现是公司的财产与股东的财产是否混同且无法区分。在认定是否构成人格混同时,应当综合考虑以下因素:

(1)股东无偿使用公司资金或者财产,不作财务记载的;

(2)股东用公司的资金偿还股东的债务,或者将公司的资金供关联公司无偿使用,不作财务记载的;

(3)公司账簿与股东账簿不分,致使公司财产与股东财产无法区分的;

(4)股东自身收益与公司盈利不加区分,致使双方利益不清的;

(5)公司的财产记载于股东名下,由股东占有、使用的;

(6)人格混同的其他情形。

《公司法》第20条第3款规定:"公司股东滥用公司法人独立地位和股东有限责任,逃避债务,严重损害公司债权人利益的,应当对公司债务承担连带责任。"

4. 判例研究——未将款支付至合同主体的,支付方自行承担责任。

案例1:最高人民法院审理的厚某昇与中国石油天然气股份有限公司长庆油田分公司第二采油厂、长庆油田分公司第二采油厂华池采油作业区合同纠纷申诉案

案号:(2016)最高法民申3688号

最高人民法院裁判意见:

(1)合同相对人主张构成表见代理,不仅应举证证明代理行为存在诸如合同书、公章、印鉴等有权代理的客观表象,而且应当证明其善意且无过失地相信行为人有代理权。

(2)作为国有企业员工,不论是否有权签订合同,由其以个人名义直接收取而非由单位财务部门收取款项明显违背了一般人对国有企业财务管理的基本常识。

(3)此案建设工程依《招标投标法》第3条属于必须通过招标程序,但是无权代理人未经任何法定程序独自代表单位签订建设工程合同,与法律规定相悖。

(4)双方存有通过借民事行为各自获取非法利益的情形。综上,相对人无法证明其善意且无过失,法院认定不构成表见代理。

最高人民法院裁判原文:本院经审查认为,《合同法》第49条规定的表见代理制度不仅要求代理人的无权代理行为在客观上形成具有代理权的表象,而且要求相对人在主观上善意且无过失地相信行为人有代理权。合同相对人主张构成表见代理的,应当承担举证责任,不仅应当举证证明代理行为存在诸如合同书、公章、印鉴等有权代理的客观表象,而且应当证明其善意且无过失地相信行为人有代理权。本案中,首先,杨某兵作为国有企业的员工,不论其是否具有第二采油厂和华池采油作业区授予签订合同的权利,由其个人以各种名义直接收取而非由单位财务部门收取款项,明显违背了一般人对国有企业财务管理的基本常识。其次,申请人厚某昇所主张其与代表第二采油厂的杨某兵签订的多份建设工程合法有效,但根据我国《招标投标法》第3条的规定,全部或者部分使用国有资金的项目必须通过招标程序,但杨某兵未经任何法定程序独自代表单位签订建设工程合同,与法律规定相悖。……因此,原审法院认定本案杨某兵的行为不构成表见代理、第二采油厂和华池作业区的过失与厚某昇的损失之间不存在因果关系、对厚某昇因杨某兵诈骗造成的损失不承担责任,并无不当。

律师点评:实务中,合同款项应支付至对方名下账户,而不应支付至第三方账户(除非双方约定);即便合同加盖的印章是虚假的,如果款项支付至对方账户且收款方开具了相应的发票或收据,仍可以视为双方以自己履行行为对此前签订合同的追认。如果签订合同时,签字或加盖印章是虚假的,且款项也未支付至合同主体方名下,此时难谓该合同对前述主体有效,更无法证明合同主体对该合同予以追认,甚至可以认为,在此种情况下,签约的双方都不具有任何的善意(因为明知合同主体的名称却将款项支付至第三方账户)。此时即便合同加盖的印章是真实的,但由于款项并未支付至对方名下,也就意味着负有支付款项义务方并未按约履行,在没有合法有效授权的情况下,此种支付行为也不构成表见代理。

从以上最高人民法院判例不难看出,在合同签订后实际履行中,款项的支付极为重要,即便合同对方加盖的印章可能是虚假的,但款项也应支付至合同相对方名下,否则在合同印章被确定为虚假且款项也未支付至对方名下的情况下,认为合同系与对方签订并要求其承担责任几无可能。

案例2:宁夏龙海房地产开发有限公司与宁夏合木生物技术开发有限公司、杨某国、杨某宁、韦某荣合作开发房地产合同纠纷上诉案

案号:最高人民法院(2005)民一终字第94号

最高人民法院裁判意见:

(一)杨某国在龙海公司与合木公司联合开发房地产过程中的行为是否构成表见代理

根据本案事实,龙海公司是具有房地产开发资质的企业法人,涉案的房地产开发项目也经行政主管部门的依法批准,其与合木公司签订的《联合开发协议书》是双方在平等自愿的基础上达成的真实意思表示。一审判决认定《联合开发协议书》合法有效正确,双方当事人也无异议。

对于杨某国签收2004年9月15日合木公司向龙海公司发出的《通知》和同年9月16日与合木公司签订《补充协议》的行为效力问题。最高人民法院认为,根据查明的案件事实,合木公司与龙海公司签订《联合开发协议书》时,龙海公司已向合木公司提交了《营业执照》和《公司法定代表人身份证明书》,合木公司也知道龙海公司的法定代表人为杨某宁。虽然杨某国不是龙海公司的法定代表人,但在2004年8月31日龙海公司与合木公司签订《联合开发协议书》时,杨某国是以龙海公司法定代表人身份在协议书上签字,而且龙海公司在协议书上盖章。对此,双方当事人均无异议。尽管合木公司知道杨某国不是龙海公司的法定代表人,也没有龙海公司的书面授权书,但上述杨某国代表龙海公司签订协议书的行为已足以使合木公司有理由相信杨某国有权代表龙海公司行使签订合同事项的代理权。据此,杨某国于2004年9月15日签收合木公司的《通知》和9月16日与合木公司签订《补充协议》的行为均已构成表见代理,代理行为有效。一审认定杨某国代表龙海公司与合木公司签订的《补充协议》有效是正确的。龙海公司上诉主张杨某国的行为不构成表见代理证据不足,不予支持。

对杨某国以龙海公司名义收取合木公司248.8万元投资款的行为认定问题。最高人民法院认为,虽然杨某国签收《通知》和签订《补充协议》的行为构成表见代理,但收取投资款的行为不能认定构成表见代理。从本案事实看,龙海公司与合木公司在签订《联合开发协议书》过程中,因龙海公司在签订合同事项方面对杨某国的授权范围不明,导致合木公司有理由相信杨某国有代表龙海公司签订联合开发协议等文书事项的代理权。因此,根据《中华人民共和国合同法》第 49 条的规定,杨某国签收《通知》、签订《补充协议》的行为构成表见代理。而对于合作开发过程中资金投入的问题,合木公司与龙海公司双方在《联合开发协议书》中已有明确约定,第五项关于合木公司的权利义务部分约定:合木公司投资现金 1500 万元,投入资金转入双方指定的银行专用账户;第八项约定:为使收入、支出透明,双方共同设立一个该项目的资金专用账户,双方投入的资金、代建款、销售款全部转入双方指定的银行项目部专用账户,用于该项目建设,专款专用。此外,双方还对资金专户及相关财务制度作出了明确具体的约定。合木公司在《联合开发协议书》签订后,最初也是完全按照约定将 678 万元投资款打入双方指定的专用账户,龙海公司也认可以转账收讫的方式收到合木公司的 678 万元投资款。而合木公司向杨某国个人支付 248.8 万元的行为却明显违反了《联合开发协议书》的约定,龙海公司也没有收到该笔款项。对杨某国个人以龙海公司名义收取合木公司 248.8 万元的行为,既没有龙海公司与合木公司双方的约定,也无龙海公司对杨某国的明确授权,更无相应的证据证明杨某国有权代理龙海公司收取投资款等事项的客观事实。因此,一审判决将杨某国以龙海公司名义收取合木公司 248.8 万元投资款的行为视为代理龙海公司收到该部分款项,属于认定事实错误,应予纠正。杨某国收取合木公司 248.8 万元是因合木公司违反《联合开发协议书》约定的结果,且合木公司也未主张由杨某国返还,故本案对杨某国收取合木公司 248.8 万元不予处理。

律师点评:以上案件中,关于杨某国以龙海公司名义实施的行为以及效果,最高人民法院进行了区分:对于杨某国以龙海公司名义签署《补充协议》,最高人民法院认为杨某国的行为构成表见代理;而对于杨某国以龙海公司收取 248.8 万元投资款,最高人民法院认为其行为不构成表见代理,因为“对杨某国个人以龙海公司名义收取合木公司 248.8 万元的行为,既没有龙海公司与合木公司双方的约定,也无龙海公司对杨某国的明确授权,更无相应的证据证明杨某国有权代理龙海公司收取投资款等事项的客观事实。”

从上述案例可见,合同款项应支付至对方名下账户,而不应支付至第三方账户(除非双方约定)。

(五)在起草、审查、修改、签订合同时涉及合同主体应注意的问题

1. 必须先明确签订合同的主体,通过合同主体进一步确定原告主体是否适格、被告是否应承担责任。就实务而言,主要看在合同上签字盖章的是何主体,该主体在合同中的地位(比如是买方还是卖方;是贷款人还是借款人或者是担保方)。一般情况下,签字盖章之处往往会决定其身份,比如,买方在合同的买方处签字或盖章,担保人在担保人处签字或盖章。当事人签字盖章的位置往往会决定其在合同中的身份地位以及应承担的责任。

在莫某、尹某兰金融借款合同纠纷案[(2017)最高法民申4883号]中,双方争议的焦点是配偶一方在《个人担保声明书》保证人配偶处签字时是否表明其同意以夫妻共同财产对承担连带保证责任?

最高人民法院认为:民事主体从事民事活动,应当遵循诚信原则,秉持诚实、恪守承诺。根据已经查明的事实,莫某、尹某兰分别在编号为兴银蓉(个保)1204第123号、兴银蓉(个保)1204第125号的《个人担保声明书》保证人配偶处签字、捺印,表明二人知悉《个人担保声明书》载明的李某、某琨对案涉《基本额度授信合同》项下债务提供连带责任保证的相关内容,并同意以夫妻共同财产对上述债务承担连带保证责任。莫某、尹某兰应受上述《个人担保声明书》的约束。

《公证书》及谈话笔录与《个人担保声明书》不仅不冲突,而且进一步对莫某、尹某兰在《个人担保声明书》上签字的真实性以及自愿为案涉《基本额度授信合同》项下债务提供连带责任保证担保的意思表示予以证明。

《公证书》所附谈话笔录载明,"因我们担保人系夫妻关系,我们同意为成都五牛格利达矿业有限公司向兴业银行股份有限公司成都分行申请金额为陆仟万元人民币的基本额度授信提供连带保证责任担保,为保证我们按期履行担保义务,故发表上述声明"。

两份谈话笔录上分别有莫某、尹某兰的签字、捺印,表明二人认可谈话笔录载明内容,上述文件系莫某、尹某兰的真实意思表示,不违反法律、行政法规的强制性规定,不损害国家、社会公共利益或者他人合法权益,合法有效。一审、二审判决并非仅凭蜀都公证处出具的两份谈话笔录而是综合全部在案证据认定莫某、尹某兰

承担责任。莫某、尹某兰的再审主张,依据不足。

2. 通过在合同上签字或盖章的主体来确定合同主体,确定合同主体后,进一步结合签订合同主体的情况,判断合同是否成立、是否合法有效。在此过程中,尤其应当对当事人签字和加盖印章的真实性进行审核,如果签字或盖章是虚假的,则意味着该当事人并未就涉案合同的签订作出意思表示,并未参与合同的签订,其并非合同主体,不应承担相应责任。

就企业加盖的印章而言,除了须审核加盖印章是否真实,还需注意加盖的印章应当与文书类型相匹配:如果是合同,一般加盖的是公章或合同专用章,而不应加盖财务专用章;如果双方对账,则可以加盖公章或财务专用章。加盖印章与文书类型不一致的,可能导致加盖行为超出其代理或代表权而不被法院认可。如在最高人民法院(2014)民申字第1号陈某某与国本建设有限公司、中太建设集团股份有限公司民间借贷合同纠纷案中,最高人民法院认为,当事人在借款合同上加盖具有特定用途的公司项目资料专用章,超越了盖公章的使用范围,在未经公司追认的情况下,不能认定借款合同是公司的意思表示。

(六)合同主体影响合同成立与否相关法律条款

1. 仅有法定代表人签字,原告主张该合同对法人有效的,可以援引以下法律条文:

《民法典》第61条规定:"依照法律或者法人章程的规定,代表法人从事民事活动的负责人,为法人的法定代表人。

法定代表人以法人名义从事的民事活动,其法律后果由法人承受。

法人章程或者法人权力机构对法定代表人代表权的限制,不得对抗善意相对人。"

第62条第1款规定:"法定代表人因执行职务造成他人损害的,由法人承担民事责任。"

2. 关于盖章的效果,按照现有的司法裁判精神,应当将原来的看章不看人调整为看人不看章,具体体现在《九民纪要》的有关规定。

《九民纪要》第41条规定:"【盖章行为的法律效力】司法实践中,有些公司有意刻制两套甚至多套公章,有的法定代表人或者代理人甚至私刻公章,订立合同时恶意加盖非备案的公章或者假公章,发生纠纷后法人以加盖的是假公章为由否定合同效力的情形并不鲜见。人民法院在审理案件时,应当主要审查签约人于盖章之时有无代表权或者代理权,从而根据代表或者代理的相关规则来确定合同的效力。

法定代表人或者其授权之人在合同上加盖法人公章的行为,表明其是以法人名义签订合同,除《公司法》第16条等法律对其职权有特别规定的情形外,应当由法人承担相应的法律后果。法人以法定代表人事后已无代表权、加盖的是假章、所盖之章与备案公章不一致等为由否定合同效力的,人民法院不予支持。

代理人以被代理人名义签订合同,要取得合法授权。代理人取得合法授权后,以被代理人名义签订的合同,应当由被代理人承担责任。被代理人以代理人事后已无代理权、加盖的是假章、所盖之章与备案公章不一致等为由否定合同效力的,人民法院不予支持。"

二、合同主体对合同效力的影响

(一)合同主体对合同效力的影响

合同主体、合同标的、合同权利义务等都会对合同效力产生影响,如签订合同的主体是无民事行为能力人,根据《民法典》的规定,无民事行为人订立合同无效;限制民事行为能力人订立合同,需要经其法定代理人追认方为有效,因此限制民事行为能力人签订的合同系效力待定合同。

1.无民事行为能力人签订的合同无效。

根据《民法典》的规定,不满八周岁的未成年人为无民事行为能力人;不能辨认自己行为的成年人为无民事行为能力人。无民事行为能力人由其法定代理人实施民事法律行为,无民事行为能力人订立的合同无效。

相关法律规范:

《民法典》第20条规定:"不满八周岁的未成年人为无民事行为能力人,由其法定代理人代理实施民事法律行为。"

第21条规定:"不能辨认自己行为的成年人为无民事行为能力人,由其法定代理人代理实施民事法律行为。

八周岁以上的未成年人不能辨认自己行为的,适用前款规定。"

2.限制民事行为能力人订立的合同属效力待定合同,需经其法定代理人追认方为有效;但其可以实施纯获利益民事法律行为或与其智力、精神健康状况相适应的民事法律行为。

相关法律规范:

《民法典》第19条规定:“八周岁以上的未成年人为限制民事行为能力人,实施民事法律行为由其法定代理人代理或者经其法定代理人同意、追认,但是,可以独立实施纯获利益的民事法律行为或者与其年龄、智力相适应的民事法律行为。”

第22条规定:“不能完全辨认自己行为的成年人为限制民事行为能力人,实施民事法律行为由其法定代理人代理或者经其法定代理人同意、追认,但是可以独立实施纯获利益的民事法律行为或者与其智力、精神健康状况相适应的民事法律行为。”

至于何谓“纯获利益的民事法律行为或者与其智力、精神健康状况相适应的民事法律行为”,最高人民法院《关于贯彻执行〈中华人民共和国民法通则〉若干问题的意见》(已失效)第6条曾规定:“无民事行为能力人、限制民事行为能力人接受奖励、赠与、报酬,他人不得以行为人无民事行为能力、限制民事行为能力为由,主张以上行为无效。”

3. 企业未取得从事某一民事法律行为所需要的许可、资质或超越其资质从事民事法律行为的,根据相关法律规定或最高人民法院司法解释,该民事法律行为无效。

一般而言,企业超越其经营范围从事活动,其行为一般有效。但在有的行业和领域,政府出于对质量、社会秩序管理的需要,规定了从事该行业行为须取得行政许可或具备一定的资质条件,如果未取得行政许可、资质而从事该行为,将导致涉及公共利益的质量安全无法保障,并最终损害社会公共利益,在此种情况下,法院一般会认定未取得许可资质或超越资质范围订立的合同无效。

《民法典》第505条规定:“当事人超越经营范围订立的合同的效力,应当依照本法第一编第六章第三节和本编的有关规定确定,不得仅以超越经营范围确认合同无效。”实务中,因签订合同主体未取得相应资质导致合同无效,比较常见的情形包括:

(1)未取得放贷资格从事职业放贷的,订立的借款合同无效。《九民纪要》第53条规定:“【职业放贷人】未依法取得放贷资格的以民间借贷为业的法人,以及以民间借贷为业的非法人组织或者自然人从事的民间借贷行为,应当依法认定无效。同一出借人在一定期间内多次反复从事有偿民间借贷行为的,一般可以认定为是职业放贷人。民间借贷比较活跃的地方的高级人民法院或者经其授权的中级人民法院,可以根据本地区的实际情况制定具体的认定标准。"

最高人民法院在其审理的大连高金投资有限公司、中国工商银行股份有限公司大连星海支行企业借贷纠纷、金融借款合同纠纷二审案[案号:(2017)最高法民终647号,裁判日期:2017年12月22日]中认为:根据本案查明的事实,高金公司贷款对象主体众多,除了本案债务人德享公司以外,高金公司于2009年至2011年分别向新纪元公司、金华公司、荟铭公司、鼎锋公司和顺天海川公司等出借资金,通过向社会不特定对象提供资金以赚取高额利息,出借行为具有反复性、经常性,借款目的也具有营业性,未经批准,擅自从事经常性的贷款业务,属于从事非法金融业务活动。《银行业监督管理法》第19条规定:"未经国务院银行业监督管理机构批准,任何单位和个人不得设立银行业金融机构或者从事银行业金融机构的业务活动。"该强制性规定直接关系国家金融管理秩序和社会资金安全,事关社会公共利益,属于效力性强制性规定。根据《合同法》第52条关于"有下列情形之一的,合同无效:……(五)违反法律、行政法规的强制性规定"的规定,以及最高人民法院《关于适用〈中华人民共和国合同法〉若干问题的解释(二)》(以下简称《合同法解释二》)第14条关于"合同法第五十二条第(五)项规定的'强制性规定',是指效力性强制性规定"的规定,应认定案涉《借款合同》无效。高金公司的经营范围为项目投资(不含专项审批)、财务咨询、企业管理咨询,高金公司所从事的经常性放贷业务,已经超出其经营范围。最高人民法院《关于适用〈中华人民共和国合同法〉若干问题的解释(一)》(以下简称《合同法解释一》)第10条规定:"当事人超出经营范围订立合同的,人民法院不因此认定合同无效,但违反国家限制经营、特许经营以及法律、行政法规禁止经营规定的除外。"金融业务活动系国家特许经营业务,故依照上述规定也应认定案涉《借款合同》无效。因此,原审判决认定案涉《借款合同》无效,认定事实清楚,适用法律正确,应予维持。高金公司上诉主张《借款合同》有效,缺乏事实和法律依据,本院不予支持。

(2)未取得资质或超越其资质签订的建设工程施工合同无效。《建设工程解释一》第1条第1款规定:"建设工程施工合同具有下列情形之一的,应当依据民法典第一百五十三条第一款的规定,认定无效:

(一)承包人未取得建筑业企业资质或者超越资质等级的;

(二)没有资质的实际施工人借用有资质的建筑施工企业名义的;

(三)建设工程必须进行招标而未招标或者中标无效的。”

(3)不具备担保资格的主体签订的担保合同无效。

最高人民法院《关于适用〈中华人民共和国民法典〉有关担保制度的解释》第5条规定:“机关法人提供担保的,人民法院应当认定担保合同无效,但是经国务院批准为使用外国政府或者国际经济组织贷款进行转贷的除外。

居民委员会、村民委员会提供担保的,人民法院应当认定担保合同无效,但是依法代行村集体经济组织职能的村民委员会,依照村民委员会组织法规定的讨论决定程序对外提供担保的除外。”

第6条规定:“以公益为目的的非营利性学校、幼儿园、医疗机构、养老机构等提供担保的,人民法院应当认定担保合同无效,但是有下列情形之一的除外:

(一)在购入或者以融资租赁方式承租教育设施、医疗卫生设施、养老服务设施和其他公益设施时,出卖人、出租人为担保价款或者租金实现而在该公益设施上保留所有权;

(二)以教育设施、医疗卫生设施、养老服务设施和其他公益设施以外的不动产、动产或者财产权利设立担保物权。

登记为营利法人的学校、幼儿园、医疗机构、养老机构等提供担保,当事人以其不具有担保资格为由主张担保合同无效的,人民法院不予支持。”

(4)开发区管理委员会作为出让方与受让方订立的土地使用权出让合同,应当认定无效。《国有土地使用权纠纷解释》第2条规定:“开发区管理委员会作为出让方与受让方订立的土地使用权出让合同,应当认定无效。

本解释实施前,开发区管理委员会作为出让方与受让方订立的土地使用权出让合同,起诉前经市、县人民政府自然资源主管部门追认的,可以认定合同有效。”

(5)签订房地产合作开发合同时,因一方或双方不具有房地产开发资质,所签订的房地产合作开发合同无效。《国有土地使用权纠纷解释》第13条规定:“合作开发房地产合同的当事人一方具备房地产开发经营资质的,应当认定合同有效。

当事人双方均不具备房地产开发经营资质的,应当认定合同无效。但起诉前当事人一方已经取得房地产开发经营资质或者已依法合作成立具有房地产开发经营资质的房地产开发企业的,应当认定合同有效。”

(二)在起草、审查、修改、签订合同时,有关合同主体对合同效力的影响应注意的问题

1. 合同约定的标的或行为是否需要主体具备特定的资质。

合同约定的标的或行为如果需要主体具备特定资质,在审查合同时,应重点审核如下事项:

(1)相关法律对有关资质的规定;

(2)拟签订合同的主体是否符合法律规定,是否有相应的资质证书;

(3)该资质证书如果存在有效期,那么签订合同时是否仍处于有效期。

此类合同比较典型的是建设工程施工合同。《建筑法》第26条规定:"承包建筑工程的单位应当持有依法取得的资质证书,并在其资质等级许可的业务范围内承揽工程。

禁止建筑施工企业超越本企业资质等级许可的业务范围或者以任何形式用其他建筑施工企业的名义承揽工程。禁止建筑施工企业以任何形式允许其他单位或者个人使用本企业的资质证书、营业执照,以本企业的名义承揽工程。"

根据上述规定,建筑施工领域实行资质管理,即只有具有相应资质的建筑企业才能从事相应范围内的建设工程施工活动。未取得相应资质或超越资质等级所签订的施工合同系无效合同。

《建设工程解释一》第1条第1款规定:"建设工程施工合同具有下列情形之一的,应当依据民法典第一百五十三条第一款的规定,认定无效:

(一)承包人未取得建筑业企业资质或者超越资质等级的;

(二)没有资质的实际施工人借用有资质的建筑施工企业名义的;

(三)建设工程必须进行招标而未招标或者中标无效的。"

在实务中常见的情况如总承包企业或分包企业承包或分包工程后,将工程转包或分包给不具备资质的个人、劳务队或班组,此类合同一般都会被认定为无效。虽然此类合同会被认定为无效,但根据《建设工程解释一》规定,虽然合同无效,但如果工程竣工验收合格,可以参照合同约定价款进行折价赔偿,因此,此类合同应当重点约定清楚双方当事人之间价款的计价和结算方式。

以下举例说明:

原告:张某

被告:甲房地产开发有限公司

第三人:乙建设工程公司

甲房地产开发有限公司与乙建设工程公司于2005年10月6日签订《建设工程承发包合同》,合同约定,甲房地产开发有限公司将开发的A区B栋住宅楼的建设工程(以下简称涉案工程)发包给乙建设工程公司施工,工期为200日历天;承包方式:乙建设工程公司按甲房地产开发有限公司所提供的方案图投标,按图施工,总价承包,乙建设工程公司以4200万元的工程总价包工包料,并包除合同约定的四个调价因素的所有其他风险;如乙建设工程公司按期完工,甲房地产开发有限公司奖励乙建设工程公司100万元;甲房地产开发有限公司在乙建设工程公司全部建设完工后3个工作日内支付90%的工程款,工程竣工验收合格10个工作日内,扣减1%的质保金外,结清工程款;如逾期付款,按未付工程款总额每天罚3%的滞纳金。上述合同签订后,由张某实际对约定的建设工程施工。工程于约定时间按时竣工并经验收合格。工程竣工后,张某将工程结算书送交给甲房地产开发有限公司。甲房地产开发有限公司依据同乙方的建设工程合同约定的工程价款条件支付了工程款。但甲房地产开发有限公司以张某挂靠乙建设工程公司施工、《建设工程承发包合同》无效为由,拒绝支付工程进度款奖励金100万元。为此张某起诉至一审法院,请求判令甲房地产开发有限公司支付工程进度奖励金100万元。

一审法院经审理认为,张某无涉案建设工程相应施工资质,挂靠乙建设工程公司与甲房地产开发有限公司签订的《建设工程承发包合同》,违反了《建筑法》的相关规定,合同无效。但根据最高人民法院《关于审理建设工程施工合同纠纷案件适用法律问题的解释》第2条"建设工程施工合同无效,但建设工程经竣工验收合格,承包人请求参照合同约定支付工程价款的,应予支持"的规定,张某系涉案公司实际施工人,乙建设工程公司亦承认该公司的权利义务由张某承担,因此张某作为实际施工人有权参照合同约定条件请求甲房地产开发有限公司支付工程款及工程进度奖励金。据此,一审法院判决甲房地产开发有限公司于判决生效后10日内支付张某工程进度奖励金100万元。一审判决后,甲房地产开发有限公司不服,以一审法院判决适用法律错误为由提起上诉,请求撤销一审判决,驳回张某诉请。

张某和乙建设工程公司则同意一审判决，请求二审法院维持原判。

二审法院经审理认为，张某无涉案建设工程相应施工资质，挂靠乙建设工程公司与甲房地产开发有限公司签订的《建设工程承发包合同》，违反了《建筑法》的相关规定，合同无效。根据最高人民法院《关于审理建设工程施工合同纠纷案件适用法律问题的解释》第2条的规定，“建设工程施工合同无效，但建设工程经竣工验收合格，承包人请求参照合同约定支付工程价款的，应予支持”。该规定所确定的实际施工人的请求范围仅为“参照合同约定支付工程价款”，并未规定包括工程建设进度奖励金，因此张某关于参照合同约定支付工程进度奖励金的请求无法律依据，人民法院不予支持。据此，二审法院判决：(1)撤销一审法院判决；(2)驳回张某的诉讼请求。①

律师点评：一般情况下，合同主体对合同效力并无影响，但在某些特定行业，国家从公共秩序、社会公共利益出发，对从事特定行业规定了相应的资质，如未取得相应资质而从事该行业，将可能危及社会公共利益和公共安全，在此种情况下，法院一般会以从事该行业的主体不具备特定资质而认定合同无效，以维护社会公共利益和公共安全。建筑行业是典型的必须具备一定资质方能从事的行业，因此《建设工程解释一》第1条规定：“建设工程施工合同具有下列情形之一的，应当依据民法典第一百五十三条第一款的规定，认定无效：(一)承包人未取得建筑业企业资质或者超越资质等级的；(二)没有资质的实际施工人借用有资质的建筑施工企业名义的；(三)建设工程必须进行招标而未招标或者中标无效的。”相应地，在起草、审查、修改、签订合同时，务必查清合同约定的标的或行为是否需要主体具备特定的资质。

2. 合同所涉及的经济活动是否属于法律禁止或限制的行业。

有的行业属于法律禁止或限制的行业，从事此类行业的经济活动必须取得政府的审批，比如爆炸物的生产、销售和运输等行业，实行政府管制；从事金融放贷业务必须经政府审批等。在审查合同时，必须审查合同所涉及的经济活动是否属于法律禁止或限制的行业，从事此类经济活动是否须取得政府审批同意。

对于法律禁止或限制的行业，未取得政府审批同意从事此类经济活动，相关合

① 引自《民事审判指导与参考》(总第43辑)，法律出版社2011年版，第147～150页。

同一般会被认定为无效。比如前文所述的未取得放贷资格从事职业放贷的,订立的借款合同无效。

3. 如果签订的合同主体并非权利主体,则该签约人是否取得了合法有效授权。

有的情况下,签约的主体并非权利主体,此时应审查该签约主体是否取得权利人合法有效的授权,如果未取得合法有效授权,除非构成表见代理,否则该合同对委托人并无法律约束力。以下为常见事例:

(1)在建设工程施工合同领域,实际施工人私刻承包人印章,对外签订合同,经鉴定该印章并非承包人备案印章,由此引发了大量纠纷,各方争议焦点之一在于实际施工人以承包人名义对外签订合同是否对承包人有效,换言之,实际施工人签订合同时,是否取得了承包人授权,或者虽未取得授权,但其行为是否构成表见代理并对承包人有效,如果其以承包人名义实施的民事法律行为构成表见代理,则其实施的民事法律行为对承包人有效,否则其以承包人名义实施的民事法律行为对承包人不发生法律效力。

(2)单位工作人员以单位名义对外签订合同和法定代表人以单位名义对外签订合同。

一般而言,单位工作人员以单位名义对外签订合同,如未取得单位授权,其无权代表单位签订合同,其以单位名义实施的民事法律行为对单位不发生法律效力。

法定代表人作为公司登记的负责人,其有权代表公司签订合同,其签订合同一般情况下对公司有效。

《九民纪要》第41条规定:"【盖章行为的法律效力】司法实践中,有些公司有意刻制两套甚至多套公章,有的法定代表人或者代理人甚至私刻公章,订立合同时恶意加盖非备案的公章或者假公章,发生纠纷后法人以加盖的是假公章为由否定合同效力的情形并不鲜见。人民法院在审理案件时,应当主要审查签约人于盖章之时有无代表权或者代理权,从而根据代表或者代理的相关规则来确定合同的效力。

法定代表人或者其授权之人在合同上加盖法人公章的行为,表明其是以法人名义签订合同,除《公司法》第16条等法律对其职权有特别规定的情形外,应当由法人承担相应的法律后果。法人以法定代表人事后已无代表权、加盖的是假章、所盖之章与备案公章不一致等为由否定合同效力的,人民法院不予支持。"

最高人民法院民事审判第二庭编著的《〈全国法院民商事审判工作会议纪要〉理解与适用【条文·释义·原理·实务】》一书,关于法定代表人对外签订合同的效力,该书(第290页)记载:“不论是代表还是代理,都需要遵循前述的裁判思路以及相应的裁判规则。所不同的是,根据《民法总则》第61条第2款有关‘法定代表人以法人名义从事的民事活动,其后果由法人承受’的规定,法定代表人无须另行授权,就可以一般性地代表公司从事民事活动。即便超越权限对外从事行为,也仅是越权代表,并非无权代表。而除法定代表人外,委托代理一般是一事一授权,代理人变动性很大。在无权代理的情况下,代理人根本就没有代理权,与其所谓的被代理人间并无任何联系……”

(3)如果是委托人委托代理人签订合同的,委托授权的权利最好采取列举和概括的方式,列举的权利应尽可能详细而具体,以避免发生争议;如果委托书所授予权利记载有有效期的,则签订合同时应处于授权的有效期内。

(4)除非被代理人追认或构成表见代理,行为人未取得被代理人合法有效授权,以被代理人名义实施的民事法律行为对被代理人不具有约束力,由行为人承担该行为的后果和责任。

案例:构成表见代理,相对人必须善意且无过失

李某勇与中国农业银行股份有限公司重庆云阳支行储蓄存款合同纠纷案

案号:(2013)民提字第95号

最高人民法院主要裁判意见:

原告李某勇以被告方农行负责人即云阳支行行长谭某力作出的行为,且办理存款的地点在办公室并不构成表见代理。

构成表见代理,相对人需善意且无过失。“相对人善意且无过失”构成应当包含:①相对人相信代理人所进行的代理行为属于代理权限内的行为;②相对人无过失,即相对人已尽了充分的注意义务,仍无法否认行为人的代理权。案件当事人存在未尽注意合理义务的过失,因此不构成表见代理。

本案中,李某勇不符合善意且无过失的表见代理要求:

一是对谭某力行长的身份未经核实即轻信。李某勇是经刚认识的刘某等陌生人介绍认识“行长”谭某力,谭某力接待李某勇时并未在农行云阳支行办公地点,而是在农行云阳支行云江大道分理处的办公室,作为"行长"的谭某力亲自带李某勇到柜台办理"存款"业务,李某勇因为疏忽,对谭某力作为"行长"不符合常规的做法未产生怀疑,未尽合理注意义务。

二是李某勇对存款过程存在的诸多不合常规操作未产生怀疑。谭某力交给李某勇的《承诺书》载明,农行云阳支行在3个月存款期内承诺对款项"不抵押、不查询、不提前支取"。

因李某勇不符合善意无过错的表见代理构成要件要求,谭某力的行为不构成表见代理。李某勇向谭某力作出的存款意思表示不能视为向农行云阳支行作出的意思表示。李某勇关于在农行云阳支行办公室这一特定环境内,造成其相信谭某力行长身份,确信谭某力代表农行云阳交行,存款业务无须储户亲自到柜台向柜员说明的观点,缺乏依据,本院不予采信。

4.拟签订的合同主体如果是单位,其是否系经合法程序成立的组织,是否具有独立的法人主体资格。

根据《民法典》的规定,民事主体包括自然人、法人和非法人组织。

《民法典》第57条规定:"法人是具有民事权利能力和民事行为能力,依法独立享有民事权利和承担民事义务的组织。"

第58条第1款规定:"法人应当依法成立。"

第102条规定:"非法人组织是不具有法人资格,但是能够依法以自己的名义从事民事活动的组织。

非法人组织包括个人独资企业、合伙企业、不具有法人资格的专业服务机构等。"

第103条规定:"非法人组织应当依照法律的规定登记。

设立非法人组织,法律、行政法规规定须经有关机关批准的,依照其规定。"

根据上述规定,签订的合同主体如果是法人,则该法人至少应当办理了工商登记,取得营业执照;如果是非法人组织,必须根据法律法规定,经有关机关批准登记。有的非法人组织需在民政部门办理备案登记,此类组织签订有关合同时应提供在民政部门备案登记的手续。

5.拟签订的合同主体如果是公司,对于特定事项,必须履行完毕相关的表决程序。

公司对外提供担保必须根据公司章程规定由董事会或股东会进行表决;公司

为公司股东或实际控制人提供担保,必须经股东会决议。

《公司法》第 16 条规定:"公司向其他企业投资或者为他人提供担保,依照公司章程的规定,由董事会或者股东会、股东大会决议;公司章程对投资或者担保的总额及单项投资或者担保的数额有限额规定的,不得超过规定的限额。

公司为公司股东或者实际控制人提供担保的,必须经股东会或者股东大会决议。

前款规定的股东或者受前款规定的实际控制人支配的股东,不得参加前款规定事项的表决。该项表决由出席会议的其他股东所持表决权的过半数通过。"

《九民纪要》第 17 条规定:"【违反《公司法》第 16 条构成越权代表】为防止法定代表人随意代表公司为他人提供担保给公司造成损失,损害中小股东利益,《公司法》第 16 条对法定代表人的代表权进行了限制。根据该条规定,担保行为不是法定代表人所能单独决定的事项,而必须以公司股东(大)会、董事会等公司机关的决议作为授权的基础和来源。法定代表人未经授权擅自为他人提供担保的,构成越权代表,人民法院应当根据《合同法》第 50 条关于法定代表人越权代表的规定,区分订立合同时债权人是否善意分别认定合同效力:债权人善意的,合同有效;反之,合同无效。"

三、合同主体对合同履行的影响

合同条款再完善都属于事后的救济措施,选对合作对象才是防范风险的根本。以商品房买卖合同为例,即使在购买房屋时,开发商按照买受人要求起草一份完全符合买受人要求的合同,该合同条款对出卖人也极为不利,但一旦开发商资金链断裂,即使合同条款对买受人再有利,最终案件胜诉也无法执行,买受人的合法权益仍得不到保障,因为无论如何,对于买受人而言,购买房屋支付价金本身是为了取得房屋,一旦出卖人资金链断裂则意味着出卖人无法完成交房,并最终损害买受人的利益,此时,一纸胜诉的判决显然无法维护和实现买受人的合法权益。由此可见,合同主体对合同的履行有着重大影响。

1. 在签订合同前,建议对对方的履约能力进行一定的调查。

(1)通过全国企业信用信息系统查询其主体资质,查询公司股权结构、公司股权是否存在质押或查封的情形;除全国企业信用信息系统外,现有的查询系统如启信宝、企查查等,其查询功能更为完备,如可以查询公司涉诉情况、处罚情况等。

(2)通过最高人民法院的网站查询其是否被列入了失信被执行人名单和是否被采取限制高消费措施,如果是,则与此类主体合作应慎重。

(3)对于对方提供的用于交易的标的如土地使用权等,可以向当地国土部门查询该地块的登记权利人、地块是否存在查封抵押等情形;可以向规划主管部门查询该地块的规划情况,包括土地所在区域的控制性详细规划、土地用途等。

(4)通过公开的网络查询,了解该公司在网络上的舆情。

(5)对于重大的交易事项,建议签订合同之前进行法律、资产和审计调查评估。

以常见的股权交易为例,受让方在交易前,通常会对转让方和目标公司进行法律、资产和审计调查。以法律尽职调查为例,常规调查的主要内容见表1。

表1　法律尽职调查清单

类别	文件状态			
1 企业结构	已提供	不适用	没有	备注
1.1 请提供贵公司及下属各公司的股权结构图				
1.2 请提供企业的历史沿革情况及企业基本文件				
1.3 请提供企业的相关资质、执照、证书				
1.4 企业的组织结构和对外投资情况				
1.5 企业的股东				
1.6 企业成立以来的股东会、董事会及其下设委员会的记录,包括会议记录、决议及工作规则等				
2 财务税务状况	已提供	不适用	没有	备注
2.1 请提供企业以下财务资料(包括合并报表及未合并的本企业报表以及会计报表附注)				
(a)资产负债表				
(b)前三个完整会计年度的审计报告				

续表

类别	文件状态			
2 财务税务状况	已提供	不适用	没有	备注
2.2 贷款及融资				
(a)中国人民银行查询的企业征信报告				
(b)公司向银行借款情况说明及相关借款协议				
(c)公司向银行之外的第三人(含公司或个人)借款情况及相关借款协议				
(d)是否存在以资产作抵押或质押的贷款,如有,请提供抵押或质押合同				
(e)融资租赁协议(如有)				
2.3 担保				
(a)是否存在企业为第三方的贷款或债务提供保证担保的情况,如有,请提供担保协议、主债务合同及其他相关文件				
(b)是否存在企业以股权或其他资产为第三方的贷款或债务提供担保,如有,请提供担保协议、主债务合同及其他相关文件				
(c)是否存在公司股东或其他方为公司债务提供担保的情形,如有,请提供担保协议、主债务合同及其他相关文件				
(d)是否以公司信誉和/或资产为公司股东、股东的附属公司和/或个人债务提供担保(包括但不限于保证担保、抵押担保和质押担保等);如有,请提供借款合同、协议、有关担保协议和/或其他有关文件				
(e)企业是否与银行有关于销售的信贷安排,如有,请提供相关合同或协议				
(f)企业、分支机构之间或共同参与融资活动的文件和协议,包括金融租赁、营运责任安排、销售返租安排以及分期付款安排等				
(g)企业未列入其资产负债表的任何项目的担保、收付合同、理财协议等有关文件				

续表

类别	文件状态			
2 财务税务状况	已提供	不适用	没有	备注
(h)是否存在向境外提供担保,如有,请提供对外担保登记证				
2.4 税务情况				
(a)请说明公司是否因税收问题而受到税收征管部门的处罚。如有,请提供说明文件以及包括各地税务局发出的缴款/处罚通知书在内的一切有关文件				
3 企业资产状况	已提供	不适用	没有	备注
3.1				
(a)请详细说明企业所拥有或使用的所有土地的使用权资料,并请列明土地清单,包括详细地址、面积、权属(国有土地或集体土地)、取得方式(划拨、有偿出让、无偿出让或租赁)权利性质、用途、抵押质押情况,同时提供相应文件;是否存在查封、担保或其他权利瑕疵				
①所有取得的政府部门出具的有关批复、批文、会议纪要/备忘录				
②与政府签订的任何协议、补充协议等文件;以上协议履行情况的说明,包括是否按约履行,已经投入资金,是否存在政府解除合同或即将解除合同的风险和解除事由(如有)				
③土地使用权证明书(包括土地使用权证、土地使用权权属证明、他项权利证书等)				
④土地使用权出让协议、土地使用权转让协议、缴纳土地出让金或支付土地转让款的凭证				
⑤已经取得的用地的土地使用权证,是否存在逾期开发,在逾期开发的情况下,是否存在可以免责和顺延的事由,是否得到政府同意延长的审批				

续表

类别	文件状态			
3 企业资产状况	已提供	不适用	没有	备注
⑥租赁的土地(如有)、土地使用权租赁协议				
(b)请提供所有与房地产有关的文件(如有),包括房地产权证、租赁登记证、土地使用权出让合同、土地使用权转让合同、土地使用权划拨批文及使用协议、缴纳土地使用权出让金或支付土地转让款的凭证、支付房屋购买价款和房屋建设费用的凭证				
(c)请提供与在建工程有关的文件,包括签订的工程承包合同、建设合同、建设用地规划许可证、建设工程规划许可证(及有关的规划文件)、施工许可证、竣工验收文件、环评报告、环评验收等文件				
(d)项目规划文本,包括控制性详细规划,修建性详细规划(如有)				
(e)是否存在有企业占有或使用但不归企业所有的资产,如有,请提供租赁合同、使用合同等相关文件				
(f)提供任何涉及主要资产转让应该取得第三方同意的详情及有关文件/协议,其中包括股东(如曾签订的股东协议)、银行、其他债权人或任何许可协议下的许可方、政府或其他监管机关				
3.2 企业资产的评估报告(如有)				
3.3 请公司说明公司上述财产是否存在产权纠纷或潜在纠纷,是否存在抵押、质押、被查封、被冻结或其他第三方权利				
3.4 请公司说明公司上述财产是否设定了抵押、担保,如是,则请提供抵押/担保协议、抵押登记文件、主债务合同				
4 经营及重大合同	已提供	不适用	没有	备注
4.1 请提供如下重大合同				

续表

类别	文件状态			
4 经营及重大合同	已提供	不适用	没有	备注
(a)请提供有效期为1年或以上、金额在人民币100万元或以上的重大合同,如与企业经营、业务、资产处置、关联交易等有关的合同				
(b)因企业吸收外资股东入股而可能需要偿还任何款项的任何合同或其他安排				
(c)本次转股交易可能导致企业的资产权益终止或受影响的合同或安排				
(d)企业吸收外资股东入股可能引起企业在其项下任何义务或责任发生重大变化的任何合同或协议(如需事先征得贷款银行同意等)				
(e)与第三方或经营者利润分成或分享,或与企业利润挂钩的合同				
(f)限制企业在中国任何地方自由开展业务的合同				
(g)企业与第三方签署的委托管理其资产、经营权、业务的相关合同,如资金委托投资或管理合同、委托经营合同、股权托管合同等				
(h)企业与他人签订的合资、收购、合并或类似交易合同				
(i)其履行可能对企业不利或将来带来损失的合同				
(j)有关上述合同的履行、违约、转让情况说明				
5 违约及或负债	已提供	不适用	没有	备注
5.1 请说明企业是否存在违约事件,而导致债务须在未到期时提前偿还,或导致对企业业务有重大影响的协议终止。例如,因违约导致企业最大的服务供应商、银行不再向企业提供服务				
5.2 请说明企业是否存在或然负债,如有请提供详细情况				

续表

类别	文件状态			
5 违约及或负债	已提供	不适用	没有	备注
(a)公司向银行借款情况说明及相关借款协议				
(b)公司向银行之外的公司借款情况及相关借款协议				
(c)公司股东或其他方为公司债务提供担保的,请提供担保协议、主债务合同及其他相关文件				
(d)公司是否以公司信誉和/或资产为公司股东、股东的关联公司和/或个人债务提供担保(包括但不限于保证担保、抵押担保和质押担保等);如有,请提供借款合同、协议、有关担保协议和/或其他有关文件				
(e)公司是否为独立第三方(指公司的非关联企业)承担担保责任(包括但不限于保证担保、抵押担保和质押担保等);如有,请提供借款合同、协议、有关担保协议和/或其他有关文件				
6 劳动用工、社保情况	已提供	不适用	没有	备注
6.1 员工情况				
(a)企业所有员工的名单,包括姓名、职务、聘用期限、是否签订无固定期限劳动合同				
(b)社会保险登记证				
6.2 董事、监事、高级管理人员情况				
(a)董事、监事和高级管理人员名单及聘任合同				
(b)董事、监事和高级管理人员任职的决议				
(c)历次董事、监事和高级管理人员的变动情况、相关决议、登记备案情况				
(d)现任董事、高级管理人员的个人简历,在其他公司任职情况				

续表

类别	文件状态			
6 劳动用工、社保情况	已提供	不适用	没有	备注
(e)董事、监事和高级管理人员其他对外投资情况,包括持股对象、持股数量、持股比例以及有关承诺和协议				
6.3 企业与其董事、高级管理人员、技术骨干及业务骨干是否就竞业禁止及保密事项签订任何书面协议,并提供相关法律文件				
6.4 企业是否向职工(包括董事、监事)提供过贷款或贷款担保、抵押,如有,请提供贷款协议、担保合同、抵押合同				
6.5 是否存在企业职工向公司提供贷款或集资,如有,请提供贷款协议或内部融资协议				
6.6 公司已经进行或拟进行的员工(管理层)股权激励计划(如有)的情况说明,包括但不限于股权激励计划的方案内容、相关的董事会决议、政府有权部门的批准文件				
7 诉讼及仲裁	已提供	不适用	没有	备注
企业现在是否存在正在进行或面临威胁的诉讼、仲裁、索赔或行政调查、处罚、行政程序(统称“纠纷”)。如有该种纠纷或可能出现纠纷的威胁,请提供:				
7.1 正在进行的纠纷(包括已经了结的重大纠纷)				
(a)纠纷所涉及的起诉书、答辩状及诉讼保全措施				
(b)纠纷所涉及的主要合同、协议				
(c)具有执行力的裁判文书执行情况				
(d)对企业影响程度的估计及相关法律意见(如有)				
7.2 面临威胁的纠纷				
(a)纠纷基本情况说明				
(b)纠纷所涉及的款项数及合同、协议				
(c)对企业影响程度的估计(如有)				

2. 为了防止合同签订后,对方公司实际控制人或股东发生变动而影响合同履行,建议应在合同约定,合同一方股东或实际控制人发生变动的,必须经另一方书面同意,否则该方有权解除合同或要求变动方承担违约责任。

条款范例:借款合同。

第六条　借款人的陈述与保证

……

6.11　借款人如进行合并、分立、兼并、股份制改造、股权转让、承包、租赁、增加债务融资、申请停业整顿、申请解散、申请和解/重整/破产、转让、赠与、出借、转移、抵押、质押或以其他方式处置其任何重大资产,以及进行其他足以引起本合同之债权债务关系变化或影响出借人权益的行为时,应事先通知出借人,并经出借人书面同意,否则不得进行上述行为。

……

第八条　贷款的提前到期

……

借款人如出现下列情形之一,出借人有权停止支付本合同项下尚未发放的贷款,解除合同,并有权单方面宣布本合同项下已发放的贷款本金部分已提前到期,借款人立即偿还所有贷款本金及结清利息:

8.5　未经出借人书面同意而实行合并、分立、兼并、股份制改造、股权转让、承包、租赁、增加债务融资、申请停业整顿、申请解散、申请和解/重整/破产,转让、赠与、出借、转移、抵押、质押或以其他方式处置其任何重大资产,以及进行其他足以引起本合同之债权债务关系变化或影响出借人权益的行为的;

……

3. 合同条款中,建议将一方被法院列入失信被执行人或被法院受理破产申请等作为违约或合同解除的事由。

4. 合同一方出现其他可能影响其清偿能力事由的,可以将其列为合同解除条件。

条款范例:借款合同规定的提前收贷的情形。

第十一条　提前收贷

1. 在借款期间,借款人或担保人(本合同项下的保证人或抵押人或出质人)出现下列情形之一,贷款人有权单方决定停止发放本合同项下尚未发放的贷款,并提前收回部分或全部贷款本息,分期偿还的借款,贷款人对其中某一期借款依据本合同约定提前收贷的,其他未到期的借款可以视为提前到期:

(1)提供虚假材料或隐瞒重要经营财务事实的,向贷款人提交的任何证明和文件及本合同第九条的声明与承诺中的任何一项被证明为不真实、不准确、不完整或故意使人误解;

(2)未经贷款人同意擅自改变借款原定用途,挪用借款或用借款从事非法、违规交易的;

(3)拒绝接贷款人对其信贷资金使用情况和有关经营财务活动监督和检查的;

(4)出现重大兼并、收购重组等情况,贷款人认为可能影响到借款安全的;

(5)通过关联交易,有意逃废债权的;

(6)资信状况恶化,清偿能力(包括或有负债)明显减弱;

(7)借款人没有按期偿还本合同项下任何一项借款本金、利息和费用;

(8)借款人停止偿还其债务,或不能或表示其不能偿还到期债务;

(9)借款人停业、歇业、被宣告破产、解散、被吊销营业执照、被撤销,涉及重大经济纠纷、财务状况恶化等;

(10)借款人未履行本合同第十条约定的义务及本合同约定的其他义务,或担保人未履行担保合同约定的义务;

(11)用于担保的抵押物、质物价值已经或可能明显减少,或质押的权利必须在借款到期前兑现;

(12)其他危及、损害或可能危及、损害贷款人权益的事件。

第二篇

Chapter 2

合同主要条款以及内容

《民法典》第470条第1款规定:“合同的内容由当事人约定,一般包括下列条款:

(一)当事人的姓名或者名称和住所;

(二)标的;

(三)数量;

(四)质量;

(五)价款或者报酬;

(六)履行期限、地点和方式;

(七)违约责任;

(八)解决争议的方法。”

以上条款及内容为合同一般包括的条款和内容。考虑到履行合同和发生争议时,为了方便向对方送达通知以及诉讼时向对方送达相关法律文书,一般还应当加上通知和送达条款。除了以上条款内容外,部分合同基于自身的特性,主要条款也会有所变动。下面就以上一般条款内容进行讲解分析。

第一章

当事人的姓名(名称)和住所

当事人分为自然人、法人和非法人组织。不同的当事人,约定的内容也不同。

一、当事人为自然人

当事人为自然人,一般应记载其姓名(如有曾用名的,应记载其曾用名)、年龄(出生年月日)、住址、身份证号、民族(可写也可不写)、联系方式(如手机号码、微信号等)。这里需要注意的是,由于当事人身份证地址一般并非其经常居住地,为了送达的便利,地址可以分开写,即同时记载其身份证地址和现住址,且可以在送达方式中约定现住址为送达地址。

二、当事人为法人或非法人组织

当事人为法人或非法人组织,一般应记载:法人或非法人组织登记的名称(切忌用简称)、住址、法定代表人或负责人、机构代码(也可以不写)、联系方式(如电话号码或微信号)等。

由于当事人工商登记或在政府部门登记的地址一般并非其经常居住地,为了送达的便利,地址可以分开写,即同时记载其登记地址和现住址(或实际经营地址),且可以在送达方式中约定现住址为送达地址。

有的合同中,除了以上信息外,一般还会约定各方的银行账号、开户行等,以便款项的支付。

三、有关主体信息约定的位置

有的合同在约定合同主体名称时一并约定了与当事人有关的较为详尽的信息,有的则是在合同末尾签字或盖章处进行约定,约定的位置不同只是出于习惯或方便的需要,就法律效果而言并无不同。

四、条款范例

条款范例1:以南宁市住房和城乡建设局发布的2020年版商品房买卖合同范本为例。

南宁市商品房买卖合同

(合同编号:________)(电脑自动生成)

出卖人向买受人出售其开发建设的房屋,双方当事人应当在自愿、平等、公平及诚实信用的基础上,根据《中华人民共和国民法总则》《中华人民共和国合同法》《中华人民共和国物权法》《中华人民共和国城市房地产管理法》等法律、法规的规定,就商品房买卖相关内容协商达成一致意见,签订本商品房买卖合同。

第一章 合同当事人

*出卖人:______________________________

*企业统一社会信用代码:______________________________

*开发企业资质证书号:______________________________

*通讯地址:______________________________

*法定代表人:____________ *联系电话:____________________

委托代理人:______________ 联系电话:____________________

委托销售经纪机构:______________________________

企业统一社会信用代码:______________________________

经纪机构备案证明号:______________________________

通讯地址:______________________________

法定代表人:________________ 联系电话:____________________

*买受人:____________________

【法定代表人】【负责人】:____________________

*【国籍】【户籍所在地】:____________________

*【国籍代码】【户籍所在地区县代码】:________

*证件类型:【居民身份证】【港澳台身份证明】【护照】【企业统一社会信用代码】【________】,证件号码:______________

*买受人性质:【本市城镇居民】【本市非城镇居民】【本省外市居民】【外省市个人】【华侨】【香港同胞】【澳门同胞】【台湾同胞】【军人】【外国个人】【企业】【行政事业单位】【其他】

*通讯地址:____________________

*联系电话:______________

房屋为共有时,共有方式如下:

共有方式:【共同共有】

【按份共有】________%

【委托代理人】【法定代理人】:____________________

【国籍】【户籍所在地】:____________________

证件类型:【居民身份证】【港澳台身份证明】【护照】【企业统一社会信用代码】【________】,证件号码:______________

通讯地址:____________________

联系电话:______________

条款范例2:住建部颁布的《建设工程施工合同(示范文本)》(GF-2017-0201)协议书中对有关主体的约定。

第一部分 合同协议书

发包人(全称):____________________________________

承包人(全称):____________________________________

根据《中华人民共和国合同法》《中华人民共和国建筑法》及有关法律规定,遵循平等、自愿、公平和诚实信用的原则,双方就程施工及有关事项协商一致,共同达成如下协议:

……

发包人：（公章）	承包人：（公章）
法定代表人或其委托代理人： (签字)	法定代表人或其委托代理人： (签字)
组织机构代码:________	组织机构代码:________
地　址:________	地　址:________
邮政编码:________	邮政编码:________
法定代表人:________	法定代表人:________
委托代理人:________	委托代理人:________
电　话:________	电　话:________
传　真:________	传　真:________
电子信箱:________	电子信箱:________
开户银行:________	开户银行:________
账　号:________	账　号:________

五、实务中关于合同名称的争议和处理意见

(一)合同载明的主体并未在合同上签字或盖章,非合同主体在合同上签字或盖章,合同主体如何确定

《民法典》第490条第1款规定:“当事人采用合同书形式订立合同的,自当事人均签名、盖章或者按指印时合同成立。在签名、盖章或者按指印之前,当事人一方已经履行主要义务,对方接受时,该合同成立。”根据以上规定,合同对签字或盖章的主体具有约束力,换言之,即便合同上记载了一方当事人的名称,但该方并未在合同上签字或盖章,合同对其不具有约束力,而是对实际签字或盖章的人员具有约束力。当然这里需要考虑的一种情况是,如果实际签字或盖章的主体其行为属于职务行为或代理行为(含表见代理),则其行为对单位或委托人有效。

案例:加盖的印章与备案印章不符,且缺乏其他证据证明当事人还存在其他印章使用情况,加盖的印章不能认定系当事人意思表示,合同对当事人不生效

中国工商银行股份有限公司澄迈支行、海南赣丰肥业有限公司金融借款合同纠纷案

案号:最高人民法院(2018)最高法民终820号

最高人民法院主要裁判意见:

一审法院通过司法鉴定已经查明,澄迈工行和恒阳公司签订的《最高额保证合同》中恒阳公司的公章和法定代表人朱某生的印鉴均与恒阳公司在赣州市公安局、赣州市工商行政管理局存档备案的印章不一致,在没有证据证明恒阳公司在对外交往中还使用除了备案印章之外的其他印章的情况下,本案不能认定该保证合同系恒阳公司所订立,不能代表恒阳公司的真实意思表示。澄迈工行主张,一审司法鉴定机构应采用恒阳公司2015年或者2016年备案的印章,或者恒阳公司在2015年至2016年对外使用的公章作为比对样本。本院认为,在没有证据证明恒阳公司备案印章发生变更的情况下,司法鉴定机构选择2015年之前备案的印章作为比对样本,并无不当。

澄迈工行上诉称该保证合同由侯某斌签字已构成表见代理的主张,本院认为,所谓表见代理,是指虽然行为人事实上无代理权,但相对人有理由认为行为人有代理权而与其进行法律行为,其行为的法律后果由被代理人承担。表见代理制度的法律意义在于保护善意第三人的信赖利益和民事交易的安全,法律强制被代理人承担相应的法律后果。本案中,现有证据不能证明澄迈工行足以相信侯某斌能够代表恒阳公司订立合同。侯某斌并未在恒阳公司任职,即便如澄迈工行主张的,侯某斌是恒阳公司的55%控股股东,也不能认定侯某斌即能代表恒阳公司对外订立合同。实际上,澄迈工行愿意与恒阳公司订立合同,主要是基于对合同落款处同时加盖的恒阳公司公章和法定代表人印章的信任。在恒阳公司公章和法定代表人印章不能认定时,仅有侯某斌的签字不足以让人相信其能代表恒阳公司,相应的法律后果不应由恒阳公司承担。澄迈工行关于侯某斌的签字行为构成表见代理的主张,本院不予支持。

律师点评:非合同主体签订合同,该合同如要对合同上载明主体具有约束力,只有两种情况:一种是签订合同的行为属于职务行为或代表行为;另一种则是签订

合同的行为属于代理行为(含表见代理)。除以上两种情况外,未在合同上签字或盖章的,合同对该方不具有约束力。以上结论相关法律依据:

1. 职务行为:《民法典》第170条规定:"执行法人或者非法人组织工作任务的人员,就其职权范围内的事项,以法人或者非法人组织的名义实施的民事法律行为,对法人或者非法人组织发生效力。

法人或者非法人组织对执行其工作任务的人员职权范围的限制,不得对抗善意相对人。"

2. 代表行为:《民法典》第61条规定:"依照法律或者法人章程的规定,代表法人从事民事活动的负责人,为法人的法定代表人。

法定代表人以法人名义从事的民事活动,其法律后果由法人承受。"

3. 代理行为:《民法典》第162条规定:"代理人在代理权限内,以被代理人名义实施的民事法律行为,对被代理人发生效力。"

表见代理:《民法典》第172条规定:"行为人没有代理权、超越代理权或者代理权终止后,仍然实施代理行为,相对人有理由相信行为人有代理权的,代理行为有效。"

就本案而言,澄迈工行和恒阳公司签订的《最高额保证合同》,经鉴定,该合同上加盖的恒阳公司的印章并不真实,即意味着合同上虽然记载了恒阳公司的名称,但恒阳公司并未在合同上盖章,因此该合同对恒阳公司不具有约束力。该合同上有侯某斌的签字,在此种情况下,如该合同要求对恒阳公司具有约束力,除非能证明侯某斌的行为属于职务行为、代理行为或其行为构成表见代理。结合本案,侯某斌仅是公司控股股东,并非公司法定代表人,也非公司总经理或担任其他职务的人员,因此其行为并非职务行为和代表行为;侯某斌签订《最高额保证合同》时未取得合法有效的授权,其行为也非有权代理行为,至于其行为是否构成表见代理,法院亦认为不构成表见代理,因此案涉合同对恒阳公司不具有约束力。

(二)不具有法人独立地位的主体在合同上签字或盖章的,责任该如何承担

《民事诉讼法解释》第52条规定:"民事诉讼法第四十八条规定的其他组织是指合法成立、有一定的组织机构和财产,但又不具备法人资格的组织,包括:

(一)依法登记领取营业执照的个人独资企业;

(二)依法登记领取营业执照的合伙企业;

(三)依法登记领取我国营业执照的中外合作经营企业、外资企业;

(四)依法成立的社会团体的分支机构、代表机构;

(五)依法设立并领取营业执照的法人的分支机构;

(六)依法设立并领取营业执照的商业银行、政策性银行和非银行金融机构的分支机构;

(七)经依法登记领取营业执照的乡镇企业、街道企业;

(八)其他符合本条规定条件的组织。"

第53条规定:"法人非依法设立的分支机构,或者虽依法设立,但没有领取营业执照的分支机构,以设立该分支机构的法人为当事人。"

根据以上规定,不具有法人独立地位的主体在合同上签字或盖章的,一般以开办或设立的主体承担责任。

案例:个人或项目部以公司名义对外开展活动,如不能证明属于有权代理、职务行为或构成表见代理的,该行为对公司不发生法律效力

赵某成与朝阳建设集团有限公司、白某民间借贷纠纷案

案号:辽宁省沈阳市中级人民法院(2016)辽01民终2272号

(一)裁判要旨

建设工程项目部负责人以项目部名义对外借款,应结合借款凭证的文义、款项履行情况、借款人与出借人的身份关系等因素,综合认定是否构成表见代理,进而认定借款关系是否成立及应承担还款责任的主体。

(二)基本案情

2011年3月,朝阳建设集团有限公司(以下简称朝建集团)经招投标成为丹阜高速公路(本溪段)工字组合桥梁维修改造工程第二合同段中标单位,并在建设施工中成立了朝阳建设集团有限公司本溪段桥梁维修工程第二合同段项目部(以下简称项目部)。2011年4月,项目部在中国银行本溪北光路支行开设存款账户。

2011年6月13日,辽宁中阿化学工贸集团有限公司向前述账户转款140万元。

2011年9月15日朝建集团(甲方)与沈阳市索森照明设备有限公司(乙方)签订代管项目清算协议,约定甲方委托乙方清算朝建集团丹阜高速本溪

段桥梁维修工程第二合同段工程结算事宜。乙方用自有资产及资金承担结算责任及风险。

2012年11月16日,赵某成(甲方)与项目部(乙方,白某作为乙方的代表)及白某(丙方)签订借款协议,协议载明:"乙方因在工程建设中的资金周转需要,特向甲方借款,丙方愿意为乙方借款向甲方提供连带保证担保。本协议所借款项用于朝建集团丹阜高速本溪段桥梁维修工程第二合同段工程建设及施工。乙方自2011年6月已经向甲方借款人民币共计贰佰万元整,乙方现向甲方再次借款人民币壹拾万元整。综上,乙方共计欠甲方人民币贰佰壹拾万元整……"该协议上加盖项目部公章,被告白某在丙方处签字确认。同日,项目部为赵某成出具120万元的收据。

2013年4月2日,白某为朝建集团出具外欠款明细表,明细表中没有本案诉争的赵某成借款金额。同日,白某为朝建集团出具还款计划书,该计划书中亦没有本案诉争借款金额。

2014年8月19日,朝建集团将2011年度丹阜高速公路(本溪段)工字组合桥梁维修改造工程项目第二合同段档案归档交与辽宁省高速公路管理局,白某在编制单位朝建集团的负责人处签字。

2013年9月1日,辽宁中阿化学工贸集团有限公司出具证明,赵某成借用该公司的账户于2011年6月13日通过银行转账的形式向项目部的账户支付了140万元人民币,该笔借款的实际出借人是赵某成。

另查明,赵某成于2012年5月向白某交付60万元,并约定了利息,但双方对于利率的陈述不一致。

(三)审理情况

辽宁省沈阳市和平区人民法院一审认为,根据当事人提供的中标通知书、授权书、公证书、会计凭证、档案验收单、成本清单以及当事人的当庭陈述等可以认定,白某借用朝建集团资质承包了丹阜高速公路(本溪段)工字组合桥梁改造工程第二合同段工程,朝建集团设立了项目部,工程实际由白某负责施工。根据赵某成与朝建集团、白某之间的身份关系无法确认赵某成系善意、无过失地相信其合同相对人为朝建集团,故白某对外借款不符合表见代理,应由白某承担还款责任,朝建集团不承担责任。判决白某向赵某成偿还借款本金210万元并支付借款利息。

辽宁省沈阳市中级人民法院二审认为,首先,赵某成提供140万元转账凭证,已对借款合意完成初步的举证证明责任,项目部仅以其与白某之间的债务纠纷提出抗辩,并未完成举证证明责任,赵某成与项目部之间的借贷关系成立。在借款协议签订前,140万元借款已经履行完毕,白某代表项目部承诺还款,并不影响已经成立的借贷关系,因此无须讨论其是否有权代理。其次,白某自认在2012年5月收到赵某成出借的60万元,根据现有证据不能证明白某系经过朝建集团任命的项目部负责人。赵某成亦未能举证证明其在出借款项时,善意无过失地相信白某有代表项目部行使借款的权利,不能因为白某在后的签订借款协议的行为,产生表见代理的法律后果。最后,白某以项目部的名义向赵某成借款10万元,并承诺还款的期限和利息,结合赵某成与白某之间的关系,赵某成应当知晓项目部系白某以朝建集团名义成立,白某系实际施工人,不具备借款的权限,该借款行为也不符合表见代理的法律要件。

判决结果:借款协议不产生代理的法律后果,项目部应对140万元借款承担清偿责任,白某应对70万元借款承担清偿责任。另外,借款协议中关于保证部分的承诺,是白某自己的真实意思表示,不违反法律的规定,故白某还应对140万元借款承担保证责任。

律师点评:本案中,2011年3月,朝阳建设集团有限公司(以下简称朝建集团)经招投标成为丹阜高速公路(本溪段)工字组合桥梁维修改造工程第二合同段中标单位,并在建设施工中成立了朝阳建设集团有限公司本溪段桥梁维修工程第二合同段项目部(以下简称项目部),该项目部并非在工商部门注册登记的法人分支机构,在诉讼时,根据《民事诉讼法解释》的规定,以开设该项目部的单位作为诉讼主体,因此本案的当事人为朝建集团。白某借用朝建集团资质承包了丹阜高速公路(本溪段)工字组合桥梁改造工程第二合同段工程成立了项目部,并对外开展活动。涉案借款为白某以项目部名义向原告赵某成借款,但朝建集团并未在合同上加盖公章,由于朝建集团并未在合同上加盖公章,因此如该合同要求对朝建集团有效,需证明白某的行为属于职务行为、代理行为或构成表见代理。结合本案,白某只是借用朝建集团的资质,其并非公司职工,因此其行为不属于职务行为;至于代理行为,其签订借款合同时未取得授权,也不属于代理行为,至于是否构成表见代理,法院认为,“根据现有证据不能证明白某系经过朝建集团任命的项目部负责人。赵某成亦未能举证证明其在出借款项时,善意无过失地相信白某有代表项目部行使借款的权利,不能因为白某在后的签订借款协议的行为,产生表见代理的法律后果。最后,白某以项目部的名义向赵某成借款10万元,并承诺还款的期限和利息,结合赵某成与白某之间的关系,赵某成应当知晓项目部系白某以朝建集团名义成立,白某系实际施工人,不具备借款的权限,该借款行为也不符合表见代理的法律要件”,据此,其行为不构成表见代理。

六、有关当事人姓名和名称书写应注意的事项

1. 对自然人姓名,必须以身份证记载的名字为准,且必须将名字写全(切忌在合同中写当事人的花名、化名、小名等),有关地址的记载,可以分别书写身份证地址和常住地址,以常住地址作为文件通知的送达地址。自然人必须书写其身份证号码。与自然人签订合同,必须留存其身份证复印件,便于起诉时向法庭提交其身份信息。

2. 对企业法人的名称,必须以经查询的工商登记名称为准,切忌用简称,有关地址的记载,可以分别书写工商登记注册地址和经营场地地址,以经营地址作为文件通知送达地址。

3. 除《民事诉讼法》允许可以直接作为责任承担和诉讼主体的分支机构外,以分公司签订合同的,应要求该分公司提交设立该分公司的总公司授权该分公司签订合同的授权书,该授权书应明确总公司对分公司签订的合同承担全部责任。

4. 应尽可能避免与未经工商登记的组织签订合同,如某办公室、某指挥部、某施工队等。如果必须与此类未经登记注册的组织签订合同,应要求设立该组织的经登记注册的主体或实际承担责任的自然人主体出具有关授权并承诺对签订的合同承担全部责任。

第二章

标的、数量和质量

第一节　合同标的

一、合同标的的概念

所谓合同标的，是指合同权利义务所指向的对象，合同标的一般包括物和行为。其中物又包括有体物和无体物，具体表现为动产、不动产、债权等；行为又包括作为、不作为等。

二、合同标的约定应注意的问题

(一)对合同标的的约定应具体明确，且合同主体根据合同对标的具有相应权利

1. 对合同标的的约定应具体明确。

如何将标的约定得清楚明确，常用的方法如下：

(1)将合同标的的名称准确记载，如合同标的是股权，则约定转让标的为某公司的股权，持有人是谁，股权比例是多少等信息；如果是建设工程施工合同，则记载工程的名称和大概内容，如某世纪城2.2期地下室、商业裙楼及12#、13#、14#楼水电安装工程。

(2)标的的坐落，如房屋买卖合同，应将房屋的坐落、栋号、单元和房号记载清楚。

(3)有的合同中，还需要对与标的有关的指标进行详尽的描述，例如：

●某土方工程施工合同中对合同标的的描述:

第二条:工程概况

1. 工程名称:JY·阳光城二标段(3#、4#、5#、6#楼区域)土石方工程。

2. 工程地点:南宁市凤岭北路南侧。

3. 承包方式:包工包料(包施工、包工期、包质量、包施工安全、包通过验收)。

4. 工程内容:施工图、设计图、设计变更范围内的土方(包含旧混凝土道路、旧钢筋混凝土基础、旧混凝土基础、淤泥等)的开挖、炮机爆破、施工场地内及泥口等施工砖渣道路铺设、土方栋号及中庭内二次转运、土方外运、洗车台施工等以及施工规范规定的全部施工内容。

●如合作开发房地产合同中对有关地块指标的描述:

1. 具体地理位置:

项目地块位于某市城北新区,迎宾大道与布山大道交汇处西北角。

2. 经济技术指标:

用地性质:商住用地;

占地面积:29,757.369平方米(约合44.636亩);

容积率:大于1.0且不大于3.1;

建筑密度:不大于25%;

绿地率:不小于35%,其中集中绿地不少于10%;

建筑限高:总体建筑限高80米。

其他有关地块情况具体以政府批准的为准。

(4)将与标的相关的其他特征也应记载清楚,如标的的规格、质地、成分、型号、产地、来源、厂家、品牌。如某钢材买卖合同,双方对标的的约定如下:

1.1 品名、规格、数量、单价、金额、品牌

品名、规格	单位	数量	单价 (元/百米)	金额(元)	品牌	生产厂家
ZR－RVS2×1.5 多芯软导线	百米	290	170.00	49,300	×××	广西某特种线缆有限公司

续表

品名、规格	单位	数量	单价(元/百米)	金额(元)	品牌	生产厂家
ZR－RVS2×2.5 多芯软导线	百米	15	280.00	4200	×××	广西某特种线缆有限公司
合计				53,500		

(具体数量以需方实际订货数量为准)

1.2 电线产地:南宁市;品牌:×××,电线生产厂家:广西某特种线缆有限公司

律师点评:以上关于导线采购的合同,其中对标的即导线的约定清晰明确,包括导线的品名、规格、品牌、产地、厂家等,这些都与标的密切相关,这些约定本身构成了出卖人对所供货物品的质量担保条件之一,出卖人所供货物不符合双方约定的规格、型号、品牌、产地、生产厂家等的,构成违约。可见,对于标的以及与标的密切相关的特征,在合同中约定得越详尽,对买受人越有利。

(5)如果是凭样品买卖,还应当对样品的特征、品质等进行描述,且对样品由双方进行封存并加盖印章,以确定样品的唯一性。同时应注意,如果该样品达不到双方约定的质量标准,则出卖人出卖的货物必须达到双方约定的质量标准,可以在合同中作如下约定:供方提供的产品应当与样品以及说明的质量相同,如果供方提供的样品存在隐蔽瑕疵,即使交付的标的物与样品相同,出卖人交付的标的物质量仍然应当符合合同要求的标的物质量以及符合同种物的通常标准。对于存在质量瑕疵的产品,供方必须无条件清退出场,同时需方有权选择解除合同并要求供方承担违约责任或者要求供方无条件更换符合质量要求的货物。

2.合同主体对合同标的应具有相应的权利,且不存在法律或事实上的障碍,否则签订的合同将可能因权利人对标的不具有处分权而构成无权处分并导致最终无法履行合同。

比如股权转让合同,转让人应当为股权的持有人,且该股权不存在权利负担(如质押)或被查封,否则即便签订了股权转让合同,在未解除权利负担和查封的情况下,股权变更登记也无法进行。

基于上述原因,一般合同中,相对方常设置保证条款,并约定标的权利人如果

违反保证和承诺,则视为该方根本违约,相对方有权解除合同。举例如下:

条款范例1:以下为某项目股权转让合同,转让方对受让方的保证和承诺:

6. 转让方保证和承诺

6.1 转让方确认目标股权不存在设置担保、司法查封的情形。

6.2 转让方确认自本合同生效之日起目标公司的资产均已为目标公司真实、完整、合法有效地取得,且权属清晰,不存在设置担保、权属争议、司法查封等任何权利受限制的情形。

6.3 合同各方确认,签署和履行本合同不存在违反各方相互之间以及各方与合同外其他方之间达成的任何书面及口头约定的情形,也不存在违反诸如司法裁判等其他法律文件的情形。

转让方违反以上保证和承诺的,受让方有权解除合同,且有权要求转让方支付合同总价20%的违约金。

律师点评:股权转让中,对于受让方而言,最大风险之一在于:标的股权被查封、存在质押或其他权利瑕疵或被采取其他强制措施,一旦存在上述情形,标的股权即无法办理过户,且存在被拍卖变卖的风险,由此导致受让方即便支付了股权转让款却无法完成股权变更登记,因此在从事股权交易时,受让方会重点关注股权本身是否存在查封、质押或其他权利瑕疵或被采取其他强制措施的情形,为了规避上述情形带来的风险,受让方一般将其作为转让方对受让方的保证和承诺,一旦违反,受让方即有权解除合同。

案例:李某焕与山东广育堂国药有限公司股权转让纠纷二审案

案号:北京市第二中级人民法院(2021)京02民终605号

一审法院认为:本案的争议问题是李某焕能否依据《股权转让协议》要求广育堂国药有限公司向其支付迟延支付股权转让款违约金及赔偿损失。《合同法》第68条规定,“应当先履行债务的当事人,有确切证据证明对方有下列情形之一的,可以中止履行:(一)经营状况严重恶化;(二)转移财产、抽逃资金,以逃避债务;(三)丧失商业信誉;(四)有丧失或者可能丧失履行债务能力的其他情形。当事人没有确切证据中止履行的,应当承担违约责任”。先履行一方中止履行的权利为不安抗辩权。双方约定的付款时间为2020年3月10日以后,同时约定的办理工商登记手续的时间为“甲、乙双方应在乙方足额支付股权转让价款后十个工作日内,配合提交办理相应的工商变更登记手续……”虽然合同约定的付款义务应在工商登记变更之前履行,但根据案件查明事实,2020 年 3 月的微信沟通中,李某焕的代表人告知广育堂国药有限公司转让标的股权存在司法冻结及是否能够解除司法冻结的问题。双方《股权转让协议》的目的是转让标的股权,能否依据合同在转让方与受让方之间办理股权转让的工商变更登记手续系影响合同目的能否实现的重要因素,在转让标的股权受到司法冻结影响无法进行工商变更登记,且同时存在无法转让的其他风险的情况下,广育堂国药有限公司有权行使不安抗辩权拒绝先行付款,且微信聊天记录显示,双方在沟通转让标的股权存在的司法冻结影响履行股权转让手续的过程中,李某焕司法冻结导致相应工商登记无法变更,后虽然工商信息记载显示 2020 年 5 月 8 日涉案司法冻结解除,但从双方 2020 年 5 月 13 日的微信聊天记录中的信息可以看出,在 5 月 13 日工商信息系统中的股权冻结信息依然未清除完毕,以至于广育堂国药有限公司在 5 月 14 日仍提出要求“要赶紧把工商局系统里的状态调为正常”。根据以上事实分析,广育堂国药有限公司在李某焕转让标的股权存在无法办理工商变更登记手续的情况下迟延支付股权转让款,其并不存在违约付款的故意,李某焕主张要求广育堂国药有限公司履行迟延付款违约金 153 万元、赔偿律师费 15 万元、保全保险费 3360 元、保全费 5000 元的诉讼请求均缺乏事实及法律依据,法院均不予支持。据此,一审法院于 2020 年 10 月判决:驳回李某焕的全部诉讼请求。

二审法院认为:应当先履行债务的当事人,在对方有丧失或者可能丧失履行债务能力的情形下,可以中止履行。根据李某焕与广育堂国药有限公司签订的《股权转让协议》的约定,广育堂国药有限公司应当在办理股权变更登记之前向李某焕足额支付股权转让价款,但案涉合同目的的实现系以完成转让股权的工商变更登记为标志。至 2020 年 3 月双方本应按照《关于商讨延期履行股权转让协议的函》的约定继续履行《股权转让协议》,但结合双方往来沟通的内容,转让标的股权受司法冻结影响显然并不能如约进行工商变更登记,故在存在可能导致合同目的无法实现风险的情况下,广育堂国药有限公司行使不安抗辩权拒绝先行付款,于法有据。李某焕所持能够先就其中 6.71% 的股权如约办理股权变更登记之上诉意见,缺乏有效论证且无事实依据,既与双方约定转让的8%的股权份额不符,亦与本案中直至2020年5月13日工商登记部门显示的李某焕持有股权仍被冻结之事实相矛盾,故本院对李某焕该项上诉意见不予采信。李某焕据此上诉主张广育堂国药有限公司承担未履行先付款义务的违约责任,不能成立。综上所述,李某焕的上诉请求不能成立,应予驳回;一审判决认定事实清楚,适用法律正确,应予维持。依照《民事诉讼法》第170条第1款第1项的规定,判决如下:驳回上诉,维持原判。

律师点评:合同主体应对合同标的具有相应的权利,以确保合同能如约履行,以股权转让合同为例,股权转让合同中,股权存在查封、质押将直接导致股权转让的变更登记无法完成,因此任何股权转让合同,受让方都会要求转让方就股权不存在查封质押等作出承诺,一旦违反该承诺则受让方有权拒绝支付股权转让款或有权解除合同。就本案而言,虽然合同约定的付款义务应在工商登记变更之前履行,但根据案件查明事实,2020年3月的微信沟通中,李某焕的代表人告知广育堂国药有限公司转让标的股权存在司法冻结及是否能够解除司法冻结的问题,双方签订《股权转让协议》的目的是转让标的股权,能否依据合同在转让方与受让方之间办理股权转让的工商变更登记手续系影响合同目的能否实现的重要因素,在转让标的股权受到司法冻结影响无法进行工商变更登记,且同时存在无法转让的其他风险的情况下,广育堂国药有限公司有权行使不安抗辩权拒绝先行付款,因此广育堂国药有限公司迟延付款的行为不构成违约。

条款范例2:房屋租赁合同中,出租人对房屋享有出租的权利对于承租人而言极为重要,是否有权出租关系到房屋能否交付;除此之外,如房屋系用于经营,则房屋的规划用途是否符合拟经营用途尤为重要,比如以房屋作为餐饮,该房屋必须设计有排烟道,否则将无法从事餐饮经营,就此合同中一般也会设定类似的保证和承诺条款如下:

4.2.1 甲方陈述并保证,其拥有相关的土地使用权和场地的房屋所有权,且场地未占用公共部分或消防通道,可以依本合同约定出租给乙方经营餐厅使用。倘若甲方违反本陈述或保证,或者出租物业或其所占土地的性质、建筑结构、使用用途等不符合法律规定,造成乙方向规划、建设、消防、卫生、食品药品监督、环保、工商等任一部门的有关申请不获批准从而餐厅无法开业时,乙方有权顺延起租日;如超过3个月仍无法开业,或尽管餐厅已开业,但由于甲方违反本陈述或保证,造成乙方无法依本合同继续使用场地或餐厅无法正常营业的,乙方有权无条件终止本合同,甲方应立即退还保证金和乙方已支付但尚未发生的费用,并应赔偿乙方由此遭受的损失。

4.2.2　甲方保证在本合同有效期内乙方对出租物业的承租权益不因建筑物或出租物业权属变更而受影响,否则乙方可终止本合同,甲方应立即退还保证金和乙方已支付但尚未发生的费用,并赔偿乙方由此遭受的损失。

4.2.3　甲方陈述并保证,其为合法成立并有效存续的公司,并有权签订本合同。如甲方营业执照或其他必要证照在本合同有效期内到期的,甲方承诺届时将及时办理营业执照或其他必要证照的更新或续期手续,以保证甲方在本合同有效期限内有效存续。

律师点评:在房屋租赁合同中,承租人承租房屋用于某种特定用途的,如房屋在建设规划时并不符合该用途,则意味着承租人即使承租了房屋,但无法根据该用途使用即其承租房屋的目的落空,在此种情况下,承租人一般会将该特定用途以及相关条件作为保证和承诺条款,一旦无法实现,其可以解除合同。以承租房屋从事餐饮为例,从事餐饮的房屋,从规划和建设上,一般需要预留烟道,如果没有预留烟道,房屋根本无法排烟自然也无法从事餐饮,同时,从事餐饮和其他经营活动,承租人还需要办理相应的营业执照、卫生许可证等证照,如该房屋因建设审批手续问题无法办理以上证照的,承租人即使租赁房屋,也无法开展合法经营。可见,保证和承诺条款的设置,需要根据具体情况,结合合同一方签订合同根本目的相应设置。

3. 合同标的条款常用模式。

(1)标的是不动产或工程的,常用条款模式:

其一,标的是房屋的,常用条款模式:

房屋基本情况:房屋坐落于【】市【】大道【】号【】号楼【】号房,建筑层数为地上【】层、地下【】层,用途为住宅。房屋建筑面积:【】平方米,其中,套内建筑面积【】平方米,公摊面积【】平方米。

房屋面积最终以【】市政府相关行政管理部门登记的面积为准。

其二,标的是工程的,常用条款模式:

一、工程概况

1. 工程名称:【】

2. 工程地点:【】

3. 建筑面积:【】

4. 建筑层数:【】

其三,标的是地块的,常用条款模式:

一、项目地块情况

1. 具体地理位置:【】。

2. 经济技术指标:

用地性质:【】;

占地面积:【】平方米(约合【】亩);

容积率:【】;

建筑密度:【】;

绿地率:【】;

建筑限高:【】。

其他有关地块情况具体以政府批准的为准。

(2)标的是货物的,常用条款模式(可以列表):

品名、规格、数量、单价、金额、品牌

品名、规格	单位	数量	单价(元/米)	金额(元)	品牌	生产厂家	产地

(二)如合同标的存在瑕疵,应如实告知并将瑕疵记载在合同中

1. 合同标的存在瑕疵(包括但不限于标的存在抵押、质押或被查封等),该标的的权利人应将瑕疵如实告知,否则可能涉嫌欺诈或违约,相对方有权据此撤销或解除合同。

(1)撤销合同。

《民法典》第148条规定:"一方以欺诈手段,使对方在违背真实意思的情况下实施的民事法律行为,受欺诈方有权请求人民法院或者仲裁机构予以撤销。"

(2)标的权利人违反瑕疵担保,构成违约。

《民法典》第615条规定:"出卖人应当按照约定的质量要求交付标的物。出卖人提供有关标的物质量说明的,交付的标的物应当符合该说明的质量要求。"

第636条规定："凭样品买卖的买受人不知道样品有隐蔽瑕疵的，即使交付的标的物与样品相同，出卖人交付的标的物的质量仍然应当符合同种物的通常标准。"

2. 因未如实告知标的存在的瑕疵，相对方撤销、解除合同或追究该方违约赔偿责任的案例。

案例：权利人构成欺诈，相对方撤销合同

张某诉北京合力华通汽车服务有限公司买卖合同纠纷案［最高人民法院（指导案例17号）］

裁判要点

1. 为家庭生活消费需要购买汽车，发生欺诈纠纷的，可以按照《消费者权益保护法》处理。

2. 汽车销售者承诺向消费者出售没有使用或维修过的新车，消费者购买后发现系使用或维修过的汽车，销售者不能证明已履行告知义务且得到消费者认可的，构成销售欺诈，消费者要求销售者按照《消费者权益保护法》赔偿损失的，人民法院应予支持。

相关法条

《消费者权益保护法》第2条、第55条第1款（该款系2013年10月25日修改，修改前为第49条）。

案情简介

2007年2月28日，原告张某从被告北京合力华通汽车服务有限公司（以下简称合力华通公司）购买上海通用雪佛兰景程轿车一辆，价格138,000元，双方签订《汽车销售合同》。该合同第7条约定："……卖方保证买方所购车辆为新车，在交付之前已作了必要的检验和清洁，车辆路程表的公里数为18公里且符合卖方提供给买方的随车交付文件中所列的各项规格和指标……"合同签订当日，张某向合力华通公司交付了购车款138,000元，同时支付了车辆购置税12,400元、一条龙服务费500元、保险费6060元。同日，合力华通公司将雪佛兰景程轿车一辆交付张某，张某为该车办理了机动车登记手续。2007年5月13日，张某在将车辆送合力华通公司保养时，发现该车曾于2007年1月17日进行过维修。

审理中,合力华通公司表示张某所购车辆确曾在运输途中造成划伤,于2007年1月17日进行过维修,维修项目包括右前叶子板喷漆、右前门喷漆、右后叶子板喷漆、右前门钣金、右后叶子板钣金、右前叶子板钣金,维修中更换底大边卡扣、油箱门及前叶子板灯总成。送修人系该公司业务员。合力华通公司称,对于车辆曾进行维修之事已在销售时明确告知张某,并据此予以较大幅度优惠,该车销售定价应为151,900元,经协商后该车实际销售价格为138,000元,还赠送了部分装饰。为证明上述事实,合力华通公司提供了车辆维修记录及有张某签字的日期为2007年2月28日的车辆交接验收单一份,在车辆交接验收单备注一栏中注有"加1/4油,此车右侧有钣喷修复,按约定价格销售"。合力华通公司表示该验收单系该公司保存,张某手中并无此单。对于合力华通公司提供的上述两份证据,张某表示对于车辆维修记录没有异议,车辆交接验收单中的签字确系其所签,但合力华通公司在销售时并未告知车辆曾有维修,其在签字时备注一栏中没有"此车右侧有钣喷修复,按约定价格销售"字样。

裁判结果

北京市朝阳区人民法院于2007年10月作出(2007)朝民初字第18230号民事判决:(1)撤销张某与合力华通公司于2007年2月28日签订的《汽车销售合同》;(2)张某于判决生效后7日内将其所购的雪佛兰景程轿车退还合力华通公司;(3)合力华通公司于判决生效后7日内退还张某购车款124,200元;(4)合力华通公司于判决生效后7日内赔偿张某购置税124,200元、服务费500元、保险费6060元;(5)合力华通公司于判决生效后7日内加倍赔偿张某购车款138,000元;(6)驳回张某的其他诉讼请求。宣判后,合力华通公司提出上诉。北京市第二中级人民法院于2008年3月13日作出(2008)二中民终字第00453号民事判决:驳回上诉,维持原判。

裁判理由

法院生效裁判认为:原告张某购买汽车系因生活需要自用,被告合力华通公司没有证据证明张某购买该车用于经营或其他非生活消费,故张某购买汽车的行为属于生活消费需要,应当适用《消费者权益保护法》。

根据双方签订的《汽车销售合同》约定,合力华通公司交付张某的车辆应为无维修记录的新车,现所售车辆在交付前实际上经过维修,这是双方共同认可的事实,故本案争议的焦点为合力华通公司是否事先履行了告知义务。

车辆销售价格的降低或优惠以及赠送车饰是销售商常用的销售策略,也是双方当事人协商的结果,不能由此推断出合力华通公司在告知张某汽车存在瑕疵的基础上对其进行了降价和优惠。合力华通公司提交的有张某签名的车辆交接验收单,因系合力华通公司单方保存,且备注一栏内容由该公司不同人员书写,加之张某对此不予认可,该验收单不足以证明张某对车辆以前维修过有所了解。故对合力华通公司抗辩称其向张某履行了瑕疵告知义务,不予采信,应认定合力华通公司在售车时隐瞒了车辆存在的瑕疵,有欺诈行为,应退车还款并增加赔偿张某的损失。

律师点评:本案中,合力华通公司最终被法院认定在销售过程中构成欺诈,主要原因在于其在签订车辆买卖合同过程中,未将该车曾经维修过的事实如实告知,反而以新车进行销售,换言之,合力华通公司对于合同的标的即车辆存在的瑕疵未如实告知,构成欺诈。因此在订立合同时,对于合同标的存在的瑕疵,应在合同中如实披露和陈述,否则将可能如以上案例被认定为欺诈。

3. 如实告知标的瑕疵的合同条款范例和案例。

在商品房买卖合同中,从客户进场到销售,有的开发商会将客户购买房屋所存在的不利因素进行告知;有的开发商将不利因素记载入合同中;有的则是由客户签署专门的不利因素告知书;这些都是将标的存在的瑕疵予以告知的方式。

常见的股权转让合同,转让方一般会将股权存在的瑕疵(如质押或被查封等)写入合同中。

条款范例1:商品房买卖合同中出卖人对不利因素告知的合同条款。

出卖人就本房地产项目下列现状向买受人作如下告知:

1. 本小区红线外不利环境因素:

(1)噪声:

①地块南侧高速公路(距地块垂直距离约300米);

②立交桥(地块西南侧650米处);

③学校(某市三中位于地块西北侧40米处);

④公交车站(位于10#楼北侧离红线边4米处);

⑤周边道路(地块北侧红线边坛兴路,计划2014年11月底竣工;地块南侧打铁路、地块西侧红线边那兴西一里路、地块东侧良庆大道原计划9月动工,2015年4月竣工验收);

⑥周边住宅及公共设施建设(地块西侧100米处某项目正在建设;地块西北侧40米处某市三中建设,2016年9月开学;地块西北侧某项目住宅建设)。

上述市政配套最终以政府实际完成时间为准。

(2)恶臭:

①地块北侧楞良渠(地块至楞良渠最短距离约75米);

②高速公路南侧垃圾站(距离地块南侧红线边约500米)。

(3)污染:

①高速路南侧水库(距离地块约500米,水库深约3米,占地面积约40亩);

②周边道路建设灰尘大(地块北侧红线边坛兴路,计划2014年11月底竣工;地块南侧打铁路、地块西侧红线边那兴西一里路、地块东侧良庆大道原计划9月动工,2015年4月竣工验收)。

(4)禁忌:地块周边墓地(地块南侧100米范围内有零散坟墓)。

(5)辐射性:高压线路(距地块水平垂直距离约160米处)。

2. 本小区建设范围内可能对业主生活产生不利影响的环境因素:

(1)商业S1、S2:商业业态可能对住户产生噪声、卫生等影响,内含社区管理用房和农贸超市;1~2#裙房商业业态可能对住户产生噪声、卫生影响,内含社区公共厕所。

(2)1#住宅:架空层有物业管理用房,地下一层有专变综合房、公变综合房、排风机房、配电房、弱电房、水泵房。

(3)2#住宅:地下一层有公变综合房、弱电间、排风机房、进风机房、送风机房,六层有悬挑疏散楼梯。

(4)3#住宅:架空层有物业管理用房、配电室、六层有悬挑疏散楼梯;无地下室直接通达。

(5)4#住宅:架空层有配电室、六层有悬挑疏散楼梯;无地下室直接通达。

(6)5#住宅:地下一层有专变综合房、配电间、柴油发电机房、排风机房、弱电机房、地下二层有排风机房、进风机房、配电间、六层有悬挑疏散楼梯;沿客梯外墙有直通楼顶的发电机排烟道。

(7)6#住宅:地下一层有消防控制室、弱电间、公变综合房、排风机房,地下二层有消防水池、水泵房、进风机房、排风机房、配电间。

(8)1#楼东侧、5#楼北侧有幼儿园,可能产生噪声影响。

(9)S2北侧及南侧、2#楼西侧、3#楼东侧、4#楼东南侧、6#楼南侧有化粪池。

(10)4#楼东北侧及5#、6#楼中间有地下车库入口。

(11)3~6#楼底层局部设有非机动车停车区。

律师点评:在商品房买卖合同中,买受人购买的房屋,除了房屋自身位置、户型、朝向外,房屋所处的位置以及周边环境对居住的舒适度、通风采光等有着重要影响。比如房屋刚好处在配电房旁边,因配电房运行发出的噪声势必对购买人购房的意愿、价格等有着重要甚至是决定性影响,对此开发商有义务在缔约过程中如实告知,否则出卖人将可能承担缔约过失责任,相应地,买受人有权撤销合同。综上,在有的情况下,出卖人不仅需要对标的本身的瑕疵如实告知,还应本着诚实信用原则,对购买标的可能有影响的其他不利因素也应如实告知,否则可能承担缔约过失责任或违约责任。

条款范例2:股权转让合同中转让方对标的股权瑕疵的告知。

某项目公司持有位于天津市城区某地块,该项目公司股东甲拟通过转让股权方式将项目转让给L公司,该地块土地使用权在转让时处于抵押状态,且地块上有高压线需要迁移(但转让方无法保证迁移时间)等瑕疵,就此双方对地块本身以及地块存在的瑕疵进行了描述:

1. 取得方式:目标公司于2014年【2】月【19】日通过【公开挂牌竞拍】方式取得本项目开发权。

2. 本项目经济技术指标及规划条件:总用地面积【202,156.8】平方米,界内使用地面积【16.12万】平方米,住宅容积率【1.8%】等,其他规划指标详见规划部门出具的规划条件通知书,编号:2013津南规条申字××××。详见附件。

3. 本项目土地使用权出让金(或转让款)支付情况:本项目土地使用权出让金已经全部缴清。

4. 本项目开发手续及证件办理情况:本项目已经办理国土证、用地规划许可证、建设工程规划许可证、建设工程施工许可证,具体以项目实际取得的证件为准;项目目前尚未办理预售许可证。

5. 本项目开发及施工进度:地块红线内有若干高压线塔,转让方确认该高压线塔由转让方负责协调电力部门,力争于11月前完成迁移,且相关费用已全部付清,不需要受让方承担任何费用。该事项现已由天津市津南区发展改革委员会于2014年7月3日形成《关于×××35kV线路迁改工程的会议纪要》(详见附件)。场地已经平整,并进行了部分建设。具体以地块现状为准。

6. 本项目土地使用权抵押情况:本项目土地使用权已设定抵押,债权人为【BR信托有限责任公司】(以下简称BR信托),债务人为【天津市BD投资发展有限公司】(以下简称天津BD),担保债权金额为【6亿元】。该笔债务按季度计息,截至2016年9月20日(计息日),该笔债务产生的资金利息全部由转让方(或债务人)自行承担,此后产生的利息由受让方承担,受让方需负责提供资金用于偿还2016年9月20日之后的资金利息,该笔资金不包含在收购总价款中。

律师点评:通过股权转让项目土地使用权,双方一般会对转让标的的现状进行描述,尤其是对标的地块存在的问题,如地下有国防光缆、地上有高压线路等;此种描述,可以一定程度上证明出卖人对地块的瑕疵进行了陈述,双方约定由一方负责处理解决的,构成该方责任承担的依据,一方未能按约定完成,构成违约。无论是股权转让还是其他标的转让,转让人如知道或应当知道标的瑕疵,均应如实告知,否则可能承担相应的缔约过失责任或违约责任。

案例1:出卖人在签订买卖合同过程中未对不利因素告知,买受人有权撤销合同

2011年4月,原告金某到被告房地产公司所开发的位于南宁市青秀区中柬路9号的某项目写字楼5号楼501号房看房,现场房屋外部有宽阔的露台和绿化,未见有风机等设施设备。2011年5月18日,金某与被告签订了《商品房买卖合同》约定合同总价3,694,185元,原告应于合同签订当天支付不低于55%的房款即2,032,185元,余款1,662,000元以银行按揭方式支付。合同约定被告应于2011年5月30日前将验收合格并符合商品房买卖合同约定的房屋交付给原告使用,原告购买的房屋仅做办公使用,原告不得擅自改变与该商品房有关联的公共部位和设施,原告也不得擅自改变房屋外观,不得添加任何防盗网及构筑物。合同附件四第3条约定,原告严重违反本合同的,被告有权单方解除合同,并按合同总价的20%向被告支付违约金。2011年5月底,原告接到被告的交房通知,在收房时发现屋外建造了四座大型排风机,正对窗口,且运行噪声大,故未予接收并口头要求退房。被告则以该排风机属于消防设施,平时处于关闭状态,只有验收、维修或出险时才启用,不会影响原告的日常办公为由拒绝原告退房。

法院认为,本案被告因消防及内部通风所需而在本案房屋外建造的大型排风设备,虽未影响到房屋质量及内部正常使用,但其造型较大,与之毗邻,确有妨碍房屋通风采光及景观视野。虽然双方交易的是现房,原告在签订前亦对房屋进行了实地查看,但此时该排风设备尚未建造成型,原告无法从外观就能直接判断其存在。签订合同时,从房屋平面图的布局设计看也无法得知本案房屋外将要建造大型排风设备。由于原告购买该房屋的目的是用于办公,该排风设备无疑会大大降低房屋办公环境的品质及舒适度,也显然会影响到原告在订立合同之初是否再愿意继续购买该房屋。对于这一可能会影响合同订立的重要事实,被告方应予明确告知或在合同明示,但被告未能提供相关证据证明其已履行该义务。故因被告未如实告知上述事实,致使原告对合同标的物存在错误认识,应属于重大误解。根据上述,法院判决撤销金某与被告房地产公司所签订的《商品房买卖合同》,被告向原告返还已付房款2,032,185元并赔偿原告损失(损失计算:以2,032,185元为基数,自2011年5月19日起按中国人民银行同期贷款基准利率分段计付至本案生效判决规定的履行期限最后一日止)。

本案双方争议点在于金某能否以交房时其房屋外部存在风机为由而要求退房。所谓退房,即不再履行与开发商签订的商品房买卖合同,一方对已经签订的合同不再履行,按照现行《合同法》(因本案发生时,《民法典》尚未颁布实施,因此这里暂直接援引《合同法》。——笔者注)的规定,诉讼思路有两种:一是确认合同无效或撤销该合同而导致该合同自始无效,由此已经签订的合同自始不具有法律约束力,自然无须履行且需恢复原状;二是解除合同,并视具体情况有权在“合同解除后,尚未履行的,终止履行;已经履行的,根据履行情况和合同性质,当事人可以要求恢复原状、采取其他补救措施,并有权要求赔偿损失”。

前述两种思路,实质上对应的是两个不同阶段的法律责任:(1)如果要求撤销合同,对应的责任为缔约阶段的缔约过失责任,对应权利为撤销权,对应的基础规范为《合同法》第54条第2款(对应《民法典》第147条、第148条);(2)如果要求解除合同,则属于合同订立并生效后的履行阶段,对应的是违约责任,基础规范为《合同法》第94条(对应《民法典》第563条)。由于本案存在两种诉讼思路,对应的是两个不同阶段的法律责任,因此有必要对以上两种思路进行分析并选择正确的请求权和对应的基础规范,以下进行简要分析:

思路一:本案以违约作为责任追究的基础,原告相应行使违约解除权。此思路的优点在于可以以被告违约为由解除合同,对应的合同解除违约金相对于合同无效所对应的利息损失要高。但此种思路的弊端和难点也显而易见,主要体现在以下几个方面:(1)本案如果仅就合同约定而言,双方约定原告方购房屋的目的是办公,而被告交付的房屋显然是可以作办公室使用,屋外的排风机仅是对通风采光等有影响,却不会导致无法使用房屋进行办公。换言之,并不会导致合同约定的房屋用于办公的目的无法实现。因此,即便被告未将屋外存在风机的事实告知原告也不会导致合同目的无法实现。(2)双方并未在合同中约定屋外必须是没有任何遮挡。换言之,对于屋外不得放置排风机双方并未在合同中约定,且被告的各种销售广告也未曾给予任何承诺。由于此事项双方未在合同中约定,也就意味着被告方将排风机放置在屋外的行为并未违反双方合同约定。因此,以双方未约定的事项作为违约事由,显然难以成立。(3)就本案交易实质而言,本案之所以发生,本质在于缔约阶段,被告未将影响缔约的事实如实告知原告,此种行为对应的是缔约过失责任,并非违约行为。综上,如以被告违约且该等违约导致合同目的无法实现为由起诉,举证和论述都极为困难,甚至诉请可能被驳回。

思路二:本案原告以被告构成缔约过失责任为由,主张撤销合同。按照诚实信用原则,被告未在缔约阶段将与合同订立有重大影响的事实即房屋外平台存在排风机如实告知原告,导致原告作出错误意思表示,原告有权根据《合同法》第54条第2款(对应《民法典》第147条、第148条)行使撤销权,撤销双方签订的商品房买卖合同,并有权要求被告赔偿损失。此种思路的缺点为对于合同被撤销后的损失赔偿和责任,无法依据双方签订的商品房买卖合同进行计算,只能参照银行同期贷款利息(可能部分人主张房价差额损失——签订商品房买卖合同时的房屋价款和撤销合同时房屋价款的差价，就实务而言，此项主张较难获得支持）。但其优点也显而易见：(1)被告方未对排风机设置在屋外的事实告知原告对原告购房造成重大影响，这一点比较好证明，因为该风机确实对房屋的通风采光造成重大影响，且原告在购买前对房屋进行实地查看时该风机确实不存在；(2)因为事实上被告未将排风机放置于屋外的情况如实告知，因此被告根本无法提供证据证明其已经将排风机放置屋外的事实告知原告；(3)就原告而言，其诉求首要和主要目的也是收回本金，因此此思路对其顺利收回本金相对容易。综合以上分析，原告以被告在缔约阶段存在过错为由起诉撤销合同，并要求被告返还已经支付的购房本金和相应利息是最佳的诉讼思路。

案例2：买受人未履行及时检验义务不能免除出卖人的质量瑕疵担保责任

案号：北京市第二中级人民法院(2009)二中民终字第00119号

原告：北京秦天科技发展有限公司

被告：北京永泰宏基房地产开发有限公司

法院裁判主要意见：本案中，买卖合同签订时间为2003年8月15日，施工完毕时间为2004年5月，买卖合同约定的质保期为防潮、防雨雪，有效期1年。永泰公司在诉讼过程中申请质量鉴定的时间为2006年9月。在已经超过质量保证期的情况下，是否应当启动鉴定程序对争议保温材料进行质量鉴定成为本案的争议焦点。本案法官在征询鉴定专家意见后，认为尽管超过质保期，也可以通过鉴定方式确定秦天公司交付的保温材料的质量是否合格，于是启动了鉴定程序，并最终依据鉴定结论认定秦天公司提供的保温材料不合格是导致争议楼房飘窗及老虎窗发生结露发霉现象的主要原因，据此判令秦天公司承担损害赔偿责任。这涉及买受人的及时检验义务与出卖人的质量瑕疵担保责任的关系，以下具体分析：

1. 买受人有及时检验及通知出卖人的义务。

我国《合同法》中规定了买受人的及时检验义务。《合同法》第157条规定，买受人收到标的物时应当在约定的检验期间内检验。没有约定检验期间的，应当及时检验。第158条规定，当事人约定检验期间的，买受人应当在检验期间内将标的物的数量或者质量不符合约定的情形通知出卖人。买受人怠于通知的，视为标的物的数量或者质量符合约定。当事人没有约定检验期间的,买受人应当在发现或者应当发现标的物的数量或者质量不符合约定的合理期间内通知出卖人。买受人在合理期间内未通知或者自标的物收到之日起2年内未通知出卖人的,视为标的物的数量或者质量符合约定,但对标的物有质量保证期的,适用质量保证期,不适用该2年的规定。出卖人知道或者应当知道提供的标的物不符合约定的,买受人不受前两款规定的通知时间的限制。买受人及时检验义务的所谓“及时”要求买受人必须在法律规定的期间内及时检验标的物,体现了合同法平衡买受人与出卖人利益的立法原则。本案中,永泰公司未在质保期内对争议保温材料进行质量检验,亦未提出质量异议,应当是违反了法定的及时检验义务。从合同义务的分类上看,买受人的及时检验义务应当属于间接义务,也就是不真正义务。间接义务的权利人通常不能请求义务人履行,违反间接义务也不发生义务人的损害赔偿责任,仅使负担该义务的一方遭受权利减损或丧失。

2. 秦天公司应知产品质量不合格,不能免除质量瑕疵担保责任。

《合同法》在对买受人的及时检验义务作出规定的同时,还规定,出卖人知道或者应当知道提供的标的物不符合约定的,买受人提出异议的期间不受约定的检验期间、质量保证期间以及发现标的物数量或者质量不符合约定的合理期间的限制。也就是说,买受人违反及时检验义务,在出卖人存在知道或明知合同标的物数量质量不符合约定的情况下,不会发生对买受人不利的后果。换句话说,买受人未履行及时检验义务,不能免除明知违反合同义务的出卖人的质量瑕疵担保责任。之所以作出这样的规定,是因为出卖人本身就负有保证其提供的标的物数量和质量符合合同约定的义务,这是出卖人应当承担的主合同义务。在出卖人故意违反主合同义务的情况下,其相应的违约责任不能因为买受人违反及时检验这一合同中的不真正义务而免除,买受人违反及时检验义务并不必然使其丧失请求出卖人承担质量瑕疵担保责任的权利。可见《合同法》第158条既体现了买受人与出卖人的利益平衡,又体现了对故意违反合同义务的出卖人的制裁。由于秦天公司既是上述保温材料的出卖人也是生产商,其对于自己所生产的产品质量应当是清楚的。基于上述理由,法院依据永泰公司的申请启动了鉴定程序并判令秦天公司承担了质量瑕疵担保责任。

需要强调的是,在实践中,出现类似问题时,出卖人往往会以超过质保期或超过法律规定的检验期间作为抗辩理由，拒绝买受人的鉴定申请进而拒绝承担质量瑕疵担保责任。法院应当综合考虑全案情形，而不能仅以买受人违反及时检验义务为由拒绝鉴定。当然，有一部分产品在质保期过后确实无法进行检验，无法确定其在交付时是否合格，法庭应当征询鉴定部门意见，以决定是否启动鉴定程序。确实无法检验的，应当以买受人未履行及时检验义务为由驳回买受人的相应诉讼请求。

综上，一审、二审法院的判决是正确的。

律师点评：出卖人对出卖的标的物负有质量瑕疵担保责任，出卖的标的物不符合双方约定的质量要求，应如实告知，否则承担由此产生的责任，包括修理、更换、重做或退货等。买受人对货物负有及时检验的义务，《民法典》第621条规定："当事人约定检验期限的，买受人应当在检验期限内将标的物的数量或者质量不符合约定的情形通知出卖人。买受人怠于通知的，视为标的物的数量或者质量符合约定。

当事人没有约定检验期限的，买受人应当在发现或者应当发现标的物的数量或者质量不符合约定的合理期限内通知出卖人。买受人在合理期限内未通知或者自收到标的物之日起二年内未通知出卖人的，视为标的物的数量或者质量符合约定；但是，对标的物有质量保证期的，适用质量保证期，不适用该二年的规定。

出卖人知道或者应当知道提供的标的物不符合约定的，买受人不受前两款规定的通知时间的限制。"

本案的特殊之处在于，"买卖合同签订时间为2003年8月15日，施工完毕时间为2004年5月，买卖合同约定的质保期为防潮、防雨雪，有效期1年。永泰公司在诉讼过程中申请质量鉴定的时间为2006年9月。在已经超过质量保证期的情况下，是否应当启动鉴定程序对争议保温材料进行质量鉴定成为本案的争议焦点"。对此，法院在综合全案证据并征询了鉴定专家意见，认为尽管超过质保期，也可以通过鉴定方式确定秦天公司交付的保温材料的质量是否合格，于是启动了鉴定程序，并最终依据鉴定意见认定秦天公司提供的保温材料不合格是导致争议楼房飘窗及老虎窗发生结露发霉现象的主要原因，据此判令秦天公司承担损害赔偿责任。

综上所述，如出卖的标的物存在瑕疵，应在合同中如实陈述，经如实陈述后，买受人仍接受的，买受人不得以标的物存在质量瑕疵为由主张权利，如《消费者权益保护法》第 23 条第 1 款规定:“经营者应当保证在正常使用商品或者接受服务的情况下其提供的商品或者服务应当具有的质量、性能、用途和有效期限;但消费者在购买该商品或者接受该服务前已经知道其存在瑕疵,且存在该瑕疵不违反法律强制性规定的除外。”

4. 如实告知标的瑕疵常用条款模式。

●模式 1:

标的现状:

标的存在以下瑕疵和风险:

转让人按现状转让。受让人就转让标的存在的瑕疵以及风险作如下确认:受让人已被告知转让标的存在的瑕疵,同意按现状受让,受让人自愿承担由此产生的一切风险和责任,且不得以转让标的存在的瑕疵为由向转让方主张权利。

●模式 2:

买受人确认出卖人已将标的的不利因素和瑕疵告知买受人,买受人承诺不得以任何理由向出卖人主张任何权利。

第二节　合同数量和质量

一、合同对数量的约定

合同总价主要是数量乘以单价,因此合同数量是确定合同最终价款的关键要素之一。关于合同数量的约定,一般有两种方式,一种是签订合同时双方已经确定了标的数量,如购买一定数量的电脑等;另一种是签订合同时尚无法确定最终数量,最终数量由双方据实结算,如建设工程设计合同,对于设计人最终设计面积,双方一般约定以政府最终审批的建筑面积作为双方结算设计面积的依据。

无论采取哪一种确定数量的方式,约定有关数量时必须注意以下事项。

(一)约定的确定数量的方式必须在实务中可操作,且可计量

比如土方工程施工合同,关于如何确定施工方土方开挖回填的方量,一般通过两种方式,一种是采取方格网络图的方式[方格网络图计算方量,一般是指将场地划分成边长为 10 ~ 40m 的正方形方格网,通常以 20m 居多。再将场地设计标高和

自然地面标高分别标注在方格角上,场地设计标高与自然地面标高的差值即为各角点的施工高度(挖或填),习惯以“+”号表示填方,“-”表示挖方。将施工高度标注于角点上,然后分别计算每一方格地填挖土方量,并算出场地边坡的土方量。将挖方区(或填方区)所有方格计算的土方量和边坡土方量汇总,即得场地挖方量和填方量的总土方量]。

另一种是通过确定运输土方的车的载重量,以车的数量来确定具体方量。

两种不同的计量方式,计量的手段、工具和需具备的条件完全不同,各自风险点也不同,如以运输车辆来计算方量,由于将土方卸到车上时一般无法将土压实,因此通过车辆计算的方量一般是虚方,在最终计算时还需要乘以压实系数。而方格网络图计算的方量一般是自然方,其压实系数与虚方不同。

(二)作为双方结算依据的确定标的数量的证明文件,必须约定由双方签字确认

由于标的数量是合同价款的关键要素之一,确定标的数量的证明文件,必须约定经双方签字(或盖章)确认,单方计量的证明文件不得作为结算依据。

实务中,对于签字程序和签字人员确定尤为重要:对于支付价款的一方,如果不约定严格的签字程序并对签字人员作出限制性约定,其结果是支付价款一方的一般工作人员或部分人员其签字的效力最终将由该方承担,因为该人员的行为一旦诉诸法院将可能被认定为职务行为;即使该签字行为超越了签字人员的职权,法院还可能以表见代理为由,要求该方承担责任;由此极易引发一般工作人员与合同对方勾结串联,通过签署虚假或虚夸的供货单、结算单损害当事人利益,因此需要对确定数量的签认程序、签字人员作出严格而明确的约定,以下举例说明:

条款范例1:建设工程施工合同对有关签证的规定。

工程签证是指在施工合同履行过程中,承发包双方根据合同的约定,就合同价款之外的费用补偿、工期顺延以及因各种原因造成的损失赔偿达成的补充协议。

工程签证按承发包合同约定,一般由承发包双方代表就施工过程中涉及合同价款之外的责任事件所作的签认证明(注:目前一般以技术核定单和业务联系单的形式反应者居多)。

签证一般包括工期和费用签证。由于签证涉及对合同价款、工期的变更,因此签证对于承包方和发包方而言都极为重要。在施工过程中,对于发包人而言,如果

不设定相应的签证程序并对签证人员进行规定,将可能导致现场的工作人员签字即对发包方有效,由此不利于发包方对成本和工期的管理,更容易引发现场人员与施工方勾结损害发包人合法权益的不当行为。为了规范签证,发包方一般在建设工程施工合同或附件对签证的流程以及签证人员进行约定,如某房地产公司对签证的约定内容如下:

关于设计变更、工程指令及签证的协议

甲方:南宁市 WK 投资有限公司

乙方:广西 JG 集团基础建设有限公司

甲、乙双方经协商于××××年××月××日签订了 WK 大厦南区桩基础工程合同,为规范与该合同有关的设计变更、工程指令(以下分别简称变更、指令)的签证结算管理工作,分清责任,提高结算效率,保护甲、乙双方的利益,特签订以下协议:

第一条　关于设计变更、工程指令的执行及签证结算费用的支付

乙方应及时、完整地执行甲方发出的变更、指令,并保证工程的质量和进度;甲方应按照签证结算审定的金额,根据合同相关条款支付乙方签证价款。

第二条　关于设计变更、工程指令办理的约定

(一)甲方发出的设计变更单、工程指令单,应加盖合同规定的甲方印章,否则乙方可以不接受;乙方完工后申报的签证单及结算书,应加盖合同规定的乙方印章,否则甲方将不予结算费用。

(二)甲、乙双方指定的有效印章式样如下(甲方项目经理部印章仅用于设计变更单、工程指令单的办理):

(甲方项目经理部印章式样)　　　　(乙方或乙方项目部印章式样)

(三)合同履约中,甲、乙双方填制的变更、指令通知单都应使用本协议后附的标准表格,否则甲方可以不予审核费用,乙方可以不予接受。

(四)一份设计变更、工程指令只能办理一份签证单及结算书,甲方不接受乙方以汇总形式编制的多项设计变更、工程指令的结算书。

(五)设计变更、工程指令办理前乙方准备申报资料包括以下内容:

①签证(一式四份);

②设计变更及工程指令单(原件一份及复印件三份);

③现场测量记录(原件一份及复印件三份);

④工程量计算书(一式四份);

⑤结算书(一式两份);

⑥约谈纪要、图片(原件一份及复印件三份)。

(六)甲方对变更通知单分类连续编号;甲、乙双方都应做好变更指令的交付记录,资料交付时接受方不得拒签。

第三条　关于签证结算的约定

(一)签证结算的计价严格执行与其相关的主合同的经济条款,相同或相近的工作,套用相同或相近综合单价或定额子目、取费标准、材料调差方式等。当没有合适的单价套用时,双方可以按当时当地市场的合理价格协商确定。

(二)签证结算申报的内容必须完整、准确,不得虚报瞒报,若结算报价超过最终审定价10%,乙方按以下方式承担违约金:违约金=(乙方送审造价-甲方审定价×1.1)×5%,在工程款项中以违约金形式扣除。

(三)对于隐蔽工程和事后无法计算工程量的变更、指令,乙方必须在覆盖或拆除前,会同监理、现场工程师共同完成工程量的确认,否则甲方对此费用不予计取。

(四)因变更或指令涉及可重复利用的材料时,乙方应在拆除前与甲方谈定材料的可重复利用情况,否则视为乙方100%的回收利用。

(五)无特殊情况下,甲方应于签证单确认完成后22个工作日内完成签证结算。在审核过程中,乙方应在时间和人员安排等各方面积极配合审核工作。因乙方原因造成的审核延误及后续延误,甲方不承担责任。

第四条　其他

本协议与双方签定的本合同具有同等法律效力。

律师点评:实践中,发包人派到项目现场的人员主要包括项目负责人、各专业工程师、预算员、资料员等,这些人各自的职责分工不同,但一旦派驻到项目,其在签证单上签字的行为,如果没有与承包单位另行约定,将可能被法院认为因系职务行为,其签署的签证单对发包人有效,为了防止发包人部分人员擅自签署签证单而给发包人造成的风险,因此发包人必须对签证的流程、签证有效的证明文件等作出约定,以上约定通过以下方式对签证进行规定:其一,预留印章,换言之,非预留印章确认的签证对双方并无约束力;其二,对签证事项的计价标准进行明确约定,对虚报签证金额的,施工方需根据合同约定承担相应的责任。

条款范例2:购销合同中对送货数量确认的约定,对相关人员签字效力的限制。

送货方式采取供方送货上门方式,供方应当按照需方要求将货物送到需方指定地点,经过需方指定采购员、成本部指定人员、项目部指定人员验收和仓管人员(上述人员详见第2条第4款)入库并由以上4人共同签署确认书方能作为收货的依据(任何人员包括但不限于需方的法定代表人、总经理、项目经理、施工员、员工、上述4人中的1人至3人等签署的文件、收货凭证等,均不得作为收货的凭据)。在需方验收并签署确认书前,由于交货发生的各种费用包括但不限于人工、机械、材料、运输费、货物到达指定地点的装卸费、搬运费(含人工、机械、辅材等相关费用)、管理费、安装费(含人工、机械、辅材等相关费用)、税金等各种相关费用以及在途风险由供方承担。

案例:不对相关变更合同的程序和签字人员进行限制将导致相关行为人的行为对该方有效的不利后果——以建设工程实际施工人为例

案号:最高人民法院(2016)最高法民申2743号

再审申请人长春市轻工建筑工程有限责任公司(以下简称轻工公司)因与被申请人长春市庆丰钢材销售有限公司(以下简称庆丰公司)、孙某丹、黄某华、黄某2买卖合同纠纷一案,不服吉林省高级人民法院(2015)吉民二终字第98号民事判决,向最高人民法院申请再审。

最高人民法院经审理认为:……关于伪造证据问题。轻工公司主张原判决认定事实的主要证据是伪造的,主要是指本案合同书上加盖的轻工公司公章是伪造的,不是该公司使用的公章,理由就是吉林津科司法鉴定中心出具的司法鉴定意见认定与该公司使用的印章不一致。本院认为,黄某华挂靠轻工公司负责该公司承包工程的具体施工活动,对外以轻工公司名义与庆丰公司签订钢材购销合同,使用带有"轻工公司"字样的印章,符合其挂靠轻工公司施工的实际情况。吉林津科司法鉴定中心的司法鉴定意见认为合同书上的印章印文不是轻工公司现在使用的印章所盖印,仅能说明两种印章印文的不同之处,不能得出合同书上的印章系伪造的结论,也不能得出黄某华使用该印章签订钢材购销合同系伪造证据的结论。

关于原判决适用法律问题。轻工公司认为,原判决适用法律与案件性质明显不符,确定民事责任违背了双方当事人的约定和法律规定,明显违背立法原意,原判决既认定黄某华是合同主体,又认定黄某华以轻工公司名义签订合同,自相矛盾;二审判决认定黄某华构成表见代理,判决轻工公司承担连带清偿责任没有合同依据,也没有法律依据。本院认为,《合同法》第49条规定,“行为人没有代理权、超越代理权或者代理权终止后以被代理人名义订立合同,相对人有理由相信行为人有代理权的,该代理行为有效”。从本案的审查情况看,虽然没有证据表明黄某华已经得到轻工公司的授权签订案涉钢材买卖合同,但庆丰公司在与黄某华签订合同时,就是认为黄某华代表的是轻工公司,才与之订立合同的,并不知道黄某华没有代理权,也无证据证明庆丰公司与黄某华恶意串通损害轻工公司的合法权益。而从黄某华代表轻工公司参加投标,签订建设工程施工合同,并具体负责案涉工程的施工组织活动来看,庆丰公司有充分理由相信黄某华是能够代表轻工公司的,即庆丰公司有理由相信黄某华有权代理轻工公司签订本案钢材买卖合同。上述行为和表象均符合《合同法》第49条关于表见代理规定的特征,应当认定黄某华的行为构成表见代理,被代理人轻工公司应当承担给付货款责任。原判决判令孙某丹、黄某华、黄某2等人在夫妻共同财产或继承财产范围内承担给付货款责任,轻工公司承担连带责任,适用法律虽有不当,但并未加重轻工公司的法律责任,根据《民事诉讼法解释》第390条的规定,该适用法律问题并没有导致原判决结果错误,因此,不能认定原判决适用法律确有错误,轻工公司该项再审事由亦不成立。

律师点评:本案中,黄某华系涉案工程的实际施工人,挂靠在轻工公司从事施工。由于缺少对实际施工人权利的限制,且也未将该等限制告知交易对手,因此黄某华在从事涉案采购时,虽未得到轻工公司授权,但其相对方庆丰公司有理由相信黄某华能够代表轻工公司,因此涉案的采购合同,轻工公司虽然未签订,但基于黄某华的行为构成表见代理,因此其行为后果由轻工公司承担。

在建设工程合同签订履行过程中,无论是发包人还是承包人,其派驻现场的管理人员、工作人员的行为因为属于职务行为,也需要对其权利进行限制,比如有的建设工程合同约定:本工程甲方代表受甲方委派,代表甲方行使合同约定的权利,履行合同约定的职责,但无权减轻合同中约定的乙方的责任或义务且下列事项须经甲方盖甲方公司公章确认后方有效:工程结算、涉及经济条款或工程造价的谈判。

(三)合同约定数量常用条款模式

本合同约定的计量方式:【】;

计量结果必须按照本合同约定,经双方签字盖章方能作为结算的唯一依据。

甲方任何人员包括但不限于【】在计量单上签字的,对甲方不发生效力,亦不能作为结算计量的依据。

二、合同对标的质量的约定

(一)合同约定的质量应尽可能有相应的国家或行业标准,如质量分等级的,则应注明质量等级要求

条款范例1:建设工程施工合同约定的质量标准条款。

建设工程施工合同中,一般需要对建筑物(此类建筑物一般包括重要的工业与民用建筑物;20层以上的高层建筑物;造型复杂的14层以上的高层建筑物;对地基变形有特殊要求的建筑物;单桩承受荷载在400kN以上的建筑物;使用灌注桩基础而设计与施工人员经验不择的建筑物;因施工使用或科研要求进行沉降观测的建筑物)进行沉降观测,关于沉降观测承包人完成的质量标准,以下以2014年某项目约定条款举例说明:

工程类别:施工总承包[ ]　分包工程[√]　监理[ ]　设备材料[ ]
采购类别:招标[√]　议标[ ]

项目	具体说明
工程名称	南宁WK大厦项目基坑监测、主体沉降观测工程
采购范围	根据国家现行规范、地方政府的相关规定完成南宁WK大厦项目基坑监测、主体沉降观测,出具监测、观测报告并负责与此相关政府主管部门的沟通协调,直至工程通过竣工验收

续表

项目	具体说明
工期要求	1. 投标方理解该采购项对项目竣工验收的配合要求及保证顺利通过竣工验收。 2. 工期要求：具体项目施测开始日期以甲方通知为准，应随工程施工进程及时完成，保证不耽误后续工程施工，甲方可根据进度要求分时间段、分期、分批次要求施测单位进场施测并在规定时间内提交相关报告。 3. 基坑监测暂定时间为2014年6月~2014年9月共4个月，频率按图纸提供的3~5天一次，主体沉降观测暂定时间为2014年10月~2015年6月，共9个月，频率暂定每月一次。 4. 工期为合格成果移交日期，已含施测/不合格处理/验收等时间。 5. 工期已含节假日、阴雨天、台风、停水、停电、前期准备等因素，地震等不可抗拒的因素除外。 中标单位应在收到甲方通知进场日期3日内上报详细工作计划和需要甲方配合提供的资料清单，要求一次性报齐所需资料清单。涉及甲方重要经营机密或其他机密文件的甲方有权选择性提供；涉及开发过程中才能有的文件，甲方可以根据项目规划设计报建等进度分批提交给中标单位，工期不因此而调整
质量技术要求	1. 施测依据： (1)《建筑基坑工程监测技术规范》(GB 50497－2009)； (2)《建筑地基基础设计规范》(GB 50007－2002)； (3)《建筑变形测量规范》(JGJ 8－2007)； (4)《工程测量规范》(GB 50026－2007)； (5)《建筑基坑支护技术规程》(JGJ 120－99)； (6)《国家一、二等水准测量规范》(GB/T 12897－2006)； (7)其他相关规范以及本工程相关设计图纸、技术资料。 如上述规范有更新，按现行规范要求执行。 2. 招标单位负责根据上述施测依据和地方政府主管部门的相关规定要求确定基坑监测方案、主体沉降观测方案，并出具相关符合规定的监测、观测报告，直至通过工程竣工验收。 3. 基坑监测、主体沉降观测方案和要求按国家及地方政府主管部门的相关规定及甲方项目具体要求执行，由投标单位在本次投标文件中以“基坑监测方案、主体沉降观测方案”的形式报送确认，后续分项目合同均按投标文件确定的方案执行。 4. 施测项目应与基坑工程设计、主体结构设计、施工工况相配套。 5. 中标单位保证出具的基坑监测报告、主体沉降观测报告必须达到国家规定要求，符合现行相关法律、法规及政策要求，且达到广西及南宁市相关主管部门的要求，保证项目竣工验收一次性通过，否则，中标单位承担因此而发生的其他全部费用，并赔偿招标方由此引起所有损失。 6. 中标单位负责收集相关监测、观测所需资料，分项目分批次完工后向招标人提交报告

续表

项目	具体说明
进度及成果要求	1. 在甲方要求的施测时间前完成测点布设(此前应提交基坑监测方案、主体沉降观测,并经基坑支护设计单位、主体结构设计单位确认,并向委托方提交确认后的基坑监测方案、主体沉降观测方案一式五份)。 2. 每次施测后第二天,应提交监测(或观测)成果原件一式五份;经实地监测(观测)发现重大安全隐患时,应及时提出相应技术措施,协同各相关单位做好预防措施。 3. 监测(观测)结束阶段,受托方应向委托方提供以下资料,并按档案管理规定组卷归档(一式五套):监测(观测)方案、测点布设和验收记录、阶段性监测(观测)报告、监测(观测)总结报告等
其他要求	1. 参与投标的单位必须具有相应的资质,如因资质不够引起的任何责任和产生的经济损失由招标单位承担。 2. 参与投标单位的报价是包工期、包材料、包质量、包检(监)测、包安全、包税金、包验收等一切费用在内的包干价;并负责质监站关系等政府部门关系的协调。 3. 投标报价采用综合单价包干的形式,在任何情况下,对未中标的单位,招标单位不支付投标单位的任何费用。 4. 中标单位在施测期间应与本工程基坑支护施工单位、土石方施工单位、桩基施工单位以及土建总包单位密切配合,以客观公正的态度对招标单位负责,及时向招标单位通报监测、观测情况,不得与上述施工单位私下沟通。 5. 中标单位进入现场后应遵守招标方的各项现场文明、安全施工的规章制度,以及政府有关安全管理规定,对现场交通、噪声、卫生、场外污染等负责;发生安全事故造成的一切后果及经济损失由责任方承担。 6. 中标单位负责相关报告书编制直至通过竣工验收

律师点评:以上有关沉降观测施测的质量标准是通过附件的方式进行约定,条款详细约定了质量标准以及规范性文件。此外,以上条款还对观测成果的提交、份数、时间节点等进行了约定,以上关于质量标准的约定较为明确。

条款范例2:质量标准有国家标准的,执行国家标准。如某公司混凝土供应合同对质量标准的约定:

1. 验收标准:按中华人民共和国国家标准 GB/T 14902－2012《预拌混凝土》进行验收。

2. 验收方法:以现场交货结果作为判定混凝土质量主要依据。具体做法:由需方持证试验员在交货地点按照 GB/T 14902－2012《预拌混凝土》的要求制作试块,取样前通知供方试验员到场确认,在搅拌车卸料过程中在卸料量的1/4至3/4进行,且应在混凝土到达现场40分钟内完成。坍落度检测应在混凝土运到交货地点时20分钟内完成,坍落度控制值按国标GB/T 14902－2012《预拌混凝土》混凝土坍落度实测值与规定的坍落度之差值:50～90mm坍落度允许偏差±20mm,≥100mm坍落度允许偏差±30mm。其试块要按标准养护,抽样的模具及送检费用由需方承担。

3. 验收评定方法:混凝土强度或抗渗评定分别按GBJ 107－87和GBJ 82－85的规定进行。如混凝土的试块评定为不合格,则经双方约定货物的检验鉴定部门为广西壮族自治区产品质量监督检验所。若该部门无法鉴定的,则经双方认可的有资质的检测单位进行鉴定。经检测属供方原因造成混凝土试块强度或抗渗等级达不到合同要求,因此而造成的全部经济损失(含直接损失和间接损失)由供方负责赔偿和支付鉴定费。属需方原因检测费由需方负责。供方向需方提供混凝土资料一式三份。

律师点评:以上关于供应的混凝土应达到的质量标准以及检验作了较为明确的约定,尤其是对检验的过程作了具体约定,条款还对检验结果争议处理作了约定,从以上不难看出,在约定质量条款时,应尽可能约定如下内容:质量的标准;质量检验的具体流程;检验结果发生争议的处理和鉴定费用的承担。

(二)因质量标准约定不明或约定内容存在争议引发的诉讼

对质量标准约定不明引发的争议,比较典型的为房屋买卖合同关于交房的问题:买受人与出卖人签订的商品房买卖合同中,一般会约定房屋交付条件,各地有关交房条件的约定不尽相同,有关房屋交付条件约定内容较为原则,对交房条件如何理解争议较大,在未能明确具体交房条件的情况下,实务中存在较大争议,法院的认定和判决也是五花八门,同一个法院不同的法官甚至出现不同的判决;考虑到商品房买卖合同一般为开发商制定的格式版本,因此实务中判决往往作出不利于开发商的认定。以下举例说明:

原部分最高人民法院法官所著的《房地产纠纷裁判思路与规范指引》就"关于商品房交付条件的判断标准如何界定"写道:"商品房交付条件指在商品房具备何种条件时,开发商取得与购房者办理交房关于商品房的交付条件问题,我国《合同法》《建筑法》《建设工程质量管理条例》等法律法规的规定是'验收合格'。在当事人未作明确约定的情况下,如何确定'验收合格'的标准,是指工程质量验收合格、综合验收合格还是备案登记合格并取得《商品房竣工验收备案表》,法律、法规对此并未作出明确规定,这就导致司法实践中的认识千差万别。

关于商品房交付条件的判断标准问题,司法实践中存在不同观点:

第一种观点认为,'只要开发商在工程竣工后组织了勘察、设计、施工、监理四方共同参加的竣工验收,并形成了竣工验收合格的确认文件,就达到了商品房交付使用的条件,可以交付'。该观点又称为竣工验收说。

第二种观点认为,'未经过验收备案并取得《商品房竣工验收备案表》是不符合法律规定的验收合格交付使用条件的,开发商应承担逾期交房违约金'。相较于竣工验收合格来说,购房者基于自己的利益考虑,更愿意将商品房的验收合格标准理解为商品房经过建设行政主管部门的备案登记,并取得备案合格的证明文件《商品房竣工验收备案表》。《商品房竣工验收备案表》是经建设部确认可以交房的相关文件,具有高度的可信度。该观点又称为备案登记说。

第三种观点认为,在司法实践中,部分购房者对商品房交付条件的理解,指商品房经综合验收合格才符合交付使用的条件。商品房'除了通过工程质量验收外,还应通过监督、规划、消防、人防、环保等有关部门或有关单位的验收合格。住宅小区的还要在竣工验收合格的基础上,增加对城市规划设计条件、拆迁安置方案、配套设施和公共设施、物业管理等方面的要求'。《城市住宅小区竣工综合验收管理办法》曾对综合验收合格的内容作出详细的规定。该观点又称为综合验收说。"

在实务中,对于房屋交付中如何认定"竣工验收"也存在诸多争议,现举例如下:

案例1:商品房交付条件中关于房屋竣工验收合格的认定

案号:江苏省淮安经济技术开发区人民法院(2015)淮开民初字第0367号

案情简介

原告程某,被告淮安某置业有限公司。2012年1月15日,原告、被告签订《商品房买卖合同》,约定原告购买被告开发的新港农贸市场1幢139号房,房屋总价697,657元;合同第8条约定出卖人应于2012年12月30日前,依照国家和地方人民政府的有关规定,将经验收合格并符合合同约定的商品房交付买受人使用。同日,原告向被告支付了购房款697,657元。

另查明,2011年10月10日,案涉房屋经监理单位、设计单位、施工单位、建设单位联合验收合格。2012年5月,原告发现房屋填充墙内砖头存在质量问题,并向淮安经济技术开发区建设工程质量监督站(以下简称开发区质监站)反映。2012年7月27日,开发区质监站向被告及案涉房屋的监理单位、建设单位出具工程质量整改通知书,通知书载明案涉房屋工程未经竣工验收合格,开发区质监站已于2012年5月18日要求其进行整改,完善工程质量控制资料,尽快组织竣工验收,合格后方可交付使用,但至今未整改完成。被告在上述通知书下达后未按照要求组织竣工验收,案涉房屋至今未取得竣工验收备案证书。

原告明确其要求解除《商品房买卖合同》的理由为,被告的房屋未经竣工验收合格且至今未交付,致其无法实现签订《商品房买卖合同》的目的。现原告请求判令解除原告、被告签订的《商品房买卖合同》,被告返还购房款697,657元。

裁判结果

本案的争议焦点:本案房屋是否符合合同约定的交付条件。被告所建房屋虽于2011年10月10日经建设、监理、施工、设计单位验收合格,但此后该房屋在进行竣工验收备案时,经有关行政主管部门认定存在质量问题且竣工验收不合格并限期整改,被告在收到整改通知书后未按要求整改并再次组织竣工验收,故被告所建房屋不应认定已竣工验收合格,案涉房屋并不符合法律规定以及合同约定的交付条件。原告要求与被告解除合同的理由为房屋存在质量问题、未经过竣工验收且至今未实际交付,被告的行为系根本违约,致使原告无法实现买卖合同的目的。根据《合同法》第94条的规定,当事人一方迟延履行债务或者有其他违约行为致使不能实现合同目的,另一方当事人可以解除合同。故原告要求与被告解除合同符合法律规定,合同解除后,被告应向原告返还购房款697,657元。

判决后,原告、被告在上诉期间内均未提起上诉,一审判决已发生法律效力。

法官评析

原告、被告所签订的《商品房买卖合同》约定的交付条件:出卖人应于

2012年12月30日前,依照国家和地方人民政府的有关规定,将经验收合格并符合合同约定的商品房交付买受人使用。根据《房屋建筑工程和市政基础设施工程竣工验收备案管理暂行办法》第4条“建设单位应当自工程竣工验收合格之日起15日内,依照本办法规定,向工程所在地的县级以上地方人民政府建设行政主管部门备案”以及《建设工程质量管理条例》第49条“建设单位应当自建设工程竣工验收合格之日起15日内,将建设工程竣工验收报告和规划、公安消防、环保等部门出具的认可文件或者准许使用文件报建设行政主管部门或者其他有关部门备案。建设行政主管部门或者其他有关部门发现建设单位在竣工验收过程中有违反国家有关建设工程质量管理规定行为的,责令停止使用,重新组织竣工验收”。

综上,笔者认为,商品房交付使用的前提条件是经竣工验收合格,竣工验收不仅需经设计、施工、监理、建设单位等验收合格,还应当符合法律、法规关于房屋交付使用的其他强制性规定。如果商品房竣工验收后未经过有关行政主管部门审核认可并备案,则该商品房的竣工验收不符合法律、法规规定,不应认定已竣工验收合格及满足商品房交付使用的条件,买房人据此主张开发商承担相关法律责任的,人民法院应予以支持。

律师点评:本案双方争议的焦点在于开发商交付的房屋是否符合双方约定的条件。合同约定的交房条件为“依照国家和地方人民政府的有关规定,将经验收合格并符合合同约定的商品房交付买受人使用”,但如何理解“验收合格并符合合同约定的商品房”则存在争议,因为商品房建设完成后,经历多次验收,包括:(1)由施工方自行组织的预验收。(2)施工方自检合格后报监理,监理报开发商,开发商组织监理、施工方竣工验收。(3)单体验收,即由建设、施工、监理、勘察、设计组织的五方验收,此种验收依据为国务院颁布的《建设工程质量管理条例》第16条:“建设单位收到建设工程竣工报告后,应当组织设计、施工、工程监理等有关单位进行竣工验收。建设工程竣工验收应当具备下列条件:(一)完成建设工程设计和合同约定的各项内容;(二)有完整的技术档案和施工管理资料;(三)有工程使用的主要建筑材料、建筑构配件和设备的进场试验报告;(四)有勘察、设计、施工、工程监理等单位分别签署的质量合格文件;(五)有施工单位签署的工程保修书。建设工程经验收合格的,方可交付使用。”(4)竣工验收备案,法律依据:住建部颁布的

《房屋建筑和市政基础设施工程竣工验收备案管理办法》第 4 条:“建设单位应当自工程竣工验收合格之日起 15 日内,依照本办法规定,向工程所在地的县级以上地方人民政府建设主管部门(以下简称备案机关)备案。”

由于双方合同未明确约定具体的验收阶段、验收主体,一审法院在双方约定不明且存在争议的情况下,适用住建部的规定,并无不当。可见,由于房屋竣工验收存在多个阶段、不同的阶段其验收主体不同,因此为避免争议,应当明确约定房屋交付中所谓的“竣工验收”的内涵、验收主体和证据的表现形式等,否则一旦发生争议,法院则会通过对条款的解释,结合法律规定来确定交付标准。

案例 2:约定明确的房屋交付标准最终得到法院认定

方某生、朱某兰商品房销售合同纠纷二审案

案号:湖北省黄冈市中级人民法院(2020)鄂 11 民终 1911 号

上诉人(原审原告):方某生,男,1972 年 2 月 16 日出生,汉族,住蕲春县。

上诉人方某生、朱某兰与被上诉人湖北元丰房地产有限公司(以下简称元丰公司)商品房销售合同纠纷一案,不服湖北省蕲春县人民法院(2020)鄂 1126 民初 1412 号民事判决,向本院提起上诉。本院于 2020 年 8 月 24 日立案后,依法组成合议庭进行了审理。本案现已审理终结。

方某生、朱某兰上诉请求:(1)认定《商品房买卖合同》附件十一补充协议第 1 条、第 2 条、第 3 条、第 6 条为无效条款;(2)撤销一审判决,依法改判元丰公司支付自 2019 年 5 月 1 日至 2020 年 1 月 23 日的违约金 12,466 元,后期顺延至符合交房条件为止;(3)依法改判元丰公司支付自房屋竣工验收之日 90 日后起按中国人民银行规定的金融机构计收逾期贷款利息的标准计算至办证之日的违约金;(4)本案一审、二审诉讼费由元丰公司负担。

事实和理由:(1)一审判决认定事实错误,双方签订的补充协议多条内容均与主合同相悖或违反了行政法规的强制性规定,属于无效条款,不应作为本案事实的认定依据。①补充协议第 1 条降低了主合同约定的交房标准,将国务院《建设工程质量管理条例》第 16 条规定的建设工程竣工验收合格的五项内容缩减为仅包括第 4 项,违反了行政法规的强制性规定;补充协议第 2 条延长了主合同约定的交房时间;补充协议第 3 条免除了元丰公司逾期交房 100 日(房屋总价的 1% 即逾期交房 100 日的违约金)后的违约责任;补充协议第6条延长了办理房屋产权证时间至720日,降低逾期办证违约金低至已付房款0.1%即每日1元左右。以上条款均不合理地减轻或免除了元丰公司应承担的责任,与商品房买卖主合同第28条相悖,属于无效条款,一审判决采纳该补充协议错误。②补充协议属于格式条款,对其中大量的不合理减轻或免除元丰公司应负责任的条款未尽到明确提示和说明义务,该条款无效。③补充协议与主合同系同一日签订,元丰公司签订该补充协议的目的,一是为了规避自己应当承担的合同义务,二是为了规避房产部门对合同内容的审查,三是为了欺瞒上诉人而设置的陷阱,应属无效。(2)一审法院判定交房时间顺延至2019年10月25日错误,违反了公平原则。①黄冈东源电业集团有限公司蕲春分公司在《大中华购物广场电气工程情况说明》中指出:该项目未按照工期完工,首先原因是甲方(被上诉人)自行负责的土建施工部分未按期完工,导致整体施工时间延长;其次就是甲方未能按照合同约定支付工程款。可见,电力安装延误属于元丰公司自身原因导致,相关责任应由该公司承担。②根据合同的相对性,元丰公司与电力公司签订协议而产生的违约责任和损失应当由违约方元丰公司承担,上诉人作为电力安装协议的案外人不应当也没法律依据为其埋单。(3)一审判决适用最高人民法院《关于审理商品房买卖合同纠纷案件适用法律若干问题的解释》第11条第1款错误。①该条款载明当事人另有约定的除外。双方当事人关于房屋的交付条件已在主合同第9条、第10条进行了明确约定,在当事人对交房条件另有约定的情况下,不应适用该条款。②案涉房屋的转移占有应以房屋不存在重大瑕疵为前提。元丰公司在通知上诉人领取房屋钥匙、签订收楼通知书时,案涉房屋未取得职能部门质量验收合格报告,是质量不合格房屋,未达到合同约定的交房条件,上诉人对此并不知情。③上诉人只领取了2把装修钥匙,尚有5把钥匙在元丰公司手中,元丰公司可随时出入房屋,且此时房屋也未通水电,达不到法律规定的占有支配状态。(4)元丰公司应支付逾期办证的违约金。补充协议第6条将办理房屋产权证期限延长至720日,出卖人延期交房,办理产权登记期限的起算日为实际交楼之日,该约定严重加重了买受人的责任,排除买受人的主要权利,应以主合同为准。元丰公司未按约定办理产权证,应当承担违约责任,可以按照已付购房款总额,参照中国人民银行规定的金融机构计收逾期贷款利息的标准计算。

元丰公司辩称:(1)上诉人与被上诉人之间的商品房买卖合同及附件补充协议不违反法律禁止性规定,属于有效协议。(2)补充协议约定因为第三方原因导致逾期交房,出卖人不承担责任,既不违反法律规定,也不存在显失公平。被上诉人逾期交房,主要是因为当时10kV主电缆接入安装工程直至2019年10月25日才竣工验收合格。(3)房屋装修钥匙已交给业主进行装修。(4)上诉人主张逾期交房与逾期办证时间存在重叠。综上,一审认定事实清楚,证据确实充分,请二审予以维持。

方某生、朱某兰向一审法院起诉请求:(1)判令元丰公司支付逾期交房违约金至2020年1月23日为12,466元,2020年1月23日后的违约金按房总价款每日万分之一计算至符合交房条件为止;(2)判令元丰公司支付逾期办理房屋所有权证书的违约金(按购房款年利率6%计算至房产证实际办理完毕之日止);(3)案件受理费由元丰公司承担。

一审法院认定事实:2018年1月17日,方某生、朱某兰与元丰公司签订《商品房买卖合同》及附件十一补充协议约定:方某生、朱某兰购买元丰公司开发建设的大中华购物广场2#-804号房屋,预测建筑面积126.11平方米,房屋总价款475,813元;合同第9条约定商品房交付条件:(1)该商品房已取得建设工程竣工验收备案证明文件。(2)该商品房已取得房屋测绘报告。补充协议第1条约定,双方同意本合同第9条变更如下:(1)出卖人应当依照国家和地方人民政府的有关规定,将经验收合格的商品房交付买受人使用;(2)"该商品房经验收合格"是指由勘察单位、设计单位、施工单位、监理单位、建设单位对该单位工程质量验收出具合格报告;合同第10条约定了商品房交付时供水、排水、供电、供暖、燃气、电话通信、有线电视、宽带网络等相关设施设备的交付条件。如果在约定期限内基础设施设备未达到交付条件,双方同意按照附件五的方式处理。附件五第2条第1款约定,双方同意本合同第10条变更如下:如果在规定日期内未达到使用条件,双方同意按以下方式处理,(1)非出卖人自身原因导致上述基础设施在商品房交付后不具备使用条件或未能投入使用的,出卖人不承担违约责任。(2)出卖人有责任有义务协调相关单位解决存在问题,直至上述基础设施、公共配套达到使用条件。合同第11条约定:(1)出卖人应当在2019年5月1日前向买受人交付商品房。(2)交付该商品房时,出卖人应当出示满足第10条约定的证明文件,出卖人不出示证明文件或者出示的证明文件不齐全,不能满足第9条约定条件的,买受人有权拒绝接收,由此产生的逾期交付责任由出卖人承担,并按照第12条处理。补充协议第2条约定,双方同意本合同第11条第1款、第3款补充如下,如遇下列特殊原因,除双方协商同意解除合同或变更合同外,出卖人可据实予以延期交付时间:(1)遭遇不可抗力,且出卖人在发生之日起60日内告知买受人的;(2)如合同约定的交付期限届满时,买受人仍未能依约向出卖人支付全部到期款项的(包括违约金、税费等);(3)政府部门对验收及市政配套、安装之延误的。合同第12条约定,除不可抗力外,出卖人未按照第11条约定的时间将该商品房交付买受人的,双方同意按照逾期时间分别处理:(1)逾期在180日之内,自第11条约定的交付期限届满之次日起至实际交付之日止,出卖人按日计算向买受人支付全部房价款万分之一的违约金。(2)逾期超过360日后,买受人有权解除合同,买受人解除合同的,应当书面通知出卖人。出卖人应当自解除合同通知送达之日起15日内退还买受人已付全部房款,并自买受人付款之日起,按照4.35%(不低于中国人民银行公布的同期贷款基准利率)计算给付利息,同时出卖人按照全部房价款的0.1%向买受人支付违约金。买受人要求继续履行合同的,合同继续履行,出卖人按日计算向买受人支付全部房价款万分之一的违约金。补充协议第3条约定,双方同意本合同第12条补充如下,逾期超过180日后,买受人要求继续履行协议的,上述逾期交房违约金支付比例最高不超过房屋总价的1%。合同第20条约定,因出卖人的原因,买受人未能在该商品房交付之日起720日内取得该商品房的房屋所有权证书的,双方同意按照附件十一补充协议处理。附件十一补充协议第6条约定,双方同意本合同第20条变更如下:(1)双方同意以2019年5月1日之次日为办理产权登记期限的起算日,出卖人应当在该日之次日起720日内向产权登记机关为买受人办妥产权登记。如出卖人延期交楼,办理产权登记期限的起算日为实际交楼之次日。(2)……(3)出卖人未能在约定的时间内办妥产权登记的,出卖人每年按已付房款的0.1%向买受人支付违约金,如房屋交付使用5年后未能办妥房地产权属证,买受人有权退房……附件十一补充协议第9条约定,本合同内容与本补充协议内容不一致的,以本补充协议为准。合同签订后,方某生、朱某兰支付了购房首付款145,813元,余款在湖北蕲春农村商业银行股份有限公司办理按揭贷款。2019年7月7日，方某生在湖北卓悦物业服务有限公司处领取房屋钥匙2把并签署业主收楼确认书。2020年5月6日，方某生、朱某兰在湖北卓悦物业服务有限公司处领取住宅大门钥匙3把和房门钥匙5把并签署业主收楼确认书。

2013年7月25日，蕲春县人民政府（甲方）与深圳高盛房地产有限公司（乙方）签订《“蕲春财富新天地城市综合体”（老电影院旧城改造）项目建设协议书》。该协议书约定，甲方确保协调水、电、气、电信等市政公共设施按施工进度要求铺设至地块红线处，并满足本项目设计的运行容量需求，并保证协调各部门在乙方依法取得土地使用权后一周内开通建设临时用水用电。2014年12月30日，蕲春县人民政府与深圳高盛房地产有限公司、元丰公司签订《蕲春县财富新天地（老电影旧城改造）项目建设补充协议（二）》约定，将蕲春县人民政府与深圳高盛房地产有限公司签订的《“蕲春财富新天地城市综合体”（老电影院旧城改造）项目建设协议书》中，深圳高盛房地产有限公司所有的权利、义务及责任由元丰公司承继。2019年4月25日，元丰公司（甲方）与黄冈东源电业集团有限公司蕲春分公司签订《主电缆接入委托施工合同》，约定由黄冈东源电业集团有限公司蕲春分公司进行大中华购物广场10kV主电缆接入安装工程，施工日期为2019年5月6日至7月4日，总价款为980,000元。2019年10月25日该工程竣工验收合格，10kV供电线路已连接至向大中华购物广场供电的高压开关柜输入端，达到《“蕲春财富新天地城市综合体”（老电影院旧城改造）项目建设协议书》约定的地块红线处，具备向大中华购物广场供电条件。

又查明，2019年9月28日，涉案商品房经勘察单位、设计单位、施工单位、监理单位、建设单位验收合格。2019年5月1日至2020年1月15日前，大中华购物广场住宅楼仅有照明用电，无法满足装修需要。2020年1月6日，大中华购物广场住宅楼供电工程竣工验收合格。2020年1月15日13时30分，大中华购物广场住宅楼正式供电。

一审法院认为，本案为商品房销售合同纠纷。涉案商品房销售合同和附件补充协议是双方当事人的真实意思表示，且不违反法律、行政法规禁止性规定，合法有效，予以确认。补充协议是双方自愿对主合同内容的变更，方某生、朱某兰认为按照主合同的约定，只有在主合同未约定或约定不明的情况下才可签订补充协议,且本案中补充协议是格式条款,明显减轻和免除出卖人责任,格式条款无效,补充协议应属无效的抗辩意见,不予支持。双方当事人均应诚实信用的履行合同所约定的义务,否则,依法承担相应的法律责任。根据双方签订的合同及补充协议约定,因政府部门对验收及市政配套、安装延误的,应顺延交房时间。经核实,涉案建设工程市政配套设施高压电接入工程于2019年10月25日竣工,供电线路已连接至向大中华购物广场供电的高压开关柜输入端,供电条件具备,故交房时间应顺延至2019年10月25日。依据《商品房买卖合同解释》第11条第1款规定,对房屋的转移占有,视为房屋的交付使用,但当事人另有约定的除外。方某生、朱某兰于2019年7月7日领取房屋钥匙并签署业主收楼确认书,即元丰公司于2019年7月7日将涉案房屋转移给方某生、朱某兰占有,可视为房屋于2019年7月7日已交付方某生、朱某兰使用。因元丰公司的房产于2019年9月28日才达到合同约定的交房条件,在此期间方某生、朱某兰可根据合同约定拒绝收房或者主张元丰公司承担不符合交房条件的违约责任。方某生、朱某兰主张元丰公司支付2019年5月1日至2020年1月23日的逾期交房违约金,不予支持。合同约定,出卖人延期交楼,办理产权登记期限的起算日为实际交楼之次日,且在该日之次日起720日内向产权登记机关为买受人办妥产权登记。因合同约定的办证期限并未届满,元丰公司不构成违约,方某生、朱某兰要求元丰公司支付逾期办理不动产权证违约金缺乏事实和法律依据,不予支持。经调解,双方当事人未达成一致意见,依照《合同法》第60条、第107条、第114条,《商品房买卖合同解释》第11条,《民事诉讼法》第64条、第65条、第142条的规定,判决驳回方某生、朱某兰的诉讼请求。案件受理费112元,减半收取计56元,由方某生、朱某兰负担。

本院二审期间,双方当事人均未提交新的证据。

本院查明的基本事实与一审法院认定的事实一致。

本院认为,围绕双方当事人的诉辩情况,本案有以下争议焦点,逐一评析如下。

一、关于双方签订的《商品房买卖合同》附件十一补充协议的效力应如何认定的问题

双方当事人对《商品房买卖合同》的效力均无异议,但上诉人对《商品房

买卖合同》附件十一的补充协议部分条款，认为不合理地减轻或免除了被上诉人应承担的责任，有的还违反了行政法规的强制性规定，亦未尽到提示说明义务，该部分条款应认定为无效。本院认为，合同是市场化配置资源的主要方式，应坚持鼓励交易的原则，充分尊重当事人的意思自治。在不存在法定无效事由的情形下，不宜轻易否定合同的效力。本案中，案涉《商品房买卖合同》附件十一的补充协议经上诉人和被上诉人签字确认，系双方真实意思表示，且不违反法律、行政法规的强制性规定，应为合法有效，双方均应按照协议约定履行相关义务。上诉人认为补充协议第1条降低了主合同约定的交房标准，违反了行政法规《建设工程质量管理条例》的强制性规定，应为无效条款。对此，《建设工程质量管理条例》是国务院颁布的行政法规，根据其第1条、第2条的规定，该条例是为了规范从事建设工程的新建、扩建、改建等有关活动及实施对建设工程的质量监督管理而制定的，该条例第16条规制的对象也是针对建设工程竣工验收工作中的审核和管理等活动，故该规定在性质上属于管理性强制性规定。最高人民法院《关于适用〈中华人民共和国合同法〉若干问题的解释(二)》第14条规定：《合同法》第52条规定的“强制性规定”指的是效力性强制性规定。故案涉补充协议第1条并不属于违反《合同法》第52条第5项关于违反法律、行政法规的强制性规定的情形，应为有效。补充协议第2条、第3条、第6条对交房时间、逾期交房和逾期办证违约责任等事项的重新约定，是合同双方当事人对主合同相关条款作的变更，亦不违反法律、行政法规的强制性规定，亦应为有效条款。上诉人认为补充协议第1条、第2条、第3条、第6条为无效条款的上诉理由不充分，本院不予支持。

二、关于元丰公司应否承担逾期交房违约责任的问题

补充协议第2条规定，如因政府部门对验收及市政配套、安装之延误的，除双方协商同意解除合同或变更合同外，出卖人可据实予以延期交付时间。经核实，至2019年10月25日，10kV供电线路才连接至向大中华购物广场供电的高压开关柜输入端，此时才具备向大中华购物广场供电条件。被上诉人未按合同约定的2019年5月1日前交付房屋，主要是电力等相关市政公共设施未安装到位所致。一审法院依据补充协议第2条的规定，认定被上诉人交房时间应顺延至2019年10月25日并无不当，本院予以维持。上诉人认为电力安装延误系被上诉人自身原因所致证据尚不足，本院不予采纳。鉴于上

诉人于2019年7月7日在湖北卓悦物业服务有限公司领取了房屋钥匙并签署业主收楼确认书,上诉人已占有涉案房屋,且涉案房屋已于2019年9月28日经五方验收合格,一审法院依据《商品房买卖合同解释》第11条第1款认定涉案房屋已交付符合法律规定,本院予以维持。上诉人认为涉案房屋存在质量问题,因未提供相关证据证明,本院不予采纳;上诉人认为其并未实际占有支配房屋,没有法律和事实依据,本院不予采纳。综上,被上诉人已于2019年7月7日向上诉人交付房屋,依法不应承担逾期交房的违约责任。

至于上诉人要求被上诉人承担逾期办理产权证违约责任的问题,依据补充协议第6条约定,被上诉人为案涉房屋办理产权登记的最后期限尚未届满,故对上诉人主张逾期办证违约金的诉请不予支持。

综上所述,方某生、朱某兰的上诉请求不能成立,应予驳回;一审判决认定事实清楚,适用法律正确,应予维持。依照《民事诉讼法》第170条第1款第1项之规定,判决如下:驳回上诉,维持原判。

二审案件受理费112元,由方某生、朱某兰负担。本判决为终审判决。

律师点评:以上案例均是关于逾期交房的案例,争议的焦点在于如何理解《商品房买卖合同》关于交房条件的约定。案例1原告程某诉被告淮安某置业有限公司案件中,双方合同约定的交房条件仅为“依照国家和地方人民政府的有关规定,将经验收合格并符合合同约定的商品房交付买受人使用”,此种约定并未对“验收合格”的内涵以及证据的表现形式进行明确的界定,其结果是法院可以根据相关法律法规并结合合同进行解释,通过行使自由裁量权方式作出不利于出卖人的认定,因此该案出卖人最终承担了败诉的后果,导致该结果的根本原因在于出卖人制定的商品房买卖合同条款中关于房屋交付的条件约定不明,且缺乏具体证据表现形式。

案例2上诉人方某生、朱某兰与被上诉人湖北元丰房地产有限公司(以下简称元丰公司)商品房销售合同纠纷一案,由于开发商元丰公司通过补充协议的方式明确约定交房条件为“合同第9条约定商品房交付条件:(1)该商品房已取得建设工程竣工验收备案证明文件。(2)该商品房已取得房屋测绘报告。补充协议第1条约定,双方同意本合同第9条变更如下:(1)出卖人应当依照国家和地方人民政府的有关规定,将经验收合格的商品房交付买受人使用;(2)‘该商品房经验收合格’

是指由勘察单位、设计单位、施工单位、监理单位、建设单位对该单位工程质量验收出具合格报告”。以上合同,开发商通过补充协议的方式将原合同约定的交房条件予以了变更,并明确验收合格为“由勘察单位、设计单位、施工单位、监理单位、建设单位对该单位工程质量验收出具合格报告”,此项约定明确了验收主体,也明确了该种验收的证据表现形式,因此在实务中具有可操作性和可举证性,且该约定也未违反强制性规范,一审、二审法院最终均采信了此种约定条款并以此作出裁判。

可见,合同中对于质量条款的约定应当做到清楚明确,约定的条款具有外在的表现形式和可举证性,如此既有利于双方按照明确的约定条款执行,也可以在发生纠纷时限制法院对合同进行解释并最终限制其行使自由裁量权;由于条款约定内容具有可举证性,一旦因履行合同发生纠纷,则可依据条款约定的证据举证并最终得到法院的支持。

当然,就方某生、朱某兰与元丰公司的案件,笔者认为,该案一审、二审法院的部分判决内容值得商榷,具体如下:

其一,二审法院认为:“鉴于上诉人于 2019 年 7 月 7 日在湖北卓悦物业服务有限公司领取了房屋钥匙并签署业主收楼确认书,上诉人已占有涉案房屋,且涉案房屋已于 2019 年 9 月 28 日经五方验收合格。一审法院依据《商品房买卖合同解释》第 11 条第 1 款认定涉案房屋已交付符合法律规定,本院予以维持。上诉人认为涉案房屋存在质量问题,因未提供相关证据证明,本院不予采纳。上诉人认为其并未实际占有支配房屋,没有法律和事实依据,本院不予采纳。综上,被上诉人已于 2019 年 7 月 7 日向上诉人交付房屋,依法不应承担逾期交房的违约责任。”笔者认为以上认定是错误的,方某生、朱某兰虽然于 2019 年 7 月 7 日在房屋未达到约定交付条件的情况下接收了房屋,但不能免除开发商应按照合同约定的交房标准交付房屋,开发商亦不能因买受人对房屋的接收而免责,尤其是双方并未对合同约定的交房标准和条件进行变更,接收房屋的行为也绝不等于方某生、朱某兰与开发商协商变更交房条件,更不意味着二人放弃追究开发商未能按照约定使房屋达到交付条件并交付房屋所产生的违约责任的权利,综上,本案一审、二审法院的认定和判决是错误的。

其二,关于房屋交付时间顺延至 2019 年 10 月 25 日的问题。一审法院认为,

"经核实,涉案建设工程市政配套设施高压电接入工程于2019年10月25日竣工,供电线路已连接至向大中华购物广场供电的高压开关柜输入端,供电条件具备,故交房时间应顺延至2019年10月25日"。

笔者认为,以上认定是错误的。建设工程市政配套设施高压电施工日期为2019年5月6日,双方合同约定房屋交付时间为2019年5月1日,除非元丰公司提供证据证明其可以根据双方合同约定的免责条件,交付时间顺延至2019年5月6日,否则高压电施工时,元丰公司已经构成违约,在其已经构成违约的情况下,其不得以违约后所谓的顺延和免责事由而免责。法律依据:《民法典》第590条:"当事人一方因不可抗力不能履行合同的,根据不可抗力的影响,部分或者全部免除责任,但是法律另有规定的除外。因不可抗力不能履行合同的,应当及时通知对方,以减轻可能给对方造成的损失,并应当在合理期限内提供证明。当事人迟延履行后发生不可抗力的,不免除其违约责任。"

从以上规定可见,即便不可抗力系法定的免责事由,但"当事人迟延履行后发生不可抗力的,不免除其违约责任"。因此,在开发商迟延履行后,其不得援引合同约定的可以顺延交房的条款而迟延房屋交付并免责。

(三)有的合同,对于是否达到质量标准,还需要经各方验收,有的标的或项目最终还必须通过相关政府部门或事业单位验收通过,在此种情况下,经相关部门或单位验收应作为质量是否符合合同约定的标准之一

条款范例1:临时用电施工合同,施工完毕后,除需经发包人验收外,还必须经供电部门验收通过,并接火通电。

关于质量标准的约定:

8.1 乙方必须严格按照国家现行的施工规范及验收规范进行施工,工程质量经甲方验收评定达到国家现行的施工质量验收规范合格标准以及南宁供电局验收标准,完成接火并确保正常供电。

8.2 工程质量应符合规范、标准和设计要求,质量不合格者必须按甲方的要求进行返工,返修费用由乙方承担,工期不予顺延。乙方未能及时(一般不超过48小时)处理工程质量事故和问题,或工程质量、工程进度等不符合要求时,甲方有权自行或委托他人处理,发生的一切费用(不须经乙方认可,以甲方与第三方签订的合同金额为准)由乙方承担,甲方可从需支付给乙方的任何款项中扣回。

8.3 乙方必须健全质量、安全检查制度,按甲方现场要求、设计变更通知等和国家规范、标准做好自检工作。

条款范例2:建设工程施工合同的竣工验收标准。

《建设工程质量管理条例》第16条规定:"建设单位收到建设工程竣工报告后,应当组织设计、施工、工程监理等有关单位进行竣工验收。

建设工程竣工验收应当具备下列条件:

(一)完成建设工程设计和合同约定的各项内容;

(二)有完整的技术档案和施工管理资料;

(三)有工程使用的主要建筑材料、建筑构配件和设备的进场试验报告;

(四)有勘察、设计、施工、工程监理等单位分别签署的质量合格文件;

(五)有施工单位签署的工程保修书。

建设工程经验收合格的,方可交付使用。"

第17条规定:"建设单位应当严格按照国家有关档案管理的规定,及时收集、整理建设项目各环节的文件资料,建立、健全建设项目档案,并在建设工程竣工验收后,及时向建设行政主管部门或者其他有关部门移交建设项目档案。"

建设工程施工合同关于验收标准的条款:

住建部颁布的《建设工程施工合同(示范文本)》(GF-2017-0201)《通用合同条款》

5.1.1 工程质量标准必须符合现行国家有关工程施工质量验收规范和标准的要求。有关工程质量的特殊标准或要求由合同当事人在专用合同条款中约定。

条款范例3:某房地产公司建设工程施工合同有关质量标准条款的约定。

5.1 乙方必须严格按照国家现行的施工规范进行施工,工程质量经市质检部门、建设单位、监理和甲方联合验收评定达到国家现行的"建筑工程施工质量验收统一标准"规定的合格标准。本工程的具体质量要求详见本合同附件或图纸要求。

5.2 工程质量应符合规范、标准和设计要求,质量不合格者必须按甲方的要求进行返工,返修费用由乙方承担,工期不予顺延。如乙方未能及时(一般不超过48小时)处理工程质量事故和问题,或工程质量、工程进度等不符合要求时,甲方有权自行或委托他人处理,发生的一切费用(不须经乙方认可,以甲方与第三方签订的合同金额为准)由乙方承担,甲方有权从应支付给乙方的任何款项中扣除。

5.3　乙方必须健全质量、安全检查制度,按甲方设计施工图、设计变更通知等和国家规范、标准做好自检工作。

条款范例4:设计合同,其中方案需经政府部门审批,施工图需经有资质的第三方审图公司审图通过。

例如,人防设计合同关于设计质量的约定:

设计内容:人防建筑、结构,战时风水电专业及平战转换设计。

防空地下室平时用作小汽车库,战时用作二等人员掩蔽部及物资库;其中二等人员掩蔽部为3个单元,约6000平方米,防护等级为核六级常六级,防化等级为丙级;物资库1个单元约2206平方米,防护等级为核六级常六级,防化等级为丁级。

设计人所提交的设计成果应完全满足政府主管部门和发包人的有关规定和要求;设计人负责把经双方确定的设计方案报送并顺利通过南宁市和广西壮族自治区人防办的技术审查。

律师点评:人防设计除了满足发包人的设计要求外,还必须经当地人防办的审核,因此人防设计合同有关设计质量的要求,必须约定经人防办审批通过。律师在起草合同时,务必弄清相关的操作审批流程,对于需政府审批的,必须以政府审批作为质量的标准。

例如,方案、施工图设计合同中关于设计质量约定的条款:

7.2.1　设计人应按国家和广西壮族自治区及南宁市技术规范、标准、规程、政府审批部门有关工程的文件及发包人提出的设计要求进行工程设计,按合同约定的进度完成质量合格的设计资料和成果,并对其负责。按合同约定的内容、时间及份数向发包人交付相应图纸和设计文件(书面文本及电子文件)到发包人办公地点。

7.2.2　设计人所完成的设计内容及成果深度必须满足国家住建部《建筑工程设计文件编制深度的规定》和国家有关建筑设计图纸报审政府主管部门的要求。设计合理使用年限为50年。

7.2.3　设计人提交的施工图纸设计必须满足国家与南宁市规定的节能设计要求。

7.2.4　设计人应协助发包人向当地政府和有关主管部门进行解释或传达设计意图,配合发包人完成项目各阶段向政府有关部门报建报批的手续,提供符合要求的报建资料及份数,并按政府部门的意见进行修改和调整设计,直到审批通过。

7.2.5　在设计阶段接受发包人的监督指导,以确保实现发包人意图。发包人在本项目设计过程中提出的合理修改意见,在不违反原则和强制性规定的前提下尽量满足发包人的要求,施工图经发包人认可后方可出图。

7.2.6　设计人了解并确认在与发包人接洽和履行本合同过程中,设计人所知悉或取得发包人经济资料为发包人的商业秘密。设计人承诺严守其保密性,不得向第三方扩散、转让发包人提交的产品图纸等技术经济资料。设计人承诺发包人之商业秘密仅用作本合同约定之目的,不得用作他用,否则发包人有权向设计人索赔。

7.2.7　设计人应保证其所提交给发包人各项设计成果和咨询意见不会侵犯第三人的合法权利(包括但不限于著作权、商标权、专利权、商业秘密、名称权、肖像权等各项权利),也不会违反相关强制性法律规定,否则设计人应立即纠正侵权或违法事由,并承担相应的法律责任。若有上述事由发生,设计人应依发包人选择:(1)修改设计成果至不侵权;(2)终止设计,且设计人应赔偿发包人因此受到的一切损失。

7.2.8　设计人有责任向发包人提供一套设计人内部执行的《项目设计技术统一标准》《项目统一校审清单》及校审成果,确保设计质量。

7.2.9　设计人应向发包人提供各种与设计相关的信息,如设计技术统一措施、法规、政策、材料、技术要求等。设计人应提交安装材料的选样、定样说明报告,并配合发包人在实施过程中选择。

7.2.10　设计人交付设计文件后,按规定参加有关部门的设计审查,并按审查结论负责对不超出原定范围的内容作必要调整补充。设计人对审查过程予以配合,专业设计师及时与审图公司对接,对审图意见及时修改并反馈,保证两轮审查通过(其他特殊情况由双方协商)。

7.2.11　设计人应按时提交阶段性设计文件,包括相应阶段控制的设计进度文件,并及时与发包人沟通,解决设计中存在的问题,将发包人的意图准确地反映到设计中。

7.2.12　设计人按合同规定时限交付设计文件后,应认真配合项目施工阶段的工作,在施工过程中根据工程进度需要派出设计代表负责处理施工现场有关事宜,并按照发包人要求,定期参加现场工作会,参加各阶段的交底及验收工作,直至该工程完工。需要立即赶往发包人现场处理的工作,应在接通知后及时(一般不超过2小时,如有特殊情况,需另行协商)赶到现场。

7.2.13 设计人提供的施工图须满足各专业单位进行深化设计(二次设计),设计人有责任向需要配合的后续设计单位进行技术交底,提供各专业的技术支持,交底次数以工程设计实际需要为准。并根据景观工程、各专业工程设计的需要,配合该项目相关设计作相应的调整和修改。

7.2.14 设计人对设计文件出现的遗漏、缺陷或错误应无条件修改或补充,因设计人原因造成额外产生的返工、修复费用按照国家有关规定由设计人承担(非设计人原因造成的除外)。

律师点评:建筑设计,按设计阶段可以分为方案设计、初步设计和施工图设计,其中方案文本需经政府审批,而施工图设计则需要经有资质的审图公司审核,在审核通过后,用于建设工程施工许可证的办理。以上关于设计成果文件要达到的标准和要求进行了详细约定,对于设计文件需要政府审批通过的,也作了相应约定,如合同第7.2.4条;同时还约定设计文件不得侵犯第三方知识产权。可见,合同不同,专业领域不同,对质量要求的约定也不尽相同,这就需要起草和审查合同的律师应先了解和理解该合同所涉领域关于文件、成果或服务的专门规定和行业规则,据此才能制定相应的质量条款。

(四)应约定标的物验收和检验的条款

与标的质量密切相关的是标的检验条款。标的质量是否符合双方约定,需经过双方检验,而检验标准、何时检验、如何检验至关重要:对于提供标的一方,一旦将标的交付,则失去对标的管领控制的权利,在此情况下是否检验、如何检验以及检验时间等,并不在其控制范围内,因此对该方而言,最有利的情形是一旦交付即视为质量符合双方约定,如此免去了交付后质量争议的风险;对于支付价款的一方而言,由于其缺乏相应的专业检验技能,且有的标的质量问题并不能在交付时及时检验并发现,因此对于支付价款一方最有利的情形是交付后的一定时间内仍属于检验时间和质量异议时间。综上,质量检验的约定条款最终是基于双方谈判地位、行业惯例、相关法律法规等综合因素考量而制定出来。检验条款多见于货物买卖合同,如《民法典》第596条规定:"买卖合同的内容一般包括标的物的名称、数量、质量、价款、履行期限、履行地点和方式、包装方式、检验标准和方法、结算方式、合同使用的文字及其效力等条款。”

1. 法律法规对检验的规定。

《民法典》第 620 条规定:“买受人收到标的物时应当在约定的检验期限内检验。没有约定检验期限的,应当及时检验。”

第 621 条规定:“当事人约定检验期限的,买受人应当在检验期限内将标的物的数量或者质量不符合约定的情形通知出卖人。买受人怠于通知的,视为标的物的数量或者质量符合约定。

当事人没有约定检验期限的,买受人应当在发现或者应当发现标的物的数量或者质量不符合约定的合理期限内通知出卖人。买受人在合理期限内未通知或者自收到标的物之日起二年内未通知出卖人的,视为标的物的数量或者质量符合约定;但是,对标的物有质量保证期的,适用质量保证期,不适用该二年的规定。

出卖人知道或者应当知道提供的标的物不符合约定的,买受人不受前两款规定的通知时间的限制。”

第 622 条规定:“当事人约定的检验期限过短,根据标的物的性质和交易习惯,买受人在检验期限内难以完成全面检验的,该期限仅视为买受人对标的物的外观瑕疵提出异议的期限。

约定的检验期限或者质量保证期短于法律、行政法规规定期限的,应当以法律、行政法规规定的期限为准。”

第 623 条规定:“当事人对检验期限未作约定,买受人签收的送货单、确认单等载明标的物数量、型号、规格的,推定买受人已经对数量和外观瑕疵进行检验,但是有相关证据足以推翻的除外。”

2. 合同应约定检验期间:如果法律法规规定有检验期限,则双方约定的检验期间不应短于该规定的期限;如果法律法规未规定检验期限,则双方可以自行约定检验期限,但该检验期限应结合标的物性质和交易习惯,应合理约定。

检验期限的条款应约定未在检验期限内检验或未提出异议的后果,即视为标的质量符合双方约定。

条款范例:某电梯公司与购买人签订电梯合同中关于验收的条款。

5.1 设备交付与查验

除甲方(买受人)自提外,甲方在货到工地2个工作日内会同乙方(出卖人),根据《产品发运单》对合同设备箱数、件数进行清点,并对包装完好或损坏状态进行验收和确认,办理书面接收手续。若发现包装箱损坏或缺件,由乙方弥补和负责赔偿。如甲方未能按时查验、办理接收手续的,则以合同设备到货之日起第(七)天为清点无误日。

5.2 如甲方自提时,甲方应在提货地清点合同设备箱数、件数,对包装箱的完好状态或损坏状态进行查验及确认并办理书面接收手续。

5.3 开箱查验

如甲方已与乙方签订安装合同的,双方应在安装进场时,根据《产品装箱单》对合同设备进行开箱查验。在包装箱完好的情况下,箱内合同设备的缺损由乙方负责免费补足、修理或更换。未经乙方许可甲方擅自开箱的,或开箱前包装箱已经损坏,箱内合同设备有缺损的,或者包装箱内零部件数量与发货清单数量不一致的,乙方不承担责任。

律师点评:买卖合同中一般应对货物检验期间作出约定,从对出卖人有利的角度,应约定买受人逾期检验的后果,即视为认可货物符合双方约定。

3. 双方可以在合同中约定检验的方式和方法,包括检验的主体(如合同双方或第三方如现场监理)、检验的方法;根据该检验方法进行检验所得出的结论可以作为质量存在问题的初步证据。

条款范例:建设工程施工合同竣工验收条款。

住建部颁布的《建设工程施工合同(示范文本)》(GF-2017-0201):

13.2 竣工验收

13.2.1 竣工验收条件

工程具备以下条件的,承包人可以申请竣工验收:

(1)除发包人同意的甩项工作和缺陷修补工作外,合同范围内的全部工程以及有关工作,包括合同要求的试验、试运行以及检验均已完成,并符合合同要求;

(2)已按合同约定编制了甩项工作和缺陷修补工作清单以及相应的施工计划;

(3)已按合同约定的内容和份数备齐竣工资料。

13.2.2　竣工验收程序

除专用合同条款另有约定外，承包人申请竣工验收的，应当按照以下程序进行：

(1)承包人向监理人报送竣工验收申请报告，监理人应在收到竣工验收申请报告后14天内完成审查并报送发包人。监理人审查后认为尚不具备验收条件的，应通知承包人在竣工验收前承包人还需完成的工作内容，承包人应在完成监理人通知的全部工作内容后，再次提交竣工验收申请报告。

(2)监理人审查后认为已具备竣工验收条件的，应将竣工验收申请报告提交发包人，发包人应在收到经监理人审核的竣工验收申请报告后28天内审批完毕并组织监理人、承包人、设计人等相关单位完成竣工验收。

(3)竣工验收合格的，发包人应在验收合格后14天内向承包人签发工程接收证书。发包人无正当理由逾期不颁发工程接收证书的，自验收合格后第15天起视为已颁发工程接收证书。

(4)竣工验收不合格的，监理人应按照验收意见发出指示，要求承包人对不合格工程返工、修复或采取其他补救措施，由此增加的费用和(或)延误的工期由承包人承担。承包人在完成不合格工程的返工、修复或采取其他补救措施后，应重新提交竣工验收申请报告，并按本项约定的程序重新进行验收。

(5)工程未经验收或验收不合格，发包人擅自使用的，应在转移占有工程后7天内向承包人颁发工程接收证书；发包人无正当理由逾期不颁发工程接收证书的，自转移占有后第15天起视为已颁发工程接收证书。

除专用合同条款另有约定外，发包人不按照本项约定组织竣工验收、颁发工程接收证书的，每逾期1天，应以签约合同价为基数，按照中国人民银行发布的同期同类贷款基准利率支付违约金。

律师点评：以上条款是住建部颁布的关于施工合同中竣工验收的有关程序。竣工验收一般是由施工方经自检合格后，报监理，监理再报发包方，由发包方组织各方进行验收。建设工程验收合格后，进入竣工结算阶段，发包人根据结算金额支付结算款。有的发包人为了拖延付款，迟迟不配合办理竣工验收，为了督促监理和发包方及时验收，通用条款规定了监理和发包人验收时间，同时规定逾期验收的违约责任，“发包人不按照本项约定组织竣工验收、颁发工程接收证书的，每逾期1

天,应以签约合同价为基数,按照中国人民银行发布的同期同类贷款基准利率支付违约金”。

以上条款对于竣工验收的条件、审批程序和审批时限作出了明确约定,各方只需要按照约定办理竣工验收即可。

(五)对于质量产生的争议,应设定便捷的处理制度,以便发生质量争议时,双方能按约及时处理质量争议。如果约定有相应的争议处理机构,必须明确该机构名称,且应事先了解该机构是否受理此类争议

实务中,质量争议较为常见,除了《消费者权益保护法》等法律对质量发生争议规定了一定情形下举证责任倒置外(《消费者权益保护法》第23条第3款规定:“经营者提供的机动车、计算机、电视机、电冰箱、空调器、洗衣机等耐用商品或者装饰装修等服务,消费者自接受商品或者服务之日起六个月内发现瑕疵,发生争议的,由经营者承担有关瑕疵的举证责任”),除非双方另行约定,否则一般均是由认为标的存在质量问题的一方举证,对于提出质量存在问题的一方而言举证责任较重,且关于是否存在质量问题,即便要举证,还需要时间和成本,因此就对某一方有利的角度而言,在因质量发生争议时,合理分担并约定举证责任就显得尤为重要。

条款范例1:某货物买卖合同关于纠纷处理的约定。

1. 产品包装符合国家标准,产品分别印有“×××江”“×××银”标记及型号,随货附上产品合格证。

2. 需方经过检验认为供方产品表面或者质量存在瑕疵的,有权解除合同或者要求供方退货、更换、重做。

3. 争议的处理:供方不同意需方提出的产品存在质量的意见,由供方负责在7日内将产品提交本合同约定的单位进行检测(供方在7日内不提交检测的,视为供方同意需方提出的产品存在质量的意见),经过检测,确属质量问题的,供方必须无条件将货物清退出场(供方应当在得到检验结果的同时书面告知需方检验结果),需方有权选择解除合同并要求供方承担违约责任或者要求供方无条件更换符合质量要求的货物;经过检验不属质量问题的,并且货物亦符合需方要求的,需方应当接受。鉴定费由供方先行承担(经过检验不属于质量问题并且需方接收货物的,鉴定费由需方支付给供方)。在质量争议期间,货物毁损灭失的风险由供方承担。

4. 双方同意货物的检验鉴定部门为广西壮族自治区产品质量监督检验院。如

该单位不检验或无法检验的,则由需方指定单位进行检验。

5. 如果供方提供的货物虽经需方当场验收合格,但需方在使用该货物过程中发现货物存在质量问题,具体的解决办法按照本协议第 5 条第 3 款办理。

律师点评:以上关于货物质量争议的处理主要是对质量问题的举证责任进行了约定。对于需方而言,只需要提供初步证据,即只要证明货物在表面或质量存在瑕疵即可,换言之,只要需方有证据证明货物在表面或质量存在瑕疵即完成了举证责任,此时,如果供货方有异议,需由供货方将货物提交检测部门检测,逾期不交的,视为货物存在质量问题,由此可以促使供货方在需方对货物质量提出异议的情况下及时将货物提交检验;以上条款还对检验部门进行了约定,一旦发生争议,无须就检验部门的选择再行商定,由此也极大地加快和便利了争议的解决和货物质量的检验。

应当说,以上条款从质量问题的举证、检验机构等进行了约定,就争议解决的程序而言,极大便利了需方,同时也加重了供货方的举证责任。

条款范例 2:合同条款未约定质量发生争议时相关检验单位、检验费用,极易导致发生争议后,选聘检验单位时互相推诿、久拖不决。

5.2　验收

5.2.1　甲乙双方及甲方委托的验收参与人员,根据本合同约定的计量方式、技术标准、质量要求及封样进行交货计量和验收,各方签字后即表示交货验收完成,可以进行安装施工,但并不免除任何乙方对交货产品存在质量、制造、设计、性能方面的缺陷和不合格的责任、违约责任和对甲方造成损失的赔偿。

5.2.2　不符合验收标准的,甲方有权拒收、部分拒收、退货、部分退货、解除合同,并向乙方索赔因此造成的其他诸如工期、返工等损失。

5.2.3　交货之后 3 天内,乙方应与甲方约定时间共同取样送检,送检不合格的,按第 5.2.2 条的有关规定处理。

5.2.4　需要乙方安装的材料,乙方应在完成双方约定的工序后,需向甲方申请进行中间验收;乙方在完成全部供货、安装工作后,需向甲方申请进行竣工验收,经甲方同意后,乙方将工程移交给甲方指定单位。

5.2.5　现场无法从表观判断质量的材料/部品,进场验收时甲方可进行破坏性抽检。

律师点评:以上关于检验,双方约定为共同送样检验,并约定了送样不合格的处理办法,此种约定方式与前面案例不同在于双方共同送样,但未对检验单位、检验费用等进行约定,实务中容易引发争议。

(六)合同对标的质量约定常用模式

●模式1:买卖合同质量标准

1 质量标准

1.1 材料/设备质量标准:符合国家、地方、行业其他有关标准。

1.2 材料/设备质量要求:【】。

1.3 所购材料/设备进场前必须提供符合本协议书中第1.2条款要求的证明材料(产品等级证书或权威部门鉴定报告的原件),与已确定的"封样"特征、性能相符。

1.4 其他约定:详见附件《工程采购技术要求及质量要求》。

1.5 双方在协议书中约定本合同材料设备所执行的技术标准名称及质量要求,必要的技术方案、设计图纸、样板等共同成为生产及交货、安装验收货品的依据。

1.6 乙方在供货中提出的合理化建议涉及对材料/设备要求的更改及对材料/设备的换用,须经甲方同意。甲方同意采用乙方的合理化建议,所发生的费用和获得的收益,甲方乙方另行约定分担或分享。

1.7 合同履行中甲方要求变更材料/设备质量标准及发生其他实质性变更,由双方协商解决。

●模式2:买卖合同质量标准(含凭样品买卖)

1. 产品质量标准、技术标准:

产品质量标准、技术标准,按下列第____项执行:

(1)按国家标准执行;(2)按部颁标准执行;(3)按行业标准执行。

如有特殊要求的,按供需双方在合同中商定的技术条件、样品或补充的技术要求执行。

前述标准,在满足需方特殊要求后:

①有国家标准的,执行国家标准;②没有国家标准的,执行部颁标准;③没有国家标准、部颁标准的,按行业标准;④如同时存在国家标准、部颁标准、行业标准的,

由需方选择适用一项或数项标准予以执行。

2. 供方产品在符合上述第1条中约定的质量标准、技术标准的情况下,还必须符合需方的实际需要(需方的实际需要供方已知晓)。供方产品不符合第1、2、4、5条中的一条或者数条的,需方有权选择解除合同或者选择要求退货、更换、重做。

3. 产品需经需方当场验收合格后,货物所有权转移至需方。

4. 如果系凭样品买卖的,则双方还应当遵守如下条款:

①样品的封存。样品应当由双方指定人员现场封存,并由双方盖章确认。双方可以对样品的质量、规格、型号等作出说明。

②供方提供的产品应当与样品以及说明的质量相同,如果供方提供的样品存在隐蔽瑕疵,即使交付的标的物与样品相同,出卖人交付的标的物的质量仍然应当符合合同要求的标的物质量以及符合相同种类物的通常标准。对于存在质量瑕疵的产品,供方必须无条件清退出场,同时需方有权选择解除合同并要求供方承担违约责任或者要求供方无条件更换符合质量要求的货物。

5. 供方保证其产品符合国家环保检测标准。

6. 如供方供应产品不适销或销售状况达不到需方要求,供方应根据需方的要求无偿办理退换货。

●模式3:质量检验条款(有利于买受人)

1. 卖方在货物出厂前必须按合同约定的质量标准对货物的质量、规格以及数量等作全面、细致的检验,检验费由卖方承担。卖方在交付货物时,还应出具产品检验合格证。(如果货物出厂前需买受人检验的,可以增加以下条款:卖方在交付货物时,还应出具产品检验合格证,买方或买方委派的第三方对货物验收并签字的技术资料)

如因卖方原因导致技术资料短少、丢失或损坏,卖方应立即免费补齐或更换,并承担因技术资料缺损所导致买方项目迟延产生的损失或增加的费用。技术资料应随设备交付,如有迟延,卖方承担违约责任。

2. 货物达到交货地点后,买方应根据双方约定的期限,对货物的包装、外观及数量进行清点检验,如发现有任何不符合之处,由卖方负责及时处理解决。检验时,如卖方人员未按时达到现场,买方有权自行组织相关人员进行检验,检验结果和记录对合同双方同样有效,并作为买方向卖方提出索赔的证据。

经检验,如发现货物有任何损坏、缺陷、短少或不符合双方约定的质量标准和规范,应在检验报告上做好记录,由买卖双方签字,各执一份,作为买方向卖方提出修理、更换、索赔的依据。非买方原因导致未能形成检验报告,买方有权根据自行检验所发现的问题,要求卖方在指定时间内自负费用进行修理、更换、赔偿。该检验费用从本合同总价中扣除。卖方未能按照买方要求修理、更换、赔偿的,买方有权于上述指定时间内之次日选择退货。自买方退货通知到达卖方之日,本合同即终止。卖方应自负费用将全部合同货物运离交货地点,并于本合同终止之日起3个工作日内退还买方已付货款,并承担包括同期银行贷款利息、银行费用、运费、保险费、检验费、仓储费以及其他保管和保护所退货物所必要的费用,卖方并应赔偿买方一切损失。

卖方如对上述买方提出修理、更换、索赔的要求有异议,应在接到买方书面通知5日内提出复议,否则将视为卖方已接受上述要求。

3. 如合同双方代表在共同检验时对检验记录不能取得一致意见,可委托本合同约定的检验机构进行检验。检验结果对买卖双方具有约束力,检验费由卖方预先垫付,最终由责任方承担。

4. 卖方在接到买方根据上述条款提出的修理、更换、索赔要求后,应在买方要求的时间内修理、更换和补发短缺部分,由此产生的制造、修理、保管和运费及保险费均由卖方承担。对于上述索赔,由买方在合同总价款中扣除。

5. 上述条款所规定的各项检验仅是现场的到货检验,不免除合同第【】条所规定的卖方质量保证。

第三章

价款或者报酬

价款和报酬是合同的核心条款,对于提供产品或服务的一方而言,其签订并履行合同的目的在于取得价款和报酬,对于接受产品或服务的一方而言,只有支付价款才能取得相应的产品和服务,而取得产品和服务亦是其订立合同的目的。

一、合同应当约定价款和报酬,且约定的价款和报酬应当具体明确

(一)任何合同都应当约定价款和报酬

一般情况下,合同都会对合同价款或报酬进行约定,包括价款的计价方式、支付时间等。但实务中,有一些事实合同或一些书面合同由于各种原因未约定价款以及价款的支付方式,由此极易引发款项结算和支付的纠纷。

《民法典》第511条规定:"当事人就有关合同内容约定不明确,依据前条规定仍不能确定的,适用下列规定:……(二)价款或者报酬不明确的,按照订立合同时履行地的市场价格履行;依法应当执行政府定价或者政府指导价的,依照规定履行。"

根据以上《民法典》的规定,双方未约定价款或报酬或约定不明的,按照订立合同时市场价格履行,依法应当执行政府定价或政府指导价的,依照规定履行。就诉讼实务而言,在双方未约定或未明确约定价款的情况下,对于要求支付价款的一方往往需要通过鉴定的方式来确定价款。就结果而言,法院委托的鉴定机构在鉴定时使用的价款标准一般会参照市场或行业标准,此等标准一般由政府或有资质的机构颁布一定的标准或计价方式;或者由鉴定机构通过向市场询价的方式确定。

比如建设工程施工合同纠纷,如果双方未约定工程价款和计价方式的,一旦发生纠纷,鉴定机构一般会参照当地政府部门定期颁布的定额作为计价依据。

案例:合同未约定价款和计价方式,实务中如何处理

上海同固结构工程有限公司、北海瀚宇房地产开发有限公司建设工程施工合同纠纷再审审查与审判监督案

案号:最高人民法院(2019)最高法民申1015号

最高人民法院认为:根据最高人民法院《关于审理建设工程施工合同纠纷案件适用法律问题的解释》第16条第2款规定,因设计变更导致建设工程的工程量或者质量标准发生变化,当事人对该部分工程价款不能协商一致的,可以参照签订建设工程施工合同时当地建设行政主管部门发布的计价方法或者计价标准结算工程价款。

案涉017#裙房改建工程因设计变更重新作出施工指令,对于该部分工程价款的计算,同固公司与瀚宇公司未达成一致意见。《合同文件》虽然对工程造价、单价及合同总价有详细约定,但并未对因设计变更导致工程量增加部分的工程款计算方式进行约定,亦未对造价顾问公司计算设计变更增加的工程费用的标准和依据进行约定。

《合同法》第62条第2项规定:"价款或者报酬不明确的,按照订立合同时履行地的市场价格履行;依法应当执行政府定价或者政府指导价的,按照规定履行。"故原判决依据达华公司作出的《司法鉴定最终意见书》第二组数据按照广西定额子目计价确定017#裙房改建工程的工程价款,并无不当。

律师点评:合同价款是交易的核心条款,合同双方当事人一般都会作出明确约定,但实务中,由于各种原因,双方不可能将交易中可能出现的所有情形均能预见到并作出相应的约定,这就导致即便双方约定了合同价款,但该价款未必能涵盖所有交易的情形,由此导致的结果是双方未能对某种情况约定价款或约定不明确。一旦发生纠纷,就诉讼而言,对于该价款的确定,一般只能向法院申请委托第三方鉴定机构鉴定予以确定。

以本案为例,本案系建设工程施工,在建设工程施工合同案件中,如双方在合同中明确了价款,则按约定执行,如未约定的,一般会参照当地造价主管部门定期颁布的定额计价。定额是指从总体的生产工作过程来考察,规定出社会平均必需的消耗数量标准,这种标准就称为定额。在社会生产中,为了生产某一合格产品或完成某一工作成果,都要消耗一定数量的人力、物力和资金,但从个别的生产过程

来考察，这种消耗数量因受各种生产条件的限制，是各不相同的。从以上内容可见，定额的本质是当地政府部门编制的反映当地完成某一项工程所需的社会平均成本，颁布的定额标准并非强制性标准，合同双方可以参照该标准自行约定合同价款，而且就实务而言，施工方投标报价时，一般也以当地定额作为投标计价的参考，但该报价不一定等于定额，因此，双方对工程造价有约定的，按照约定，未约定的，一旦发生纠纷，经法院委托的鉴定机构一般会参照当地定额计算工程造价。

《建设工程解释一》第 19 条规定："当事人对建设工程的计价标准或者计价方法有约定的，按照约定结算工程价款。因设计变更导致建设工程的工程量或者质量标准发生变化，当事人对该部分工程价款不能协商一致的，可以参照签订建设工程施工合同时当地建设行政主管部门发布的计价方法或者计价标准结算工程价款。"

各地方政府颁布的造价管理办法中，一般都对定额的编制、颁布等作出了规定，如《广西壮族自治区建设工程造价管理办法》第 4 条规定："本自治区实行统一的建设工程人工、材料、设备、施工机械的消耗量标准（定额）、计价规则等计价依据。自治区建设行政主管部门组织编制、修订计价依据时，应当进行调查研究，充分听取有关方面的意见，组织专家论证。计价依据应当向社会公开。"

第 5 条规定："建设工程造价管理机构应当及时收集、整理工程造价相关资料，公布建设工程费率、施工企业平均利润率、工程造价平均指数和材料价格变化趋势等造价信息，为各类建设工程造价计价提供参考。

设区的市建设工程造价管理机构，应当按月采集、整理工程造价相关信息，公布本行政区域建设工程人工、材料、设备、施工机械台班的市场价格。

建设工程造价管理机构收集工程造价相关资料时，建设工程发包单位、承包单位、工程造价咨询企业、工程材料供应商等单位应当积极予以配合。"

（二）合同约定的价款应当明确具体，且不应相互矛盾

合同约定的价款应当明确具体，且不应相互矛盾。约定的价款相互矛盾，将导致以下结果：

其一，发生纠纷时，各方均会引用对己方有利条款向对方提出权利主张，且一方无法说服另一方，最终导致纠纷迟迟无法解决，并最终影响合同的履行；

其二，一旦因此发生诉讼，虽不会导致合同约定价款无效或无法使用，但使得法官对条款享有一定的解释权和自由裁量权，对双方而言，都将面临相应的诉讼风

险,因此在拟定条款时应避免约定的价款前后矛盾。

条款范例:任何合同都应当约定具体的价款和结算方式,以下以某房地产公司销售代理合同为例:

第八条　结算方式

在合同期限内,乙方不单独收取所代理项目各阶段的营销、策划、咨询等费用(除获得甲方同意另计),只按下述规定收取物业的销售代理费。

(1)双方同意设定月度考核周期,每月按照基准费率进行结算。

(2)每个月根据上月销售任务完成率计算出上月最终的代理费率,并补结差额部分。

(3)合同执行期内本项目的月度基准费率为【】%。

(4)按照月底签约总额核定代理费,回款后将进行结佣。

(5)月度应结代理费=月度回款总额×基准费率-月度履约保证金(月度核定代理费×5%)-销售奖励基金(月度核定代理费×10%)。

(6)月度履约保证金=月度回款总额×基准费率×10%。

(7)按季度核算,季度百分之百完成,可进行上浮代理费率0.55%结佣,享受季度补差,季度补差总额=季度回款总额×(业绩费率+满意度费率-基准费率)×90%。补差总额为负数,则扣除此季度全部补差款。

8.1　代理费率的构成

8.1.1　代理费率=业绩费率+满意度费率-签约服务费(【】元/套×签约套数),满意度基准费率为0.05%。

8.1.2　业绩费率以结佣物业签约当月的月度销售任务完成率为准,销售任务完成率以签约金额为核定标准。

8.1.3　满意度费率与乙方代理项目的季度销售满意度平均分挂钩,销售满意度得分以甲方电话中心回访数据为依据。

8.1.4　合同约定的部分商品房买卖合同由甲方另行委托的第三方单位负责签约,乙方需支付每套Y元服务费,从代理佣金里扣除。

8.2　代理费率标准

年度代理费率补差采用浮动方式,以满意度达标及月度销售任务完成率双重维度考核,具体标准如下表所示:

表1　约定的业绩费率标准

条款	基准费率（月度销售率＜100%）	上浮费率（月度销售率≥100%）
业绩费率	【】%	0.55%

备注:销售任务完成率的计算依据为签约面积。

表2　满意度费率标准

当季满意度平均分(Y)	满意度费率档次
Y＜90	0
90≤Y＜95	0.025%
Y≥95	0.05%

备注:代理费率范围【】%～【】%。

8.2.1　销售单价:销售单价由甲方确定,乙方有义务提交价格方案报甲方审定。

8.2.2　销售任务完成率:销售率＝乙方销售期间内累计销售的建筑面积÷乙方的销售面积任务指标×100%。

8.2.3　年度经营计划:年度经营计划＝本年度各季度经营计划累加。

8.2.4　当月乙方累计销售的建筑面积是指该季度内累计由乙方成交并已交齐首期款及签订《房地产买卖合同》之代理单位的建筑面积之和。

8.2.5　当月乙方的销售任务指标是指甲方根据该季度内累计推出的可售住宅建筑面积总和,经与乙方充分沟通后,通过电子邮件的形式下达的当季任务。甲方在每个季度第一个月10日前以邮件形式将季度任务书下达给乙方,第二个月及第三个月的5日前以邮件形式确认季度任务是否调整、月度任务完成情况以及待完成的月度任务。

8.2.6　如乙方无法完成当月销售任务指标,则当月剩余未完成的建筑面积必须计入下月的销售任务指标范围内。若月度可售量＞月度经营计划任务,则以月度经营计划任务为核算标准。若月度可售量≤月度经营计划任务,则以月度可售量为准。甲方有权根据运营节点的要求变更销售任务指标。

8.2.7　年度销售金额目标完成率＝年度销售物业的总金额(以签订商品房买卖合同为准)÷本项目年度销售指标总金额×100%。

8.3 计算口径

8.3.1 计入销售业绩范围情况

1)在代理期内,当认购者签署《房地产买卖合同》,该单位视为成交并计入乙方销售业绩范围内。

2)支付代理费必须同时满足以下条件:认购者签订《商品房买卖合同》并完成备案登记;选择一次性付款方式的认购者,付清所有房款,并完成备案登记;选择按揭付款方式或公积金付款方式的认购者在付清首期款的同时,银行按揭款或公积金款也必须全额到账,并完成预告登记;乙方按本合同应承担的违约金、罚款等,甲方有权从当期结算佣金中扣除。

3)在代理期内,当认购者签署《商品房买卖合同》并全部回款且《商品房买卖合同》在房管局已备案,该单位视为成交并计入乙方销售佣金结算范围内。

4)如遇乙方所成交之客户在签订正式《房地产买卖合同》之后非乙方责任造成悔约,如已结算代理费,乙方无须退还销售代理费给甲方;如未结算代理费,则甲方不需要支付该户的代理费给乙方。

8.3.2 不计入销售业绩范围情况

若遇乙方所成交之客户签署认购书之后非乙方责任造成悔约,已收取的定金将作为违约金被甲方没收,甲方不再另付服务费和销售代理费给乙方。

8.3.3 三级市场转介

对于三级市场销售代理公司转介成交的单元,乙方有责任按照正常成交单元办理客户接待、认购手续、款项收取、销售事务、签约按揭跟进等业务,给予乙方的代理费按照正常成交代理费50%结算。

8.3.4 甲方成交面积

甲方自行销售、委托非乙方的第三方销售、甲方独自负责办理的团体认购、工程款置换物业及W集团内部员工(含内部员工直系亲属)之成交物业面积均不计提乙方销售代理费(甲方以书面形式知会乙方),但该成交面积计入乙方该项目的总销售面积作为该项目的代理费率的计算依据。甲方同享会成交物业如果由乙方接待并跟进后期服务,乙方按50%计提佣金。

律师点评:以上是某房地产公司与销售代理公司就销售代理费的结算所作的约定。房地产销售代理合同关于代理费的结算,涉及几个重要节点:

其一,业绩。条款第8.2.1条进行了相应约定;第8.2.2条对销售率进行了解释,即销售率=乙方销售期间内累计销售的建筑面积÷乙方的销售面积任务指标×100%。

其二,客户满意度。客户满意度率是结佣和计算佣金的条件之一,即第8.1.1条代理费率=业绩费率+满意度费率-签约服务费(【】元/套×签约套数),满意度基准费率为0.05%。

其三,何种条件下才能视为达成结佣的条件;条款约定见第8.3.1条。

其四,非销售代理公司成交的合同如何计算佣金(由于非销售代理介绍成交的客户,销售代理人员仍需要负责后续的签订认购书、商品房买卖合同以及备案等工作,因此即使非销售代理公司成交客户,开发商仍需要向销售代理公司支付一部分佣金),条款内容见第8.3.3条和第8.3.4条。

综上,对于价款的约定,应明确约定取得价款需要达成的目的,然后根据具体的行业特点对价款计算方式、结算条件等进行约定。

其五,在约定价款计算方式时,可以用计算公式表达,这样比复杂的文字表达效果更好,且更为精准,如月度应结代理费=月度回款总额×基准费率-月度履约保证金(月度核定代理费×5%)-销售奖励基金(月度核定代理费×10%)。

案例:因计价条款约定互相矛盾产生的争议

就南宁市东葛路某小区施工事宜,J单位与G建设工程公司签订了《KYHY建设工程施工合同》,双方对项目的施工范围、工期、价款、权利义务、违约责任等进行了约定。

其中关于人工费调整问题,双方在专用条款第12.1条第一段约定:"本合同价款采用固定综合单价方式确定。综合单价包含的风险范围:主要由市场价格波动导致的主要材料价格风险和政策性调整产生的价格风险。"

专用条款第12.1条第二段约定:"风险范围以外合同价格的调整方法:……(二)国家和自治区、南宁市政策性调整有关费用标准的,按文件规定执行。"

第21.8条约定:"综合单价包含的风险范围:市场价格波动导致的主要材料风险和政策性调整产生之外的风险。"

律师点评:对于人工费是否可以根据住建厅文件调整,以上合同中专用条款约定出现了相互矛盾的条款:

1. 专用条款第12.1条第一段约定,本合同价款采用固定综合单价方式确定。综合单价包含的风险范围:主要由市场价格波动导致的主要材料价格风险和政策性调整产生的价格风险。

如果按以上约定,则施工单位提出的人工费调整属于以上政策性调价,而此政策性调价已经包括在综合单价所包含的风险范围内,因此根据此条,人工费调整(包括费用上涨)的风险已经包含在综合单价里,即使人工费按照广西壮族自治区住建厅文件规定要上调,根据合同应不予上调。

施工单位提出的《关于调整建设工程定额人工费及有关费率的通知》(桂建标〔2015〕5号)、《自治区住房城乡建设厅关于调整建设工程定额人工费及有关费率的通知》(桂建标〔2018〕19号)中对建筑市场人工单价的确定属于政府指导价范畴,是任意性规范而非强制性规范,当该指导价与双方约定的人工费标准不一致时,应当以约定的人工费标准为准。而根据施工单位签订的《建设工程施工合同》第三部分专用合同条款第12.1条第一段应不予上调。

2. 专用条款第12.1条第二段约定,风险范围以外合同价格的调整方法:……国家和自治区、南宁市政策性调整有关费用标准的,按文件规定执行。

第21.8条约定,综合单价包含的风险范围:市场价格波动导致的主要材料风险和政策性调整产生之外的风险。

从以上约定不难看出,政策性调整并不在综合单价包含风险范围内。

根据《建设工程工程量清单计价规范》第3.4.1条规定,建设工程发承包,必须在招标文件、合同中明确计价中的风险内容及其范围,不得采用无限风险、所有风险或类似语句规定计价中的风险内容及范围。

第3.4.2条规定,由于下列因素出现,影响合同价款调整的,应由发包人承担:(1)国家法律、法规、规章和政策发生变化;(2)省级或行业建设主管部门发布的人工费调整,但承包人对人工费或人工单价的报价高于发布的除外;(3)由政府定价或政府指导价管理的原材料等价格进行了调整。因承包人原因导致工期延误的,应按本规范第9.2.2条、第9.8.3条的规定执行。

再根据广西壮族自治区住建厅《关于调整建设工程定额人工费及有关费率的通知》(桂建标〔2015〕5号)第3条规定,"本规定自2014年7月1日起执行。原招投标文件规定或合同约定可调整或未明确可否调整的工程,2014年7月1日起完成的工程款,按本规定调整;原招标文件规定或合同约定不可调整的工程,若双方协商一致,宜按本规定签订补充协议并进行调整”。

综上所述,发包方J单位应按住建厅规定对人工费进行调整。

3. 对以上矛盾约定的分析。

对于人工费是否可以根据住建厅文件调整,专用合同条款出现了相互矛盾的约定,笔者认为,对于出现矛盾条款如何理解涉及合同解释的问题,《合同法》第125条第1款规定:“当事人对合同条款的理解有争议的,应当按照合同所使用的词句、合同的有关条款、合同的目的、交易习惯以及诚实信用原则,确定该条款的真实意思。”(此条对应《民法典》第142条规定:“有相对人的意思表示的解释,应当按照所使用的词句,结合相关条款、行为的性质和目的、习惯以及诚信原则,确定意思表示的含义。无相对人的意思表示的解释,不能完全拘泥于所使用的词句,而应当结合相关条款、行为的性质和目的、习惯以及诚信原则,确定行为人的真实意思。”)

结合以上法律规定分析如下:

在施工行业,住建厅会定期发布人工费调整,可见,定期调整人工费实际上在施工领域是一个惯例,也得到政府认可。

而人工费之所以调整,是因为随着社会的发展,人力成本不断上升所致,如果不及时调整人工费,会导致施工方因施工成本上升而可能造成亏损。因此只有及时调整人工费,施工方才能及时弥补亏损。

需特别注意的是,如果合同对同一事项约定矛盾,法院一般会根据相关法律、法规和地方性规定予以认定。

综合以上内容,笔者认为,由于条款本身存在矛盾,从条款解释上看,不太有利于发包方。

4. 以上争议导致的结果:由于条款存在矛盾,施工方要求发包方尽快完成人工费调整并支付价款,发包方认为不应调整,由此导致双方发生争议,在此种情况下,施工方多次以工程款未能按时支付为由进行停工,极大影响了施工进度,一旦诉至法院,因合同约定的有关人工费调整的条款存在矛盾,法院极有可能判令发包人承担人工费上调的责任。

(三)约定合同价款常用模式

●模式1:

本合同单价为:【】元/米(或吨、平方米、立方米、升……),合同暂定总价为人民币【】元,最终总价按照经双方签字盖章确定的实际供货数量,据实结算。以上合同约定的单价包括但不限于【人工、材料……管理费和税金以及乙方履行本合同所需的一切费用款项】。

●模式2:

本合同价款为总价包干,包干价为人民币【】元,合同价款包含但不限于以下费用:人工费、材料费、设备费、机械费、赶工费、水电费、施工措施费、安全措施费、成品保护费、垃圾清理费、检测费、安装调试费、市场风险因素、利润、管理费、税金等完成本工程所需的一切费用,本合同价款在任何情况下不予调整。

二、合同价款应约定该价款包括的范围

(一)合同约定的价款,应明确约定该价款包括的范围、是否含税等;明确约定价款范围,可以有效避免相对方在履约中另行追加价款

对于价款包括范围可以采取列举和兜底方式相结合进行约定。列举的范围应尽可能详尽,部分合同还应明确不予支付价款的情形;兜底条款的约定应明确除约定价款外不应再产生其他费用。

条款范例1:合同价款应明确价款包括的范围——某智能化系统安防合同关于价款的约定。

1. 合同价款:肆佰玖拾柒万元整(¥4,970,000.00元)。

2. 合同价款为总价包干,合同价款包含但不限于以下费用:人工费、材料费、设备费、机械费、赶工费、水电费、施工措施费、安全措施费、成品保护费、垃圾清理费、检测费、安装调试费、市场风险因素、利润、管理费、税金等完成本工程所需的一切费用。

3. 本合同附件七"JY世纪城2.2期商业智能化安防系统工程报价清单"未列出的工程项目,但只要是完成本工程(指本合同第3条承包范围所约定的内容)所需的工序、项目以及施工规范规定的内容所需的一切费用已包含在本合同价款内,

乙方不得以漏项为由提出调增合同价款,但设计变更除外。

4. 本合同附件七"JY世纪城2.2期商业智能化安防系统工程报价清单"中所列项目(设备)的数量乙方均已根据甲方提供的资料进行核实,如实际安装的数量与清单所列的数量不符,乙方应以实际需安装的数量安装,合同价款不予调整,但设计变更除外。

5. 合同价款已充分考虑因设计变更造成管线走向变更而增加或减少电线、电缆用量的风险因素,在任何情况下不予调整。若需要变更管线走向,甲方提前7个工作日通知乙方,并提供变更后的施工图纸;若乙方已施工完成,甲方再通知变更,按实际增加工作量签证给乙方。

6. 乙方在签订本合同前,已经对本合同项目现场进行了实地的勘察和了解,对项目现场、周边环境、道路、地理位置、市场风险等进行了充分的了解和勘察,乙方不得在施工过程中以上述情况的变化为由而对合同价款提出调增。

7. 乙方在签订本合同前,已经对本工程各栋号的进场施工时间有了充分了解,乙方不得以施工周期长为由而对合同价款提出调增。

8. 合同价款已充分考虑施工期间各种人工、材料、机械台班等市场和政策风险因素,在任何情况下(设计变更除外)不予调整。

律师点评:以上关于价款的约定较为详细,第一,明确了双方计价方式为总价包干;第二,明确约定了总价包括的范围;第三,从反面约定不得进行调价;第四,就合同价款,明确承包人也不得以现场或地质条件为由要求调整价格;第五,明确约定合同价所包括的市场及政策风险,并约定不得以市场及政策风险为由要求调整价款;第六,除以上列举外,还使用了兜底条款,即价款包含了完成本工程所需的一切费用。

条款范例2:某土石方工程合同中,合同价款结合施工内容,明确约定了承包人施工的范围和内容,并约定了兜底条款。

1.1　本合同单价为综合固定单价,综合利用土填方【】元/立方米,综合利用石填方【】元/立方米,综合利用土填方及综合利用石填方的工作内容包括清表、砍树挖根、爆破、开挖、装卸、运输、堆放、推平、回填压实、分离填料、弃方和剩余材料的处理、弃土场的平整、边坡的修整等以及其他有关的全部施工费用;上述单价还包括完成上述工作内容而发生的人工费、材料费、机械费、安全及保险费、调遣费、临时设施费、施工措施费(如有)、节假日加班加点费、劳动保护费、医疗费、养老费、乙方内部管理费、利润以及各种规费等。如有未列项目则认为已包含在相关综合单价中,不再单独计量结算。软基处理事项另议。

1.2 施工过程中不论建筑及材料市场如何波动、工程数量如何变化,本综合单价不予调整。但税和保险由发包方支付。

律师点评:以上关于综合利用土填方和综合利用石填方的价格条款,结合施工具体内容,通过列举和兜底的方式,将单价包括的范围约定的较为清晰且无争议,同时以上条款还特别约定综合单价不因建筑材料市场的波动而调整。从以上条款可见,对于价款的约定,应尽可能结合实务,对价款包括的内容通过列举和兜底的方式进行约定,如此可以避免对方在履行合同中以各种理由要求对价款进行调整。

条款范例3:某公司与其员工就终止劳动合同达成了协议,公司希望签订该协议后,该员工不得再行向公司主张工资报酬、奖金等,就此拟定了解除协议,其中关于价款约定内容如下:

乙方确认双方劳动关系履行时的权利义务从协议签订之日起即行终止,并无任何未了事宜,确认甲方除本协议第1、2条约定应付款项外,对乙方在职期间以及劳动关系终止所产生的一切工资、报酬、津贴、补贴、保险、社保、福利、奖金、绩效奖、经济补偿、甲方承诺的一切费用报酬以及所有已经产生或可能产生的应付款、费用报酬等均已结清,乙方不得再行以任何理由提出任何主张。

双方对协议解决劳动关系程序及结果均无任何异议,保证不再提出任何仲裁和诉讼请求。

律师点评:劳动者与用人单位就劳动争议达成一致,其本质上系合同,对用人单位而言,在约定有关支付价款或赔偿范围时,应尽可能详细列举价款包括的范围,由此可以避免劳动者以未约定的事项在签订协议后再行向用人单位主张,同时还应当约定兜底条款,以免挂万漏一。

相关法律依据:最高人民法院《关于审理劳动争议案件适用法律问题的解释(一)》(法释〔2020〕26号)第35条规定:“劳动者与用人单位就解除或者终止劳动合同办理相关手续、支付工资报酬、加班费、经济补偿或者赔偿金等达成的协议,不违反法律、行政法规的强制性规定,且不存在欺诈、胁迫或者乘人之危情形的,应当认定有效。

前款协议存在重大误解或者显失公平情形,当事人请求撤销的,人民法院应予支持。”

条款范例 4:某房地产公司因逾期交房,现同意给予买受人赔偿,但需要买受人签署承诺,确保买受人领款后不会就逾期交房再向出卖人主张权利,就此拟定买受人确认书,其中关于价款方面的内容如下:

致广西 JY 房地产有限责任公司:

本人______(身份证号:________)于________年____月____日,与贵司签订《商品房买卖合同》(以下简称合同),约定本人购买贵司开发的南宁市青秀区凤岭北路 YGC 城小区___号楼___层___号房屋。现本人就贵司延期交房的补偿确认如下:

1. 本人确认,就我本人购买的房屋,已经于______年____月____日达到了《商品房买卖合同》约定的交付条件,且贵公司已经于______年____月____日按照合同约定条件将房屋交付给本人。

2. 因房屋交付时间迟于合同约定的交付时间,本人经认真理解合同条款,并经审慎考虑,同意贵司在 90 天内向本人支付延期交付的补偿金,合计人民币(大写:__万__仟__佰__拾__元__角__分整)(小写:________)。贵司可通过银行转账方式向本人支付上述款项,亦可通过现金支付的方式向本人进行支付。

3. 贵公司支付完毕以上补偿金的,双方继续履行合同,本人不得再以贵司延期交房以及与交房有关事宜为由向贵司主张任何形式的权利或要求贵司承担任何形式的责任、损失、补偿和赔偿。若因本人提供的银行信息有误或不完整导致贵司无法完成付款的,相应不利后果由本人自行承担。

4. 本确认书自签署之日起生效,本人承诺对上述事宜严格保守秘密,不得外传、外泄;本确认书对任何第三方有关类似情况的处理不具有借鉴和参考作用,也不作为出卖人对类似情况的处理承诺。

5. 本函件自本人签字/盖手印之日起不可撤销有效。

案例:兜底条款对于避免对方以其他理由提出主张有着重要作用

上诉人石某兰与被上诉人南宁市柏辰房地产有限责任公司商品房销售合同纠纷案

案号:广西壮族自治区南宁市中级人民法院(2013)南市民一终字第 1569 号

2009 年 8 月 14 日,石某兰与南宁市柏辰房地产有限责任公司(以下简称柏辰公司)签订《商品房买卖合同》(编号GF-2000-0171),就南宁市枫林路11号枫林蓝岸第×号楼×座房屋的购买事宜达成一致,该商品房总价255万元。合同第8条约定出卖人应当在2009年12月30日前,将经建设、施工、监理、设计、勘察单位五方联合验收合格的商品房交付买受人。第9条出卖人逾期交房的违约责任约定,出卖人如未按合同规定的期限将该商品房交付买受人逾期超过90日后,买受人要求继续履行合同的,合同继续履行,自合同规定的最后交付期限的第二天起至实际交付之日止,出卖人按日向买受人支付已交付房价款万分之二的违约金。合同签订后,石某兰依约支付房屋价款255万元整。2010年1月,柏辰公司通过邮寄方式通知石某兰收房。由于该房存在质量问题(不含以下存在的质量问题)不符合交付要求,需修复后再行交付,石某兰直至2010年11月7日才在《枫林蓝岸单元钥匙/资料签收表》上签字确认已收到B区×号楼×号房入户门钥匙8把。收房后,石某兰对涉诉房屋进行装修发现该房屋客厅楼板及地下室顶板底部高低不平,为了解该工程质量状况,2012年1月10日石某兰、柏辰公司特委托广西区建筑工程质量检测中心对该建筑进行工程质量检测,该中心于2012年1月16日出具一份《工程质量检测报告》[编号:桂建质检(检一)(2012)第019号]。2012年3月15日,石某兰、柏辰公司双方签订一份以石某兰为乙方、柏辰公司为甲方的《协议书》,约定:"甲、乙双方于2009年8月14日签订《商品房买卖合同》,乙方购得甲方开发的南宁市枫林路11号枫林蓝岸第×号楼×座房屋(以下简称该房屋)。由于该房屋客厅{具体见《工程质量检测报告》[编号:桂建质检(检一)(2012)第019号],以下简称《检测报告》}、地下室顶板下挠,为妥善解决与此相关问题,经甲、乙双方协商一致,达成如下协议:第一条 甲、乙双方同意继续履行双方签订的《商品房买卖合同》相关条款。第二条 对该房屋客厅、地下室顶板下挠的问题,甲、乙双方同意打掉客厅顶板并委托原设计单位(广西建筑科学研究设计院)重新设计该板拆除重建的施工图(该图经乙方或其代理人签字后就不再更改),按施工图重新施工。……第三条 对于《检测报告》所述问题、客厅顶板问题而导致甲方责任、乙方的损失等,甲方同意一次性赔偿乙方人民币80万元整,该赔偿金包括但不限于房屋贬值费、房租费、交通费、误工费、逾期交房违约金(包括到甲方对客厅顶板打掉重做直到最终验收合格乙方入住时止)等因《检测报告》所述问题整改造成乙方的一切相关责任、损失;也包括可能对地下室顶板整改而产生的房屋贬值费、房租费、交通费、误工费、逾期交房、违约金、损失等与此相关的责任和损失。甲方赔偿后,乙方不得再提出其他各种形式要求。”协议签订后,柏辰公司按照协议约定于2012年4月6日向石某兰支付80万元赔偿金。2012年6月26日,石某兰在《竣工验收记录单》上签字,同意涉案房屋整改已按设计图纸及施工规范要求施工完成,达到合格要求,同意验收。7月13日,石某兰接收房屋入户门钥匙。另查明,石某兰于2012年11月29日向本院申请增加诉讼请求,要求柏辰公司向石某兰支付逾期交房造成的租金损失51,776元及鉴定费1030元,两项合计52,806元。2013年5月9日,石某兰向一审法院申请对涉诉房屋自2010年1月至2010年10月的租金损失价格进行评估,经一审法院委托广西中硕资产评估有限责任公司进行评估,2013年8月20日该公司出具评估报告意见:涉诉房屋2010年1月至10月(不含税费及其他各种费用)的合理租金为4050元/月,合计10个月租金损失为40,500元。

一审法院经审理认为:2009年8月14日,石某兰与柏辰公司签订的《商品房买卖合同》以及2012年3月15日签订的《协议书》是当事人的真实意思表示,内容并不违反法律禁止性规定,合法有效。(1)关于诉讼时效问题。逾期交房违约金是基于房屋买卖合同产生的从债务,其对应的主债务是商品房交付之债,而商品房交付之债的诉讼时效起算是自权利人知道或者应当知道房屋具备交付条件时开始,基于从债务与主债务具有一体性、从属性的特点,逾期交房违约金诉讼时效起算应与主债务的诉讼时效起算一致。具体到本案,逾期交房违约金及租金损失计算应从涉诉房屋整改维修完毕后具备交付条件之日,即从2012年6月16日开始计算,至2012年11月19日石某兰起诉时止,未超过2年诉讼时效。(2)关于逾期交房违约金及租金损失能否支持问题。本案双方合同约定应于2009年12月30日前交付涉诉房屋,由于该房存在质量问题,石某兰直至2010年11月7日才在《枫林蓝岸单元钥匙/资料签收表》上签字确认收房,收房后石某兰又发现该房屋客厅楼板及地下室顶板底部高低不平,双方遂于2012年1月10日委托广西区建筑工程质量检测中心对涉诉房屋进行检测,并根据检测报告于2012年3月15日签订《协议书》,对涉诉房屋的整改措施与赔偿方案进行了约定。根据《协议书》第3

条约定,"甲方(柏辰公司)同意一次性赔偿乙方(石某兰)人民币80万元整,该赔偿金包括但不限于房屋贬值费、房租费、交通费、误工费、逾期交房违约金(包括到甲方对客厅顶板打掉重做直到最终验收合格乙方入住时止)等因《检测报告》所述问题整改造成乙方(石某兰)的一切相关责任、损失;也包括可能对地下室顶板整改而产生的房屋贬值费、房租费、交通费、误工费、逾期交房、违约金、损失等与此相关的责任和损失。甲方(柏辰公司)赔偿后,乙方(石某兰)不得再提出其他各种形式要求"。因此,双方已对逾期交房违约金的赔偿支付问题达成一致,即包含在柏辰公司一次性赔偿石某兰的人民币80万元当中。本案导致逾期交房的原因是房屋质量等问题,并非鉴定报告本身导致逾期交房,鉴定报告也只是对房屋质量问题进一步明确,以便查明责任。虽然2010年11月7日石某兰收房前的房屋质量问题在《检测报告》中并未涉及,但是根据2012年3月15日双方签订的《协议书》第3条约定,柏辰公司一次性赔偿石某兰的80万元包括但不限于因《检测报告》所述问题造成石某兰的一切相关责任、损失,并且约定,柏辰公司赔偿后石某兰不得再提出其他各种形式要求。因此双方2012年3月15日签订的《协议书》,是对之前商品房买卖合同履行过程中的过错责任、赔偿标准进行明确划分和清算,这当然也包括自2009年12月31日起至2010年11月7日止的逾期交房的违约责任。现石某兰再以柏辰公司逾期交房为由要求柏辰公司支付该期间的违约金159,630元及逾期交房租金损失51,776元不符合上述协议的约定。况且,柏辰公司已依约履行了赔偿义务,房屋整改后石某兰进行了验收,并接收了入户门钥匙。石某兰收到上述赔偿款后,按规定不应再提出其他任何形式的要求,故石某兰诉讼请求与事实不符,应不予支持。综上,一审法院依照《民法通则》第135条、第137条,《合同法》第6条、第8条之规定,并经审判委员会讨论决定,判决:驳回石某兰的诉讼请求。一审案件受理费4486元,由石某兰负担。

一审败诉后石某兰不服一审判决提起上诉,二审南宁市中级人民法院经审理后认为:

双方争议的焦点问题:(1)被上诉人柏辰公司是否应向上诉人石某兰支付2009年12月31日至2010年11月7日逾期交房违约金159,630元;(2)被上诉人柏辰公司是否应向上诉人石某兰赔偿2009年12月31日至

2010年11月7日的租金损失51,776元以及评估费损失1030元。

本院认为:2009年8月14日,石某兰与柏辰公司签订的《商品房买卖合同》以及2012年3月15日签订的《协议书》是当事人的真实意思表示,内容并没有违反法律、法规禁止性规定,应属合法有效。

首先,关于柏辰公司是否应向石某兰支付2009年12月31日至2010年11月7日的逾期交房违约金的问题。根据石某兰与柏辰公司于2012年3月15日签订的《协议书》第3条的约定,“对于《检测报告》所述问题、客厅顶板问题而导致甲方(柏辰公司)责任、乙方(石某兰)损失等,甲方同意一次性赔偿乙方人民币80万元整,该赔偿金包括但不限于房屋贬值费、房租费、交通费、误工费、逾期交房违约金(包括到甲方对客厅顶板打掉重做直到最终验收合格乙方入住时止)等因《检测报告》所述问题整改造成乙方的一切相关责任、损失;也包括可能对地下室顶板整改而产生的房屋贬值费、房租费、交通费、误工费、逾期交房、违约金、损失等与此相关的责任和损失。甲方赔偿后,乙方不得再提出其他各种形式要求”。对于上述协议条款应如何理解的问题,首先,从逾期交房违约金的法律性质来看,逾期交房违约金是因逾期交房的法律事实而产生的违约责任,该责任基于法律的规定或《商品房买卖合同》的有关约定,在整个商品房买卖合同关系中,法律上认可的交付事实只有一次,即要么交付,要么未交付(包括因质量问题达不到交付条件的情形),而涉及的逾期交房违约责任也只有一种,即从约定交房之日至实际交付之日止所产生的违约责任。上诉人石某兰认为柏辰公司存在两次逾期交房的行为,《协议书》中提及的逾期交房违约金仅涉及因房屋客厅、地下室顶板下挠等质量问题导致的逾期交房,而不包括依据《商品房买卖合同》从约定交付之日2009年12月30日至2010年11月7日石某兰第一次接收房屋这段时间的逾期交房。对此,本院认为,逾期交房违约金是针对实际交房超出约定交房而产生违约责任,而不是根据房屋质量问题发现之日至实际交房之日的违约责任,除非当事人另行约定。而本案中并不存在当事人有特别约定的情形。因此,本院确认的交付事实仅有一次,交付时间为柏辰公司对涉诉房屋整改维修完毕具备交付条件并实际交付给石某兰之日,即2012年7月13日。

其次,从双方对逾期交房违约金限定条件的相关约定来看,双方签订的

《协议书》第3条约定"逾期交房违约金(包括到柏辰公司对客厅顶板打掉重做直到最终验收合格石某兰入住时止)",按照通常的理解,这里约定的"逾期交房违约金"是指从约定交付之日起至涉诉房屋整改维修完毕后最终具备交付条件并实际交付之日止,这理应包括了从2009年12月31日双方约定应交付而未交付之日至2010年11月7日石某兰第一次接收房屋这段时间的逾期交房违约金。

最后,从《协议书》的整体来看,虽《协议书》的首段、第3条、第5条、第7条均提及双方是针对《检测报告》所述问题、房屋客厅、地下室顶板下挠问题进行沟通和协商,但并不排除协议条款可以针对争议起因和主要问题进行描述,也并不防碍双方在《协议书》中一并解决双方全部的争议问题。本案导致逾期交房的原因是房屋质量等问题,虽然2010年11月7日石某兰收房前的房屋质量问题在《检测报告》中并未涉及,但是根据双方签订的《协议书》第3条约定,柏辰公司一次性赔偿石某兰的80万元包括但不限于房屋贬值费、房租费、交通费、误工费、逾期交房违约金等因《检测报告》所述问题造成石某兰的一切相关责任、损失,并且约定,柏辰公司赔偿后石某兰不得再提出其他各种形式要求。因此双方于2012年3月15日签订的协议书,是对之前商品房买卖合同履行过程中的过错责任、赔偿标准进行明确划分和清算,这当然也包括2009年12月31日至2010年11月7日逾期交房的违约责任。事后柏辰公司已依约履行了80万元的赔偿义务,石某兰收到上述赔偿款后,按《协议书》的约定对于逾期交房违约金不应再提出其他任何形式的要求,现石某兰再以柏辰公司逾期交房为由要求柏辰公司支付2009年12月31日至2010年11月7日的违约金159,630元与上述《协议书》的约定不相符,本院不予支持。

关于柏辰公司是否应赔偿石某兰因逾期交房产生的租金损失51,776元以及相关评估费的问题。本案中,石某兰未提交相关的租赁合同和租金缴纳凭证等证据予以佐证,不能证明租金损失已实际发生。退一步来说,即便租金损失已实际发生,这也包含在柏辰公司一次性支付给石某兰的80万元赔偿款当中,石某兰收到上述赔偿款后,按《协议书》的约定对租金损失不应再提出其他任何形式的要求,故石某兰该项诉讼请求与事实不符,本院亦不予支持。

综上所述,一审判决认定事实清楚、适用法律正确,本院予以维持。上诉人石某兰的上诉理由不成立,对其上诉请求本院不予支持。根据《民事诉讼法》第170条第1款第1项、第175条之规定,判决如下:

驳回上诉,维持原判。

律师点评:石某兰与柏辰公司之间的商品房买卖合同纠纷一案,源于双方对2012年3月15日签订的《协议书》有关赔偿范围的理解不同。

石某兰认为:1.双方于2012年3月15日签订的《协议书》是针对2012年1月6日广西区建筑工程检测中心出具的《检测报告》中所涉及的问题,即客厅顶棚板、地下室顶棚板下挠的工程质量问题而达成的赔偿协议,并未涉及双方于2009年8月14日签订的《商品房买卖合同》中约定的逾期交房违约金的处理,因为这是两个不同的概念与法律关系。《协议书》第1条"甲、乙双方同意继续履行双方签订的《商品房买卖合同》相关条款"。第7条"甲乙双方同意继续赔偿义务且重新施工的顶板质量合格后,《检测报告》所述问题(包括房屋客厅、地下室顶板下挠问题)处理即告终结。其他事宜双方仍按《商品房买卖合同》相应条款予以执行"。也就是说协议书中的内容已经表述得很清楚,80万元赔偿款只是针对《检测报告》中的质量问题进行协商的。

2.《协议书》中约定的80万元赔偿金实际上只是:(1)因整改地下室顶板导致上诉人产生的包括但不限于交房、租房、交通、误工以及其他与此相关的责任、损失;(2)因整改客厅顶板而导致的包括但不限于房屋贬值费、房租费、交通费、误工费、逾期交房违约金等。

《协议书》没有涉及非整改行为造成的违约责任,因此该违约责任仍应按双方签订的《商品房买卖合同》履行。

石某兰的以上主张最终未能得到法院支持,通过判决可以看出,法院最终未支持石某兰的主要原因之一在于双方在《协议书》明确约定了"柏辰公司赔偿后石某兰不得再提出其他各种形式要求"的兜底条款,一审、二审法院正是基于该兜底条款认为,既然石某兰已经承诺不得再以其他形式对补偿提出主张,自然包括本案石某兰的诉请在内,因此最终驳回了其诉讼请求。

从本案不难看出,约定兜底条款可以有效避免简单列举价款或赔偿项目存在的漏洞和不足,可以有效彻底地防止对方以约定不全为由再行主张权利。

(二)如合同价款为可调价款,应约定可调价款的情形,且应约定,除双方约定可调价款外,其他情形不得对价款进行调整

条款范例:某建设工程项目全过程咨询合同有关合同价款的约定条款。

10.2 合同价格形式

(1)总价合同

总价包含的风险范围:合同范围内的建设规模及投资额所包含全过程工程咨询服务工作所需的劳务费、技术服务费、交通费、通讯费、保险费、税费和利润,以及自发包人与咨询人签订全过程工程咨询合同之日起至工程缺陷责任期满为服务期限的全过程咨询服务费。

风险费用的计算方法:合同包含的风险范围所发生的风险费用已包含在总价合同内。

风险范围以外合同价格的调整方法:

①政策、技术规范文件的调整属于合同总价风险范围以外的风险,其调整方法如下:

除合同另有约定外,咨询人完成全过程工程咨询服务所应遵守的法律以及技术标准,均应视为在基准日期适用的版本。基准日期之后,前述版本发生重大变化,或者有新的法律以及技术标准实施的,咨询人应就推荐性标准向发包人提出遵守新标准的建议,对强制性的规定或标准应当遵照执行。因发包人采纳咨询人的建议或遵守基准日期后新的强制性的规定或标准,导致增加全过程咨询服务费用的,由发包人按新的强制性的规定或标准对应的服务费标准或行政主管部门发布的相关服务收费意见承担增加的咨询服务收费。

②发包人确定的技术控制指标变更属于合同总价风险范围以外的风险,其调整方法如下:

发包人应当严格遵守主要经济技术指标控制的前提条件,由于发包人的原因导致变更主要经济技术指标控制值的,发包人承担主要经济技术指标控制值变更,所造成咨询人必须相应调整或重新编写相关成果文件所增加的咨询服务费,增加的咨询服务费按调整或重新编写相关成果文件所对应的国家规定的收费标准(如国家没有收费标准,可参照国家已取消的最后执行的收费标准,如没有参照标准,则双方协商确定)计算得出的服务咨询费,再乘以(1-下浮系数),最终计算后的

总金额即为增加的咨询服务费金额。

③发包人提高咨询服务成果的质量标准属于合同总价风险范围以外的风险,其调整方法如下:发包人提高咨询服务成果的质量标准,按提高标准的相关成果文件所对应的国家规定的收费标准(如国家没有收费标准,可参照国家已取消的最后执行的收费标准,如没有参照标准,则双方协商确定)计算得出的服务咨询费乘以(1－下浮系数),计算后的总金额即为增加的服务费金额。

④发包人要求咨询人增加咨询服务范围及内容,或者在专用条款附件3的基础上增加其他成果文件的,属于合同总价风险范围以外的风险,其调整方法如下:按增加咨询服务范围及内容或者在专用条款附件3的基础上增加其他成果文件,所对应的国家规定的收费标准(如国家没有收费标准,可参照国家已取消的最后执行的收费标准,如没有参照标准,则双方协商)计算得出的服务咨询费,再乘以(1－下浮系数),最终计算后的总金额即为增加的服务费金额。

⑤发包人要求咨询人减少咨询服务范围及内容,或者在专用条款附件3的基础上减少成果文件的,属于合同总价风险范围以外的风险,其调整方法如下:

A. 发包人应支付在发包人下达减少咨询服务范围及内容的文件前,咨询人已完成咨询服务成果文件对应的费用。

B. 未完成的咨询服务范围及内容,其减少费用所对应的国家规定的收费标准(如国家没有收费标准,可参照国家已取消的最后执行的收费标准,如没有参照标准,则双方协商)计算得出的服务咨询费,再乘以(1－下浮系数),最终计算后的总金额即为减少的服务费金额。

⑥除不可抗力外,因非咨询人原因导致本合同期限延长时,附加工作酬金按下列方法计算的金额确定:

附加工作酬金＝施工工期延长时间(天)×正常工作酬金÷施工合同约定工期(天)

⑦因工程投资金额的变化导致咨询人的正常工作量增加或减少时,按工程结算的建安结算金额的增加或减少量的比例从协议书约定的正常工作酬金中增加或扣减相同比例的酬金。

注:

A. 正常工作酬金金额应包括咨询人投入人员薪资、差旅等费用,具体金额由双方协商而定。

B. 合同中所述下浮系数 =(各项咨询工作在基准日期适用的收费标准文件计算出的费用总和/暂定的建筑安装工程费 - 投标费率)/(各项咨询工作在基准日期适用的收费标准文件计算出的费用总和/暂定的建筑安装工程费)=(1969.56/27,782.26 - 投标费率)/(1969.56/27,782.26),各项咨询工作在基准日期适用的收费标准文件详见合同附件6。

律师点评:2019年3月15日,住建部、国家发展改革委联合颁布了《关于推进全过程工程咨询服务发展的指导意见》,其中第3条规定:"三、以全过程咨询推动完善工程建设组织模式

(一)以工程建设环节为重点推进全过程咨询。在房屋建筑、市政基础设施等工程建设中,鼓励建设单位委托咨询单位提供招标代理、勘察、设计、监理、造价、项目管理等全过程咨询服务,满足建设单位一体化服务需求,增强工程建设过程的协同性。全过程咨询单位应当以工程质量和安全为前提,帮助建设单位提高建设效率、节约建设资金。

(二)探索工程建设全过程咨询服务实施方式。工程建设全过程咨询服务应当由一家具有综合能力的咨询单位实施,也可由多家具有招标代理、勘察、设计、监理、造价、项目管理等不同能力的咨询单位联合实施。由多家咨询单位联合实施的,应当明确牵头单位及各单位的权利、义务和责任。要充分发挥政府投资项目和国有企业投资项目的示范引领作用,引导一批有影响力、有示范作用的政府投资项目和国有企业投资项目带头推行工程建设全过程咨询。鼓励民间投资项目的建设单位根据项目规模和特点,本着信誉可靠、综合能力和效率优先的原则,依法选择优秀团队实施工程建设全过程咨询。"

全过程咨询服务一般是建设单位委托专业机构对工程建设从决策、招投标、设计、施工等阶段提供专业的咨询意见,切实做到内行管理,通过社会化的专业机构从建设工程项目立项开始就进行连续、可控的精确化管理,为建设方提供一体化的解决方案,有利于降低建设成本、规避各类风险、实现项目投资价值的最大化,对提高我国建设工程项目决策、设计、招投标、施工工作和竣工验收各阶段的管理效率具有显著的促进作用。

以上为全过程咨询合同中关于价款的约定,双方约定了合同价款所包括的范

围,同时对合同外可调价格的情形与如何进行调价作了约定。因此我们在约定合同价款条款时,首先需对合同价款包括的范围作出明确约定,如果存在合同外可以调整价款的情形,也应作出明确约定,并约定价款的计算方式和标准。比如住建部和国家工商总局颁布的《建设工程施工合同》(GF－2017－0201)对估价的变更也是按照此原则制定了相应条款。

10.4.1　变更估价原则

除专用合同条款另有约定外,变更估价按照本款约定处理:

(1)已标价工程量清单或预算书有相同项目的,按照相同项目单价认定;

(2)已标价工程量清单或预算书中无相同项目,但有类似项目的,参照类似项目的单价认定;

(3)变更导致实际完成的变更工程量与已标价工程量清单或预算书中列明的该项目工程量的变化幅度超过15%的,或已标价工程量清单或预算书中无相同项目及类似项目单价的,按照合理的成本与利润构成的原则,由合同当事人按照第4.4款〔商定或确定〕确定变更工作的单价。

(三)合同价款约定常用模式

●模式1:

1. 本合同价款:……

2. 以上合同价款为包干价,合同价款包括但不限于以下费用:人工费、材料费、管理费、税金……以及乙方履行本合同所需一切费用,除以上款项外,甲方无须向乙方支付其他任何价款。

●模式2:

1. 本合同价款为人民币【】元,该款项包括但不限于【】以及乙方履行本合同所需一切费用,乙方不得以任何理由(包括但不限于市场和政策风险、人工材料费用增加等)对该价款提出变更。

●模式3:

1. 合同价款已充分考虑【】风险,在任何情况下不予变更。

2. 乙方在签订本合同前,已经对本合同项目现场进行了实地的勘察和了解,对项目现场、周边环境、道路、地理位置、市场风险等进行了充分的了解和勘察,乙方不得在施工过程中以上述情况的变化为由而对合同价款提出调增。

3. 乙方在签订本合同前,已经对本工程各栋号的进场施工时间有了充分了解,乙方不得以施工周期长为由而对合同价款提出调增。开工日期可能是一年或数年中的任何季节和时点,由于开工时间的不确定可能给乙方造成的工期和费用的风险均已在单价或和总价中综合考虑,甲方不再给乙方任何工期和费用的补偿。

4. 合同价款已充分考虑施工期间各种人工、材料、机械台班等市场风险因素,在任何情况下(设计变更除外)不予调整。

三、价款支付应与合同履行进度相挂钩

(一)价款支付设定条件的作用和意义

支付价款的一方之所以支付价款,目的在于取得某种产品或对方提供一定的服务,但产品的转移和服务的提供往往需要一定的时间和条件,因此价款支付往往会设定一定的条件,之所以设定一定条件,其作用在于:

1. 有利于规避和减少风险。

就最优的风险控制而言,一手交钱一手交货是最佳的方式,但实际上,只有小额简单的产品可以做到一手交钱一手交货,比如在便利店购买商品;很多情况下的交易很难做到现货交易,比如定制排风机设备,从订货到生产再到送货、安装,都需要一段较长时间,如何分担这段时间的风险关系到供方和需方的根本利益,在此情况下只能通过分阶段付款,并根据各阶段的情形设定相应的付款条件,如此既确保供方利益,也有利于减少需方的风险。需方还可以通过对各阶段付款设定条件,以促使供方积极履约。

条款范例1:某房地产公司拟采购软装产品,该合同包括软装的供货、摆放等,对于合同价款的支付,双方约定如下:

4.2.1　合同签订后由乙方向甲方提交书面申请报告,甲方收到乙方书面申请报告5个工作日内,甲方向乙方支付合同总金额的20%作为定金,在本项目货物经甲方按第4.2.2条初步验货合格后,自动转为合同价款。

4.2.2　乙方将本合同约定的产品全部生产、制作、备货并全部送到甲方项目地点后,提前1日通知甲方到本项目工地现场验货,全部产品经过初步验货合格后由乙方向甲方提交申请报告,甲方收到乙方书面申请报告5个工作日内,甲方向乙

方支付至合同金额的80%(含已付款);同时,乙方应在甲方初步验货合格后安排产品安装及摆场。

4.2.3　乙方将本合同约定的产品全部安装、调试及摆设完毕,并经甲方验收合格且向甲方移交完毕后,由乙方向甲方提交竣工结算资料一式陆份(包括但不仅限于结算工程量清单、双方已签字确认的变更签证单、来往函件、材料合格证明相关资料、双方签字确认验货清单及结算请款报告等),甲方收到乙方竣工结算申请报告后3个工作日内审核并与乙方确认最终结算价款后,5个工作日内甲方向乙方支付至合同结算总价的95%。

4.2.4　剩余该合同结算总价的5%作为产品质量保修金,1年保修期满且经甲方期满的验收合格后结算并支付结算的剩余产品质量保修金(无息)。

4.2.5　如合同金额有调整的,以上支付方式按最终调整的合同金额计算。

乙方应在甲方付款前3个工作日内提供相应的销售类增值税专用发票(税率【】%,包括第二联抵扣联与第三联发票联)及书面请款函,若乙方不按时提交销售类增值税专用发票,乙方同意甲方暂不支付本次工程款且甲方不需承担迟延付款的违约责任,直至提交销售类增值税专用发票止,就此导致工期逾期的,乙方承担违约责任。

律师点评:合同价款的支付以及支付节点,是双方规避风险的核心手段。从支付方看,只有将款项支付与对方履行义务节点相挂钩,才能有效控制合同履行进度和风险;从提供产品或服务一方看,只有尽快取得价款,才能尽可能避免因提供产品或服务后未能足额取得价款的风险。基于上述各自立场和对风险的考虑,实务中合同价款的支付,往往是先支付部分定金(或预付款),此后结合一定的进度分别支付,总而言之,在约定合同价款支付时间和节点时,应充分结合合同履行存在的风险、合同的进度,通过对付款时间、付款条件等约定和设定,尽可能控制支付的风险,并最终达到尽可能减少合同签订履行风险的目的。

条款范例2:建设工程施工合同的特点之一是周期长、金额大,过程的各种因素(如涉及政府方面的报批报建、发包人方面的资金问题、承包人方面的资金、组织管理能力等因素以及天气等原因)都会对工期造成影响,发包人为了督促承包人积极履约,确保工程在保质保量的情况下按时完成,一般都会对款项的支付设定一定的条件,例如:

3)工程进度款按月支付,支付额度=上月完成工程量相应造价×80%,此80%付款比例为基准比例,具体月度付款比例与该项目在WK集团产品质量季度评估成绩直接挂钩,具体月度付款比例按下表执行,其中标段排名为上一季度对应的WK集团产品质量季度评估区域排名。

标段排名	前20%(含20%)	前20%~80%	后20%(含20%)
当期工程付款系数	85%	80%	75%

4)甲方工程部每周安全文明复检合格率的当月平均值成绩若低于90%(不含90%),则乙方当月工程进度款按照相应应付金额的9折支付。对于此条约定中的相关暂扣款,若乙方经相关整改后周安全文明复检合格率当月平均值达到90%及以上,可由乙方向甲方申请领回。

特别向乙方强调:本章第3)、4)条的约定同时执行。

5)施工中发现不合格项目时,乙方应及时进行整改,同时把整改措施以书面形式报甲方存档备查。不合格项目的整改工作应在当月申请进度款之前完成,并请甲方复查通过,否则相应工程款顺延至下月拨付。不合格项目不计入当月完成工作总量内,即不能申报支付进度款。

6)商业承兑汇票/延期支付/国内信用证支付形式付款时间节点为每个月的前3周,银行转账支付方式付款时间节点为每月19日。

7)乙方应于每月19日前将本月工程进度报表报及监理代表,监理在3个工作日内批复,甲方于本月30日前完成工程费用审核,并根据合同的各项扣款确定应支付的工程进度款,下个月支付工程款。

8)工程进展过程中的设计变更、签证等增减调整费用,乙方按月编制,经甲方审核后的设计变更及签证费用累计超过30万元(包括30万元)时,在当月进度款中支付,每项设计变更或签证的付款数为审核价的80%。

9)完成落架后,工程款拨付累计至核对后正式合同造价及变更签证费用总造价的85%;工程竣工验收,拿到竣工备案证,工程款拨付累计至核对后正式合同造价及变更签证费用总造价的90%,余款待双方完成工程结算终稿审核,在扣除相关责任扣款后,30日内支付至结算款的95%,5%工程保修金的支付详见本合同保修条款的相关约定。

10）本工程进度款支付实行“进度款与施工实体工程质量紧密挂钩”制度，工程实体施工质量不达标的，甲方有权不予支付当月工程进度款，待乙方工程实体施工质量达到本合同约定的标准后再行支付。

律师点评：以上是某房地产公司与施工方签订的施工合同中关于款项支付的约定。以上合同对进度款的支付时间和条件进行了约定，尤其是将施工质量与款项支付比例相挂钩，即“本工程进度款支付实行‘进度款与施工实体工程质量紧密挂钩’制度，工程实体施工质量不达标的，甲方有权不予支付当月工程进度款，待乙方工程实体施工质量达到本合同约定的标准后再行支付”。通过以上约定，可以很好地控制和督促施工方按约定时间和质量施工，否则将无法取得工程进度款。

2. 有利于在发生纠纷时，价款支付方可以对方未达成付款条件进行抗辩，即行使同时履行抗辩权或先履行抗辩权，以规避对方追索违约责任和损失。

如果对款项的支付设定条件，则一旦对方未能达到付款条件，承担支付义务的一方可以行使同时履行抗辩权或先履行抗辩权，以对方履约未达到付款条件为由而拒绝其相应的履行。

（二）如何设定付款条件

1. 先决条件。

所谓先决条件，是指付款应满足的前提条件，在合同中设置付款的先决条件，对于支付款项的一方而言，从风险的防范和督促对方积极履约都有着重要作用，先决条件设置的方法如下：

（1）对于标的存在瑕疵的（如标的被查封或设置了权利负担、抵押质押等）或交易存在事实和法律障碍的，应设定先决条件，要求对方消除瑕疵或交易存在的事实和法律上的障碍，且对消除以上障碍应设定一定的期限以及相应的责任。

如双方交易的标的为房产，该房产在签订合同时被法院查封，买方为了规避风险，应设定付款先决条件如下：出卖人承诺在30日内解除法院查封并取得法院解除查封的裁定，且完成房产管理部门查封的解除，在出卖人按照前述约定解除房屋查封的，买受人在30日内支付首期款人民币10万元；出卖人逾期完成查封的解除的，每逾期1日，按房屋总价万分之三向买受人支付违约金，逾期超过30日的，买受人有权解除合同并有权要求出卖人按合同约定房屋总价的5%支付违约金。

（2）对于满足设定条件的期限必须作出明确约定，且设置相应的违约条款和解除条款,便于在需满足条件但迟迟无法达成时,付款方可以尽快从合同中解脱出来。

条款范例:甲方拟向乙方转让其持有的A公司股权,A公司持有南宁市某路约50亩的地块,地块用途为工业用地,乙方拟通过受让股权的方式取得用地,并在取得用地后通过土地变性的方式,将土地用途变更为商住用地用于房地产开发。A公司此前曾经与丙公司签订合作协议,约定双方合作开发A公司地块,该协议未解除。甲方持有的A公司股权设定了质押登记,质押权人为丁方。基于上述情况,甲方、乙方和A公司三方拟定股权转让协议,有关付款条件约定如下:

3.1 本次股权转让价款为5000万元,股权转让产生的所有税费由甲方、乙方按国家有关规定各自承担。

3.2 款项支付时间

3.2.1 乙方于本协议签订后的10日内支付第一笔股权转让款2000万元,具体支付方式如下:

3.2.1.1 甲方确认截至本协议签订时,其欠付丁方债务总额为人民币2000万元整(该金额甲方需出具丁方确认的确认函或确认书,该确认书需同时载明丁方同意由甲方委托乙方将人民币2000万元支付至丁方指定账户,并承诺,收到人民币2000万元的当日即解除股权质押登记)。

3.2.1.2 甲方向乙方出具委托书,委托乙方将第一笔股权转让款2000万元直接支付至丁方指定账户。

3.2.1.3 乙方根据甲方委托支付第一笔款2000万元至丁方指定账户的,即视为甲方收到该款;甲方应同时办理股权质押登记的注销,并应在5日内完成其股权质押登记的注销,逾期的视为违约,甲方应以2000万元为基数,按每日万分之三支付违约金,逾期超过10日的,乙方有权解除合同,并有权要求甲方在解除当日退还乙方支付的全部款项,并需另行按支付金额的20%支付违约金。

3.3 甲方按照以上约定完成股权质押注销登记后的3日内,应将其持有的A公司50%股权变更过户给乙方,逾期的,以2000万元为基数,按每日万分之三支付违约金,逾期超过10日的,乙方有权解除合同,并有权要求甲方在解除当日退还乙方支付的全部款项,并需另行按支付金额的20%支付违约金。

3.4 乙方按照本协议第3.2.1.1条、第3.2.1.2条和第3.2.1.3条约定支付

款项,甲方应履行完毕以下全部义务:

3.4.1　甲方和A公司应按本协议第4.1条约定的全部义务。

3.4.2　甲方应在【】内解除A公司与丙公司签订的合作合同。甲方应提供A公司与丙公司签订的解除协议,解除该合同所产生的一切责任费用由甲方承担,如由此造成A公司承担责任损失的,乙方可以应付甲方的股权转让款进行抵扣或乙方可以在入股后通过A公司向甲方追偿。

3.4.3　甲方应在【】日内解除A公司与其员工的劳动合同(需解除劳动合同的员工范围由乙方确定)。甲方应提供A公司与员工签订的劳动合同的解除协议,解除劳动合同所产生的一切责任费用由甲方承担,如由此造成A公司承担责任损失的,乙方可以应付甲方的股权转让款进行抵扣或在入股后通过A公司向甲方追偿。

3.4.4　甲方逾期完成以上第3.4.1、3.4.2、3.4.3条约定的任一事项的,甲方均应分别以2000万元为基数,按每日万分之三支付违约金,各事项逾期累计超过20日的,乙方有权解除合同,并有权要求甲方在合同解除当日退还乙方支付的全部款项,并需另行按乙方已经支付给甲方款项总金额的20%支付违约金。

3.5　第二笔款2000万元支付的先决条件:

3.5.1　甲方已经按照第3.2.1.3条完成其持有的A公司股权质押注销登记。

3.5.2　甲方已经按照第3.3条约定将其持有的A公司50%股权变更过户给乙方。

3.5.3　甲方已经按照第3.4条约定履行完毕。

3.5.4　甲方在满足以上第3.5.1、3.5.2、3.5.3、4.1条全部约定后的10日内,乙方支付第二笔股权转让款2000万元给甲方;甲方收到该2000万元后,于5日内将持有的A公司剩余的全部股权转让给乙方并完成工商变更登记;乙方取得A公司全部100%股权(以工商登记为准)后10日内,向甲方付清全部余款1000万元。

4.1　乙方按本协议第3.2.1条支付第一笔款项2000万元后的5日内,甲方和A公司双方应履行如下义务:A公司有关经营管理事宜均移交由乙方全权负责。移交前,甲方、A公司应当配合乙方重新刻制、换领新的A公司的公章、合同专用章、财务专用章、法人印鉴,原公章、合同专用章、财务专用章、法人印鉴当面销毁。

乙方指定人员直接到政府相关单位领取A公司的新公章、新合同专用章、新财务专用章、新法人印鉴。营业执照正副本、组织机构代码、税务登记证;财务账册以及其他公司资料资产等(均为原件)甲方应一并交给乙方或其指定人员管理。各方在《移交清单》(作为本协议附件4)上签字确认。甲方承诺,除移交给乙方在公安部门备案的A公司公章、合同专用章、财务专用章、法人印鉴外,不存在其他任何有A公司名义的印章,否则由此造成的一切责任损失由甲方承担。

律师点评:以上条款,对第二笔股权转让款需满足的先决条件作出了明确约定,所设定的先决条件都与受让方受让股权密切相关,且涉及需要完成的事项都明确规定了完成时间和后果,由此既达到督促转让方积极完成规定义务,又能有效减少第二次付款的风险。

2. 款项的支付必须与对方在约定的时间内完成某项主要或重要义务相关,如约定在支付价款后的一定时间,对方必须完成货物的交付等,如此可以在支付款项后,一旦对方未按约完成该等义务的,可以以此为依据追究对方责任直至解除合同。

条款范例:某房地产公司与某设计公司就项目的规划总图、单体方案、全套施工图、室外综合管线施工图设计签订了设计合同,以下是关于款项支付的约定:

5.3.1 规划总图、单体方案设计,全套施工图设计,室外总平综合管线施工图设计,绿色建筑、可再生能源及海绵城市的设计费用支付进度按下表:

序号	付费次序	占设计费比例	付费金额(万元)	付费时间
1	第一次付费	10%	2.5	签订合同后,以发包人书面通知设计启动后,15个工作日内(预付款)
2	第二次付费	10%	2.5	规划总平、单体方案经发包人审核通过后15个工作日内
3	第三次付费	30%	7.5	配合总平和单体方案通过报建后或发包人发函开展施工图设计后15个工作日内
4	第四次付费	20%	5	设计人提交施工图设计文件(正式蓝图)经发包人审核通过后15个工作日内。但是,如果非设计人原因造成设计人提供电子版后3个月内仍无法出正式施工图蓝图,发包人在设计人提供电子版满3个月后15个工作日内支付该阶段设计费

续表

序号	付费次序	占设计费比例	付费金额（万元）	付费时间
5	第五次付费	10%	2.5	施工图经有资质审图公司审查通过并加盖审图专用章；经审查后的图纸在当地行政主管部门完成备案；发包人取得建设工程施工许可证后15个工作日内
6	第六次付费	10%	2.5	单体土建施工完成至标准层第三层后15个工作日内
7	第七次付费	10%	2.5	单体建筑通过竣工验收备案表完成并盖章后15个工作日内。 余款＝房产局备案的施工图测绘面积结果×单价__元/平方米－已付款总额－可能产生的合同扣款
合计		100%	25	

说明：

1. 设计人完成各阶段设计文件并经发包人确认后，发包人支付设计人各阶段设计费。

2. 室外总平综合管线图不需要施工图审查，该两子项内容的第四次10%进度款支付进度在第三次进度款支付。

3. 本合同履行后，预付款抵作设计费。

4. 每期的设计工作开始时间和设计范围以发包人书面通知为准。

5. 如发包人要求再进行分期设计，按每期的实际建筑面积进行计算设计费，设计费进度款支付和结算按上表比例进行计算。

6. 由于项目特殊性，如发包人要求设计人完成部分施工图设计工作但又未能达到以上支付设计费节点的全部工作，双方根据将要完成的工作量并参考以上支付设计费比例支付每次完成工作的设计费，发包人并按上表约定要求支付给设计人。

律师点评：以上约定条款，对每个付款节点和需要完成的事项均作了明确约定，义务人必须在达到一定节点或者完成某事项后，付款人才有义务支付价款，由此可以督促义务人及时按约履行义务，并通过对付款节点的控制促使义务人尽快履行完毕合同。

在对付款义务需要达到的节点或完成事项进行约定时，最为关键的点在于找准风险点和签订并履行该合同拟完成事项的关键节点。以上述条款为例，设计图纸主要分为方案、初步设计和施工图设计，其中方案图纸需要报政府审批，方案经审批后才能开展下阶段的初步设计和施工图设计，而施工图根据我国法律规定，必须经有资质的第三方审图公司审批通过；设计图经第三方审批通过后用于办理施工许可证,在工程竣工验收后,设计单位还必须配合办理验收并加盖印章,因此设计合同的关键节点包括:方案经政府审批通过,施工图必须经第三方审图公司审批通过,工程竣工验收后配合办理验收手续。当然,各阶段的图纸必须事先经开发商审批同意后才能报批。因此,与设计图纸有关的节点包括:方案经开发商审批并最终通过政府审批;施工图纸必须经第三方审图公司审核通过。以上条款正是根据以上关键节点,相应设置了条款。

相关法律法规:

《建设工程质量管理条例》第16条规定:"建设单位收到建设工程竣工报告后,应当组织设计、施工、工程监理等有关单位进行竣工验收。

建设工程竣工验收应当具备下列条件:

(一)完成建设工程设计和合同约定的各项内容;

(二)有完整的技术档案和施工管理资料;

(三)有工程使用的主要建筑材料、建筑构配件和设备的进场试验报告;

(四)有勘察、设计、施工、工程监理等单位分别签署的质量合格文件;

(五)有施工单位签署的工程保修书。

建设工程经验收合格的,方可交付使用。"

《房屋建筑和市政基础设施工程施工图设计文件审查管理办法》第3条规定:"国家实施施工图设计文件(含勘察文件,以下简称施工图)审查制度。

本办法所称施工图审查,是指施工图审查机构(以下简称审查机构)按照有关法律、法规,对施工图涉及公共利益、公众安全和工程建设强制性标准的内容进行的审查。施工图审查应当坚持先勘察、后设计的原则。

施工图未经审查合格的,不得使用。从事房屋建筑工程、市政基础设施工程施工、监理等活动,以及实施对房屋建筑和市政基础设施工程质量安全监督管理,应当以审查合格的施工图为依据。"

案例:款项的支付应约定相应的条件,一旦发生纠纷,可以对方未达到双方约定付款条件而主张免责或以此追究对方的违约责任

案号:河北省高级人民法院(2018)冀民初141号

一审查明的事实:经审理查明:2017年9月13日,被告美尚公司作为甲方(转让方)、原告天业公司作为乙方(受让方)和张某刚作为丙方签订了《股权转让协议》,主要约定:甲方将燕星公司100%全部股权转让给乙方,乙方受让燕星公司全部股权的目的是取得电子城项目土地,再将该项目土地依法经政府有关部门收储并重新出让后,进行房地产开发。第3条甲方对本项目土地及房产基本情况及权利限制的介绍:(1)项目土地基本情况及权利限制。截至本协议签订之日,项目土地于1999年11月抵押给了邢台县羊苑农村信用合作社,抵押金额476万元,该抵押至今未解除。(2)项目土地上房产基本情况及权利限制。燕星公司取得本项目土地后与栾城方信实业有限责任公司(以下简称方信公司)签订租地协议,将土地出租给方信公司,方信公司在项目土地上建设房屋约4.2万平方米,并以方信公司名义办理了房产证,房产证号:栾房字第××号,房屋建成后出租给诸多商户使用。据甲方介绍方信公司变更为中锦公司。截至本协议签订之日,上述房产权利限制情况如下:①本项目土地上房产办理抵押一笔,抵押权人为邢台县南石门农村信用合作社,抵押金额为8,036,759元,抵押期限为2006年1月7日至2006年11月7日,但该抵押至今未解除;②本项目土地上房产被查封五笔;③本项目土地上房产证被产权中心(现石家庄市不动产统一登记中心)于2010年7月30日冻结。(3)项目土地上房产出租情况:电子城项目土地上房产由方信公司对外出租给商户使用,截至本协议签订之日,尚有约20户租赁合同未解除,未搬迁完毕。(4)除上述之外,如果还有其他与本项目土地及房产有关的纠纷(包含燕星公司、方信公司、中锦公司的纠纷)均由甲方负责解决并承担所有费用。第4条甲方权利义务:甲方承诺燕星公司原系方村村办企业,本项目土地原系方村集体土地,后根据政府政策依法征收后出让给燕星公司,本项目土地权属不存在任何争议或瑕疵;本协议签订后6个月内,甲方负责解决包括但不限于本协议第3条所述内容在内的燕星公司全部债权债务及本项目土地和房产解除查封、解除抵押、解除产权中心冻结等相关问题,将所有商户住户搬迁完毕,将地上建筑物门窗拆除,并清偿所有水电暖燃气费用(上述费用均由甲方承担)。甲方在上述期间内完成上述工作后3日内,通知乙方对地上建筑物进行拆除,如遇阻碍(包括但不限于以债务、产权、租赁、法律纠纷等各种理由)均由甲方负责在3日内解决完毕并承担所有费用支出。第5条股权转让款为6亿元整。①本协议签订后5个工作日内,乙方向甲方账户支付1.5亿元,同时甲方将在丙方名下的燕星公司40%的股权质押给乙方;

甲方收到款后15个工作日内,将裕华区方村村委会持有的燕星公司60%的股权经由工商管理机构全部过户至甲方名下。②上述完成后5个工作日内,乙方向甲乙双方共同开立的共管账户内打入1.5亿元,同时甲方及丙方将质押的燕星公司40%的股权在工商管理机构过户给乙方。乙方接收本项目土地并驻场,乙方可以在本项目土地上根据需要设立围挡。此1.5亿元共管资金用于解决甲方承担的本协议第4条第1款第3项工作,如果资金不足由甲方承担。甲乙双方共同成立联合小组审核该工作的进展情况,根据进展需要,逐步支付给甲方相应款项。③甲方承担的本协议第4条第1款第3项工作完毕20个工作日内,乙方向甲方账户支付3亿元,同时甲方将燕星公司的其余60%股权在工商管理机构过户给乙方或乙方指定第三人名下。甲方将该公司全部印章及公司全部资料、项目土地证书等移交给乙方。第7条违约责任①甲方未能按本协议第4条第1款第3项、第8项约定期限履行义务的,每逾期一天向乙方支付本协议全部价款的3‰违约金;逾期超过10个日历天,乙方有权解除本协议,甲方应将乙方支付的全部款项退回。②甲方未能按本协议第5条约定期限履行义务的,每逾期一天甲方向乙方支付本协议全部价款的3‰违约金;逾期超过10个日历天,乙方有权解除本协议,甲方应将乙方支付的全部款项退回。第9条争议解决。本协议签订后,如因履行本协议发生争议,应友好协商解决,协商不成的向本项目所在地人民法院提起诉讼。

2017年9月20日,被告美尚公司作为甲方(转让方)、原告天业公司作为乙方(受让方)和张某刚作为丙方签订了《股权转让协议补充协议》(以下简称《补充协议》),约定原协议第5条第1款修改为:本协议签订后10个工作日内,乙方向甲方账户支付1.5亿元,同时甲方将在丙方名下的燕星公司20%股权过户给乙方;甲方收到款后15个工作日内,将裕华区方村村委会持有的燕星公司60%的股权经由工商管理机构全部过户至甲方名下;原协议第5条第2款修改为:上述完成后5个工作日内,乙方向甲乙双方共同开立的共管账户内打入1.5亿元,同时甲方及丙方将在丙方名下的燕星公司另外20%的股权在工商管理机构过户给乙方。乙方接收本项目土地并驻场,乙方可以在本项目土地上根据需要设立围挡。此1.5亿元共管资金用于解决甲方承担的本协议第4条第1款第3项工作,如果资金不足由甲方承担。甲乙双方共同成立联合小组审核该工作的进展情况,根据进展需要,逐步支付给甲方相应款项。原协议第6条删除,其他条款继续有效,不作变更。

2017年10月23日被告美尚公司作为甲方、原告天业公司作为乙方与第三人民生银行石家庄分行作为丙方签订了《银行账户监管协议书》,约定:甲、乙双方委托丙方作为监管银行对于股权转协议项下1.5亿元交易价款予以监管;乙方应于2017年10月27日前在丙方开立账户(以下简称监管账户),并在监管账户内存入人民币1.5亿元(大写:壹亿伍仟万元整)。账户名称为原告天业公司。丙方接受甲乙双方的委托,作为监管银行对监管账户内全部本金1.5亿元(不含利息)进行监管,乙方无条件且不可抛销地接受监管。如支取/划转监管账户内资金,需持加盖甲、乙双方预留印鉴的支付凭证到丙方开户行柜台办理。乙方预留印鉴为法人章、财务章,甲方预留印鉴为法人章。本协议项下监管期间自本协议签订之日起,至甲、乙双方书面通知丙方解除监管时终止。

2017年9月21日原告天业公司通过银行转账向被告美尚公司支付1.5亿元。2017年10月26日共管账户存入1.5亿元,第三人民生银行石家庄分行认可该1.5亿元截至开庭之日仍存在共管账户。2017年9月21日被告美尚公司将燕星公司20%的股权过户到原告天业公司名下。2017年10月26日被告美尚公司将燕星公司20%股权过户到原告天业公司名下。

原告天业公司分别于2018年12月3日、2019年10月12日委托河北省石家庄市燕赵公证处对石家庄市翟营南大街658号院内现状进行公证,河北省石家庄市燕赵公证处对现状进行拍照,并将照片予以公证。照片显示仍有商户在经营,房屋门窗未拆除。被告认可该公证书的真实性,主张已有商户退出。

2018年,燕星公司作为原告以石家庄市国土资源局为被告、中锦公司为第三人向裕华区人民法院提起行政诉讼,请求撤销石家庄市国土资源局为中锦公司颁发的栾房字第××号房产证,2018年3月29日,裕华区人民法院作出(2018)冀0108行初3号行政判决书,撤销了栾房字第××号房屋所有权证。河北省石家庄市中级人民法院作出(2018)冀01行终253号行政判决书,维持了一审判决。(2018)冀01行终253号行政判决书同时认为房屋所有权的撤销不影响抵押权的成立及司法机关查封的效力。

法院认定:原告天业公司与被告美尚公司、张某刚签订的《股权转让协议》《补充协议》及原告天业公司、被告美尚公司与第三人民生银行石家庄分行签订的《银行账户监管协议书》,均是当事人真实意思表示,内容不违反法律、行政法规效力性强制性规定,为合法有效,各方当事人均应按照各自签订的协议履行各自的义务。原告天业公司与被告美尚公司双方对原告天业公司已向被告美尚公司支付1.5亿元股权转让款,并将1.5亿元存入共管账户,被告美尚公司已将燕星公司40%股权过户到原告天业公司名下的事实均不持异议,本院予以确认。本案争议的焦点:(1)被告美尚公司是否违约,案涉《股权转让协议》及《补充协议》应否解除;(2)原告天业公司要求被告美尚公司支付违约金2.28亿元的依据,违约金是否过高,应否调整;(3)原告天业公司的其他诉讼请求的依据。

关于第一个焦点问题。依据案涉《股权转让协议》约定,在协议签订后6个月内,被告美尚公司负责解决协议第4条第1款第3项所列的债权债务及项目土地及其上房产的权利负担等问题,将所有商户搬迁完毕,将地上建筑物门窗拆除。但被告美尚公司在期限届满后,并未完成上述工作,已构成违约。被告美尚公司逾期未履行上述合同义务,逾期已远超10个日历天,依据该协议第7条第1款的规定,原告天业公司有权解除《股权转让协议》。《股权转让协议》解除,其《补充协议》亦应解除。原告天业公司所提解除《股权转让协议》《补充协议》的诉请符合合同约定,本院予以支持。被告美尚公司辩称其没有履行第4条第1款第3项所列义务,系因原告天业公司没有准许其使用共管资金所致。虽然协议约定1.5亿元的共管资金用于解决协议第4条第1款第3项工作,但协议同时约定相应款项的支付需要原告天业公司与被告美尚公司共同予以审核。被告美尚公司没有提交证明其已将使用共管资金所需审核资料交付原告天业公司审核的证据,也未提交证明原告天业公司拒付款项对应的工作内容的证据。其在庭审中仅主张原告天业公司拒付130万元动迁费及3000万元土地转让款,但原告天业公司主张上述费用不属于双方约定的共管资金使用的范围,其拒付该费用不构成违约。本院认为,依据《股权转让协议》第4条被告美尚公司作出的承诺,案涉项目土地已在签约前取得,不存在任何争议,故该土地的转让价款不应为双方约定的需要解决的问题,不应属于使用1.5亿元共管资金的范围,被告美尚公司亦未提交证据证明上述130万元动迁费及3000万元土地转让款属于使用1.5亿元共管资金的范围，对其该项抗辩意见，本院不予采信……

律师点评：本案中，原告天业公司是否有权依约解除合同关键在于被告美尚公司是否构成违约以及该违约是否达到了双方约定的解除条件。而判断美尚公司是否构成违约，关键在于双方约定的美尚公司的义务内容以及美尚公司是否提供证据证明其如约履行该等义务。

就本案而言，合同约定了天业公司支付各笔款的时间，同时也约定了美尚公司应履行的义务、需完成的事项以及逾期履行相应的违约责任：

其一，补充协议签订后10个工作日内，天业公司向美尚公司账户支付1.5亿元的同时美尚公司将在张某刚名下的燕星公司20%股权过户给天业公司。

其二，美尚公司收到款后15个工作日内，将裕华区方村村委会持有的燕星公司60%的股权经由工商管理机构全部过户至天业公司名下。

其三，上述完成后5个工作日内，天业公司向原被告双方共同开立的共管账户内打入1.5亿元，同时美尚公司及张某刚将在张某刚名下的燕星公司另外20%股权在工商管理机构过户给乙方。

其四，天业公司向共管账户支付1.5亿元后，美尚公司应向天业公司移交项目土地，即天业公司接收本项目土地并驻场，可以在本项目土地上根据需要设立围挡。此1.5亿元共管资金用于解决美尚公司承担的本协议第4条第1款第3项工作，如果资金不足由天业公司承担。甲乙双方共同成立联合小组审核该工作的进展情况，根据进展需要，逐步支付给甲方相应款项。原协议第6条删除，其他条款继续有效，不作变更。

协议第4条第1款第3项约定工作：本协议签订后1个月内，甲方（美尚公司，下同）负责解决包括但不限于本协议第3条所述内容在内的燕星公司全部债权债务及本项目土地和房产解除查封、解除抵押、解除产权中心冻结等相关问题，将所有商户住户搬迁完毕，将地上建筑物门窗拆除，并清偿所有水电暖燃气费用（上述费用均由甲方承担）。甲方在上述期间内完成上述工作后3日内，通知乙方对地上建筑物进行拆除，如遇阻碍（包括但不限于以债务、产权、租赁、法律纠纷等各种理由）均由甲方负责在3日内解决完毕并承担所有费用支出。

从以上内容不难看出，在天业公司支付每一笔股权后，都规定美尚公司必须在一定期限内应履行的义务和应完成的事项,包括完成股权的转让和变更登记,移交场地,解除查封抵押、将住户搬迁,拆除地上建筑物门窗并清偿水电暖燃气费等。

如美尚公司未能在约定时间内履行义务即构成违约。

同时,以上合同还对未能如约完成各项义务设定了违约责任以及逾期达到一定天数的,天业公司有权据此解除合同,即“第7条:违约责任。(1)甲方未能按本协议第4条第1款第3项、第8项约定期限履行义务的,每逾期一天向乙方支付本协议全部价款的3‰违约金;逾期超过10个日历天,乙方有权解除本协议,甲方应将乙方支付的全部款项退回。(2)甲方未能按本协议第5条约定期限履行义务的,每逾期一天甲方向乙方支付本协议全部价款的3‰违约金;逾期超过10个日历天,乙方有权解除本协议,甲方应将乙方支付的全部款项退回。第9条:争议解决。本协议签订后,如因履行本协议发生争议,应友好协商解决,协商不成的向本项目所在地人民法院提起诉讼”。

正是由于对每笔款支付后约定美尚公司应履行的义务以及逾期产生的责任,并约定逾期达到一定天数,天业公司即有权解除合同,因此在天业公司支付价款后,美尚公司未能如约履行且达到合同解除的逾期天数,天业公司有权解除合同并有权追究美尚公司相应的责任,由于合同约定的较为明确,因此天业公司的诉请最终得到法院支持。

(三)约定价款支付条件常用模式

●模式1:

双方同意,在满足以下全部条件的情况下,甲方向乙方支付款项人民币【】元:

1.

2.

……

乙方逾期满足以上全部付款条件的,每逾期一天,按【】元/天支付违约金,累计逾期达【】天,甲方有权解除合同,并有权要求按合同总价【】%支付违约金,该违约金与前述约定的逾期违约金累加计算。

●模式2:甲方支付款项的先决条件

1.

2.

……

乙方在满足以上全部约定后的(或:乙方按约履行完毕以上全部义务后)【】内,甲方支付【】元给乙方。

四、应对价款的结算条件、结算时间、结算方式进行明确约定

合同如何计价,即如何结算、结算需要达到的条件以及结算时间甚为重要,只有通过结算,才能确定合同实际履行最终的量价,结算完成后才能确定剩余价款的支付时间。涉及结算问题,一般包括结算需要达到何种条件,结算程序如何以及结算的时间。

(一)结算条件

任何合同价款的结算都需要达到一定条件,该条件一般为相对方履行完毕合同全部内容,如建设工程施工合同一般约定,工程竣工验收,且承包方按照发包方和档案管理部门要求收集完毕资料,才能报竣工结算。

条款范例1:竣工结算条款。

住建部颁布的《建设工程设计合同(示范文本)》(GF-2017-2001):

14　竣工结算

14.1　竣工结算申请

除专用合同条款另有约定外,承包人应在工程竣工验收合格后28天内向发包人和监理人提交竣工结算申请单,并提交完整的结算资料,有关竣工结算申请单的资料清单和份数等要求由合同当事人在专用合同条款中约定。

除专用合同条款另有约定外,竣工结算申请单应包括以下内容:

(1)竣工结算合同价格。

(2)发包人已支付承包人的款项。

(3)应扣留的质量保证金。已缴纳履约保证金的或提供其他工程质量担保方式的除外。

(4)发包人应支付承包人的合同价款。

条款范例2:某开发商与施工单位约定的有关竣工结算需要达到的条件。

十九、乙方认为工程具备竣工验收条件后,应于竣工验收前15个日历天向甲

方提供完整的竣工验收所需资料和竣工验收申请。甲方收到申请并认为具备条件后应立即组织初步验收,由甲方、监理、物业管理公司组成初验小组对本工程进行全面验收,初验提出的整改要求全部完成并经初验小组核实后,甲方在3天内批复乙方工程核验申请,乙方协助甲方邀请政府有关部门到场参加验收,并在验收后7个日历天内按整改意见完成整改。

二十、乙方在竣工验收后30个日历天内向甲方移交完整的工程竣工资料、履约保证金清退所需要的资料、竣工图纸四套及相应的电子磁盘资料(含每户水电竣工图,竣工资料及竣工图纸必须准确真实的反映实际施工情况,其中一套用于档案馆存档、一套用于甲方存档、一套用于物业管理处存档),竣工图纸及其电子磁盘资料是由设计单位出具,乙方需协助办理,因乙方原因每延迟1个日历天,乙方支付甲方违约金1万元;属于甲方应提供的资料由甲方负责及时提供给乙方,由乙方汇总整理后移交档案馆。按竣工验收证书之发出而须支付的款项须在提交上述图纸及资料后才会支付,不论在本合同内是否另有规定。

二十一、乙方应积极配合甲方办理节能、人防、燃气、消防、电梯专项验收合格证明、竣工验收报告、竣工验收备案表等手续,协助甲方在竣工日之后15个日历天内取得南宁市城乡建设委员会为本工程颁发的《工程竣工验收备案表》,否则应支付违约金,每迟延一天,支付违约金1万元。

二十二、乙方应在竣工后10个日历天内撤出全部临建、施工人员、机械设备和剩余材料(除整改与收尾工程所需的以外),在通过甲方组织并由政府参与的验收及全部问题整改后填写工程移交书,经甲方及物业公司签字后,视为工程移交完毕;乙方逾期未向甲方移交完毕,造成甲方向业主交楼时间延误的,乙方除按每日支付1万元违约金外,还需承担因逾期交楼造成的业主向甲方索赔的责任和损失。

二十三、工程在未移交甲方之前,乙方负责维护,如甲方提前使用,因该使用损坏发生的修理费用由甲方承担。

二十四、因特殊原因,部分单位工程甩项竣工时,双方协商订立甩项竣工协议,明确各方责任,计费原则按本合同约定执行。

二十五、工程完工验收并达到本合同验收要求的,乙方不得因经济纠纷而拒绝交付本工程。

二十六、工程完工验收合格后,双方须进行移交手续,分期竣工的工程,每一期工程须个别验收及移交。任何一方均不得无理拒收或不交。乙方应同时从相关的工程范围中撤离。

二十七、乙方在任何一期工程竣工验收合格后,无故不移交,并使甲方因此造成经济损失的,乙方须负责赔偿甲方全部损失。

二十八、甲方在任何一期工程完工并验收合格后,无故拒绝乙方的移交,并使乙方因此造成经济损失的,甲方须负责赔偿乙方全部损失。

(二)结算时间

关于结算时间条款主要包括:达到结算条件,要求结算一方递交结算申请、资料的时间以及相对方对结算进行审核以及逾期审核的后果。

结算条件一般都以一方完成全部合同工作内容为前提,如工程经竣工验收,货物供应完成并经买受人验收等。

结算时间为合同一方履行完毕合同全部内容并提供双方约定的结算资料文件的时间,也包括另一方接收文件审核的时间,有的合同为了督促申报结算方尽快报结算,往往约定一定的违约责任,如逾期报结算,每一天按照一定比例计付违约金等。

付款方收到结算资料后,一般需要在一定时间内进行审核并作出答复,有的合同约定逾期答复的,视为认可申请方提出的结算全部条件和金额,有的则约定需支付一定比例的违约金。如《建设工程解释一》第21条规定:"当事人约定,发包人收到竣工结算文件后,在约定期限内不予答复,视为认可竣工结算文件的,按照约定处理。承包人请求按照竣工结算文件结算工程价款的,人民法院应予支持。"

有的合同为了限制相关人员在结算文件签字而可能被认定对结算文件认可,往往还约定结算金额确认的方式(如约定必须以发包方加盖公章作为确认结算文件的唯一形式,除此以外其他任何人均无权对结算文件进行确认等)。

条款范例1:住建部颁布的《建设工程施工合同(示范文本)》(GF-2017-0201):

14.2 竣工结算审核

(1)除专用合同条款另有约定外,监理人应在收到竣工结算申请单后14天内完成核查并报送发包人。发包人应在收到监理人提交的经审核的竣工结算申请单后14天内完成审批,并由监理人向承包人签发经发包人签认的竣工付款证书。监理人或发包人对竣工结算申请单有异议的,有权要求承包人进行修正和提供补充资料,承包人应提交修正后的竣工结算申请单。

发包人在收到承包人提交竣工结算申请书后28天内未完成审批且未提出异议的,视为发包人认可承包人提交的竣工结算申请单,并自发包人收到承包人提交的竣工结算申请单后第29天起视为已签发竣工付款证书。

(2)除专用合同条款另有约定外,发包人应在签发竣工付款证书后的14天内,完成对承包人的竣工付款。发包人逾期支付的,按照中国人民银行发布的同期同类贷款基准利率支付违约金;逾期支付超过56天的,按照中国人民银行发布的同期同类贷款基准利率的两倍支付违约金。

(3)承包人对发包人签认的竣工付款证书有异议的,对于有异议部分应在收到发包人签认的竣工付款证书后7天内提出异议,并由合同当事人按照专用合同条款约定的方式和程序进行复核,或按照第20条〔争议解决〕约定处理。对于无异议部分,发包人应签发临时竣工付款证书,并按本款第(2)项完成付款。承包人逾期未提出异议的,视为认可发包人的审批结果。

律师点评:以上条款对发包人审核竣工结算资料的时间作出了规定,尤其是规定发包人在收到承包人提交的结算文件后必须在一定时间内审核并提出意见,否则其法律后果视为认可承包人提出的结算申请单,即发包人"收到承包人提交竣工结算申请书后28天内未完成审批且未提出异议的,视为发包人认可承包人提交的竣工结算申请单,并自发包人收到承包人提交的竣工结算申请单后第29天起视为已签发竣工付款证书"。

条款范例2:承包人办理结算应具备的条件以及逾期提交结算报告的责任。

33.2.在通过全部工程竣工验收和配合发包人全面工程验收并办理工程交接手续、办完竣工资料移交手续(含全部工程应交城建档案馆的资料,且经市城建档案馆验收合格后),发包人、承包人双方进行工程结算,发包人收到承包人递交的完整竣工结算资料(含此后提供的补充资料)后90日内完成初审,通过对数后,双方签字确认对数结果。结算审核完毕后,签订终审结算书,办理结算手续。承包人在接到发包人发出的终审结算书15天内不答复或者未提出异议的,即按照发包人提出的终审结算书结算。

承包人未按合同约定及发包人要求的时间内提交结算资料且经书面通知后仍

不提交结算资料的，按照发包人提出的结算造价予以结算，或者不来与发包人对数或对数后不签字，以及对发包人提出的终审结算书不予回复或不在限定期限内提异议，经发包人书面通知后仍无改变的，均按照发包人提出的结算造价予以结算。

（三）结算方式

结算方式是指具体如何办理结算，换言之，即以何种资料作为结算的依据，由哪一方进行结算等。

条款范例：某 PPP 合同中关于项目实施机构（条款中的甲方）与项目公司（条款中的乙方）之间有关工程结算的约定。

34.3　项目竣工财务决算的审计

对于乙方编报的项目竣工财务决算，须经过政府审计并出具报告，报告出具后应及时交市财政局批复。本项目建设工程竣工实际完成的投资金额及建设工程造价应当以按照有关部门依《基本建设项目竣工财务决算管理暂行办法》进行审计（核）、批复后项目竣工财务决算为准。项目竣工财务决算的审计依据见第35.2.3款。

35.2.1　审计监管范围

除第 34.3 款所约定的项目竣工财务决算审计外，甲方还有权委托政府审计机构或有专业能力的社会中介机构对项目建设行为进行开工前审计、在建审计、结算审计及全过程跟踪审计，审计的内容包括投资立项审计、设计（勘察）管理审计、招投标审计、合同管理审计、建设项目资金审计（包括资金的筹集、来源、到位与使用情况）、工程管理审计、工程监理审计、工程造价审计、建设项目物资审计、项目建设及概预算执行情况审计、交付使用资产情况审计、工程结算审计、尾工工程审计（如有）、基金收入审计、结余资金审计等费用由甲方自理。

35.2.2　审计方法

相关审计人员有权通过审查会计凭证、会计账簿、财务会计报告，查阅与审计事项有关的文件、资料，检查现金、实物、有价证券，到施工现场进行实地调查，对相关工程进行随机抽样、定点开挖，向有关单位和个人调查等方式进行审计。

甲方和乙方均有义务配合、支持、协助相关审计工作，应当如实向审计人员反映情况，提供有关证明材料。

35.2.3 审计依据

审计活动及报告适用的规定和办法包括但不限于:

(1)由乙方提供的经相关部门审查备案的项目文件和专业工程深化设计文件。

(2)由乙方组织、各方参加的施工图纸会审纪要。

(3)经政府方批准的施工方案和施工组织设计、材料设备选择范围确认文件等其他有关文件。

(4)《建设工程工程量清单计价规范》(GB 50500-2013)、《〈建设工程工程量清单计价规范〉广西壮族自治区实施细则》(GB 50500-2013)、《〈建设工程工程量计算规范〉广西壮族自治区实施细则(修订版)》(GB 50854~50862-2013)、2013年《广西壮族自治区建筑装饰装修工程消耗量定额》、2020年《广西壮族自治区安装工程消耗量定额》、2014年《广西壮族自治区市政工程消耗量定额》及配套费用定额、《关于调整建设工程定额人工费及有关费率的通知》(桂建标〔2015〕5号)、《关于建筑业实施营业税改征增值税后广西壮族自治区建设工程计价依据调整的通知》(桂建标〔2016〕17号)、《崇左市政府性投资基本建设项目管理办法》(崇政办发〔2017〕54号)、《某市政府性投资基本建设项目管理办法(2017年修订)》(凭政办发〔2017〕33号)及现行有关配套费率、人工和机械台班费调整规定。上述文件如有更新,按最新文件执行。

(5)材料价格按本工程主体施工期间的《崇左市建设工程造价信息》信息价的平均值计取,信息价缺项时,按市场询价计取。

(6)因甲方原因导致设计变更、增加建设内容时,有定额的套定额,新增建设工程费用计算方法:有定额的套定额,主要材料价格参照施工期间《崇左建设工程造价信息》的信息价执行,以最终结算审计结果为准。

最终丁方回报计算基数依据见第13.5款以审计部门根据工作职能及计划安排对本项目进行评审,经市财政局批复的竣工决算后经财政局审批通过的项目建设总投资-建设期利息-政府方负责前期投入总额-竣工决算审批通过前政府建设补助资金(如有)得出计算基数,并结合丁方投标报价的运营维护总成本、项目内部收益率等关键数据,确定乙方每年可行性缺口补助数额。

但乙方有权提出异议,具体按13.1.2之⑦的最后一段执行。

36.2.4 审计活动不应当影响乙方正常的生产经营活动,否则导致的工期延误,费用增加等由甲方负责。

律师点评:以上是 PPP 合同中,建设单位与项目公司之间如何办理结算的约定,双方约定以经市财政局批复的审计结论作为结算依据,“本项目建设工程竣工实际完成的投资金额及建设工程造价应当以按照有关部门依《基本建设项目竣工财务决算管理暂行办法》进行审计(核)、批复后项目竣工财务决算为准”。

案例:关于结算主体在实务中的争议案例

再审申请人中铁十九局集团有限公司(以下简称中铁十九局)与被申请人重庆建工集团股份有限公司(以下简称重庆建工集团)建设工程合同纠纷案

案号:最高人民法院(2012)民提字第 205 号

案情简介

重庆市第一中级人民法院(以下简称重庆一中院)一审查明:2003 年 8 月 22 日,重庆金凯实业股份有限公司(以下简称金凯公司)作为重庆市北部新区经开园金山大道西延段建设项目业主单位和监管单位,与重庆建工集团签订《金山大道西延段道路工程建设工程施工合同》,将金山大道西延段道路工程发包给重庆建工集团承包。中铁十九局经金凯公司确认为岚峰隧道工程分包商,并于 2003 年 11 月 17 日与重庆建工集团签订《单项工程项目承包合同》(以下简称分包合同),主要约定,重庆建工集团将金山大道西延段岚峰隧道工程分包给中铁十九局,合同价暂定 80,000,000 元(最终结算价按照业主审计为准);第 6 条资金管理 6.2 约定:工程竣工经综合验收合格,结算经审计部门审核确定后,扣除工程保修金,剩余工程尾款的支付,双方另行签订补充协议明确;合同对工程内容、承包结算等内容进行了具体约定。之后,中铁十九局按照合同约定施工。

2003 年 12 月,金凯公司改制,重庆市北部新区经开园金山大道西延段项目业主变更为重庆市经开区土地储备整治中心,即现重庆市北部新区土地储备整治中心(以下简称土储中心)。2005 年,金山大道更名为金渝大道。

2005 年 9 月 8 日,金山大道西延段道路工程竣工,同年 12 月通过验收并于 2006 年 2 月 6 日取得《重庆市建设工程竣工验收备案登记证》(建竣备字〔2006〕024 号)。之后,出于为该路段工程岚峰隧道、花沟隧道部分竣工结算提供价值依据的目的,重庆市经开区监察审计局(以下简称经开区监审局)委托重庆西恒招标代理公司(以下简称西恒公司)对上述工程进行竣工结算审核。2006年8月10日,西恒公司出具《基本建设工程结算审核报告》(以下简称审核报告),载明岚峰隧道造价为114,281,365.38元(包含岚峰隧道内人行道面层费用28,569.53元,非本案诉争工程范围)。以该审核报告为基础,重庆建工集团与中铁十九局于2007年12月5日对中铁十九局分包的工程进行结算,确认中铁十九局图纸范围内结算金额为114,252,795.85元,扣除各项费用后,分包结算金额为102,393,794元(税金等费用由财务部门按规定收取)。至一审起诉前,重庆建工集团累计已向中铁十九局支付涉案工程的工程款98,120,156.63元。

2008年10月9日至11月21日,重庆市审计局以土储中心为被审计单位,对金渝大道(原金山大道)道路工程竣工决算进行审计,并出具渝审报〔2008〕142号审计报告,审定土储中心应核减该工程竣工结算价款15,481,440.93元,其中本案所涉的岚峰隧道工程在送审金额114,252,795.85元的基础上审减8,168,328.52元。同年12月24日,重庆市审计局以《关于北部新区经开园金渝大道道路工程竣工决算的审计决定》(渝审决〔2008〕111号),责令土储中心核减该工程结算价款15,481,440.93元,调整有关账目,并要求土储中心在2009年3月20日前执行完毕。

2009年2月9日,土储中心向重庆建工集团发出《关于执行重庆市审计局对金渝大道(原金山大道)工程竣工决算审计决定的函》(渝新土储函〔2009〕5号),要求其按照重庆市审计局复议结果,将审减金额在3月1日前退还土储中心。重庆建工集团已经扣还部分款项。

2010年9月1日,重庆建工集团向重庆一中院起诉称,根据重庆市审计局对金山大道西延段项目的审计,对中铁十九局完成工程的价款审减8,168,328.52元,扣除双方约定的费用,实际分包结算金额应为94,878,931.76元(含重庆建工集团应退的管理费)。重庆建工集团在上述审计前已累计向中铁十九局支付工程款98,120,156.63元,多支付了工程款3,241,224.87元,故请求:(1)中铁十九局立即返还重庆建工集团多支付的工程款3,241,224.87元;(2)本案诉讼费用由中铁十九局承担。

本案争议的焦点主要是案涉工程结算依据的认定,即西恒公司是否符合双方合同约定的审计单位以及案涉工程结算应按照双方 2007 年 12 月 5 日确认的金额还是按照重庆市审计局审计报告的审定金额进行。根据《审计法》以及《重庆市国家建设项目审计办法》的相关规定,案涉工程为重庆市市级重点建设项目,应当由重庆市审计局对其竣工决算进行审计。经开区监审局作为经开区的内部审计机构,并非国家审计机关,无权代表国家行使审计监督的权力。本案双方当事人在分包合同中对合同价款的约定,并未明确该审计是指被审计单位的内部审计还是国家审计机关的审计,不能推断双方当事人之间约定的审计就是指内部审计。本案中,西恒公司受经开区监审局的委托作出的审核报告系以该公司名义出具,即使经开区监审局认可该审核结果,也不能据此认定该审核报告具有内部审计结论和决定的性质。经开区监审局既非法律规定对案涉工程具有审计管辖权的国家审计机关,西恒公司出具的审核报告亦非审计结果,中铁十九局主张经开区监审局是本案适格审计主体,西恒公司是符合双方合同约定的审计单位,理由不成立。因案涉工程的审计管辖权属重庆市审计局,故该局对案涉工程竣工决算审计是依法行使国家审计监督权的行为,不存在重复审计,其作出的审计决定具有一定的强制性,被审计单位及有关协助执行部门或单位应当主动自觉予以执行或协助执行。虽然审计是国家对建设单位的一种行政监督,其本身并不影响民事主体之间的合同效力,但是本案双方当事人"最终结算价按业主审计为准"的约定,实际上是将有审计权限的审计机关对业主单位的审计结果作为双方结算的最终依据。结合土储中心要求重庆建工集团按照重庆市审计局的复议结果退还审减金额的事实,证明业主最终认可并执行的是重庆市审计局审计报告审定的金额。根据本案中双方当事人的合同约定,以及我国对政府投资和以政府投资为主的建设项目预算管理的相关规定,结合案涉工程的具体情况,经开区监审局委托西恒公司作出的审核报告仅是对案涉工程的结算提供阶段性的依据,而本案双方当事人根据该审核报告确认涉案工程总价为 102,393,794 元,重庆建工集团亦按照上述结算支付部分款项等行为,仅是诉争工程结算过程中的阶段性行为,不能以此对抗本案双方当事人之间关于工程结算的合同约定以及审计监督的相关法律法规。因此,中铁十九局诉请重庆建工集团按照双方 2007 年 12 月 5 日进行的结算支付尚欠工程款并支付利息的请求,理由不成立,该院不予支持。重庆建工集团诉请中铁十九局返还多支付的工程款,于法有据,该院予以支持。

重庆一中院根据《民法通则》第4条、第92条之规定,判决:(1)中铁十九局于判决生效后10日内返还重庆建工集团多支付的工程款3,130,595元;(2)驳回重庆建工集团的其他诉讼请求;(3)驳回中铁十九局的反诉请求。案件本诉受理费32,729.80元,由重庆建工集团负担1117.80元,由中铁十九局负担31,612元;反诉受理费20,495元,由中铁十九局负担。

中铁十九局对一审判决不服,提起上诉,二审维持一审判决。

中铁十九局对二审判决不服,向本院申请再审称,中铁十九局与重庆建工集团签订的结算协议是双方当事人真实意思表示,内容不违反国家法律,为合法有效。根据《合同法》及相关司法解释的规定,国家审计不能否定当事人之间已经签订的结算协议。一审、二审均未判决撤销结算协议或认定结算协议无效,重庆建工集团也未提出要求撤销结算协议或确认结算协议无效的诉讼请求。因此,以重庆市审计局的审计报告否定结算协议效力,缺乏事实和法律依据。结算协议在法律上的效力与分包合同相同,一审、二审判决以对分包合同约定的理解来否定结算协议没有法律依据。一审、二审判决将西恒公司的社会审计混淆为经开区监审局的内部审计,属于基本概念错误,以经开区监审局违反审计管辖原则、内部审计无效等理由变相认定结算协议无效的做法,是违反合同法规定的当事人自愿原则的。国家审计不能否定社会审计的效力,本案双方当事人没有约定国家审计,社会审计也不属于内部审计,不存在所谓审计管辖权的问题。故请求:(1)撤销重庆市高级人民法院(2012)渝高法民终字第00006号民事判决和重庆一中院(2010)渝一中法民初字第425号民事判决;(2)驳回重庆建工集团的全部诉讼请求;(3)改判重庆建工集团向中铁十九局支付拖欠工程款4,273,637.37元并按中国人民银行同期贷款利率支付自2009年6月6日起至实际给付之日止的利息。

裁判要点

1. 关于分包合同是否约定了案涉工程应以国家审计机关的审计结论作为结算依据的问题。本院认为,分包合同中对合同最终结算价约定按照业主审计为准,系因该合同属于分包合同,其工程量与工程款的最终确定,需依赖合同之外的第三人即业主的最终确认。因此,对该约定的理解,应解释为工程最终结算价须通过专业的审查途径或方式,确定结算工程款的真实合理性,该结果须经业主认可,而不应解释为须在业主接受国家审计机关审计后,依据审计结果进行结算。根据《审计法》的规定,国家审计机关的审计系对工程建设单位的一种行政监督行为,审计人与被审计人之间因国家审计发生的法律关系与本案当事人之间的民事法律关系性质不同。因此,在民事合同中,当事人对接受行政审计作为确定民事法律关系依据的约定,应当具体明确,而不能通过解释推定的方式,认为合同签订时,当事人已经同意接受国家机关的审计行为对民事法律关系的介入。因此,重庆建工集团所持分包合同约定了以国家审计机关的审计结论作为结算依据的主张,缺乏事实和法律依据,本院不予采信。

2. 虽然本案审理中,双方当事人对西恒公司出具的审核报告是否就是双方在分包合同中约定的业主审计存在争议,但该审核报告已经得到了案涉工程业主和本案双方当事人的认可,重庆建工集团与中铁十九局又在审核报告的基础上签订了结算协议并已实际履行。因此,即使西恒公司的审核报告与双方当事人签订分包合同时约定的业主审计存在差异,但根据《合同法》第77条第1款的规定,双方当事人签订结算协议并实际履行的行为,亦可视为对分包合同约定的原结算方式的变更,该变更对双方当事人具有法律拘束力。在双方当事人已经通过结算协议确认了工程结算价款并已基本履行完毕的情况下,国家审计机关作出的审计报告,不影响双方结算协议的效力。

律师点评:

1. 意思自治原则是私法领域的精髓,应该在实务中得到倡导和执行;司法审判应该充分尊重当事人意思自治。

(1)意思自治原则是民法最基本的原则之一,是和谐社会秩序的细胞。

《民法典》第5条规定:"民事主体从事民事活动,应当遵循自愿原则,按照自己的意思设立、变更、终止民事法律关系。"

私法和公法的最主要区别在于,私法领域贯彻的是"法不禁止即自由",而公法领域,公权力的行使、行使的程序必须依据明确的法律规定,法律没有规定的,不得擅自行使公权力。

在民事活动中,民事主体结合自身情况,经过审慎思考后,决议并实际开展某一民事活动,其希望通过该民事活动取得预期的效果。而民事领域正是由这千万个具体的民事活动组成,这千万个具体的民事活动构成了相对应的千万个有序的秩序,这些有序的秩序之间并行不悖,最终构成了民事领域独有的秩序。国家只有尊重这些秩序,并对这些秩序赋予强制执行力,才使得每个参与民事活动的主体对自己行为有所预期,如此才能鼓励民事主体大胆的参与和实施民事活动,才能最终从根本上促进社会的发展。

(2)应在司法实务中倡导和贯彻意思自治,让意思自治这一古老的私法理念深入人心。

①意思自治从古至今始终是民法的核心理念和原则之一。“民法的自治理念源于罗马法,这一理念与作为近代民法之里程碑的《法国民法典》编撰时所奉行的个人本位思想相一致,从而成为法国民法上最为重要的基本原则,也成为自由资本主义时期各国民法制度赖以建立的最为重要的基石。在18世纪末到20世纪初长达百余年的时期内,被奉为神圣的、不可动摇的法律准则,对包括民法在内的全部司法规则产生了根本性的影响。”①

②尊重个人意思自治,尊重契约自由,是民法的基石。而意思自治原则要得到贯彻落实,前提是意思自治、个人自由等意识深入人心,渗透到每一个个体、执政者、立法者、执法者、审判人员的内心和意识,如此才能使意思自治这一古老的原则在现实中得到彻底的尊重、遵守和执行,才能使公权力在根本上得到限制,最终实现个人的权利和自由。

2. 意思自治原则在审判实务中,要求裁判者尊重双方订立的合同,在对合同条款存在争议时,探寻当事人的真实意思表示进行解释;不得随意认定合同无效,不得对经双方商定的合同不予执行。

(1)对合同争议条款,审判人员只能探寻当事人真实意思表示,不得随意限制或扩大解释,不得以法律法规的规定强行作为当事人合同的内容。

《民法典》第466条规定:“当事人对合同条款的理解有争议的,应当依据本法第一百四十二条第一款的规定,确定争议条款的含义。合同文本采用两种以上文字订立并约定具有同等效力的,对各文本使用的词句推定具有相同含义。各文本

---

① 尹田:《民法典总则之理论与立法研究》,法律出版社2018年版,第133页。

使用的词句不一致的,应当根据合同的相关条款、性质、目的以及诚信原则等予以解释。”上述规定是对合同条款存在争议解释时应如何解释的规定,从该规定不难看出,解释合同条款的最终目的是探寻当事人的真实意思表示,审判人员在审理案件过程中,对于存在争议的合同条款,必须通过条款所使用的词句、合同目的、交易习惯以及诚实信用原则进行综合评判,探寻双方真实意思表示,不应对条款以审判人员主观臆断,随意扩大或进行限制性解释,否则将直接侵害双方合同利益,违反意思自治原则。

以本案一审、二审为例,一审、二审法官在认定中铁十九局与重庆建工集团签订的建设工程合同约定的“最终结算价按照业主审计为准”时,主观臆断的认为,这里的审计必须是“最终认可并执行的是重庆市审计局审计报告审定的金额”,此种认定显然超出了双方签订合同的本意,因为如果确实是以重庆市审计局审计结果为准,至少双方应予以明确约定,相反,双方在建设工程施工合同中只是约定以“业主审计为准”,至于业主通过何种方式审计确认,双方并未约定,换言之,只要业主进行了审计并对审计结果确认即可。

一审、二审法院在对条款解释时,以自己的主观臆断代替了双方真实意思表示,违反了基本的意思自治原则,显然是错误的。

(2)法院不得随意认定合同无效;对于有效的合同,应维护其法律效力。

以本案为例,重庆市经开区监察审计局(以下简称经开区监审局)委托重庆西恒招标代理公司(以下简称西恒公司)对上述工程进行竣工结算审核并出具《基本建设工程结算审核报告》后,重庆建工集团与中铁十九局以该审核报告为基础,于2007 年 12 月 5 日对中铁十九局分包的工程进行结算,确认中铁十九局图纸范围内结算金额为 114, 252, 795. 85 元,扣除各项费用后,分包结算金额为 102, 393, 794 元(税金等费用由财务部门按规定收取)。双方确认的结算,本质上系对已完工程实际造价的确认,系一个对造价确认的合法有效的合同,既然是合同,根据《合同法》第 8 条的规定,“依法成立的合同,对当事人具有法律约束力。当事人应当按照约定履行自己的义务,不得擅自变更或者解除合同。依法成立的合同,受法律保护”。

由于合同具有约束力,除非一方举证证明结算书存在《合同法》第 52 条(《民法典》第 153 条规定了民事法律行为无效的情形)所规定的无效情形或者存在可撤销情形,否则就应该维护其法律效力,不得以任何理由不予执行。而本案中,就算是双方对所谓的“审计”存在争议,但最终双方亦达成了结算协议,一审、二审法院在没有任何证据证明该结算存在无效或可撤销情形,竟然认为结算书无法“对抗本案双方当事人之间关于工程结算的合同约定以及审计监督的相关法律法规。因此,中铁十九局诉请重庆建工集团按照双方 2007 年 12 月 5 日进行的结算支付尚欠工程款并支付利息的请求,理由不成立,该院不予支持”。

此种认定显然违反了基本的合同具有法律效力的原则,且违反了基本的意思自治原则,完全属于审判权对当事人意思自治的不当干涉和对当事人合同权利的侵犯。如《建设工程解释一》第 29 条规定:“当事人在诉讼前已经对建设工程价款结算达成协议,诉讼中一方当事人申请对工程造价进行鉴定的,人民法院不予准许。”

在本案再审过程中,最高人民法院认为,“结合结算协议的签订和实际履行情况,本院认为,虽然本案审理中,双方当事人对西恒公司出具的审核报告是否就是双方在分包合同中约定的业主审计存在争议,但该审核报告已经得到了案涉工程业主和本案双方当事人的认可,重庆建工集团与中铁十九局又在审核报告的基础上签订了结算协议并已实际履行。因此,即使西恒公司的审核报告与双方当事人签订分包合同时约定的业主审计存在差异,但根据《中华人民共和国合同法》第七十七条第一款的规定,双方当事人签订结算协议并实际履行的行为,亦可视为对分包合同约定的原结算方式的变更,该变更对双方当事人具有法律拘束力。在双方当事人已经通过结算协议确认了工程结算价款并已基本履行完毕的情况下,国家审计机关作出的审计报告,不影响双方结算协议的效力。现重庆建工集团提出不按结算协议的约定履行,但未举出相应证据证明该协议存在效力瑕疵,故本院对其主张不予支持;中铁十九局依据上述结算协议要求重庆建工集团支付欠付工程款,具有事实和法律依据,本院予以支持”。

(3)从以上案件不难看出,如果双方拟以第三方审计作为结算的依据,则必须对双方彼此之间结算的效力、双方之间结算结果与第三方审计之间的效力如何确定、第三方审计单位的名称、第三方办理结算的效力作出明确约定,否则将难以得到法院支持。

(4)对于合同约定需经第三方审计的,必须具体明确,所谓的具体明确是指:

①明确具体的第三方单位,且该单位必须真实存在;

②必须明确第三方单位审计的效力,即该审计结果是作为双方最终结算造价的依据还是作为初步证据,对双方是否具有约束力。

《建设工程解释一》第 29 条规定:“当事人在诉讼前已经对建设工程价款结算达成协议,诉讼中一方当事人申请对工程造价进行鉴定的,人民法院不予准许。”

第 30 条规定:“当事人在诉讼前共同委托有关机构、人员对建设工程造价出具咨询意见,诉讼中一方当事人不认可该咨询意见申请鉴定的,人民法院应予准许,但双方当事人明确表示受该咨询意见约束的除外。”

关于第三方审计的条款只有做到具体明确,才有可能在发生纠纷时得到法院支持。以本案为例,由于分包合同仅约定合同最终结算价按照业主审计为准,并未约定具体审计单位及效力,因此无法从该约定中得出“在业主接受国家审计机关审计后,依据审计结果进行结算”的结论。

最高人民法院有关答复意见也作了类似论述。2001 年 4 月,最高人民法院《关于建设工程承包合同案件中双方当事人已确认的工程决算价款与审计部门审计的工程决算价款不一致时如何适用法律问题的电话答复意见》(〔2001〕民一他字第 2 号)中明确:“河南省高级人民法院:你院‘关于建设工程承包合同案件中双方当事人已确认的工程决算价款与审计部门审计的工程决算价款不一致时如何适用法律问题的请示’收悉。经研究认为,审计是国家对建设单位的一种行政监督,不影响建设单位与承建单位的合同效力。建设工程承包合同案件应以当事人的约定作为法院判决的依据。只有在合同明确约定以审计结论作为结算依据或者合同约定不明确、合同约定无效的情况下,才能将审计结论作为判决的依据。”

五、必须招投标合同中价款约定应注意的事项

(一)招标人与中标人不得订立实质性背离招投标文件的合同

《招标投标法》第 46 条规定:“招标人和中标人应当自中标通知书发出之日起三十日内,按照招标文件和中标人的投标文件订立书面合同。招标人和中标人不得再行订立背离合同实质性内容的其他协议。招标文件要求中标人提交履约保证金的,中标人应当提交。”

根据以上规定,通过招标投标订立的合同,不得实质性背离招投标文件。至于

何为实质性背离,《招标投标法实施条例》第57条第1款规定:“招标人和中标人应当依照招标投标法和本条例的规定签订书面合同,合同的标的、价款、质量、履行期限等主要条款应当与招标文件和中标人的投标文件的内容一致。招标人和中标人不得再行订立背离合同实质性内容的其他协议。”

《八民纪要》第31条规定:“招标人和中标人另行签订改变工期、工程价款、工程项目性质等影响中标结果实质性内容的协议,导致合同双方当事人就实质性内容享有的权利义务发生较大变化的,应认定为变更中标合同实质性内容。”

《建设工程解释一》第2条规定:“招标人和中标人另行签订的建设工程施工合同约定的工程范围、建设工期、工程质量、工程价款等实质性内容,与中标合同不一致,一方当事人请求按照中标合同确定权利义务的,人民法院应予支持。招标人和中标人在中标合同之外就明显高于市场价格购买承建房产、无偿建设住房配套设施、让利、向建设单位捐赠财物等另行签订合同,变相降低工程价款,一方当事人以该合同背离中标合同实质性内容为由请求确认无效的,人民法院应予支持。”

(二)订立实质性背离招投标文件的合同条款将可能被认定为无效

案例:订立实质性背离招投标文件的合同条款将可能被认定为无效

洛阳宝安房地产开发有限公司与洛阳市技改建安工程有限公司建设工程施工合同纠纷申请再审案

案号:最高人民法院(2012)民申字第1539号

最高人民法院认为:关于二审判决适用法律是否确有错误问题。

1.2004年2月9日的《建设工程施工合同文本》是否违反法律强制性规定。宝安公司主张在投标过程中存在投标人与招标人相互串通的情形,根据《招标投标法》第53条的规定,该合同应为无效。但宝安公司对其主张的情形并未举证证明,且在案涉工程结束前,宝安公司一直未进行过该项主张。因此,宝安公司的该项申请再审理由不成立。

2.本案是否应当以2004年2月9日的《建设工程施工合同文本》作为工程价款的结算依据。《招标投标法》第46条第1款规定:“招标人和中标人应当自中标通知书发出之日起三十日内,按照招标文件和中标人的投标文件订立书面合同。招标人和中标人不得再行订立背离合同实质性内容的其他协议。”最高人民法院《关于审理建设工程施工合同纠纷案件适用法律问题的解释》第21条规定:“当事人就同一建设工程另行订立的建设工程施工合同与经过备案的中标合同实质性内容不一致的,应当以备案的中标合同作为结算工程价款的根据。”上述法律和司法解释中的规定是为了维护建筑市场公平竞争秩序,防止当事人通过签订“黑白合同”作为不正当竞争的手段,损害国家、社会公共利益和个人利益。本案当事人另行订立的合同,即2003年12月9日的《建设工程施工合同文本》,虽然是当事人真实意思表示,也签订在中标合同之前,在中标合同之后还进行了重新确认和补充,但其合同形式不合法,不论其是否被实际履行,均不产生变更经过备案的2004年2月9日《建设工程施工合同文本》的法律效力。当事人签订中标合同后,经双方协商一致,可以变更合同内容,但应当及时到有关部门备案,如果未到有关部门备案,就不能成为结算的依据。因此,二审判决认定案涉工程以2004年2月9日的《建设工程施工合同文本》作为结算工程价款的依据,并无不当。

律师点评:《建设工程解释一》第2条规定:“招标人和中标人另行签订的建设工程施工合同约定的工程范围、建设工期、工程质量、工程价款等实质性内容,与中标合同不一致,一方当事人请求按照中标合同确定权利义务的,人民法院应予支持。

招标人和中标人在中标合同之外就明显高于市场价格购买承建房产、无偿建设住房配套设施、让利、向建设单位捐赠财物等另行签订合同,变相降低工程价款,一方当事人以该合同背离中标合同实质性内容为由请求确认无效的,人民法院应予支持。”

《招标投标法》第45条第2款规定,中标通知书对招标人和中标人具有法律效力。第46条第1款规定,招标人和中标人应当自中标通知书发出之日起30日内,按照招标文件和中标人的投标文件订立书面合同。招标人与中标人不得再行订立背离合同实质性内容的其他协议。中标后订立实质性违反招投标的合同为阴合同,招投标合同为阳合同。根据以上规定,中标后订立的实质性背离阳合同的阴合同为无效合同。

但以上规定并不排除中标后双方变更合同的正当权利,换言之,在合同履行过程中,因客观原因如地质状况、设计变更等导致工程变更的,双方可以通过签证、签署补充协议的方式变更合同。

(三)经招投标的合同如需修改价款,该如何处理

1. 经招投标签订的合同,如需变更的,变更的原因应符合法律或司法解释的规定。

《建设工程解释一》第2条第1款规定:"招标人和中标人另行签订的建设工程施工合同约定的工程范围、建设工期、工程质量、工程价款等实质性内容,与中标合同不一致,一方当事人请求按照中标合同确定权利义务的,人民法院应予支持。"根据上述规定,经招投标签订的合同,并非一律不允许变更,如在实际履行中,因设计变更、提供的地勘资料不准确而导致返工等的,双方可以对工期、价款等进行变更。如《民法典》第805条规定:"因发包人变更计划,提供的资料不准确,或者未按照期限提供必需的勘察、设计工作条件而造成勘察、设计的返工、停工或者修改设计,发包人应当按照勘察人、设计人实际消耗的工作量增付费用。"

2. 在签订的变更协议中,可以通过"鉴于"的方式对变更的原因进行描述,此等描述应有相应的证据作为支撑。

3. 变更协议中,除了对变更引起的量价约定外,还应对由此导致的工期延误以及相应责任进行约定,以避免后续工期和责任的争议。

第四章

履行期限、地点和方式

与合同履行密切相关的条款主要包括履行期限、地点和方式。合同义务的履行需要设定一定期限,没有具体履行期限的义务条款,一旦发生纠纷,无法判断义务方履行义务时是否符合双方约定的期限,由此也无法确定其是否构成违约。而权利的行使往往也需要一定期限,并且一般应设定超过期限行使权利的后果,以督促权利人尽快行使权利。因此,对于权利义务履行的条款,应尽可能设定清楚、明确的履行期限条款以及逾期履行行使的后果。

至于履行地点,主要涉及交付方式以及相应的风险转移,就程序法而言,涉及管辖权的确定(《民事诉讼法》第 23 条规定:“因合同纠纷提起的诉讼,由被告住所地或者合同履行地人民法院管辖”)有关合同履行地的确定,主要包括两种方式,一种是法律规定,另一种是双方约定。如双方约定合同履行地的,应尽可能具体明确,如果签订合同时尚无法确定,可以约定“具体履行地点由需方另行书面确定,供方不得提出异议,且不得另行提出合同价款的变更”。

履行方式主要包括交付的方式、权属的交割、款项的支付等,履行方式为合同的核心条款,往往也是双方争议的焦点,因此对于合同履行方式的约定极为重要。以下对合同履行期限、履行地点和方式进行论述。

第一节　合同履行期限

合同履行期限包括义务履行期限和权利行使期限,主要指的是义务履行期限。

一、义务履行期限

合同义务的履行应设定具体明确的期限,并明确约定逾期履行的后果,该后果应尽可能约定具体金额的违约金或者可以直接计算出来的违约金,有关期限的约定,切忌模糊不清。

(一)约定的履行期限应具体明确

1. 约定起算时间或者起算条件,期限则为起算时间或达到起算条件后的一定时间,例如:

关于工期的约定:总工期共 20 个日历天(工期从项目监理发出开工令之日算起)。

关于股权转让时间的约定:受让方如约将定金支付至转让方指定账户后的 3 个工作日内,转让方将其持有的目标公司 30% 股权的工商变更登记资料提交工商管理部门,受让方予以配合。

约定起算时间和条件的情况下,双方争议焦点往往是起算时间如何确定,起算条件是否具备,如常见的建设工程施工合同纠纷,关于开工时间的确定往往是双方争议焦点。《建设工程解释一》第 8 条规定:"当事人对建设工程开工日期有争议的,人民法院应当分别按照以下情形予以认定:(一)开工日期为发包人或者监理人发出的开工通知载明的开工日期;开工通知发出后,尚不具备开工条件的,以开工条件具备的时间为开工日期;因承包人原因导致开工时间推迟的,以开工通知载明的时间为开工日期。(二)承包人经发包人同意已经实际进场施工的,以实际进场施工时间为开工日期。(三)发包人或者监理人未发出开工通知,亦无相关证据证明实际开工日期的,应当综合考虑开工报告、合同、施工许可证、竣工验收报告或者竣工验收备案表等载明的时间,并结合是否具备开工条件的事实,认定开工日期。"

条款范例:义务履行期限的条款。

住建部颁布的《建设工程施工合同(示范文本)》(GF-2017-0201)《第二部分 通用合同条款》:

2.1　许可或批准

发包人应遵守法律,并办理法律规定由其办理的许可、批准或备案,包括但不限于建设用地规划许可证、建设工程规划许可证、建设工程施工许可证、施工所需临时用水、临时用电、中断道路交通、临时占用土地等许可和批准。发包人应协助承包人办理法律规定的有关施工证件和批件。

因发包人原因未能及时办理完毕前述许可、批准或备案,由发包人承担由此增加的费用和(或)延误的工期,并支付承包人合理的利润。

2.4　施工现场、施工条件和基础资料的提供

2.4.1　提供施工现场

除专用合同条款另有约定外,发包人应最迟于开工日期7天前向承包人移交施工现场。

2.4.2　提供施工条件

除专用合同条款另有约定外,发包人应负责提供施工所需要的条件,包括:

(1)将施工用水、电力、通讯线路等施工所必需的条件接至施工现场内;

(2)保证向承包人提供正常施工所需要的进入施工现场的交通条件;

(3)协调处理施工现场周围地下管线和邻近建筑物、构筑物、古树名木的保护工作,并承担相关费用;

(4)按照专用合同条款约定应提供的其他设施和条件。

2.4.3　提供基础资料

发包人应当在移交施工现场前向承包人提供施工现场及工程施工所必需的毗邻区域内供水、排水、供电、供气、供热、通信、广播电视等地下管线资料,气象和水文观测资料,地质勘察资料,相邻建筑物、构筑物和地下工程等有关基础资料,并对所提供资料的真实性、准确性和完整性负责。

按照法律规定确需在开工后方能提供的基础资料,发包人应尽其努力及时地在相应工程施工前的合理期限内提供,合理期限应以不影响承包人的正常施工为限。

2.4.4　逾期提供的责任

因发包人原因未能按合同约定及时向承包人提供施工现场、施工条件、基础资料的,由发包人承担由此增加的费用和(或)延误的工期。

7.3 开工

7.3.1 开工准备

除专用合同条款另有约定外,承包人应按照第 7.1 款〔施工组织设计〕约定的期限,向监理人提交工程开工报审表,经监理人报发包人批准后执行。开工报审表应详细说明按施工进度计划正常施工所需的施工道路、临时设施、材料、工程设备、施工设备、施工人员等落实情况以及工程的进度安排。

除专用合同条款另有约定外,合同当事人应按约定完成开工准备工作。

7.3.2 开工通知

发包人应按照法律规定获得工程施工所需的许可。经发包人同意后,监理人发出的开工通知应符合法律规定。监理人应在计划开工日期 7 天前向承包人发出开工通知,工期自开工通知中载明的开工日期起算。

除专用合同条款另有约定外,因发包人原因造成监理人未能在计划开工日期之日起 90 天内发出开工通知的,承包人有权提出价格调整要求,或者解除合同。发包人应当承担由此增加的费用和(或)延误的工期,并向承包人支付合理利润。

7.5 工期延误

7.5.1 因发包人原因导致工期延误

在合同履行过程中,因下列情况导致工期延误和(或)费用增加的,由发包人承担由此延误的工期和(或)增加的费用,且发包人应支付承包人合理的利润:

(1)发包人未能按合同约定提供图纸或所提供图纸不符合合同约定的;

(2)发包人未能按合同约定提供施工现场、施工条件、基础资料、许可、批准等开工条件的;

(3)发包人提供的测量基准点、基准线和水准点及其书面资料存在错误或疏漏的;

(4)发包人未能在计划开工日期之日起 7 天内同意下达开工通知的;

(5)发包人未能按合同约定日期支付工程预付款、进度款或竣工结算款的;

(6)监理人未按合同约定发出指示、批准等文件的;

(7)专用合同条款中约定的其他情形。

因发包人原因未按计划开工日期开工的,发包人应按实际开工日期顺延竣工日期，确保实际工期不低于合同约定的工期总日历天数。因发包人原因导致工期延误需要修订施工进度计划的，按照第7.2.2项〔施工进度计划的修订〕执行。

律师点评：住建部颁布的《建设工程施工合同（示范文本）》对于开工时间、开工条件以及未能满足开工条件导致的后果作出了明确约定，因此在双方就开工时间发生争议时，承包方可以发包方未能满足以上条件为由而要求迟延计算开工时间并相应顺延工期，而发包人则需举证证明其在发出开工通知时已经满足以上了条件。就利益相对的双方而言，开工条件写得越简单，对发包方越有利，写得越复杂需要条件越多，对承包方则越有利。因此在具体订约时，应视双方各自利益需要和谈判的地位，作出相应的约定。

案例：对实际开工日期产生争议的，以开工条件成就之日作为实际开工日

案号：最高人民法院（2011）民申字第48号

在顺凯达公司与盛源公司建设工程施工合同纠纷一案中，盛源公司与顺凯达公司签订施工合同约定由盛源公司承包顺凯达公司的一处工程，于2008年4月15日开工，一个半月后竣工。后因顺凯达公司与村民就线路通道的永久性占地补偿费不能协商一致，至2008年9月与村民达成补偿协议后开工条件才成就。此后，盛源公司与顺凯达公司就开工日期产生争议，顺凯达公司主张仍应根据合同约定的日期确定开工日期，而盛源公司则提出应根据其能实际进场正式动工的日期确定开工日期，在查明案件事实的基础上，法院最终认定以开工条件成就之日作为实际开工日期。①

2. 应约定明确的起算时间和截止时间，如本合同借款期限为2018年1月1日起至2019年1月1日止。此种约定方式对起算时间和截止时间约定得较为明确，一般不存在异议，但由于当事人很多情况下未约定期限届满的后果，在此情况下如何确定双方权利义务和责任，往往产生争议，如双方明确约定借款期限为2018年1月1日至2019年1月1日，借款期限内利率为月1%，但双方并未约定期限届满后的借款利率，有的案件中被告则以双方未就期限届满后的借款利率约定为由而主张不应计付期限届满后的借款利息。［当然此种抗辩不会得到支持，《民间借贷解

---

① 最高人民法院民事审判第一庭编著：《〈最高人民法院建设工程施工合同司法解释（二）〉理解与适用【条文·释义·原理·实务】》，人民法院出版社2019年版，第130～131页。

释》第28条规定:“借贷双方对逾期利率有约定的,从其约定,但是以不超过合同成立时一年期贷款市场报价利率四倍为限。未约定逾期利率或者约定不明的,人民法院可以区分不同情况处理:(一)既未约定借期内利率,也未约定逾期利率,出借人主张借款人自逾期还款之日起参照当时一年期贷款市场报价利率标准计算的利息承担逾期还款违约责任的,人民法院应予支持;(二)约定了借期内利率但是未约定逾期利率,出借人主张借款人自逾期还款之日起按照借期内利率支付资金占用期间利息的,人民法院应予支持。”]

导致争议产生的原因在于未约定期限届满后各方的责任权利该如何安排,因此在设置有关条款时,应将期限届满后如何确定价款、权责作出相应的约定。

3. 未约定明确的具体时间,可以约定具体期限由一方指定,如设计合同关于改图的时间:设计人应当按照发包人的要求条件和时间对图纸进行修改,且不得提出异议。

(二)约定的履行期限切忌模糊不清

1. 常见的模糊不清的约定:尽快、尽可能、及时、赶紧、第一时间等。此类约定,虽然在一定程度上体现了时间的紧迫性,但由于没有具体的期限,对于何为及时,何为尽快,一旦发生纠纷极易引发争议(如被告认为基于事情的复杂程度,完成该等事项需要较长时间等,而原告则认为无须那么长时间),更是授予法官对以上约定内容解释和自由裁量的权利,由此也将导致诉讼风险的增大。

2. 就另一个角度而言,此类约定实际上意味着双方未约定明确的履行期限,《民法典》第511条规定:“当事人就有关合同内容约定不明确,依据前条规定仍不能确定的,适用下列规定……(四)履行期限不明确的,债务人可以随时履行,债权人也可以随时请求履行,但是应当给对方必要的准备时间。”由此导致的结果是,如果双方发生纠纷,权利一方往往需要向对方发送一个具体的要求履行义务的时间,在对方不按期履行后,才可以视为对方违约,由于发送通知本身往往还涉及送达的问题,如双方未约定通知送达方式和送达地址,寄送的通知可能无法送达或对方拒收,这些都将导致主张权利时间的迟延和无法举证证明对方收到通知,不利于权利的主张。

（三）对于义务履行设定了期限，必须约定逾期的后果，一般约定具体金额的违约金或违约金的计算方法；对于主要义务履行逾期的，应约定逾期达到一定期限后，守约方有权解除合同

条款范例1：商品房认购协议关于买受人义务以及违约后果的约定。

十五、认购条款：

(1)自签订本认购协议书之日起【】日内，即于20 ________年____月____日前，乙方须携带此认购协议书、定金收据、办理合同备案所需资料、身份证或相关证件（如银行按揭付款方式的须同时携带办理按揭所需个人资料）及本协议约定的首期款到甲方销售中心与出售方签署《商品房买卖合同》及有关文件，选择银行按揭付款方式的乙方须同时办理按揭申请手续，签署有关按揭合同。

(2)若乙方自本认购协议书签订之日起______日内未按照本认购协议书第4条约定交齐购楼款、与甲方签订该物业的《商品房买卖合同》及按揭合同、提交办理按揭及合同备案所需全部资料，则均视为乙方违约并自动放弃其所认购物业的认购权，甲方无须对乙方进行任何的通知和告知即有权另行处理该物业，同时乙方无权要求收回所交定金。若甲方在签订本认购协议之日起________日内未经乙方同意而将乙方认购的上述物业另售他人的，双方的认购关系即自行解除，甲方双倍返还乙方所交定金，并不再承担其他违约、赔偿责任。

十六、如因乙方原因导致买卖合同无法在约定时间内签订，乙方已付定金不予退还；如因甲方原因导致买卖合同无法在约定时间内签订，甲方应双倍返还乙方已付定金。

律师点评：在商品房认购阶段，买卖双方并未订立正式的商品房买卖合同，而是签订认购协议书，此认购协议书，就法律形式而言属于预约合同，约定双方在未来一定的期限内订立合同，预约合同如未违反强制性效力性法律法规的，也为有效合同，违约方也需根据合同承担责任，《民法典》第495条规定："当事人约定在将来一定期限内订立合同的认购书、订购书、预订书等，构成预约合同。当事人一方不履行预约合同约定的订立合同义务的，对方可以请求其承担预约合同的违约责任。"

在商品房认购阶段，就出卖方而言，其主要目的为通过签订认购协议书，督促买受人尽可能按双方约定时间，缴清首付款、签订《商品房买卖合同》并办理按揭，

对此,以上认购协议对于签订商品房买卖合同的时间和条件均作出了具体约定,并明确约定逾期办理的视为买受人违约,且约定了逾期达到一定期限的,即视为买受人放弃认购物业,认购协议视为解除,解除后出卖人可自行处置买受人所认购的物业。

条款范例2:某开发商制定的房屋租赁合同中有关违约责任条款。

21.1 本合同签署后,如乙方未能在本合同约定的期限内向甲方、物业服务公司足额支付履约保证金、物业水电、质量服务费保证金以及首期租金、首期物业服务费,则自乙方逾期支付第5日起,甲方即有权以书面通知方式解除本合同,乙方应当向甲方支付相当于相应保证金和首期租金、首期物业服务费应付金额的违约金。

21.2 本合同签订后,如乙方因违约原因未按甲方指定时间进入该房屋开始装饰装修的,则每延迟进场施工1日,乙方应当向甲方支付相当于起始月租金标准100%的逾期进场施工违约金;如延迟超过30日的,甲方有权单方解除本合同,乙方除应支付逾期进场施工违约金外,还应承担导致合同终止的违约责任;如甲方不选择解除本合同,则除逾期进场施工违约金外,乙方应自装修期满后按照本合同约定支付租金,无论届时乙方是否开业。

21.3 因乙方原因导致该房屋未能在开业日开业,甲方有权选择继续履行本合同或解除本合同,如甲方选择继续履行本合同,则乙方除应按本合同约定支付租金等费用外,每天还应向甲方支付相当于届时日租金标准100%的逾期开业违约金,直至该房屋正式开业经营之日为止;如甲方选择解除本合同的,则乙方承担导致合同终止的违约责任。

21.4 乙方延迟交纳本合同项下租金、保证金或物业服务费或能源费用或其他应付费用的,则每延迟1日,乙方应当向甲方或物业服务公司支付相当于欠费金额1‰的延迟履行违约金。乙方延迟交纳本合同项下租金、保证金或物业服务费或能源费用或其他应付费用超过15日,经过甲方、物业服务公司书面催告,乙方仍不交纳的,甲方或物业服务公司可以对该房屋暂停部分或全部能源供应或物业管理服务,直至乙方履行相关付款义务为止。甲方或物业服务公司无须因此向乙方或第三方承担任何责任。甲方或物业服务公司因此受到第三方索赔的,甲方或物业服务公司有权向乙方追偿损失。双方确认,在乙方欠付租金、物业服务费等费用期间，未经甲方批准，乙方不得将放置于该房屋内的货物、财物转移出该房屋。乙方延迟交纳本合同项下租金、保证金或物业服务费或能源费用或其他应付费用超过30日(含本数)的，甲方有权单方解除本合同，并由乙方承担导致合同终止的违约责任。双方特别确认，在租赁期限内，若乙方延迟交纳租金或物业服务费或能源费用或其他应付费用等累计超过3次(含本数)，则甲方也有权单方解除本合同，并由乙方承担导致合同终止的违约责任。

21.5 除本合同另有约定外，乙方违反本合同有关约定或违反其在本合同项下所作之任何其他承诺、保证、确认的，甲方有权书面通知其限期改正；经甲方书面通知，乙方仍不改正的，则自甲方发出第二次书面通知之日起，乙方每日应当向甲方支付相当于届时月租金标准的10%的延迟履行违约金，直至乙方改正为止。在此种情况下，如乙方延迟纠正超过15日，则甲方有权单方解除本合同。

律师点评：在租赁合同中，承租人的主要义务是缴纳租金和其他费用(如物业费、水电费等)，出租人的主要义务为按约定交付租赁标的，实务中，最为常见的是承租人逾期支付租金和其他费用，对此租赁合同一般会约定在承租人逾期支付租金达到一定天数时，出租人有权解除合同，只有这样约定，才能使出租人在承租人拒绝缴纳租金或逾期缴纳租金达到一定天数时，可以尽快地解除合同，并将标的物另行出租，以减少损失。由此推而广之，在签订的各类合同中，只有约定义务履行方逾期履行其主要义务达到一定程度或一定天数，守约方有权解除合同，才能使得守约方可在此情形下，尽早从合同的枷锁中脱身，以尽量减少损失，因此，合同一般需约定，在违约方违反合同，拒不履行其主要义务或逾期履行达到一定程度或天数时，守约方有权解除合同。

案例：因开发商未能证明其履行通知义务，法院判定开发商逾期交房

房产公司未按约定期间交房，法院判决逾期交房解除合同

案号：新疆维吾尔自治区昌吉回族自治州中级人民法院(2016)新23民终729号

案情简介

在新疆某房地产开发有限责任公司与邹某房屋买卖合同纠纷一案中，双方于2013年12月30日签订《商品房买卖合同》一份，邹某购买房产公司开发建设的商铺，约定交房时间为2014年9月30日前，邹某交清了全部房款，

而房产公司未按约定期间交房。

邹某遂于2015年12月4日向房产公司发出解除合同通知书,房产公司于2016年4月25日起诉邹某至昌吉州阜康市人民法院,要求确认《解除合同通知书》无效。

法院判决

一审法院经审理认为,房产公司逾期交房时间超过180日,邹某有权解除合同。房产公司在一审中提供的证据不足以证明其履行了交房通知义务。故一审判决确认《解除合同通知书》有效。

房产公司不服上诉至昌吉州中级人民法院,昌吉州中级人民法院二审驳回上诉,维持原判。

法官说法

审理此案的法官认为,商品房买卖合同纠纷中,开发商逾期交房导致双方纠纷案件较多,在此类案件中,开发商通常采用由销售业务员电话通知、微信通知、短信通知及小区张贴公告通知等方式通知购房者办理交房入住手续,但由于业务员流动性较大,在诉至法院后,开发商往往不能提供有效的书面证据证实其履行了交房通知的义务,导致法院认定开发商逾期交房,没有履行向购房者交房的通知义务,并承担相应的违约责任。

尤其是在商品房价格大幅下降的情况下,购房者借此要求解除合同的案件比较多。因此,房产公司应在房屋具备交付条件后,及时采用有效方式通知购房人办理房屋交接入住手续,如果遇到购房者恶意拖延时间,不办理入住手续,房产公司应及时通过公证送达、报纸公告、房屋钥匙提存等方式履行通知及交房手续,并保存相关证据,可有效防止购房人恶意拖延办理入住手续,意图获取违约金的不正当目的。

律师点评:《民法典》第509条规定:“当事人应当按照约定全面履行自己的义务。当事人应当遵循诚信原则,根据合同的性质、目的和交易习惯履行通知、协助、保密等义务。当事人在履行合同过程中,应当避免浪费资源、污染环境和破坏生态。”根据该条规定,当事人履行主要义务的同时,还需要根据合同性质、目的、交易习惯等履行通知、协助、保密等附随义务。本案中,开发商在房屋达到交付条件时,应及时通知买受人办理房屋交付手续,否则将承担逾期交房的后果,且双方合同约定逾期超过180天买受人可以解除合同,因开发商未能证明其履行通知义务,最终法院以双方约定了逾期180天买受人有权解除,判令解除双方合同。在实务中,建议务必约定通知和送达条款,由此可以有效解决通知的证明问题,使义务履行方在履行义务需要向对方发送通知时,可以进行有效的通知并予以证明。

(四)义务履行期限以及逾期后果条款常用模式

●模式1:

乙方应当在签订本合同后【】日内,按本合同约定完成以下事项:【】,逾期的,按本合同价款总额每日【】元支付违约金,逾期达【】日的,甲方有权解除合同,并有权要求乙方按合同总价【】%支付违约金。

●模式2:

本合同约定的供货期限(或工期)为【】日历天,自本合同签订之日起计算(或者:自监理发出开工令之日起计算)。

●模式3:

甲方应在【】时间内(或:甲方应在乙方完成【】事项后【】日内或甲方应在【】年【】月【】日前)向乙方支付款项人民币【】元,逾期的,视为违约,按应付未付额每日【】元支付违约金,逾期超过【】日的,乙方有权解除本合同,并有权按合同总价【】%要求甲方支付违约金,如违约金不足弥补乙方损失的,乙方有权向甲方追索。甲方逾期付款的,乙方有权拒绝履行【】义务。

二、权利行使的期限及后果

1. 大部分合同对权利的行使期限并无约定,但有的合同为了督促对方尽快行使权利以使得双方权利义务尽快处于确定的状态,往往也会约定权利行使的期限以及逾期行使的后果,也有的合同约定权利逾期行使达到一定条件或超过一定期限下,视为权利方放弃该权利的行使。

2. 权利行使期限约定的条款范例。

条款范例1:索赔权应在合同约定期限内行使。

住建部颁布的《建设工程施工合同(示范文本)》(GF-2017-0201)《第二部分 通用合同条款》:

19 索赔

19.1 承包人的索赔

根据合同约定,承包人认为有权得到追加付款和(或)延长工期的,应按以下程序向发包人提出索赔:

(1)承包人应在知道或应当知道索赔事件发生后28天内,向监理人递交索赔意向通知书,并说明发生索赔事件的事由;承包人未在前述28天内发出索赔意向通知书的,丧失要求追加付款和(或)延长工期的权利;

(2)承包人应在发出索赔意向通知书后28天内,向监理人正式递交索赔报告;索赔报告应详细说明索赔理由以及要求追加的付款金额和(或)延长的工期,并附必要的记录和证明材料;

(3)索赔事件具有持续影响的,承包人应按合理时间间隔继续递交延续索赔通知,说明持续影响的实际情况和记录,列出累计的追加付款金额和(或)工期延长天数;

(4)在索赔事件影响结束后28天内,承包人应向监理人递交最终索赔报告,说明最终要求索赔的追加付款金额和(或)延长的工期,并附必要的记录和证明材料。

19.2 对承包人索赔的处理

对承包人索赔的处理如下:

(1)监理人应在收到索赔报告后14天内完成审查并报送发包人。监理人对索赔报告存在异议的,有权要求承包人提交全部原始记录副本。

(2)发包人应在监理人收到索赔报告或有关索赔的进一步证明材料后的28天内,由监理人向承包人出具经发包人签认的索赔处理结果。发包人逾期答复的,则视为认可承包人的索赔要求。

(3)承包人接受索赔处理结果的,索赔款项在当期进度款中进行支付;承包人不接受索赔处理结果的,按照第20条〔争议解决〕约定处理。

19.3 发包人的索赔

根据合同约定,发包人认为有权得到赔付金额和(或)延长缺陷责任期的,监理人应向承包人发出通知并附有详细的证明。

发包人应在知道或应当知道索赔事件发生后28天内通过监理人向承包人提出索赔意向通知书,发包人未在前述28天内发出索赔意向通知书的,丧失要求赔付金额和(或)延长缺陷责任期的权利。发包人应在发出索赔意向通知书后28天内,通过监理人向承包人正式递交索赔报告。

19.4　对发包人索赔的处理

对发包人索赔的处理如下:

(1)承包人收到发包人提交的索赔报告后,应及时审查索赔报告的内容、查验发包人证明材料。

(2)承包人应在收到索赔报告或有关索赔的进一步证明材料后28天内,将索赔处理结果答复发包人。如果承包人未在上述期限内作出答复的,则视为对发包人索赔要求的认可。

(3)承包人接受索赔处理结果的,发包人可从应支付给承包人的合同价款中扣除赔付的金额或延长缺陷责任期;发包人不接受索赔处理结果的,按第20条〔争议解决〕约定处理。

19.5　提出索赔的期限

(1)承包人按第14.2款〔竣工结算审核〕约定接收竣工付款证书后,应被视为已无权再提出在工程接收证书颁发前所发生的任何索赔。

(2)承包人按第14.4款〔最终结清〕提交的最终结清申请单中,只限于提出工程接收证书颁发后发生的索赔。提出索赔的期限自接受最终结清证书时终止。

以上条款的法律依据:

《建设工程解释一》第10条规定:"当事人约定顺延工期应当经发包人或者监理人签证等方式确认,承包人虽未取得工期顺延的确认,但能够证明在合同约定的期限内向发包人或者监理人申请过工期顺延且顺延事由符合合同约定,承包人以此为由主张工期顺延的,人民法院应予支持。

当事人约定承包人未在约定期限内提出工期顺延申请视为工期不顺延的,按照约定处理,但发包人在约定期限后同意工期顺延或者承包人提出合理抗辩的除外。"

《民法典》第140条规定:"行为人可以明示或者默示作出意思表示。

沉默只有在有法律规定、当事人约定或者符合当事人之间的交易习惯时,才可以视为意思表示。"

条款范例2:某发包方与承包人签订的建设工程施工合同中关于工期签证办

理程序的约定。

3. 如因天气或其他因素致使无法如期施工,乙方应无条件以其他方式赶工弥补,且甲方视工程进度需要,随时通知乙方增加工作人员赶工,乙方不得拒绝,甲方不须另行支付任何费用。如本工程逾期竣工的,乙方承担违约责任;如果出现本合同约定的可以顺延工期的情形,乙方必须按照双方合同约定的程序办理签证,并且该签证必须在进行结算时一并送交甲方,否则该签证视为无效。

4. 因以下原因造成工期延误,经监理、甲方签字并加盖公司公章确认,工期相应顺延:

(1)因甲供材料未能按本合同约定进场造成停工的;

(2)因土建劳务队伍未能提供施工工作面的;

(3)一周内停水或停电造成停工累计超过8小时的,每8小时可顺延一天,不足8小时者不计;

(4)政府指令性停工(政府处罚性整改令停工除外);

(5)发生不可抗力;

(6)甲方同意可以顺延的其他情况。

5. 当发生本合同第4条第4款的情形,乙方在发生后5天内,就延误工期的原因及天数以书面形式向监理、甲方提出书面申请报告。甲方在收到该报告后按本合同第4条第6款第1项"工期签证审批流程"进行审批。乙方在上述情形发生后5天内未向监理或甲方提出签证申请的或未附相关合法有效的证明材料的,视为乙方放弃该项权利并已确认工期无须因该等情形延长。甲方有权拒绝接受乙方后补的延期签证申请。顺延期间发生的人工、机械使用、租赁费用,已充分考虑并计入合同单价中,不再另行补偿。

律师点评:关于双方在建设工程施工合同中约定行使索赔权利的期限以及逾期主张的后果(后果一般为逾期行使权利的视为消灭,如以上住建部颁布的示范文本中关于索赔权利行使期限的规定),《建设工程解释一》第10条规定:"当事人约定顺延工期应当经发包人或者监理人签证等方式确认,承包人虽未取得工期顺延的确认,但能够证明在合同约定的期限内向发包人或者监理人申请过工期顺延且顺延事由符合合同约定,承包人以此为由主张工期顺延的,人民法院应予支持。当事人约定承包人未在约定期限内提出工期顺延申请视为工期不顺延的,按照约定处理,但发包人在约定期限后同意工期顺延或者承包人提出合理抗辩的除外。”

从以上规定可见,如双方明确约定了工期索赔期限以及逾期索赔后果的,则应尊重双方约定。

以上条款,对承包人主张工期顺延的期限、条件、需准备的资料等进行明确约定,并约定了逾期提出工期顺延主张的后果,也是就笔者在前面所述的,合同如设定权利行使期限条款的,应同时约定逾期的后果,如此才能督促权利人及时行使权利,才能充分发挥此类条款的作用。

案例:合同中有关当事人在特定期限内不得起诉的约定是否有效

六盘水恒鼎实业有限公司与重庆千牛建设工程有限公司建设工程施工合同纠纷案

案号:最高人民法院(2016)最高法民终415号

最高人民法院认为:2014年8月29日,恒鼎实业公司作为甲方、重庆千牛公司作为乙方签订了《付款协议》,该《付款协议》确认经双方共同核对的工程欠款总额为41,892,254.66元,该款共分12期支付完毕。同时双方还约定:“甲方在上述付款期间,不接受乙方任何关于此笔欠款的诉讼。否则甲方有权终止上述付款计划。在上述规定的付款时间内(2015年8月25日),就此协议内容的履行任何一方不得向人民法院提起诉讼,否则提起诉讼一方自愿最终承担因提起诉讼而导致双方发生的所有诉讼费用,包括但不限于甲、乙双方的诉讼费、律师费、保全费、执行费、差旅费、调查费等。若乙方违反此约定,甲、乙双方一致同意,甲方付款时间将按上述规定分别向后延迟半年时间。甲方若违反本协议,则乙方有权选择或继续履行协议或终止协议。”从《付款协议》的内容来看,重庆千牛公司如果在2015年8月25日前提起诉讼,其自愿最终承担因提起诉讼而导致双方发生的所有诉讼费用,包括但不限于甲、乙双方的诉讼费、律师费、保全费、执行费、差旅费、调查费等。

重庆千牛公司辩称该《付款协议》是由恒鼎实业公司拟定的内容,包括付款时间、方式。在付款期限内不得提起诉讼,其实质是约束重庆千牛公司,该条款实际为无效条款,不应作为处理本案的依据。本院认为,该《付款协议》上有双方当事人的印章和签字,内容没有违反法律、行政法规的强制性规定,重庆千牛公司认可《付款协议》中的工程欠款数额和分期付款的内容,但却主张在付款期限内不得提起诉讼的条款无效。从本案现已查明的事实来看,重庆千牛公司并没有举证证明在其与恒鼎实业公司签订《付款协议》时存在欺诈、胁迫的情形,其主张在付款期限内不得提起诉讼的条款无效缺乏事实和法律依据,本院不予支持。《付款协议》中约定在付款期限内不得提起诉讼的条款,并非排斥重庆千牛公司的基本诉讼权利,该条款仅是限制重庆千牛公司在一定期限内的起诉权,而不是否定和剥夺重庆千牛公司的诉讼权利,只是推迟了重庆千牛公司提起诉讼的时间,超过双方当事人约定的时间2015年8月25日后,重庆千牛公司可以随时行使自己的诉讼权利。

重庆千牛公司于2015年5月4日向一审法院起诉,主张依法判令恒鼎实业公司、恒鼎祥瑞公司、恒鼎集团公司共同支付工程款29,848,124.47元(包含履约保证金50万元)及逾期付款利息,恒鼎实业公司认为重庆千牛公司提起诉讼的行为明显违反了双方所签订的《付款协议》,应承担相应的违约责任,故反诉请求依法判令重庆千牛公司支付因本诉所付律师费273,977元,同时判令重庆千牛公司承担本案所有的诉讼费用。

本院认为,恒鼎实业公司的上述反诉请求依据的是双方签订的《付款协议》,一审判决不予支持不妥,本院予以纠正。

律师点评:双方当事人约定在一方需在一定期限内行使某种权利,逾期行使视为放弃的约定款项在实务中存在较大争议,就规则层面而言,对于权利的消灭,主要是依据法律规定,包括诉讼时效和除斥期间,前者消灭的是胜诉权,后者消灭的实体权利,换言之,权利的消灭应根据法律的规定,但对于双方约定能否达到消灭权利的后果,存有争议。

约定一定期限内不行使权利即视为该权利消灭,此处约定消灭的权利包括实体权和程序权(如起诉权或仲裁的权利)。程序权是诉讼法赋予当事人享有的权利,因此一般情况下规定一方超过期限不主张权利即不得再行起诉的,法院一般不予支持,而本案实际上也并非认为重庆千牛公司不得起诉,只是根据双方约定,认为其在双方约定的期限内不得起诉,因此重庆千牛公司提起诉讼的权利并非消灭,只是受到了暂时的限制。

至于实体权利,则应视具体情况而定,比如,建设工程施工合同工期顺延,根据《建设工程解释一》的规定,如承包人提供了证据证明其在约定期限内提出工期顺延的主张,即便监理和发包方未给予签证的,则承包人要求签证的诉求仍予以支持,如当事人约定承包人未在约定期限内提出工期顺延申请视为工期不顺延的,按照约定处理,即承包人未按约定时间提出工期顺延申请的,则视为放弃该等权利,但该权利并非绝对的消灭,因为根据该解释,在此种情况下,承包人如提出合理抗辩的,则其提出工期顺延的主张仍可以得到支持。

当然,无论法院对逾期行使权利后果的条款在审判中如何处理,在法院未确认该条款无效前,条款仍是有效的,从合同履行过程看,此类条款可以有效督促当事人及时行使权利,从诉讼角度看,此类条款亦使得督促权利行使一方处于有利的地位。

3. 权利行使期限条款常用模式。

●模式1:

甲方应在货到后【】日内及时检验货物,逾期检验的,视为乙方所供货物符合双方约定。

●模式2:

乙方应在知道或应当知道索赔事件发生后【】日内向甲方提出权利主张(或提出索赔或提出工期延误的申请),逾期的,视为乙方放弃该等权利。

●模式3:

当索赔事件首次发生后的7天内,承包人将索赔意向书面通知监理人,并呈交发包人一本副本。若索赔事件发生后的7天时间内,承包人未提出索赔意向书,则视为该事件不构成索赔。超出约定期限后提出的任何索赔事项,均不构成索赔。

承包人应保持索赔事件同期记录,以便合理地证明承包人后来要申请的索赔。监理人在收到承包人的索赔意向通知时,应先检查这些同期记录,并指定承包人进一步做好同期记录,承包人应容许监理人检查全部记录,并在监理人发出指令时提供记录的副本。未经监理人检查确认的,不能作为索赔的证据使用。

承包人在发出索赔意向通知后的7天时间内,向监理人报送一份索赔所依据的理由和索赔款项的具体细节账目的索赔报告。如果索赔事件尚未结束,承包人在索赔事件结束后的7天内,再报一份最终索赔报告给监理人。

监理人在收到承包人索赔报告或最终索赔报告后的14天时间内,将处理意见书面通知发包人、承包人双方。若双方接受,此索赔事件结束;若任何一方不接受,经再次协商仍达不成一致时,可向有管辖权的法院提起诉讼。

在任何索赔和争议期间,不论索赔是否有据,承包人不得拒绝或拖延合同的履行,不得停止施工,否则发包人有权单方解除合同,并要求承包人赔偿由此导致的发包人的损失。若索赔事件首次发生后的7天时间内,承包人未提出索赔意向书,则从第8天起,监理人及发包人有权拒绝承包人的索赔要求。

第二节 合同履行地点

合同履行地点主要涉及标的交付以及风险转移;就程序法而言,涉及管辖权的确定。合同履行地的确定,主要包括两种方式:一种是约定,另一种则是法律规定。

一、合同约定履行地

涉及标的交付的合同(尤其是动产),双方一般会在合同中约定交货地点,在约定交货地点后,才能进一步确定交货的方式(如是送货上门还是自提)。履行地的约定应具体明确,明确的程度是可以通过合同直接知晓具体的交货地点,如在钢材购销合同中,双方约定交货地点为位于某某路某某号货场内的第几号仓库,有的可以附上地理位置图,以进一步确定交货地点。如果签约时仍未能确定交货地点,可以约定具体的交货地点由买方另行书面确定,对方不得提出异议,且不得主张费用的增加。

如果是买方自提的,交货地点一般为卖方营业地或货物仓库所在地;如果是送货上门的,交货地点一般为买方营业地或存放货物仓库所在地。

约定了交货地点和交货方式后,应同时约定逾期提货或逾期供货的责任(如支付一定数额的违约金或保管费等,逾期达到一定天数后的解除权),如此可以督促购货方及时提货并支付价款或督促供货方及时供货。

合同约定的履行地一般还可作为确定管辖权的依据,《民事诉讼法》第23条规定:“因合同纠纷提起的诉讼,由被告住所地或者合同履行地人民法院管辖。”

第34条规定:“合同或者其他财产权益纠纷的当事人可以书面协议选择被告住所地、合同履行地、合同签订地、原告住所地、标的物所在地等与争议有实际联系的地点的人民法院管辖,但不得违反本法对级别管辖和专属管辖的规定。"

条款范例:某混凝土供应合同对供货地点的约定。

供方供应需方混凝土的范围暂定为位于南宁市明秀东路【 】号 JY 世纪城项目(2.2 期)12#、13#、14#楼,需方有权对上述地点进行调整,因地点调整产生的费用需方无须承担。

二、法律规定的履行地

对于合同履行地的规定,民事实体法和程序法都有相应的规定。

1. 实体法:

《民法典》第 511 条规定:"当事人就有关合同内容约定不明确,依据前条规定仍不能确定的,适用下列规定:……(三)履行地点不明确,给付货币的,在接受货币一方所在地履行;交付不动产的,在不动产所在地履行;其他标的,在履行义务一方所在地履行。"

2. 程序法:

《民事诉讼法解释》第 18 条规定:"合同约定履行地点的,以约定的履行地点为合同履行地。合同对履行地点没有约定或者约定不明确,争议标的为给付货币的,接收货币一方所在地为合同履行地;交付不动产的,不动产所在地为合同履行地;其他标的,履行义务一方所在地为合同履行地。即时结清的合同,交易行为地为合同履行地。"

第 19 条规定:"财产租赁合同、融资租赁合同以租赁物使用地为合同履行地。合同对履行地有约定的,从其约定。"

第 20 条规定:"以信息网络方式订立的买卖合同,通过信息网络交付标的的,以买受人住所地为合同履行地;通过其他方式交付标的的,收货地为合同履行地。合同对履行地有约定的,从其约定。"

案例:争议标的为给付货币的,接受货币一方所在地为合同履行地

案号:河南省洛阳市洛龙区人民法院(原河南省洛阳市郊区人民法院)(2020)豫 0311 民初 5599 号

原告:河南焦点律师事务所,住所地洛阳市西工区九都路亚威金港商务楼××。

负责人:田某,主任。

被告:林某凤,男,1977 年 12 月 24 日生,汉族,户籍地福建省福清市,现住址福建省福州市福清市。

原告河南焦点律师事务所与被告林某凤法律服务合同纠纷一案,本院立案后,原告河南焦点律师事务所诉称:(1)请求撤销原被告双方签订的《终止委托代理确认书》中第 4 条约定。(2)撤销原告向被告林某凤出具的双方代理费全部结清的收据;(3)判令被告林某凤支付律师费 153,170 元;(4)判令本案诉讼费用由被告林某凤承担。事实理由:原告接受被告林某凤的委托,指派刑某明律师办理被告林某凤与中铁十五局集团城市建设工程有限公司劳务合同纠纷仲裁案,双方依法签订了委托代理协议。委托代理协议就代理范围,代理费计价方法及结算,各方权利义务风险承担,违约责任等均进行了明确约定。现原告已经按照委托代理协议的约定完成了合同义务。后原告于 2020 年 8 月 1 日向被告邮寄送达了《终止委托代理确认书》和结清收据,但《终止委托代理确认书》第 4 条代理费计算不符合《委托代理协议》的约定,对于被告林某凤已经支付的代理费也明显记载错误,共计少计算代理费 153,170 元。以上失误系原告工作人员记忆错误所致,但被告林某凤在明知原告有重大误解的情形下,故意不提示原告,反而让原告签字盖章后给其邮寄。被告收到该显失公平的《终止委托代理确认书》并按照确认书约定支付了代理费用。原告随即发现错误,经原告两位工作人员与被告林某凤协商修改结算协议内容,要求支付漏算的 153,170 元代理费用,被告林某凤拒绝,故诉至法院。

本院经审查认为,因合同纠纷提起的诉讼,由被告住所地或者合同履行地人民法院管辖。合同对履行地点没有约定或者约定不明确的,争议标的为给付货币的,接受货币一方所在地为合同履行地。本案系法律服务合同纠纷,争议的合同义务是以给付货币为内容,故合同履行地应为接受货币一方所在地。因被告住所地和合同履行地均不在本院辖区,故本院对本案没有管辖权。

依照《民事诉讼法》第 23 条、第 36 条和最高人民法院《关于适用〈中华人民共和国民事诉讼法〉的解释》第 18 条第 2 款之规定,裁定如下:

本案移送洛阳市西工区人民法院处理。

本裁定一经作出即生效。

律师点评:本案中,原被告因律师代理费的支付发生争议,因此争议标的为给付货币,因双方未约定履行地,因此应根据法律规定确定合同履行地,根据《民事诉讼法解释》的规定,合同对履行地点没有约定或者约定不明确的,争议标的为给付货币的,接受货币一方所在地为合同履行地。因被告住所地和合同履行地均不在涉案法院,因此,法院裁定将该案移送洛阳市西工区人民法院处理。

三、合同履行地点常用条款模式

●模式1:

供货地点:【】,需方有权调整供货地点,就供货地点调整产生的费用需方无须承担。

●模式2:

双方约定的交货地点为【】,供方于交货地点交付货物的,货物毁损灭失的风险由需方承担。

第三节 履行方式

一、交付以及风险转移

在实务中,交付往往与款项支付密切相关,尤为重要的是,交付与风险转移密切相关,一方按照合同约定完成了标的物交付,相应的风险由受让方承担,反之,则由负有交付义务的一方承担;交付往往还意味着质量保修期和质保金退还时间计算的开始。因此交付是合同中极为重要的条款。

所谓交付,其本质上指的是占有的转移,交付是物权尤其是动产物权变动的主要方式。《民法典》第224条规定:“动产物权的设立和转让,自交付时发生效力,但是法律另有规定的除外。”

二、与交付有关的条款应如何约定

(一)应对交付标的作出的明确约定

1. 有体物与无体物的交付方式不同。

既然是交付,首先必须明确交付的标的,不同的标的,其交付的方式和表现形式亦有所不同。合同约定的标的多种多样,但主要分为有体物和无体物。

有体物是指除权利以外的一切物质实体,即物理上的物,它不仅包括占有一定空间的有形物(各种固体、液体和气体),还包括电、热、声、光等自然力或“能”(energies)。无体物是指除对有体物的权利以外的其他权利和利益,如对股票、票据、债券等权利,都可以成为无形财产,其实质内容是法律所保护的权利主体的利益。电、天然气等无形物在交易上是可以作为交易对象的,从交易观点出发,可以将其作为有体物对待,许多国家的民法典规定电力等自然力为可以支配的物。

有体物和无体物的交付,其最终结果都表现为占有的转移,但其证据表现形式有所不同。有体物如果是动产,交付的结果是对动产占有的转移,表现形式往往为受让方实现了对标的的占有,就证据表现形式而言,一般表现为受让方签署有关收货单、交接单、确认单等。

无体物一般指的是对有体物的权利以外的其他权利和利益,由于是无体物,因此受让方即便受让并占有无体物,也无法有外在的表现形式;而且此种权利和利益一般都是通过法律法规或其他规范文件的规定而得到确认,因此,相关规范文件都会对相关权利的交割程序有明确的规定,如股权转让,其最终体现为股权工商变更登记的完成,当然,除法律法规或规范文件规定外,各方就权利的交付一般也会签署相关的交接文件,如交接单,一旦签署有关交接单,也可以证明双方完成了相关权利的交付。对于权利转让和受让的证据表现形式,一般可以通过登记机构的变更登记或交接单来证明。

由于以上区别,在制定相应条款,应注意区别交付标的是有体物还是无体物,并按照以下方式设定有关交付条款:

如果交付标的为有体物,则一般应约定交付的地点、运输方式、签收人员等;如果交付的标的为无体物,则应先弄清此种无体物如权利是否需要登记,法律法规是否对变更登记作出了规定,登记的效力如何(如登记是发生变更的效力还是对抗善意第三人的效力)。

条款范例1:不良资产转让合同对合同标的的约定。

2.1　转让标的

本合同项下的转让标的是指本合同附件一《资产明细表》中所列的主要位于广西壮族自治区的债权资产包,该资产包整包资产截至交易基准日的债权本金余额为人民币300,855,018.61元(大写:叁亿零捌拾伍万伍仟零壹拾捌元陆角壹分),截至交易基准日的利息总额为人民币15,040,388.29元(大写:壹仟伍佰零肆万零叁佰捌拾捌元贰角玖分)。该资产包债权在交易基准日前发生的代垫费用(律师费、诉讼费、评估费及其他实现债权而发生的代垫费用)作为标的一并转让。

5.1　资产的交割

本合同所称的资产交割是指在根据本合同确定的地点和时间,双方交割资产的所有资产文件。双方同意,转让方仅有义务按照截至交割日的现状向受让方交割资产的资产文件,但就转让方持有原件的文件,转让方应向受让方交付该等资产文件的原件。资产文件交割完毕即交割完成。

条款范例2:某公司制定的货物买卖合同。

一、产品的名称、品牌、规格、数量、价格和质量标准

1.1　品牌、规格。

品名规格	单位	数量	吨数	单价/吨	金额/元	品牌
镀锌管 DN150 国标	米	36	0.69	5050	3484.5	邕江、桂银
镀锌管 DN100 国标	米	596	6.9	5050	34,845	邕江、桂银
镀锌管 DN80 国标	米	252	2.2	5050	11,110	邕江、桂银
镀锌管 DN65 国标	米	236	1.8	5050	9090	邕江、桂银
镀锌管 DN50 国标	米	570	3.2	5050	16,059	邕江、桂银
镀锌管 DN32 国标	米	520	1.9	5050	9342.5	邕江、桂银
镀锌管 DN25 国标	米	145	0.4	5050	1818	邕江、桂银
角钢 40×40×4	条	70		55	3850	13kg/条
角钢 30×30×3	条	45		35	1575	7.5kg/条
镀锌管套管(非标)DN200	条	1		250	250	冷镀1.4厚
镀锌管套管(非标)DN150	条	8		130	1040	冷镀1.2厚
镀锌管套管(非标)DN100	条	7		110	770	冷镀1.2厚
镀锌管套管(非标)DN80	条	3		80	240	冷镀1.0厚
合计					93,474	
合计(含税):人民币玖万叁仟肆佰柒拾肆元整;(小写)¥93,474.00						
备注:最终按实际数量过磅结算						

1.2　镀锌管产地:南宁市;"邕江"牌或者"桂银"牌。镀锌管生产厂家:南宁市某钢管厂;角钢产地:南宁市宾阳;生产厂家:某角钢厂。

二、产品的交货单位、交货方法、到货地点、包装

2.1 产品的交货单位:南宁市某钢管有限公司。

2.2 交货方法:采取供方送货上门方式,供方应当按照需方要求将货物送到需方指定地点,经过需方指定接货人验收、仓管人员入库并由以上二人共同签署确认书方能作为收货的依据。在需方验收并签署确认书前,由于交货发生的各种费用包括但不限于人工、机械、材料、运输费、货物到达指定地点的装卸费、搬运费(含人工、机械、辅材等相关费用)、管理费、安装费(含人工、机械、辅材等相关费用)、税金等各种相关费用以及在途风险费用由供方承担。

2.3 到货地点:某项目7#、9#仓库;仓管人员:谢某,电话:×××××××××××。

律师点评:以上是两个关于合同约定标的的案例,案例1转让标的为债权,为无体物;案例2转让标的为镀锌管和角钢,属于有体物。无论是有体物还是无体物,都应该在合同中明确约定合同标的,并相应约定具体的交割方式。案例1中,由于转让标的为无体物的债权,该等债权无法像有体物那样可以通过对标的物转移占有的方式实现标的物的转让,因此约定的交割方式为资产文件交割。而有体物则可以通过转移占有的方式实现所有权的转移。在制定相关合同条款时,应结合标的物自身特点,相应约定具体的交割方式、交割时间、风险转移等。

2. 动产和不动产交付方式的不同。

动产是指在性质上能够移动并且不至于损害其价值的物如电视机、书本等。不动产是指在性质上不能移动或移动后将损害物的价值的物。我国《民法典》将物分为动产和不动产,《民法典》第115条规定:"物包括不动产和动产。法律规定权利作为物权客体的,依照其规定。"

动产和不动产的交付,均以转移占有为交付的方式,但在实务中,各自的交付方式不同。动产的交付,可以是对动产本身的转移占有,也可以体现为受让方在有关送货单据文件上签字等。

而不动产的交付,主要体现为对不动产的占有、钥匙的交接或者双方签订书面的交接单等。

在起草有关合同时,应结合动产和不动产的交付方式,尤其结合当事人对该动产和不动产惯常的交付方式等,有针对性地作出相应的约定。

（二）对交付标的的风险提示和瑕疵告知

1. 对交付标的风险提示和瑕疵告知的法律意义。

《民法典》第618条规定："当事人约定减轻或者免除出卖人对标的物瑕疵承担的责任，因出卖人故意或者重大过失不告知买受人标的物瑕疵的，出卖人无权主张减轻或者免除责任。"

结合以上规定不难看出，对于一些标的物本身存在固有且无法预见的风险的标的，可以就可能存在风险在合同中设置相应的风险告知条款，以避免在发生纠纷时，对方以未告知风险为由而主张撤销合同，撤销事由包括欺诈、胁迫、重大误解等。

条款范例1：债权资产转让合同中的风险告知条款。

银行转让不良债权资产时，一般会与受让的资产公司签订有关转让合同，以下条款为转让合同中有关风险告知条款：

7　转让方关于资产风险的揭示

为受让方的利益，转让方就资产可能涉及的各项风险向受让方作出如下揭示：

（1）资产系不良资产，存在部分或全部不能回收的风险特性以及清收的困难性。

（2）受让方受让资产后，对该资产之交易基准日（不含该日）起产生的利息、罚息的请求权，受让方可能无法继续享有。

（3）由于可能存在的计算误差或其他原因，受让方实际接收的资产的债权金额与《资产明细表》载明的债权金额可能不完全一致。

（4）除非本合同另有规定，受让方在从转让方受让资产后不得就资产有关的任何事项向转让方追究任何法律责任。

（5）资产可能存在瑕疵或尚未发现或知悉的重大缺陷，并可能因此致使受让方的逾期收益无法实现。资产可能存在的瑕疵或重大缺陷包括但不限于下列一项或多项：

（a）与资产相关的义务人可能存在破产、被解散、被注销、被撤销、被关闭、被吊销、歇业、下落不明以及其他主体存续性瑕疵的情形；

（b）资产可能已超过诉讼时效或丧失相关的法定期间或因其他原因已部分消灭；

(c)与资产相关的主合同,或从合同,或其他相关文件,或其各自项下相关权利可能存在未成立、未生效、无效或被撤销或消灭的情形;

(d)与资产有关的文件可能存在缺失、内容冲突等相关情形;

(e)与资产相关的义务人可能会在受让人向其追索时提出抗辩或抵销或存在涉及刑事责任的情况;

(f)担保物可能发生灭失、毁损或可能存在欠缴税费、已被第三人查封、存在权属争议、不能办理权属变更、不能实际占有、丧失使用价值或其他减损担保物价值的相关情形;

(g)涉诉资产可能存在败诉、法院不予执行、不能变更诉讼主体或执行主体、已经执行终结、破产终结但债权未获清偿等诉讼及执行风险。

8 受让方关于资产风险的确认

为转让方利益,受让方就资产可能涉及的各项风险向转让方作出如下确认:受让方已被告知、仔细阅读并充分理解本合同及其附件以及资产文件和供投资方审阅文档所揭示的资产风险;除本合同另有约定外,自愿承担上述资产风险,并自愿承担由上述风险造成的一切损失以及不能获得相应预期利益的后果。

律师点评:由于不良资产债权转让的标的为不良资产债权,因此此种债权本身存在诸多无法避免的固有的风险,如不对此进行告知,一旦受让方受让权利后,在向第三方主张权利时遇到障碍,必然以转让方未如实告知为由,包括认为转让方存在欺诈等,而主张撤销合同;就此,转让方有必要在合同中对此进行告知并制定相应的免责条款。上述有关风险告知的条款较为全面地对不良资产债权本身存在的风险进行了揭示和披露,基本规避了受让方在受让后提出撤销之诉而导致合同无效的风险。

条款范例 2:施工合同中,发包人对项目现场以及履行施工合同有关风险的提示。

1.1 在承包人签署合同文件时,承包人应被认为已对现场的相关条件进行了周详的了解和考察,并已充分掌握了下述因素及其对合同履行成本、费用、税金和时间的影响:

(1)现场的状况、环境与限制;

(2)现场的地质、水文与气候特点;

(3)施工及承担质量保证责任所需的工作、人力、机械、材料;

(4)材料、设备的采购、运输、存放、保管及检测；

(5)进出现场的手段及承包人可能需要的食宿与办公条件；

(6)可能受到的来自现场其他承包人的各种影响及所需要的相互配合；

(7)对合同履行有影响或起作用的其他各种可能的风险。

1.2　承包人应被认为对协议书中所写明的合同价和相关费率的正确性及完备程度十分满意，承包人履行合同约定范围内的义务时，不得以任何理由要求发包人支付合同价以外的费用。

1.3　在合同约定的承包人承包内容中，如有部分项目或内容在包干总价、分项包干单价表、工程取费表中未明确列明，应认为其所需的完成费用已由其他计价项目所包含，承包人不得以此为由向发包人提出增加支付合同价的请求。

2. 对交付标的的风险提示和瑕疵告知条款常用模式。

●模式1：

1. 合同标的概况：

(1)标的的坐落：__________；

(2)标的的规划指标：____________；

(3)标的所处周边环境：_____________________；

(4)截至本合同签订时，本合同约定标的存在以下瑕疵：______________。

2. 双方确认，甲方已经对合同标的存在的瑕疵作了如实的陈述和告知，乙方不得以合同标的存在上述瑕疵为由向甲方主张权利(或要求甲方承担违约责任或其他责任损失)。

●模式2：

买受人(或承租人或乙方)确认，在本协议签署前，买受人完全了解合同标的的现状，并已经对该标的进行充分的勘察、检验，对合同标的及周围配套设施、周边环境等已经充分知悉和了解，同意以现状为准。买受人确认该标的完全具备合同约定的各项交付条件，买受人对此不提出任何异议。

(三)对具体交割的形式、程序和步骤应进行约定

1. 应根据交割标的确定交割形式、程序和步骤。

确定交付标的后，应根据标的的特点，相应约定具体的交割形式、程序和步骤，唯有如此，才能在发生纠纷时，负有交付的一方可以依法进行举证，而负有接受义

务的一方,如认为对方交付并不符合双方约定的,也可以相应提出抗辩。

关于交割的形式,如果是动产,则为动产的转移占用;如果是不动产,则为不动产权属登记的变更以及实际占有的转移。

如果是权利,且该权利需进行登记,则为登记的变更过户。

当然,无论何种形式的物,应在交付时尽可能制作交接单,以便于双方作为交付的证据。

除约定交割的形式、程序和步骤外,对于交付一方而言,可以约定在达到交付条件时,如接收方不办理交接手续,则视为完成交付的默示条款,此种条款既可以督促接收方按时接收标的,也可以有效避免在接收方迟迟不履行接收义务的情况下,交付方需承担的风险和相应的费用(如保管费等)。

条款范例:对具体交割形式的约定——银行与不良资产管理公司签订的不良资产债权转让合同对交割的约定条款。

5 资产的交割

5.1 交割

本合同所称资产交割是指在根据本合同确定的地点和时间,双方交割资产的所有资产文件。双方同意,转让方仅有义务按照截至交割日的现状向受让方交割资产的资产文件,但就转让方持有原件的资产文件,转让方应向受让方交付该等资产文件的原件。资产文件交割完毕即交割完成。

5.2 交割日的确定

5.2.1 在符合本合同第5.3条的交割条件的前提下,双方应于交割日开始进行资产的交割。

5.2.2 转让方有权指定一个较早的交割日,但应当至少提前5个工作日书面通知受让方。

5.2.3 经双方协商一致,交割日可推迟至双方一致同意的较晚日期,但交割日不应晚于受让方支付全额价款日后的30个工作日。

5.3 交割条件

在以下交割条件满足的前提下,双方应开始进行资产的交割。除非转让方以书面形式放弃该等条件,转让方按照本合同的规定将资产转让给受让方以及履行资产交割的义务应以下列条件于交割日或交割日之前全部满足为前提:

(1)转让方已经收到受让方全额支付的,根据本合同第3条确定的买价;

(2)受让方已经向转让方提供了如下文件:(a)经确认与原件一致的受让方的营业执照(或注册登记证书)复印件;(b)经确认与原件一致的受让方的公司章程的复印件;(c)经确认与原件一致的批准受让方进行本合同项下交易的内部授权文件的复印件;(d)经确认与原件一致的受让方有权进行本合同项下交易的公司资质文件的复印件。

5.4　交割程序

交割期间,双方应就转让方实际持有的资产文件,按照如下程序,完成清点、审查、核对和交付的工作:

5.4.1　双方指定工作人员,共同清点、审查、核对、交付资产文件。受让方应当对其指定的工作人员出具加盖公章的《授权委托书》,转让方有权拒绝不持有符合上述要求的《授权委托书》的受让方代表参与交付资产文件的交割。

5.4.2　针对资产的资产文件,双方完成清点、审核、核对和交付的工作后,由转让方向受让方指定的代表实际交付相关资产文件。针对资产项下的每一个借款人的全部资产文件核对完毕后,双方应按本合同附件三的格式和内容签署《资产文件收据》,《资产文件收据》一式二份,双方各持一份。

5.4.3　于交割完成之日,双方应按本合同附件四的格式和内容签署《资产交割确认函》,《资产交割确认函》一式二份,双方各持一份。

律师点评:以上是不良资产债权转让合同中关于交割标的、交割程序、交割条件的约定内容。不良资产债权转让合同,其本质上转让的是债权,而非具体的物,换言之,双方交割的是权利并非实物,而权利则体现为相应的资产文件和债权文书。因此,从实际履行以及交割对象来看,双方具体交割的是能证明债权的文件。以上条款就此进行了约定。

另外,以上条款对交割的前提条件也进行了约定,并对交割具体程序以及交割完成后形成的证明文件《资产文件收据》《资产交割确认函》等进行了约定,一旦签署以上文件,即意味着转让方依约完成了权利转让,受让方依约受让了权利。

2. 交割条款常用模式。

●模式1(需要到政府部门办理变更登记的):

本合同签订后【】日内(或者乙方向甲方支付【】元或在满足以下全部条件后),

甲乙双方共同向【】政府部门提交变更过户所需全部资料并取得受理回执,一方不配合办理变更登记的,应承担违约责任,违约方应向对方支付违约金【】元/日,逾期不配合办理变更登记达【】天,守约方有权解除合同,并有权要求违约方按合同总额【】支付违约金。

●模式2(动产标的交付):

本合同签订后【】日内(或者乙方向甲方支付【】元或在满足以下全部条件后),甲方向乙方交付标的,双方签署交接单或乙方或其工作人员在送货单上签字确认的,均视为交付的完成。

●模式3(不动产的交付):

乙方签署交接单或乙方签收钥匙或乙方在甲方通知的时间内未到场接收房屋的(前述以先到者为准),均视为乙方接收房屋,房屋毁损灭失的风险由乙方承担。

(四)默示交付条款及其应用

1. 默示交付条款的意义。

对于负有交付义务的一方而言,一旦履行了交付,即意味着其履行了义务,并将风险转移给相对方,且一旦完成交付,往往意味着其将有权根据合同约定取得相应的款项,因此交付对于负有交付义务的一方而言,意义重大;相反,如果受让方迟迟不接受交付,不在相关的交接单据上签字或盖章,则意味着交付迟迟无法完成,其结果将导致负有交付义务的一方存在违约风险,也导致因未履行交付而迟迟无法取得款项;就经济损失而言,直接导致仓储、资金利息的损失。为了督促接收方积极按约接收标的,很多合同专门约定了默示交付条款——如达到交付条件的情况下,对方未接收标的的,即视为完成了交付,标的风险由受让方承担等类似条款。

关于默示意思表示的效力,《民法典》第140条规定:"行为人可以明示或者默示作出意思表示。沉默只有在有法律规定、当事人约定或者符合当事人之间的交易习惯时,才可以视为意思表示。"根据以上规定,如果双方未在合同约定默示交付条款的,则一方不得以对方超过一定时间未接受交付为由而主张视为交付,因此只有对默示交付条款作出明确约定,才能对双方具有约束力。

条款范例:商品房买卖合同中交房条款中的默示交付条款。

2.《商品房买卖合同》第十一条所述"由于买受人原因导致该商品房未能按期交付"的情况包括但不限于:

(1)买受人未按本协议约定时间或出卖人另行通知时间办理验收和交接手续的。

(2)在房产经建设、施工、监理、设计、勘察五方单体验收合格的情况下,买受人拒不验收房产或拒绝签署《房屋交接单》的。

(3)出卖人按照本协议记载的买受人地址以及通知方式向买受人发送通知的,均视为出卖人送达了通知,且视为买受人收到;买受人所载明的通讯地址错误、不详或变更而未通知出卖人,导致出卖人无法将交房通知送达至买受人的。

(4)其他非出卖人原因导致买受人不按期办理交房手续的。

如出现上述情况,视为房产已经交接(若属于买受人房款未付清的情况,出卖人有权延期交付房产),与房产有关的风险、责任及相关权利义务自合同约定的交房之日起转移到买受人且该房产的保修期自该日起计算。

律师点评:商品房买卖合同中常见的纠纷之一为交房纠纷。交房时,买受人一般会对房屋进行现场查看,在发现房屋存在诸如空鼓、抹灰不平整、部分地方漏水、栏杆色差等瑕疵的,一般拒绝收房;有的情况下,由于买受人通讯地址变更未通知出卖人,导致交房通知无法送达;以上情况导致的结果是买受人未签署任何交房的确认,有的买受人会以出卖人未按约交房为由主张逾期交房的违约责任。对于出卖人而言,合同一般会约定明确的交房条件(比如经建设、勘察、设计、施工、监理五方验收通过),只要达到交房条件即可办理交房,至于房屋质量瑕疵,只要不涉及结构安全,属于质量保修范围,出卖人可以进行整改,但不是买受人拒绝收房的理由,基于此,出卖人一般会有针对性地对质量瑕疵、通讯地址错误等情况下的交房事宜约定默示条款,即买受人不得以前述为由拒绝收房,否则视为房屋已经交接。

案例:商品房买卖合同中明确约定默示交房条款的,法院予以支持

王某兴、田某容等与恩施州九尊房地产开发有限责任公司房屋买卖合同纠纷案

案号:湖北省恩施市人民法院(2020)鄂2801民初6721号

裁判意见:本院认为,依法成立的合同,对当事人具有法律约束力。本案中,原告、被告双方签订的《商品房买卖合同(预售)》及《补充协议》,系双方当事人的真实意思表示,且内容不违反法律、行政法规的强制性规定,合法有效,双方均应当按照合同约定全面履行各自的义务。当事人一方不履行合同

义务或者履行合同义务不符合约定的,应当承担继续履行、采取补救措施或者赔偿损失等违约责任。

合同签订后,原告按约履行了支付购房款的义务,被告应当按合同约定的交付条件和交付时间履行交付商品房的义务。本案原告、被告约定的房屋交付时间为2019年12月31日,该约定内容不是有关物权变动的内容,而是房屋交付使用的有关问题,实际上是有关转移占有的相关内容。虽然双方在合同第9条约定的交付使用条件为“1.该商品房已取得建设工程竣工验收备案证明文件;2.该商品房已取得房屋测绘报告;3.该商品房取得商品房交付使用批准文件;4.买受人已付清本合同所有价款及相关税费;5.该商品房已通过规划条件核实”。但原告、被告在随后签订的《补充协议》第6条中将此前约定的交付条件变更为“出卖人已向该商品房所在地政府相关主管部门递交了办理该商品房建设工程竣工验收备案所需的全部文件”,同时双方对“视为交付”进行了约定,该约定内容不违反法律规定,且不属于免除其责任、加重对方责任、排除对方主要权利的条款,该约定合法有效,据此,本案应以双方在《补充协议》中的约定为交房条件。从审理查明的案件事实来看,虽然被告九尊公司于2019年12月27日在《恩施晚报》刊登了交房公告,但被告九尊公司于2020年1月23日才将办理该商品房建设工程竣工验收备案所需的全部文件递交给恩施土家族苗族自治州住房和城乡建设局审查并获准备案,即案涉商品房于2020年1月23日才符合双方约定的交付条件和视为交付的条件。因被告九尊公司已于当日在“九尊上苑·天誉”小区粘贴公告通知业主收房,自即日起应视为涉案商品房已交付,故被告九尊公司应就2020年1月1日至23日承担逾期交房的违约责任。自2020年1月24日至5月1日,被告未能办理交房手续,系因受新型冠状病毒感染××疫情的影响,湖北省启动突发公共卫生应急Ⅰ级响应,属不可抗力,被告九尊公司不构成违约,亦不应承担违约责任。在此期间,随着新型冠状病毒感染××疫情逐渐向好,被告九尊公司于2020年4月23日再次在《恩施晚报》刊登公告,催告“九尊上苑·天誉”小区未接房的业主办理房屋交接手续,并承诺就逾期交房时间(2020年1月1日至23日)按《商品房买卖合同(预售)》约定向全体业主支付逾期交房违约金,该承诺系被告九尊公司的真实意思表示,亦符合《商品房买卖合同(预售)》及《补充协议》的约定,本院予以确认。关于原告主张被告继续履行双方签订的《商品房买卖合同(预售)》,立即将检验合格的标的房屋交付原告的诉求,因被告九尊公司应交付给原告的商品房已于2020年1月23日符合双方签订的《补充协议》约定的交房条件并已公告通知业主收房,根据《补充协议》的约定,应视为被告已经交房,虽受新型冠状病毒感染××疫情的影响,自2020年1月24日至5月1日属于不可抗力的情形而交付不能,但被告九尊公司在疫情逐渐向好时,于2020年4月23日再次登报告知"九尊上苑·天誉"小区未接房业主自即日起恢复办理房屋交接手续(原告王某兴、田某容已于公告当日实际接收涉案商品房),即至原告起诉时,其主张的被告九尊公司不履行合同、应交付的商品房不符合交付条件的情形与审理查明的事实不符,本院不予支持。基于前述事实和理由,对原告请求支付的违约金,本院据实自2020年1月1日至23日予以支持,根据合同约定,应支付的违约金为6334.46元(918,038元×23天×0.3‰);对其余部分,本院不予支持。

律师点评:本案系商品房买卖合同中常见的交房纠纷,此类纠纷主要涉及两方面内容:一方面是交付条件,此种纠纷主要涉及双方约定的交付条件是否合法,能否作为法院判定作为房屋交付的条件;另一方面是在达到交付条件后,因房屋存在质量瑕疵或配套设施未完善原告是否有权拒绝收房并以此追究出卖人逾期交房的责任。本案即属于第二种情况。

关于房屋交付,出卖人一般都会约定默示交付条款,如本案中,双方签订的《商品房买卖合同(预售)》之《补充协议》第6条:商品房交付(1)该商品房交付时应当符合的条件为:出卖人已向该商品房所在地政府相关主管部门递交了办理该商品房建设工程竣工验收备案所需的全部文件。买受人自愿同意不以取得该商品房综合竣工验收备案登记证和测绘报告为交付条件。(2)除非出卖人书面通知买受人变更交付商品房的时间,否则合同第11条第1款约定的时间即交房时间。买受人应当按约定时间,到位于恩施市××办事处松树××村的"九尊上苑"售房部或指定地点接房。否则,从出卖人书面通知的买受人办理房屋交接手续之日起或合同约定的房屋最后交付之日起(前述日期以先到为准),即视为买受人对该商品房及一切所述设施均无异议并同意接收该房产,商品房交接手续即视为办理完毕,保修期即开始计算。买受人应承担交房后应缴交的物业管理费、房屋公共维修基金、公摊水电费、滞纳金等相关费用并承担相应风险,同时出卖人可自期满次日起每日按总房价的万分之一向买受人收取保管费。

在实务中,在房屋达到双方约定交付条件的情况下,由于房屋存在质量瑕疵或原告出于各种原因未能按出卖人交房通知书要求的时间办理收房手续,并以此认为出卖人逾期交房并追究出卖人逾期交房的责任,对此,出卖人则援引默示交付条款进行抗辩,如双方约定的默示交付条款未违反强制性法律法规的,或者出卖人拟交付的房屋并非存在结构性安全或严重质量问题而导致无法正常居住使用的,法院一般都会以双方约定了默示交付条款为由,直接认定房屋已经交付。本案中,法院认为:因被告九尊公司已于当日(2020 年 1 月 23 日)在"九尊上苑·天誉"小区粘贴公告通知业主收房,自即日起应视为涉案商品房已交付,故被告九尊公司应就 2020 年 1 月 1 日至 23 日承担逾期交房的违约责任。

2. 默示交付条款常用模式。

●模式 1:

买受人应在接到出卖人货物交付通知后的【】日内到【】地点办理货物接收(或接收货物),逾期视为出卖人已经按约完成货物交付,货物毁损灭失的风险由买受人承担,由此产生的场地占用费以及其他费用等亦由买受人承担。

●模式 2:

甲方应在收到货物后的【】日内按照本合同约定进行检验,逾期检验的,视为乙方供应货物符合双方约定。

●模式 3:

甲方收到乙方提供的【】(如结算文件、设计成果等)后的【】日内,未提出异议的,视为甲方同意乙方提供【】符合双方约定(或视为甲方同意乙方申报的结算金额等)。

(五)对于交付的标的物如需要运输的,应约定具体的交货方式(是买受人上门自提还是供方负责送货)、在途风险的负担

1. 相关法律规范。

《民法典》第 603 条规定:"出卖人应当按照约定的地点交付标的物。

当事人没有约定交付地点或者约定不明确,依据本法第五百一十条的规定仍不能确定的,适用下列规定:

（一）标的物需要运输的，出卖人应当将标的物交付给第一承运人以运交给买受人；

（二）标的物不需要运输，出卖人和买受人订立合同时知道标的物在某一地点的，出卖人应当在该地点交付标的物；不知道标的物在某一地点的，应当在出卖人订立合同时的营业地交付标的物。”

第604条规定：“标的物毁损、灭失的风险，在标的物交付之前由出卖人承担，交付之后由买受人承担，但是法律另有规定或者当事人另有约定的除外。”

第605条规定：“因买受人的原因致使标的物未按照约定的期限交付的，买受人应当自违反约定时起承担标的物毁损、灭失的风险。”

第606条规定：“出卖人出卖交由承运人运输的在途标的物，除当事人另有约定外，毁损、灭失的风险自合同成立时起由买受人承担。”

第607条规定：“出卖人按照约定将标的物运送至买受人指定地点并交付给承运人后，标的物毁损、灭失的风险由买受人承担。

当事人没有约定交付地点或者约定不明确，依据本法第六百零三条第二款第一项的规定标的物需要运输的，出卖人将标的物交付给第一承运人后，标的物毁损、灭失的风险由买受人承担。”

第608条规定：“出卖人按照约定或者依据本法第六百零三条第二款第二项的规定将标的物置于交付地点，买受人违反约定没有收取的，标的物毁损、灭失的风险自违反约定时起由买受人承担。”

2. 交货方式条款常用模式。

对于需要通过运输完成交付的货物，为避免争议，合同应当约定交货地点、运输的责任和费用承担、风险转移的时间节点。

常用模式举例：

产品的交付：供方送货，即采取供方送货上门方式，供方应当在接到需方通知后【 】日内将需方要求的货物送到需方指定地点，经过需方验收合格并签署确认书。在需方验收合格后并签署供货清单前，由于运输发生的各种费用包括但不限于运输费，货物到达指定地点的装卸费等各种费用以及在途风险用由供方承担。

第五章

违约责任

第一节　违约责任的本质及特性

一、违约责任的本质及特性

违约责任，本质上也是债，“其实，民事责任只是一种特殊的民事义务而已，是一种特别的债。近代民事上的民事责任，本质上是一种特殊的债权债务关系”。[①]

我国民事立法明确区分债和责任，《民法典》第176条规定：“民事主体依照法律规定或者按照当事人约定，履行民事义务，承担民事责任。”可见，债务是按照合同约定或法律规定，在当事人之间产生的特定的权利和义务关系；而责任则是民事主体不履行合同义务或法定义务由国家强制其继续履行、赔偿损失或承担其他负担。二者的不同在于，债务的产生不包括任何对债务人的强制，当债务人不履行债务时，强制其履行、赔偿损失则属于民事责任问题。当然，在有些场合，责任与债务未作严格区分，甚至相互替代，如合伙人的连带责任、债务清偿责任等。[②]

《民法典》第577条规定：“当事人一方不履行合同义务或者履行合同义务不符合约定的，应当承担继续履行、采取补救措施或者赔偿损失等违约责任。”

违约责任作为合同的一部分，既是对违约方的惩罚手段，也是对守约方的救济和补偿措施，因此违约责任本身兼具惩罚性和补偿性的功能。

“违约责任的惩罚性，是指道德和法律谴责与否定违约方过错责任的法律属

---

① 梁慧星：《民法总论》，法律出版社1996年版，第79页。

② 最高人民法院民法典贯彻实施工作领导小组主编：《中华人民共和国民法典理解与适用(二)》，人民法院出版社2020年版，第714页。

性。这种法律属性可以通过高于实际损失数额的赔偿金或违约金来体现,还可以通过强制实际履行同时支付违约金或赔偿金来体现。违约责任惩罚性的目的是促使当事人严格履行合同和适当履行合同义务。违约责任的惩罚性客观的存在于过错违约的场合。"①

"违约责任的补偿性,是指违约责任所具有的填补违约相对方损失的法律性质,在违约相对方的损失为财产损失时,违约责任的补偿性通过支付违约金、赔偿金和其他方式而实现,从可能性变为现实性。违约责任承担之后,使违约方的相对方的实际损失得到全部补偿。从公平和等价交换原则看,由于一方当事人的违约行为使另一方当事人遭受损失,违约方也应当以自己的财产赔偿对方全部损失。补偿性原则体现在:一是因违约造成财产损失的情况下,应当以实际损失作为确定赔偿范围的标准,无损失则无赔偿。二是损失赔偿不能超过实际损失。违约责任的补偿性,也就意味着违约方的相对方不能因此获利。"②

二、从合同履行和管理看违约责任条款

合同的双方当事人如都按约履行合同,违约责任条款并无适用的余地,因此违约条款的适用必须以一方或双方违约为前提。

违约责任条款的设立,其最终目的在于合同一方期望通过设立违约条款,使其在双方发生争议并诉至法院或仲裁庭后,能取得最大化的利益,但实务中,双方因为合同纠纷诉至法院的毕竟属于少数,大多数情况下,即便双方发生纠纷,都是通过协商解决,因此,对于合同一方而言,设立违约条款的直接目的在于督促对方履行合同,且在发生纠纷时,可以援引违约条款使己方在谈判中取得优势地位,并直接以此扣减对方应得款项或要求对方应增加一定的合同价款。

正是基于以上原因,在设定违约条款时,必须具有可操作性和在对方违约时的可计算性。

如某建设工程施工合同关于工期延误的违约金条款(以下所举例子的合同价款为工程量清单报价,最终结算价按实际完成工程量确定):

---

① 崔建远:《合同法学》,法律出版社 2015 年版,第 241 页。

② 王利明:《合同法新问题研究》,中国社会科学出版社 2011 年版,第 671 ~ 672 页。

条款1:因乙方原因造成工期延误,属乙方违约,每延期一天按合同暂定总价款的万分之三向甲方支付违约金,并赔偿由此给甲方造成的损失。

条款2:因乙方原因造成工期延误,属乙方违约,每延期一天按合同最终结算价款的万分之三向甲方支付违约金,并赔偿由此给甲方造成的损失。

以上是关于工期延误,承包方需承担工期延误违约金责任的条款,条款1约定的是按合同暂定总价每日万分之三,条款2约定的是按结算价每日万分之三支付违约金,两种约定方式各有利弊:条款1约定违约金计算基数为合同暂定总价,双方在合同价款部分也约定了暂定总价,因此一旦承包方违约,发包方即可援引该条轻而易举地计算出承包方每天应支付的违约金金额,但其不足在于,由于双方未进行结算,因此,合同约定的暂定总价有可能大于或小于实际结算价,并且该价款未能将签证金额计入计算违约金的基数,其导致的结果是计算出的违约金金额可能小于按结算价作为计算基数情况下的违约金金额,但该条后半段也约定了"赔偿由此给甲方造成的损失",因此此约定在一定程度上保留了继续追索承包方因其违约行为造成发包人损失的权利(当然即便未约定,发包方也可根据《民法典》第584条规定主张其损失赔偿的权利)。当然,此种约定的优点也较为突出,因为如果按结算金额作为计算基数,一旦双方发生纠纷,比如,工程施工至一半未能继续施工,工程完工后迟迟无法竣工并导致无法进行结算,或者承包方由于各种原因迟迟不配合结算,则导致结算金额迟迟无法确定,并最终导致即使承包人逾期竣工,但只要双方未结算,迟延履行违约金额始终无法确定,发包人即便要追究承包人违约责任,也无法计算出违约金,如此既不利于督促承包方尽快施工,也不利于发包人在承包人逾期时直接追究其违约金责任,因此条款2的弊端应该说更为明显,且在很大程度上导致该条款未能在承包方违约时即时发挥作用。

综合上述,从合同履约管理和实用性看,条款1显然优于条款2。

第二节　设定违约条款的原则

一、相关法律规范

《民法典》第585条规定:"当事人可以约定一方违约时应当根据违约情况向

对方支付一定数额的违约金,也可以约定因违约产生的损失赔偿额的计算方法。

约定的违约金低于造成的损失的,人民法院或者仲裁机构可以根据当事人的请求予以增加;约定的违约金过分高于造成的损失的,人民法院或者仲裁机构可以根据当事人的请求予以适当减少。

当事人就迟延履行约定违约金的,违约方支付违约金后,还应当履行债务。”

从以上规定可以得出以下结论:

其一,关于违约金,可以是具体数额,也可以是计算方法,但该计算方法计算的对象是因违约产生损失,换言之,对于与违约无关的损失,不属于赔偿范围,因此不应计入损失,相应地,约定的计算方法不得就此进行计算并计入损失范围。

其二,双方约定的违约金金额未必能得到法院的全部支持。根据以上规定,人民法院或仲裁机构可以根据当事人的请求,以实际损失为基准,对约定的违约金低于造成的损失,可以请求增加;约定的违约金过分高于损失的,可根据当事人请求适当给予减少。

二、设定违约条款应遵循的原则

1. 原则1:任何合同,均应设定逾期履行义务的逾期违约金条款。

2. 原则2:合同约定的义务均有相应的违约条款相对应,必要时应设定相应的兜底条款;设定的违约条款,尽可能是具体的违约金金额,或在对方违约时可以直接根据合同约定计算出违约金金额的计算方式。

3. 原则3:逾期违约条款必须设定在达到一定天数时的解除权。

4. 原则4:违反其他义务的情形,除设定违约金条款外,应约定在达到一定程度或条件时的解除权。

5. 原则5:设定违约解除权条款,应同时设定解约违约金。

三、违约条款常用模式

●模式1:

乙方存在下述一种或数种行为的,均视为违约:……

●模式2:

乙方未按照本协议约定的义务或法律法规或规范性文件规定的义务履行的,视为违约,应按本协议约定承担违约责任。

第三节 如何约定违约条款

一、原则1:任何合同,均应当设定逾期履行义务的逾期违约金条款

(一)法律规范对义务的有关分类和规定

合同内容一般都是由权利义务组成。其中义务在合同中包括主要义务和附随义务,违反主要义务和附随义务的法律后果不同。

违反合同主要义务,经催告仍未履行的,守约方有权解除合同。《民法典》第563条第1款规定:"有下列情形之一的,当事人可以解除合同:(一)因不可抗力致使不能实现合同目的;(二)在履行期限届满前,当事人一方明确表示或者以自己的行为表明不履行主要债务;(三)当事人一方迟延履行主要债务,经催告后在合理期限内仍未履行;(四)当事人一方迟延履行债务或者有其他违约行为致使不能实现合同目的;(五)法律规定的其他情形。"

关于附随义务,《民法典》第509条规定:"当事人应当按照约定全面履行自己的义务。当事人应当遵循诚信原则,根据合同的性质、目的和交易习惯履行通知、协助、保密等义务。"

《民法典》第599条规定:"出卖人应当按照约定或者交易习惯向买受人交付提取标的物单证以外的有关单证和资料。"

《民法典》第609条规定:"出卖人按照约定未交付有关标的物的单证和资料的,不影响标的物毁损、灭失风险的转移。"

关于对附随义务违反的法律后果,《民法典》合同编的通则并未作出专门的规定,但在"典型合同"的部分条款中有相关规定,因此对附随义务的违反,《民法典》第二分编有规定的,按规定,未规定的,可以适用《民法典》第577条的规定(《民法典》第577条规定:当事人一方不履行合同义务或者履行合同义务不符合约定的,应当承担继续履行、采取补救措施或者赔偿损失等违约责任)。

从以上规定不难看出,对于主要义务的违反,法律规定了在一定条件下守约方的解除权,但附随义务并未作出如此规定。而判断一份合同中某一项义务是主要义务还是附随义务,需根据不同合同的性质类型、合同目的,并结合双方约定内容来判断,不能一概而论。从合同一方的主观判断来说,是否是合同主要义务,关键在于其自身的认知即某项或数项义务对于其自己而言是否决定着其签订并履行该合同并通过签订履行该合同取得其预期的利益,在此情况下,其往往会将此种认知以对方需履行的义务体现在合同中,同时一旦逾期履行该等义务,往往可能导致缔约主要目的落空或难以实现,在此情况下,一般都对这类义务设定一定的履行期限以及逾期的违约责任。

(二)如何设定逾期履行义务的逾期违约金条款

1. 合同的主要义务以及关系当事人一方主要利益或关系到当事人一方签订履行合同主要目的能否实现的义务条款,都应当设定相应的逾期违约金条款。

条款范例1:商品房买卖合同中,出卖人的主要权利为收取房价款,买受人的主要义务为按照双方约定缴纳房款,因此在商品房买卖合同中,出卖人都会制定详细的关于房价款的确定和交纳的条款,并约定逾期缴纳房款的责任后果。

第八条　逾期付款责任

除不可抗力外,买受人未按照约定时间付款的,双方同意按照下列第2种方式处理:

1. 按照逾期时间,分别处理[(1)和(2)不作累加]。

(1)逾期在×日之内,买受人按日计算向出卖人支付逾期应付款万分之×的违约金。

(2)逾期超过×日[该期限应当与本条第(1)项中的期限相同]后,出卖人有权解除合同。出卖人解除合同的,应当书面通知买受人。买受人应当自解除合同通知送达之日起×日内按照累计应付款的×%向出卖人支付违约金,同时,出卖人退还买受人已付房价款(含已付贷款部分)。

出卖人不解除合同的,买受人按日计算向出卖人支付逾期应付款万分之×[该比率不低于第(1)项中的比率]的违约金。

本条所称逾期应付款是指依照第七条及附件三约定的到期应付款与该期实际已付款的差额;采取分期付款的,按照相应的分期应付款与该期的实际已付款的差额确定。

2.(1)买受人逾期在30日之内的,自本合同规定的应付款期限届满之日起至买受人实际付清应付款之日止,买受人按日向出卖人支付逾期应付款万分之五的违约金,合同继续履行。

(2)买受人逾期超过30日后,出卖人有权解除合同。出卖人解除合同的,应当书面通知买受人。买受人应当自解除合同通知送达之日起7日内按照本合同总价款的20%向出卖人支付违约金并承担出卖人为此已缴纳的各项税费及出卖人为追索上述债务而产生的诉讼费、律师费、保全费、保险公司保函费用、公告费、执行费、差旅费等各种费用(如有),同时,出卖人无息退还买受人已付房价款(含已付贷款部分)。出卖人同意继续履行的,买受人应当自本合同规定的应付款期限届满之日起至实际清偿全部应付款之日止,按日向出卖人支付逾期应付款万分之五的违约金,并承担出卖人为追索上述债务而产生的诉讼费、律师费、保全费、保险公司保函费用、公告费、执行费、差旅费等费用(如有)。

(3)买受人逾期付款的,包括但不限于购房款、面积差价款、违约金及按揭贷款等,除承担约定的违约责任外,出卖人有权将合同约定的房屋交付期限、办证期限相应顺延。若买受人未及时支付购房款以外的税费等其他费用,导致不能及时接收、使用该商品房或者不能办理合同或权属登记的,出卖人不承担任何责任。

(4)双方约定,对于买受人应支付予出卖人的违约金,出卖人有权自应退还买受人的房款中直接扣除。如出卖人选择继续履行合同的,买受人应在7日内付清违约金并承担上述各项费用。

补充协议:

第二条　付款方式

买受人同意选择以下第一种付款方式:

(一)一次性付款方式

买受人应在签订《商品房买卖合同》的当日,一次性向出卖人付清合同总价款人民币(大写)__佰__拾__万__仟__佰__拾__元整(¥____元,已付定金自动转为房价款的组成部分)。

(二)银行按揭付款

1.买受人在签订《商品房买卖合同》前已充分了解个人办理银行按揭贷款应

具备的条件及手续,并自愿承担因办理按揭贷款产生的所有风险。

2. 买受人须在签订《商品房买卖合同》的当日向出卖人支付合同总价款的__%作为首付款,计人民币(大写)__佰__拾__万__仟__佰__拾__元整(¥____元,已付定金抵作首付款)。

3. 其余__%的房款,计人民币(大写)__佰__拾__万__仟__佰__拾__元整(¥____元,由买受人向出卖人认可的按揭银行申请按揭贷款支付至出卖人银行账户)。

(三)分期付款

1. 首期付款:买受人应在签订《商品房买卖合同》的当日,一次性交付合同总价款的__%,计人民币(大写):__佰__拾__万__仟__佰__拾__元整(¥____元,已付定金抵作首期付款);

2. 第二期付款:买受人应于________年____月____日前,一次性交付合同总价款的__%,计人民币(大写):__佰__拾__万__仟__佰__拾__元整(¥____元);

3. 第三期付款:买受人应于________年____月____日前,一次性交付合同总价款的__%,计人民币(大写):__佰__拾__万__仟__佰__拾__元整(¥____元);

4. 第四期付款:买受人应于________年____月____日前,一次性交付合同总价款的__%,计人民币(大写):__佰__拾__万__仟__佰__拾__元整(¥____元)。

买受人同意在未付清全部购房款及其他相关费用前,出卖人不向房屋登记机构申请办理《商品房买卖合同》网签备案、预告登记手续,且出卖人不用为此承担任何责任。

第三条　银行按揭

1. 出卖人负责联系提供贷款的银行,买受人的按揭申请、贷款额度、贷款年限由银行审批确定。买受人应在签订合同之日起3日内到出卖人联系的银行办理贷款手续,并提交符合银行要求的全部资料及缴纳相关费用;经银行审批符合要求并同意发放贷款的,买受人在接到出卖人或银行通知后3日内须到银行指定的地点签订个人购房借款合同及办理抵押登记备案手续。逾期不办理相关手续的或不签订合同的,视为买受人违约,每逾期一日,买受人按合同总价款的万分之五支付违约金,逾期超过7日的,出卖人有权解除合同,并有权要求买受人支付合同总价款20%的违约金。

2. 如银行要求买受人提供其他个人相关资料或银行批准的按揭金额低于买受

人所申请的按揭金额的,或因政策调整及买受人个人信誉等原因需增加首付款的,买受人须在接到出卖人或银行通知后3日内向银行提交资料及向出卖人补齐首期款差额。逾期不交资料或不补齐款项,视为买受人违约,每逾期一日,买受人按合同总价款的万分之五支付违约金;逾期超过7日的,出卖人有权解除合同,并有权要求买受人支付合同总价款20%的违约金。

3. 如买受人的按揭申请不能通过银行审批的,或如银行因买受人逾期而拒绝向买受人发放贷款的,或买受人未能按银行通知缴纳相应保险费或其他按揭费用的,或买受人不同意接受贷款银行确定的贷款利率的,买受人应接到出卖人或银行通知后7日内一次性付清全部房价款,逾期的,视为买受人不履行合同,出卖人有权解除合同,并可要求买受人支付合同总价款20%的违约金。

4. 买受人因办理按揭贷款手续所发生的各项费用由买受人自行承担。

5. 由出卖人提供购房贷款担保,买受人办理银行按揭的,买受人必须无条件不可撤销地委托出卖人代为办理房产《不动产权证书》及抵押他项权证,并承担代办费用。房产不动产证办妥后,由出卖人直接转交抵押银行。

6. 买受人因未依约向银行偿还贷款本息而导致出卖人承担阶段性还款担保责任代买受人还贷(如直接扣划出卖人保证金代偿买受人应支付银行按揭贷款本息等),买受人应在出卖人的保证代偿行为发生之日起3日内向出卖人偿还代偿款项(包括本、息);否则,自出卖人代偿行为发生之日起,每逾期一日,买受人应按出卖人代偿款项总额的千分之一向出卖人支付逾期还款的违约金,并承担出卖人为追索前述代偿款项而支出的全部费用(包括但不限于诉讼费用、律师费、调查取证费、差旅费)。

7. 如因买受人拖欠银行贷款本息导致银行向出卖人提出承担连带担保责任要求的,出卖人有权解除合同,收回该房产另行处理,买受人应按合同总价款的20%(非住宅的违约金比例为合同总价款的30%)向出卖人支付违约金。

8. 如因买受人原因致使该房产被司法机关或行政机关查封、预查封、扣押、冻结、划拨并因此损害到出卖人权益的,出卖人有权选择解除本合同,将该房产收回另行处理,并要求买受人应按合同总价款的20%(非住宅的违约金比例为合同总价款的30%)向出卖人支付违约金。

9. 买受人保证其支付给出卖人的所有购房款为其合法所有,来源合法,不会被法院、检察院、公安机关或任何有权机关追索。如因买受人已付购房款被有权机关追索、冻结或导致出卖人丧失占有,出卖人有权立即解除合同,收回该房产另行处理。由此造成的后果全部由买受人承担,且买受人应赔偿出卖人全部损失。

10. 买受人承诺其作为房屋购买人完全符合国家及南宁市关于购房条件的要求,能够按照国家及南宁市政府部门的要求提供信息和资料,并保证所提供信息、资料真实、准确。在签订《商品房认购协议书》《商品房买卖合同》前,出卖人已向买受人详尽告知了南宁市的购房政策,买受人已仔细阅读了《南宁市人民政府关于规范经济适用住房管理的通知》以及《关于加强房地产开发项目车位和车库租售管理的通知》,清楚地知道南宁市对购买了经济适用房等保障性住房或"两限(限制价格、限制面积)房"后再购买商品房的相关规定及限制。出卖人对买受人是否具备购房的资格没有审查义务,如买受人不符合规定条件签订《商品房买卖合同》,作虚假陈述或向出卖人、南宁市房屋产权交易中心、按揭银行提供虚假材料购买房产,导致与出卖人签订的合同无法履行的,出卖人有权单方解除《商品房买卖合同》及本补充协议、收回该房产另行出售。同时,买受人应按《商品房买卖合同》总价款的20%向出卖人支付违约金,买受人的损失自行承担,与出卖人无关。

律师点评:以上是较为完整的商品房买卖合同中关于付款的约定。商品房买卖合同常见的付款方式包括一次性付款、按揭付款、全款分期。一次性付款是指在签订商品房买卖合同当日即付清全部款项,因开发商与买受人签订商品房买卖合同前,均要求买受人一次性付清全款,因此一次性付款条款约定买受人签订合同当日付清全部款项。

银行按揭是指购房者以所购房屋之产权作为抵押,由银行先行支房款给发展商,以后购房者按月向银行分期支付本息,银行按揭的成数通常由五成到八成不等,期限由1年到30年不等。银行按揭实务中最常见的问题:买受人签订商品房买卖合同迟迟不去办理银行按揭手续;买受人因征信不符合银行要求而无法办理按揭;买受人因流水不足而导致按揭金额少于申请金额。针对以上情况,开发商必须在商品房买卖合同中约定买受人办理完成按揭的时间;无法办理按揭或按揭金额补足的,需在规定时间内一次性付清全部房价款或补足房价款。

全款分期付款方式,则必须约定每一期付款的时间和金额,相应的责任。

在商品房买卖合同中,付款义务系买受人的主要义务,因此以上条款对每期付款节点均设定了违约金条款以及逾期达到一定程度时的解约条款,并约定了相应的解约违约金和赔偿。因此上述条款系较为完整的关于付款义务约定的条款。

条款范例2:供货合同中的违约条款。

八、供方的违约责任

1. 供方不能按时交货的,每逾期一日向需方按合同总价款的千分之一支付违约金。造成需方损失还应承担相应的赔偿责任。供方逾期供货累计达10日的,需方有权解除合同,并有权要求供方按照合同总价的30%支付违约金。

2. 供方所供产品品种、品牌、产地、生产厂家、型号、规格、花色、质量不符合合同规定的,如果需方同意利用,如果产品实际价格超过合同约定价格的,按照合同约定价格八折计价;低于合同约定,按照实际市场价格的五折确定最终价格。如果需方不同意利用的,需方有权行使下述一种或数种权利:

(1)解除合同,并有权要求供方立即退还全部已付款,按合同总价20%支付违约金;

(2)需方有权要求供方立即退、换货,并由供方承担由此产生的一切费用,同时不免除供方逾期交货的责任。

律师点评:在供货合同中,需方的主要权利在于要求供方按时供货,相应地,供方的主要义务是按照双方约定的质量标准和时间完成供货,因此在供货合同中有必要设定供方逾期供货的违约责任。以上条款约定了供方逾期供货违约责任以及逾期供货达到一定天数时需方的解除权。

当然,供方所供货物的质量标准必须符合双方约定,因此应当约定供货不符合质量标准的责任。

《民法典》第610条规定:"因标的物不符合质量要求,致使不能实现合同目的的,买受人可以拒绝接受标的物或者解除合同。买受人拒绝接受标的物或者解除合同的,标的物毁损、灭失的风险由出卖人承担。"

条款范例3:建设工程施工合同对各关键节点设定违约金条款。

本工程重要节点时间(工期)要求及处罚具体见下表:

1. 开工日期:2015年11月1日(暂定)(具体以甲方项目经理部现场书面通知为准,不包括乙方准备及搭设临时设施时间,由乙方自行考虑在开工之前完善)。

2. 竣工日期:2017年3月30日(暂定),以节点要求为准(展示区范围的施工工期和竣工工期按甲方给定的工期执行且不论开工时间延迟或推后,此竣工日期不变)。

邻里中心及下沉广场(展示区)

序号	节点控制工期内容	开始时间	完成时间	日历天	违约处罚(元/天)
1	基础施工	2015年11月4日	2015年11月19日	15	50,000
2	结构完成	2015年11月20日	2015年12月9日	20	50,000
3	二次结构完成	2015年12月10日	2016年12月22日	13	50,000

一期非展示区

序号	节点控制工期内容		开始时间	完成时间	日历天	违约处罚(元/天)
1	地下室出±0.00(车库顶板浇筑完成)	1、2、7、8、10#楼	2015年11月1日	2015年11月30日	30	10,000
		9、17、18#楼	2015年11月20日	2016年1月4日	45	10,000
2	主体达到预售条件(以达到预售条件为准,含搭设外架)	1、2#楼	2015年12月1日	2015年12月25日	25	10,000
		7#楼	2015年12月1日	2016年1月16日	46	10,000
		8、10、18#楼	2016年1月5日	2016年3月20日	75	10,000
		9、17#楼	2016年1月5日	2016年3月30日	85	10,000
3	主体封顶(含斜屋面)	1、2#楼	2015年12月1日	2016年3月15日	104	10,000
		7#楼	2015年12月1日	2016年3月30日	120	10,000

续表

序号	节点控制工期内容		开始时间	完成时间	日历天	违约处罚(元/天)
3	主体封顶(含斜屋面)	8、10、18#楼	2016年1月5日	2016年7月3日	180	10,000
		9、17#楼	2016年1月5日	2016年8月7日	215	10,000
4	外架拆除完成(含垂直运输设备)	1、2#楼	2016年3月15日	2016年7月6日	113	20,000
		7#楼	2016年3月31日	2016年8月21日	143	20,000
		8、10、18#楼	2016年7月4日	2016年12月15日	164	20,000
		9、17#楼	2016年8月8日	2017年2月4日	180	20,000
5	室外管网、道路完成	一期		2017年3月7日		20,000
6	竣工验收(含竣工备案完成)	一期		2017年3月30日		20,000

律师点评:建设工程施工合同中,承包人的主要义务是按照合同约定工期保质保量的完成工程建设和竣工验收,因此工期在建设工程施工合同中是主要且必不可少的条款。建设工程施工合同的工期通常包括节点工期和竣工工期。一般情况下,只有节点工期能按期完成,才能保证最终的竣工工期按期完成,因此建设工程施工合同中一般会以竣工日期为结束点,对工期进行倒排,并约定关键节点工期,承包人未能按照节点工期完工的,则需承担违约责任,以上条款即通过表格的方式,对节点工期以及相应的违约责任进行了明确约定。

案例:对主要义务的履行必须约定具体的履行期限及逾期违约金条款

容某、李某洋等与广西HG资本运营集团有限公司商品房预售合同纠纷案

案号:广西壮族自治区南宁市青秀区人民法院(2019)桂0103民初13126号

原告:容某,女,住南宁市青秀区。

原告:李某洋,男,住广西博白县。

被告:广西 HG 资本运营集团有限公司。

原告诉请要点

1. 被告向原告支付逾期交房违约金 142,660.03 元(计算方式:以购房款 1,184,884 元为基数,自 2016 年 8 月 29 日起计至 2017 年 6 月 25 日止,共计 301 日,按 0.4‰/日计算);

2. 本案诉讼费用由被告承担。

事实与理由:2015 年 10 月 31 日,原告、被告签订《南宁市商品房买卖合同》,约定原告以 1,184,884 元的价格向被告购买位于南宁市×区×路×号×号住宅楼×号房。被告应在 2016 年 8 月 28 日前向原告交付经验收合格的房屋,否则应承担逾期交房的违约责任。合同签订后,原告向被告支付购房款 1,184,884 元,但被告直至 2017 年 6 月 25 日才交付涉案房屋。根据合同约定,被告已延期交房 301 天,构成违约,应依照合同约定向原告支付违约金。原告诉至法院,提出前述诉请。

被告答辩要点

(1)被告未在合同约定的期限内交付房屋是政府政策原因或不可抗力所致,具体表现为市政规划道路未开通建设等,根据合同约定,被告可以据实延期交房。(2)涉案商品房达到交付条件后,被告于 2017 年 4 月 28 日通过《南国早报》公告交房,并在涉案小区公示栏张贴收房通知,定于 2017 年 5 月 3 日开始办理收房手续,内容载明如逾期办理收房手续的视为收房。因此原告的逾期交房违约金计算至 2017 年 6 月 25 日没有依据。(3)根据合同约定,应扣除由于大雨以上导致停工的天数、由于中考、高考、“两会一节”期间无法施工的天数后,再计算被告逾期天数。(4)原告主张的违约金计算标准高于其实际损失。原告的损失仅仅是利息损失,应按中国人民银行同期同类贷款利率计算。

事实认定

2015 年 10 月 31 日,原告(买受人)与被告(出卖人)签订一份《南宁市商品房买卖合同》(合同编号:×××),约定买受人向出卖人购买其开发建设的南宁市×区×路×号×号住宅楼×号房,总价款 1,184,884 元。合同第 9

条约定:出卖人应当在2016年8月28日前,依照国家和地方人民政府的有关规定,将经建设、施工、监理、设计、勘察五方验收合格,并符合合同约定的商品房交付买受人使用。如遇下列特殊原因,除双方协商同意解除合同或变更合同外,出卖人可据实予以延期:(1)遭遇不可抗力,且出卖人在发生不可抗力事由之日起60日内告知买受人的;(2)在施工过程中,规划部门批准的规划变更、设计部门同意的设计变更等导致工期延长的;(3)因国家有关法律、法规、政策改变或者政府限制性行为而导致工期延误的;(4)政府通知停工、禁止车辆进出该商品房施工场地而影响工期的;(5)因战争、天气等不可抗力影响导致工期延误的;(6)非房屋主体结构原因而存在瑕疵需要时间维修整改的,整改期间不属于延期交房;(7)双方约定:买受人采取银行按揭方式或公积金贷款方式购房的该房屋达到交付条件时,贷款尚未发放或未按本合同第7条约定补齐房价款的,交房日期顺延,以贷款发放或补齐房价款之日起10日内作为交付使用的时间。第10条约定:除本合同第9条规定的特殊原因外,出卖人如未按本合同规定的期限将该商品房交付买受人使用,按逾期时间,分别处理(不作累加):(1)逾期不超过90日,自本合同第9条规定的最后交付期限届满之日起至实际交付之日止,出卖人按日向买受人支付已交付房价款万分之四的违约金,合同继续履行;(2)逾期超过90日后,买受人有权退房。买受人要求继续履行合同的,合同继续履行,自本合同第9条规定的最后交付期限届满之日起至实际交付之日止,出卖人按日向买受人支付已交付房价款万分之四的违约金。

上述合同签订后,原告依约付清全部购房款1,184,884元。

2017年4月24日,被告取得宏桂东盛6号楼《建设工程质量竣工验收意见书》。

2017年4月27日,被告向宏桂东盛小区业主发放《收房通知书》,通知业主宏桂东盛小区的4号、5号、6号、7号楼定于2017年5月3日起办理交接和收房手续。

另查明,根据被告提交的广西壮族自治区气象服务中心出具的《南宁市晴雨天气实况》载明,从2015年11月1日至合同约定的交房之日即2016年8月28日,南宁市区出现大雨、暴雨、大暴雨的天气共15天。被告提交的《监理日志》显示因下雨于2015年12月5日停工1天。

2016年5月30日,南宁市人民政府下发《关于2016年高考中考期间严格控制环境噪声污染的通告》,载明:(1)高考期间的6月7日8:00至6月8日17:00,全市范围作为考点的学校200米范围内的建筑工地禁止建筑施工作业;6月5日至7日每日12:00至14:30、20:00至次日7:30以及6月8日12:00至14:30,全市范围内禁止从事产生环境噪声影响的各类施工作业和产生40分贝以上环境噪声的其他行为。(2)中考期间的6月24日8:00至6月26日17:00,全市范围作为考点的学校200米范围内的建筑工地禁止建筑施工作业;6月22日至25日每日12:00至14:30、20:00至次日7:30以及6月26日12:00至14:30,全市范围内禁止从事产生环境噪声影响的各类施工作业和产生40分贝以上环境噪声的其他行为。

2016年8月11日,南宁市城乡建设委员会下发《关于做好2016年"两会"期间全市建筑工地重点区域环境整治工作的通知》,通知:(1)8月25日至9月15日,全市建成区范围内所有房屋建筑和市政基础设施工程一律停止土方开挖、土方运输、道路挖掘等扬尘作业。(2)9月6日至15日,绕城高速内预拌混凝土站、采石场等生产企业暂停生产作业。场内堆放的砂、石、水泥等易产生扬尘的原材料100%覆盖,并保持场区清洁,洒水防尘。(3)9月6日至15日,自治区人民大会堂、自治区展览馆、南宁市人民大会堂、南宁国际会展中心、民歌广场、荔园山庄、南宁剧场、南宁华南城周边1000米地段范围内的在建工地及东盟商务区、五象新区核心区范围内所有在建工地停工整治。

判决理由

原告、被告签订的《南宁市商品房买卖合同》,系双方当事人的真实意思表示,内容未违反法律、行政法规的强制性规定,应属合法有效。双方均应切实认真履行合同义务。

一、关于被告是否存在逾期交房的问题

合同第9条约定,出卖人应当在2016年8月28日前,将经建设、施工、监理、设计、勘察五方验收合格,并符合合同约定的商品房交付买受人使用。本案中,涉案房屋于2017年4月24日经五方验收合格,被告于2017年4月27日向原告发放《收房通知书》,告知涉案房屋可在2017年5月3日交付。原告直至2017年6月25日才接收房屋,故原告要求逾期交房之日截至2017年6月25日,没有事实和法律的依据,本院不予支持。综上,被告逾期交房248天(2016年8月29日至2017年5月3日)。

二、关于被告抗辩可以据实延期交房的问题

1.被告辩称因大雨、暴雨、大暴雨的天气导致停工的天数应予以扣除。从合同第9条的约定来看,因天气等不可抗力影响导致工期延误,被告可据实延期。根据广西壮族自治区气象服务中心出具的《南宁市晴雨天气实况》,从2015年11月1日至合同约定的交房之日即2016年8月28日,南宁市区出现大雨以上天气共15天,结合被告提交的《监理日志》,涉案楼栋因2015年12月5日出现大雨天气停工1天,因此,被告可据实延期1天。被告未提交《监理日志》证明除以上时间外工程期间尚有雨天导致停工的情形,应承担举证不能的不利后果。

2.被告辩称因"两会一节"期间停工应予以扣除。根据2016年8月11日南宁市城乡建设委员会下发的《关于做好2016年"两会"期间全市建筑工地重点区域环境整治工作的通知》,8月25日至9月15日,全市建成区范围内所有房屋建筑和市政基础设施工程一律停止土方开挖、土方运输、道路挖掘等扬尘作业。以上属于合同第9条约定的"政府通知停工、禁止车辆进出该商品房施工场地而影响工期的"的情形,故被告可据实延期22天。

3.被告辩称因中考、高考期间停工应予以扣除。根据南宁市人民政府2016年发布的《关于2016年高考中考期间严格控制环境噪声污染的通告》,6月7日至8日高考期间和6月24日至26日中考期间,政府禁止施工作业的范围为全市范围作为考点的学校200米范围内的建筑工地。本案中,涉案工程附近虽有南宁市第二中学(凤岭校区),但被告未举证证明该学校在2016年作为中考、高考考点,而通知中提及的12:00至14:30、20:00至次日7:00禁止从事生产环境噪声影响的各类施工作业,该时间段属于休息时间,不足以导致被告的工期延误。故被告主张工期受影响并据此要求延期交房9天,依据不足,本院不予采纳。

综上,扣除据实延期的天数后,被告逾期交房225天。

三、关于违约责任的承担问题

合同第10条约定,出卖人逾期交房超过90日,买受人要求继续履行合同的,出卖人应按日向买受人支付已交付房价款万分之四的违约金。因此,被告应向原告支付逾期交房违约金106,640元(1,184,884元×0.4‰×225天,四舍五入计算),原告诉请超出部分,本院不予支持。被告辩称该违约金计算标准过高,应调整至以原告实际损失为限。对此,本院认为,根据最高人民法院《关于审理商品房买卖合同纠纷案件适用法律若干问题的解释》第16条、第17条之规定,当事人以约定的违约金过高为由请求减少的,应当以违约金超过造成损失的30%为标准适当减少。原告、被告双方已约定了违约金的计算标准,被告主张过高,则应提供证据证明双方约定的标准确实高于原告的实际损失,否则,作为当事人真实意思表示的合同条款不能轻易予以变更。被告作为提供合同文本的一方,在与原告签订合同时,相关的合同条款就已作出,现其在违约行为发生后,又提出合同约定的违约金过高的抗辩,违背了契约精神。因此,对被告的上述抗辩,本院不予采信。

判决结果

综上所述,依照《合同法》第8条、第60条、第107条、第114条,最高人民法院《关于审理商品房买卖合同纠纷案件适用法律若干问题的解释》第16条、第17条,最高人民法院《关于适用〈中华人民共和国民事诉讼法〉的解释》第90条之规定,判决如下:

1. 被告广西HG资本运营集团有限公司向原告容某、李某洋支付逾期交房违约金106,640元;

2. 驳回原告容某、李某洋的其他诉讼请求。

案件受理费3153元,由原告容某、李某洋承担796元,被告广西HG资本运营集团有限公司承担2357元。

律师点评:商品房买卖合同中,出卖人的主要义务是交房和办理房屋权属登记,买受人的主要义务为缴纳房款,因此,在商品房买卖合同中,均会约定出卖人逾期交房的违约金责任以及逾期达到一定天数后,买受人有权解除合同;相应地,买受人的主要义务是缴纳房款,因此,商品房买卖合同中均会约定买受人缴纳房款的时间以及逾期的违约责任,且会约定逾期达到一定天数,出卖人有权解除合同。以本案为例,原告在与被告广西HG资本运营集团有限公司(以下简称HG公司)签订商品房买卖合同后,如约履行了缴纳房款的义务,而HG公司未能按照约定交房,且在扣除可以免责的天数后,逾期天数仍达到225天,法院据此根据双方签订的《南宁市商品房买卖合同》而判决被告HG公司支付逾期交房违约金106,640元。

2. 约定的违约金,应当具体明确,如果是约定违约金计算方式,也应该在对方违约时可以即时计算出具体的违约金金额。

案例:某房地产合作开发合同对出资人违反合同义务所约定的违约条款

甲方:中国某银行广西区分行营业部。

乙方:广西HD房地产公司。

丙方:蒋某(蒋某系乙方的法定代表人和实际控制人,笔者注)。

丁方:广西HD农业有限公司(丁方系由蒋某实际控制,与乙方系关联公司,笔者注)。

十一、违约责任

1. 因乙方原因(包括但不限于未能按时付款而导致施工方逾期竣工等)使某项目大厦未能按照本补充协议约定时间竣工的,每逾期一天,乙方应向甲方支付某项目大厦中甲方及甲方购房员工应得的物业市场价总额(按违约时市场价格计算)的万分之四的违约金,逾期达到90个日历天的,甲方有权解除本合同。

2. 因乙方原因致使某项目大厦未能按照本补充协议约定时间交付使用的,每逾期一天,乙方应向甲方支付某项目大厦市场价总额(按违约时的市场价值计算)的万分之四的违约金。逾期达到90个日历天的,甲方有权解除本合同。

3. 因乙方原因致使某大厦项目未能向建设工程管理部门提交工程竣工验收备案登记的,每逾期一天,乙方应向甲方支付某项目大厦市场价总额(按违约时的市场评估价计算)的万分之四的违约金。逾期达到90个日历天,甲方有权解除本合同。

4. 乙方未能按照本协议约定时间与甲方购房职工签订商品房买卖合同的,每逾期一天,应向甲方支付某项目大厦住宅部分物业市场价总额的万分之四的违约金。

5. 乙方未能按照本协议约定时间向房产管理部门提交为甲方办理房屋所有权证所需的全部资料(指依法依规或本协议约定应由乙方准备的材料或

应由乙方提供的材料)办理房屋所有权证的,每逾期一天,乙方应向甲方支付某项目大厦非住宅部分物业市场价总额(按违约时市场评估价计算)的万分之四的违约金。逾期达到60个日历天的,甲方有权解除本合同。

6. 未经甲方书面同意,乙方将某项目大厦相对应的土地使用权、甲方应分得的物业及已出售给甲方职工的住宅向任意第三方提供抵押担保的,乙方应按相应抵押物市场价总额的30%向甲方或甲方职工支付违约金,并按该项目地块市场价值的2倍退回甲方土地出让金。造成损失的,另应予赔偿。

7. 甲方没有按照本协议约定及时将合作开发的项目过户到乙方名下的(非甲方原因除外),甲方按乙方所得的物业的市场价值赔偿乙方损失,且向乙方支付甲方所得物业价值的20%的违约金。

律师点评:本项目合作基本框架:甲方为土地方,乙方为投资方,双方约定由乙方出资建设项目,甲方固定分配取得一定数量的物业。同时,甲方的职工可以以一定价格(1980元/平方米)购买80~90套物业,除去甲方应分得物业和甲方购房职工购买物业外,其余物业归乙方。

在签订以上合同时,乙方已经未能如约建设完毕项目并通过竣工验收,为此双方订立了上述补充协议以及违约责任条款。

以上违约责任条款存在严重的不足:

其一,以上条款约定在乙方违约的情况下的,计算基数基本约定为违约时物业的市场价值,其导致的结果是,即使乙方违约,也无法立即计算出具体的违约金金额,需等待对物业市场价值进行评估才能计算,而对物业市场价进行评估,如在合同各方存在纠纷的情况下,仅仅是选择评估机构就无法达成一致,更遑论评估结果出来后各方能对结果予以认可。

其二,该案一旦诉至法院,甲方还必须向法庭申请评估,除需耗费大量的时间进行评估外,对评估基准日的选择也将可能存在重大争议甚至可能导致评估的结果难以适用该案,理由:计算违约金的基数为“违约时市场评估价”,换言之,市场价值评估的时间为“违约时”,而违约时该从何时计算,本身就是双方争议的焦点,如果甲方申请评估点最终被法院认为并非违约时的时点,则意味着评估报告基准日并不正确,其将导致耗费大量金钱时间作出的报告将无法适用,并可能导致计算违约金缺乏依据,最终导致违约金的主张无法得到支持。而这一切的源头在于约定的违约金计算条款存在重大瑕疵所致。

3. 除约定逾期履行合同主要义务的违约条款外,对于其他义务的逾期履行也尽可能设定相应的逾期履行的违约金条款,并可以约定逾期达到一定天数情况下,守约方有权解除合同。

以上论述了逾期履行合同主要义务的违约金条款,对于合同约定的其他义务,也应尽可能约定逾期履行的违约责任。有的合同义务虽然本身并非合同主要义务,但如不履行或逾期履行达到一定期限,也可能导致合同目的无法实现,就此有必要约定相应的逾期履行的违约金条款以及逾期达到一定天数时,守约方有权解除合同。

《民法典》第563条规定:"有下列情形之一的,当事人可以解除合同:……(四)当事人一方迟延履行债务或者有其他违约行为致使不能实现合同目的。"

结合以上规定违约方逾期履行合同的非主要义务,如果由此导致合同目的无法实现,守约方亦有权解除合同。

条款范例:建设工程施工合同中逾期提交施工进度计划的违约责任条款。

7.1.2 施工组织设计的提交和修改

承包人提交详细施工组织设计的期限的约定:在图纸会审、设计交底后1周内提供;每月施工进度计划必须在每月20日前提交;每周施工进度计划必须在工程例会召开前一天提交;承包人按发包人要求,提供必要的专项施工方案,并在计划施工前15日内提交。如承包人未按上述要求的时间提交,每延迟一天,发包人有权要求承包人分别按3000元支付违约金。

发包人和监理人在收到详细的施工组织设计后确认或提出修改意见的期限:收到承包人提供的施工组织设计后10日内,发包人及监理单位提出修改意见,承包人须在5日内按修改意见补充完善提交发包人及监理,承包人提交重新修改后的施工组织设计,发包人5日内确认。经发包人审核通过的施工组织计划具有约束力,承包人应予执行;监理、发包人对施工组织设计和进度计划的任何确认、调整和修改意见不免除和减轻承包人的工期责任。

7.2 施工进度计划

……

7.2.2　施工进度计划的修订

发包人和监理人在收到修订的施工进度计划后确认或提出修改意见的期限：收到承包人提供的进度计划后10日内，发包人及监理单位提出修改意见，承包人须在5日内按修改意见补充完善提交发包人及监理，承包人提交重新修改后的施工进度计划，发包人5日内确认。最终的进度计划以发包人确认的为准，经发包人确认的进度计划作为本合同的组成部分，具有约束力，承包人应予执行；违反进度计划的，亦视为违约，亦应承担逾期责任。

律师点评：建设工程施工合同签订后，为了确保承包人最终能按约定工期竣工，发包人一般都会要求承包人根据合同约定的工期进行倒推，相应地，制定各个关键节点工期（如完成±00、主体结构封顶等的时间），因此需要承包人提交相应的施工进度计划，并经监理和发包人审核确认。提交施工进度计划并非建设工程施工合同中施工人的主要义务，却对发包人有效控制工期进度以及明确节点工期有重要意义，因此建设工程施工合同中，发包人一般都会约定承包人提交施工进度计划的期限并约定相应的逾期提交的违约责任。

（三）设定逾期履行义务的逾期违约金条款常用模式

●模式1：

乙方逾期【】（如逾期竣工、逾期供货、逾期交房等），按合同总价（或货物总价，或房屋总价，或标的总价，或合同约定的总价款）每日【】（%、‰或‱）支付违约金（或按每日【】元支付违约金），逾期达【】日的，甲方有权解除合同，并有权要求乙方按照合同总价（或货物总价、房屋总价、标的总价、合同约定的总价款）【】%支付违约金。

●模式2：

甲方逾期支付款项的，按应付未付金额每日【】（%、‰或‱）支付违约金，逾期达【】日的，乙方有权解除合同，并有权要求甲方按照合同总价（或货物总价、房屋总价、标的总价、合同约定的总价款）【】%支付违约金。

二、原则2:合同约定的义务均有相应的违约条款相对应,必要时应设定相应的兜底条款;设定的违约条款,应尽可能是具体的违约金金额,或在对方违约时可以直接根据合同约定计算出违约金金额的计算方式

(一)违约金条款,除前面所述的逾期违约金条款外,对于其他不适宜约定逾期违约金条款的,也应尽可能约定相应的违约金条款,比如可以约定每次违约的违约金金额等,为避免挂万漏一,可以约定相应的兜底条款

条款范例1:某建设工程施工合同中对承包人需承担义务以及相应的违约条款。

(二)乙方责任

1.乙方应按合同规定的承包范围及图纸、规范、标准、合同的要求保质保量按期完成规定的工程内容。施工过程中乙方随时接受甲方的检查,为检查提供便利条件。

2.乙方负责编制施工方案,并交给甲方及监理单位审核,负责每周或每月施工进度计划编制并形成报表,报送监理及甲方。

3.参加由甲方组织的图纸会审并做好技术交底工作。

4.桩基工程施工完毕经检测合格后7个日历天内,负责做好施工过程中各原始资料记录,编制竣工图及收集、整理竣工资料(桩基资料必须经过监理审核合格并符合南宁市质监站要求,并装订成册,以备桩基验收),乙方向甲方提供一式四份存档资料。

5.确保工程质量符合规范要求,如出现检验不合格或与规范不符或达不到设计要求,乙方负责返工。

6.乙方在组织施工过程中,严格遵守国家有关规范、规程的同时,也必须遵守甲方及监理、安全、质量部门对工程施工的质量、安全、文明等相关规定和要求,并服从上述单位管理人员的指导、监督、协调,否则,按500~2000元/人/次向甲方支付违约金;甲方有权在需支付给乙方的任何款项中直接扣除。

7.乙方应配合好在本工地施工的其他施工单位,应尽可能地为其他施工单位

提供方便。

8. 乙方开工后先施工静载检测的桩号,以便尽快移交桩基工程给甲方检测。

9. 进入工地现场发现乙方人员有偷盗、损坏本工地财产和违反本工地规定,按工地有关规定处理,且乙方须按 500～2000 元/人/次向甲方支付违约金,违约金不足以弥补甲方损失的,由乙方另行补足;甲方有权在需支付给乙方的任何款项中直接扣除。

10. 乙方必须向甲方提供施工人员花名册,身份证复印件及照片,乙方在本项目施工的人员须办理工作证。乙方施工人员凭工作证进入甲方工地工作,乙方在本项目施工的管理人员及工人须按国家规定办理有关证件(如外来人员就业证、暂住证、相关工种上岗证等),费用由乙方自理,否则,乙方须按 500 元/人向甲方支付违约金;甲方有权在需支付给乙方的任何款项中直接扣除。

11. 乙方应当严格执行施工规范与工地安全、文明施工规程及防火规定。做好工地文明施工的各项措施,及时清理施工过程中的垃圾杂物,否则,乙方须按 500～2000 元/次向甲方支付违约金。

12. 乙方在履行合同中如存有其他违反双方约定或法律法规和规范性文件规定的义务的,除本合同约定外,应按 500～10,000 元/次或项支付违约金。

13. 合同履行过程中,乙方需支付的违约金、赔偿款等甲方均有权在乙方的任何款项中直接扣除。

14. 本合同约定的违约金标准是甲乙双方在充分协商并自愿约定、对等的,且认可其可能具有惩罚性,乙方不得以违约金过分高于甲方的实际损失为由要求法院对违约金进行削减。凡本合同中所约定乙方应承担的违约金或其他费用,甲方有权直接从应支付的合同款中予以扣除,若有不足,乙方应在 15 个工作日内补足,逾期不予补足的,每逾期一天,乙方按照应补足金额的 1‰/日向甲方支付违约金。

15. 本合同中如某一违约行为同时适用两条或两条以上违约条款的,除法律有明确规定外,违约条款相互独立,累加适用。本合同中某一条款中所约定的违约责任不影响本合同中其他条款关于违约责任的相关约定,不影响当事人基于法律规定或其他合同约定所享有的一切权利。

律师点评:建设工程施工合同中履行过程中,除工期违约责任外,施工方还需承担其他诸如安全文明、质量等义务,违反这些义务难以按逾期天数计算,除合同约定义务外,相关法律法规等也对承包人需承担的义务作了规定,因此对此类义务的违反一般是按照次或项计算违约金,为避免挂万漏一,可以约定兜底条款,如以上条款约定“乙方在履行合同中如存有其他违反双方约定或法律法规和规范性文件规定的义务的,除本合同约定外,应按500~10,000元/次或项支付违约金”。

条款范例2:某设计合同,对于设计存在错漏约定的违约金条款。

由于设计人本身原因出现的设计错漏造成施工返工,并造成发包人损失的情况,发包人对设计人的设计错漏违约金措施如下(包括但不限于以下问题,如与附件2金额不一致,以附件2金额为准)。

一、建筑专业

1. 除了发包人、设计人双方约定的以外,总平消防车道、扑救面不满足建筑设计防火规范,造成发包人报建消防审查通不过,重新修改图纸重新报建、重新测绘面积的,每次扣减设计费5000元。(注:如方案总平报建前未经设计人审核而造成的、消防审查正常答复、修改变更或由于方案原因、各自对消防规范条款理解不一样而消防支队特别要求除外。)

2. 除了发包人、设计人双方约定的以外,平面空间名称定位错误或其他违反的规定,造成发包人报建通不过,重新修改图纸重新报建、重新测绘面积的,每次扣减设计费5000元。(注:正常审查答复、修改变更除外。)

3. 电梯门洞不统一,预留洞、预埋件错误的每处扣减2000元,造成返工损失的,损失赔偿金额按设计人责任大小双方协商确定,协商不成的,同意按照本协议第【二十】条办理。(注:如由于发包人提供电梯资料造成除外。)

4. 楼梯梁碰头、隔墙做法不统一,每处扣减2000元,造成返工损失的,损失赔偿金额按设计人责任大小双方协商确定,协商不成的,同意按照本协议第【二十】条办理。

5. 除了发包人、设计人双方约定的以外,变形缝节点做法错误而引起地下室漏水的,每处扣减2000元,损失赔偿金额按设计人责任大小双方协商确定,协商不成的,同意按照本协议第【二十】条办理。

二、结构专业

1. 电梯圈梁与门头梁没有预留,楼梯梁碰头造成部分返工的,每处扣减2000元,损失赔偿金额按设计人责任大小双方协商确定,协商不成的,同意按照本协议

第【二十】条办理。

2. 空调搁板结构图与建筑图矛盾，每处扣减2000元，损失赔偿金额按设计人责任大小双方协商确定，协商不成的，同意按照本协议第【二十】条办理。

3. 结构不考虑园林覆土荷载，造成结构安全问题，扣减设计费1000元，损失赔偿金额按设计人责任大小双方协商确定，协商不成的，同意按照本协议第【二十】条办理。（注：如由于设计时，发包人未能提供景观提资要求相关数据除外。）

4. 结构和建筑两专业就细节部分未进行有效沟通，两专业图纸局部不符而造成设计变更，并造成发包人损失的每处扣减设计费2000元，损失赔偿金额按设计人责任大小双方协商确定，协商不成的，同意按照本协议第【二十】条办理。

5. 基础承台标高未考虑排水坡度的影响而造成设计错误的每处扣减设计费2000元，损失赔偿金额按设计人责任大小双方协商确定，协商不成的，同意按照本协议第【二十】条办理。

三、给排水专业

1. 除了发包人、设计人双方约定的以外，水泵房布置不合理或错误，造成发包人报建通不过，重新修改图纸重新报建、重新测绘面积的，每次扣减设计费5000元。（注：正常审查答复、修改变更除外。）

2. 除了发包人、设计人双方约定的以外，屋顶消防环水管标高位置设计错误或没有标注，影响消防通道宽度，每处扣减设计费2000元，损失赔偿金额按设计人责任大小双方协商确定，协商不成的，同意按照本协议第【二十】条办理。

3. 除了发包人、设计人双方约定的以外，消防栓位置设计错误，影响消防通道宽度，每处扣减2000元，损失赔偿金额按设计人责任大小双方协商确定，协商不成的，同意按照本协议第【二十】条办理。

4. 消防管与门开启矛盾、排水管影响窗户开启、露台和消防通道的排水管位置影响使用，每处扣减2000元，损失赔偿金额按设计人责任大小双方协商确定，协商不成的，同意按照本协议第【二十】条办理。

5. 除了发包人、设计人双方约定的以外，喷淋管的高度没有标注或说明，造成安装高度过低，影响使用，每处扣减2000元，损失赔偿金额按设计人责任大小双方协商确定，协商不成的，同意按照本协议第【二十】条办理。

6. 除了发包人、设计人双方约定的以外，飘雨走廊、露台、阳台、花池地漏设计遗漏的,每处扣减2000元,损失赔偿金额按设计人责任大小双方协商确定,协商不成的,同意按照本协议第【二十】条办理。

7. 除了发包人、设计人双方约定的以外,空调排水管设计遗漏以及插座位置不对应、排水管孔洞的高度不够,造成部分返工,每处扣减2000元,损失赔偿金额按设计人责任大小双方协商确定,协商不成的,同意按照本协议第【二十】条办理。

8. 除了发包人、设计人双方约定的以外,排水管穿越风机房、配电房的每处扣减2000元,损失赔偿金额按设计人责任大小双方协商确定,协商不成的,同意按照本协议第【二十】条办理。

9. 底层卫生间排污管与上层合用、设计标高、管径、支管接入位置不满足规范要求,造成卫生间污水返冒的,每处扣减设计费2000元,损失赔偿金额按设计人责任大小双方协商确定,协商不成的,同意按照本协议第【二十】条办理。

10. 除了发包人、设计人双方约定的以外,排废油水管(如有)设计不合理而不能使用,每处扣减设计费2000元,损失赔偿金额按设计人责任大小双方协商确定,协商不成的,同意按照本协议第【二十】条办理。

11. 除了发包人、设计人双方约定的以外,给水系统设计不合理,造成供水不正常的,扣减5000元,如需进行系统改造的,赔偿金额由双方根据具体情况协商确定。(注:如由于市政供水原因造成,不执行此条。)

12. 除了发包人、设计人双方约定的以外,埋地供水管道设计耐压力不够,造成供水管道开裂供水中断的,扣减设计费5000元,损失赔偿金额按设计人责任大小双方协商确定,协商不成的,同意按照本协议第【二十】条办理。(注:如由于市政供水原因造成,不执行此条。)

13. 除了发包人、设计人双方约定的以外,通过地下室的供水管选材不符合设计规范的,扣减2000元。

四、电气专业

1. 除了发包人、设计人双方约定的以外,变配电房布置不合理或错误,造成发包人报建通不过,重新修改图纸重新报建、重新测绘面积的,每次扣减设计费5000元。(注:正常审查答复、修改变更除外。)

2. 除了发包人、设计人双方约定的以外,空调插座与空洞排水管位置不对应,造成返工整改的,每处扣减2000元,损失赔偿金额按设计人责任大小双方协商确定,协商不成的,同意按照本协议第【二十】条办理。

3. 除了发包人、设计人双方约定的以外,电缆桥架穿越教室中央,开关、插座设置位置不合理,造成返工整改的,每处扣减2000元,损失赔偿金额按设计人责任大小双方协商确定,协商不成的,同意按照本协议第【二十】条办理。

4. 除了发包人、设计人双方约定的以外,地下室(如有)电缆桥架设计不合理,没有优化设计,造成管线冲突的,扣减2000元,损失赔偿金额按设计人责任大小双方协商确定,协商不成的,同意按照本协议第【二十】条办理。

5. 除了发包人、设计人双方约定的以外,建筑、给排水、暖通等专业修改时,电气专业未跟进,遗漏图纸的,扣减2000元,损失赔偿金额按设计人责任大小双方协商确定,协商不成的,同意按照本协议第【二十】条办理。

五、暖通专业

1. 除了发包人、设计人双方约定的以外,通风机房布置不合理或错误,造成发包人报建通不过,重新修改图纸重新报建、重新测绘面积的,每次扣减设计费5000元。(注:正常审查答复、修改变更除外。)

2. 除了发包人、设计人双方约定的以外,楼梯间入口处排风管设计错误,影响使用功能的,每处扣减2000元,损失赔偿金额按设计人责任大小双方协商确定,协商不成的,同意按照本协议第【二十】条办理。

3. 除了发包人、设计人双方约定的以外,烟道设计未能实现设计前双方约定的净高要求,严重影响使用功能,每处扣减2000元,损失赔偿金额按设计人责任大小双方协商确定,协商不成的,同意按照本协议第【二十】条办理。

4. 除了发包人、设计人双方约定的以外,排风管平面布置不合理、未能实现设计前双方约定的净高要求,严重影响使用功能,每处扣减2000元,损失赔偿金额按设计人责任大小双方协商确定,协商不成的,同意按照本协议第【二十】条办理。

六、综合管网设计

除了发包人、设计人双方约定的以外,室外综合管网设计失误,未能及时发现各系统主管道碰撞而造成施工返工情况,每处扣减2000元,损失赔偿金额按设计人责任大小双方协商确定,协商不成的,同意按照本协议第【二十】条办理。

……

二十、因合同及合同有关事项产生的争议,应协商解决,协商不成的,双方同意向项目所在地有管辖权的人民法院起诉。

律师点评:合同条款,绝不是律师坐在办公室里想象可能存在的违约行为而约定相应的违约金条款,这样的合同脱离实际,且毫无用处;好的合同,尤其是涉及专业方面的合同,应当尽可能听取这方面专业人员的意见,并且结合此专业实务过程中常见的错误设计相应的违约金条款,以上合同关于违约金的条款,如果只是非设计专业律师,则无论如何都无法设计出以上违约金条款,以上条款是相应的专业人员经多年实践总结出来的常见的设计方存在的错误,并设置相应的违约金条款。以上条款约定的违约事项,难以用逾期违约金来计算,而只能按照次/处/项等计算违约金,总体而言,上述条款涵盖了各设计专业口常见错误,并据此约定违约金。

(二)就其他不适宜约定逾期违约金条款,如何约定违约责任的常用条款模式

●模式:

乙方违反本合同约定的其他义务或法律法规或其他规范性文件规定义务的,按每次/项1000元~10,000元支付违约金,该支付的违约金不足以弥补甲方损失的,乙方应予赔偿。

三、原则3:逾期违约条款必须设定在达到一定天数时的解除权

(一)解除权包括法定解除权和约定解除权

合同解除权包括约定解除权和法定解除权,前者是合同约定达到一定条件下一方享有解除合同的权利,此种解除权以双方明确约定为前提,《民法典》第562条规定:“当事人协商一致,可以解除合同。当事人可以约定一方解除合同的事由。解除合同的事由发生时,解除权人可以解除合同。”后者是指一方违反合同约定达到一定条件的,另一方根据法律规定享有的解除权,如《民法典》或其他司法解释的规定:

《民法典》第563条规定:“有下列情形之一的,当事人可以解除合同:

(一)因不可抗力致使不能实现合同目的;

(二)在履行期限届满前,当事人一方明确表示或者以自己的行为表明不履行主要债务;

(三)当事人一方迟延履行主要债务,经催告后在合理期限内仍未履行;

(四)当事人一方迟延履行债务或者有其他违约行为致使不能实现合同目的;

(五)法律规定的其他情形。

以持续履行的债务为内容的不定期合同,当事人可以随时解除合同,但是应当在合理期限之前通知对方。"

《民法典》第806条规定:"承包人将建设工程转包、违法分包的,发包人可以解除合同。

发包人提供的主要建筑材料、建筑构配件和设备不符合强制性标准或者不履行协助义务,致使承包人无法施工,经催告后在合理期限内仍未履行相应义务的,承包人可以解除合同。"

就实务而言,以约定的解除权解除合同,从举证到适用较为简单明了,而根据《民法典》第563条或其他法律司法解释规定解除合同,就举证和适用而言,往往存有较大争议,且在解除前一般还要履行催告义务(如根据《民法典》的规定,当事人一方迟延履行合同主要义务的,经催告后,对方仍未履行的,则可以解除合同);一旦要催告,则涉及送达问题,如双方未约定送达方式和地址,一旦无法送达,将会极大地影响解除权的行使。因此,应尽可能在合同中约定合同解除条件,以便一旦达到约定条件,守约方可以根据合同约定解除合同。

(二)逾期违约条款必须设定在逾期达到一定天数时的解除权

逾期违约条款,如果仅仅约定逾期应支付逾期违约金,不能充分保障守约方的利益,因为如果逾期达到一定天数,可能导致守约方签订合同目的落空(如节日性货物,如月饼,一旦供货时间超过中秋节,再行购买货物已无太大意义,换言之,已经无法实现合同目的),此时,如果不约定达到一定天数,守约方有权解除合同,则意味着即便违约方逾期履行其主要义务,其也只是需要承担一定数额的违约金,不利于在违约方违约的情况下,守约方通过解除合同,另外寻找合作方以避免损失的扩大,因此有必要约定违约方逾期履行合同义务达到一定天数后,守约方解除合同的权利。如某货物买卖合同,关于逾期违约解除权约定内容如下:乙方未按合同规定条款交货或延期交货,每逾期一天乙方按该批设备款的万分之三向甲方支付违约金,并赔偿由此造成的甲方损失;若乙方逾期超过15天,甲方有权解除合同,且有权要求乙方支付合同总额20%的违约金,赔偿由此造成的甲方损失。

分期付款情况下逾期违约解除权,可以约定各期逾期累计达到一定天数或任一期逾期达到一定天数的,守约方有权解除合同,如某租赁合同,关于逾期违约解除权约定内容如下:在租赁期内,乙方有下列行为之一的,甲方有权立即单方面终止本合同,已经收取的租金不再退还,并没收保证金,收回该房屋并可另行对外招租,乙方还应同时向甲方支付100万元违约金,由此造成的损失,乙方应予以赔偿:租赁期内逾期足额缴纳租金达三次或累计拖欠租金达30天的或拖欠租金额累计达一个月租金金额。

案例1:买受人逾期支付房款,出卖人依据合同约定解除权解除合同

成都蓝润耀恒置业有限公司与孙某宇商品房预售合同纠纷一审民事判决书

案号:四川省成都市双流区人民法院(原四川省双流县人民法院)(2020)川0116民初5918号

原告:成都蓝润耀恒置业有限公司。

法定代表人:林某,执行董事兼总经理。

委托诉讼代理人:吴某玲,女,系公司员工。

被告:孙某宇,男,住黑龙江省哈尔滨市香坊区。

原告成都蓝润耀恒置业有限公司(以下简称蓝润公司)与被告孙某宇商品房预售合同纠纷一案,本院于2020年8月18日立案受理后,依法适用简易程序,公开开庭进行审理。原告蓝润公司的委托诉讼代理人吴某玲到庭参加诉讼,被告孙某宇经本院合法传唤,无正当理由拒不到庭,本院依法缺席审理。本案现已审理终结。

蓝润公司向本院提出诉讼请求:(1)确认蓝润公司与孙某宇签订的《商品房买卖合同(预售)》(合同编号:××××)及其附件、补充协议等全套房屋买卖文件已于2020年5月11日解除;(2)判令孙某宇配合办理网签合同撤销手续,并支付违约金(自2020年5月22日起,每日按总房款万分之二的标准计算至实际配合办理完毕网签合同撤销之日);(3)判令孙某宇支付逾期付款违约金298,251.8元(合同总价款的20%),并承担本案案件受理费等诉讼费用。事实与理由:2019年6月14日,孙某宇与我司签署《商品房买卖合同(预售)》(合同编号:××××)及其附件、补充协议等全套房屋买卖法律文件,购买蓝润城项目18-1-1704房屋,合同约定总价1,491,259元,首付款791,259元,余款700,000元向银行申请贷款支付。合同签订后,孙某宇已支付首付款791,259元,但未按合同约定时限办理完毕按揭贷款手续,也未在贷款到账期限届满之日起3个工作日内一次性支付剩余全部购房款。我司于2019年12月14日、21日先后两次向孙某宇寄送《关于催促办理按揭手续的函》,2020年1月1日向其寄送《一次性付款通知书》,2020年3月1日向其寄送《律师函》,孙某宇均未缴款亦未做任何答复。孙某宇逾期付款超过30日的行为,已符合买受人逾期付款出卖人可单方解除合同的约定,且我司有权向孙某宇主张合同总价款20%的违约金。我司遂于2020年5月8日向其寄送《合同解除通知函》,该函件于2020年5月11日送达,孙某宇未就合同解除提出任何异议。双方签订的《商品房买卖合同(预售)》及其附件、补充协议等全套房屋买卖法律文件,依法于《合同解除通知函》送达之日即2020年5月11日解除。此外,孙某宇未依据合同约定在合同解除后10日内配合我司办理完毕网上签约撤销手续,故应每日按总价房款万分之二的标准支付逾期违约金。

孙某宇未作答辩。

当事人围绕其诉讼请求依法提交了证据,本院根据经审查确认的证据,认定事实如下:

2019年6月14日,蓝润公司(出卖人)与孙某宇(买受人)签订了《商品房买卖合同(预售)》及其附件、补充协议等全套房屋买卖法律文件。合同及补充协议约定:买受人购买出卖人建设的位于双流县××镇××社区××组××幢××单元××层××号房屋;商品房总价款1,491,259元,首付款791,259元,余款700,000元向银行申请贷款支付;贷款到账期为上述合同签订后30日内;贷款到账期限届满后,出卖人仍未获得贷款的,不论是否催告买受人,双方均同意将付款方式变更为一次性付款,买受人应在贷款到账期限届满之日起3个工作日内以一次性付款方式支付剩余全部购房款,若买受人未按约定履行付款义务的,逾期付款超过30日的,出卖人有权解除合同,买受人应当自解除合同通知送达之日起10日内按照总房款的20%向出卖人支付违约金;无论合同因何种原因解除终止的,买受人应在本合同解除、终止后10日内配合出卖人办理完毕合同网上签约、备案撤销手续,否则,则应从逾期之日起每日按总房款万分之二的标准向出卖人支付违约金。孙某宇在合同上登记的通讯地址为:成都市双流区××道××段××。上述合同在房产管理部门有商品房网上签约信息记录,未办理商品房买卖合同备案登记。

合同签订后,孙某宇已支付首付款791,259元,但未按合同约定时限办理完毕按揭贷款手续,也未在贷款到账期限届满之日起3个工作日内向蓝润公司支付剩余全部购房款。

蓝润公司先后于2019年12月14日、21日两次向孙某宇寄送《关于催促办理按揭手续的函》,于2020年1月1日向孙某宇寄送《一次性付款通知书》,于2020年3月1日向其寄送《律师函》,孙某宇均未支付剩余购房款。蓝润公司遂于2020年5月8日通过邮政快递向孙某宇的合同通讯地址寄送了《合同解除通知函》,通知孙某宇,因其逾期付款已超30日,按合同约定蓝润公司有权解除合同并要求支付违约金,本通知函送达之日起解除双方签订的买卖合同及附件、补充协议等全套买卖法律文件,并通知孙某宇在合同解除后3日内配办理合同备案登记等各项登记备案手续的注销手续,逾期不办理将收取惩罚性违约金等。快递投递信息显示,该通知函于2020年5月11日投递至天府景秀1期速递易D55包裹柜。孙某宇收到通知后,未配合办理合同签约的注销手续。

上述事实,有《商品房买卖合同(预售)》(合同编号:××××)及其附件、补充协议、《关于催促办理按揭手续的函》、《一次性付款通知书》、《律师函》、《合同解除通知函》、EMS回执单、快递投递信息、当事人陈述等证据在卷佐证,足以认定。

本院认为,双方当事人签订的《商品房买卖合同(预售)》及其补充协议等全套商品房买卖合同文件,系当事人的真实意思表示,且不违反国家法律法规,合同有效,双方均应全面履行合同义务。合同履行中,孙某宇未按合同约定履行支付全部购房款的义务以及在合同解除后配合办理网上签约的撤销手续的义务,蓝润公司根据合同及补充协议的约定,有权解除合同,并要求其支付因逾期付款解除合同的违约金298,251.8元(按总房款的20%),有权要求孙某宇协助办理网上签约的撤销手续并支付逾期办理的违约金(每日按总房款1,491,259元的万分之二即298元计算)。蓝润公司已向孙某宇邮寄了《合同解除通知函》,依据《合同法》第93条、第96条的规定,双方签订的

《商品房买卖合同(预售)》及其附件、补充协议等房屋买卖文件已于上述通知函送达之日即2020年5月11日解除。故本院对蓝润公司要求确认合同已于2020年5月11日解除、由孙某宇支付违约金298,251.8元、由孙某宇协助办理网签合同撤销手续并支付逾期办理的违约金(自逾期之日即2020年5月22日起,按每日298元计算至实际办理之日)的诉讼请求,予以支持。

据此,依照《合同法》第8条、第60条、第93条、第96条、第107条,《民事诉讼法》第144条之规定,判决如下:

1. 成都蓝润耀恒置业有限公司与孙某宇签订的《商品房买卖合同(预售)》及其附件、补充协议等全套商品房买卖合同文件已于2020年5月11日解除。

2. 被告孙某宇在本判决生效后10日内向原告成都蓝润耀恒置业有限公司支付逾期付款解除合同违约金298,251.8元。

3. 被告孙某宇在本判决生效后3日内协助原告成都蓝润耀恒置业有限公司办理《商品房买卖合同(预售)》的网上签约撤销手续。

4. 被告孙某宇在本判决生效后10日内向原告成都蓝润耀恒置业有限公司支付逾期协助违约金(自2020年5月22日起,按每日298元计算至实际办理之日)。

案件受理费3028元,由被告孙某宇承担。

如不服本判决,可在判决书送达之日起15日内,向本院递交上诉状,并按对方当事人的人数或者代表人的人数提出副本,上诉于四川省成都市中级人民法院。

本案判决生效后,负有履行义务的当事人应当依法按期履行。逾期未履行的,权利人申请执行后,人民法院依法对相关当事人采取限制高消费、列入失信名单、罚款、扣留等措施,构成犯罪的,依法追究刑事责任。

律师点评:商品房买卖合同中,买受人的主要义务为支付房价款,支付方式一般包括一次性付款(含全款分期)和按揭,无论哪种支付方式,商品房买卖合同都约定了逾期支付房款的违约金责任,并约定在逾期达到一定天数时,开发商有权解除合同。

商品房买卖合同不同于一般货物买卖合同的特点之一在于,为了防止开发商一房多卖,政府部门对房屋买卖进行公示,各地商品房买卖合同在签约的同时,需要将合同上传至当地住建部门专门的网站即网签,因此,开发商在解除合同的同时还必须解除网签,只有解除网签,才能实现房屋的再销售,因此本案中,开发商在起诉解除合同的同时,还要求被告协助解除网签。

关于付款方式,目前大多数买受人购房都是通过银行按揭完成,但有的买受人因各种原因(如征信不符合贷款条件、银行流水不足)等,导致无法办理按揭或按揭批复的金额少于申请的金额,这些都导致买受人未能按约定支付房价款构成违约,在无法办理按揭或按揭金额不足时,开发商与买受人签订的商品房买卖合同基本会约定原来的付款方式变更为一次性付款,买受人有义务在规定时间内付清剩余房价款,否则构成违约,逾期达到一定天数的开发商有权解除合同。本案即是如此,买受人因各种原因未能按约定办理按揭,根据双方约定"双方均同意将付款方式变更为一次性付款,买受人应在贷款到账期限届满之日起3个工作日内以一次性付款方式支付剩余全部购房款,若买受人未按约定履行付款义务的,逾期付款超过30日的,出卖人有权解除合同,买受人应当自解除合同通知送达之日起10日内按照总房款的20%向出卖人支付违约金"。由于被告孙某宇未能按照上述约定时间一次性付清房款,逾期超过10日,因此开发商有权根据双方约定的解除条件解除合同。

条款范例:分期支付款项的,可以约定连续逾期达到一定天数或累计逾期达到一定天数,守约方有权解除合同;或者可以约定,任一期违约的,守约方有权立即解除合同,并有权要求违约方立即一次性支付完全部价款。

比如某银行借款合同:

下列任一情况出现时,乙方(出借人,笔者注)有权处理抵押物:甲方(借款人,笔者注)连续3个月或累计6个月未按时足额还款。

如某分期付款协议内容:双方确认,截至2019年1月1日,需方共欠付供方300万元货款,需方可以通过分期付款的方式支付所欠货款,具体付款时间:2019年1月1日前支付100万元,2019年7月1日前支付100万元,余款于2019年12月31日前付清。需方未能按照以上约定按时足额付清任一期货款的,供方即有权解除本还款协议,并有权要求需方在3日内一次性付清全部货款,且有权要求需方一次性支付欠付货款总额20%的违约金。

律师点评:分期付款的协议,需要注意两点:一是约定清楚付款的节点,最好约定具体的年月日,当然也可以约定一定的期限,但计算期限起算时间一定要明确(如签订本合同后的多少日内,而不是本合同生效后的多少日内,毕竟有的合同双方会约定生效日期,这样将导致起算日期约定不明);对于分期付款情况下的逾期付款达到一定天数时的合同解除条件,建议设置两种方式:一种是任一期逾期持续达到一定天数,另一种是各期逾期累计达到一定天数,比如以上案例中某银行约定的逾期清偿借款的案例。

当然,对于分期付款的约定,尤其是在对方已经违约后,双方经协商重新约定分期还款以及还款期限的,必须约定任一期未能按时足额付款的,守约方有权要求违约方立即清偿全部款项,如未作出此类约定,则对守约方极为不利,违约方可以违反约定逾期还款,且仍享受后续未付款的期限利益,违约方在此情况下也仅仅需承担其中某一期的逾期责任,而守约方也只能追究该笔逾期的责任,如此也不利于督促违约方按约定偿还每一笔欠款。

案例2:未按照合同约定期限清偿借款构成违约

平安银行股份有限公司天津分行与刘某慧、陈某金融借款合同纠纷案

案号:天津市南开区人民法院(2020)津0104民初9212号

平安银行股份有限公司天津分行向本院提出诉讼请求:(1)依法判令被告偿还原告贷款本金651,493.19元、截至2020年8月7日的利息11,369.36元、复利192.72元,共计663,055.27元,并依据双方签订的《个人循环授信额度合同》中约定的利率及复利计算标准支付自2020年8月8日起至实际支付之日止的利息和复利;(2)依法判令原告对被告陈某名下坐落于天津市滨海新区××东里××号××房产设定的抵押权合法有效,且原告对该房地产享有优先受偿权;(3)本案诉讼费、公告费及保全费由被告承担。事实和理由:2017年6月3日,原告与二被告签订了《个人循环授信额度合同》,约定:额度金额为700,000元人民币,额度期限为240个月,自2017年6月13日起至2037年6月13日止,初始年利率为7.35%,现最终执行年利率为9.555%,利率调整方式为按年调整,还款方式为等额还款法,还款时间为每月13日,每月还款金额6439.16元,贷款用途用于购家私电器。合同约定,贷款到期或提前到期,借款人未能按约定偿还贷款本息的,原告有权根据实

际逾期天数自逾期之日起对贷款本金按合同约定的贷款利率加收50%的罚息利率计收利息,对不能按时支付的利息按罚息利率计收复利。主张贷款提前到期,提前收回部分或全部已经发放贷款本息并要求支付相关的费用,包括但不限于原告为实现债权而支付的律师费、诉讼费、仲裁费、差旅费、公告费、送达费、执行费等所有费用。被告陈某以其名下坐落于天津市滨海新区××东里××号××房产作为抵押物,为二被告在前述合同项下全部债务提供抵押担保,抵押担保范围为该合同项下被告所应承担的全部债务本金、利息、复利、罚息、实现债权的费用及保管维护抵押物所产生的费用,被告配合原告办理了上述房屋的抵押登记,原告取得了编号为津(2017)滨海新区中心商务区不动产证明第4002474号不动产登记证明。合同签订后,原告于2017年6月13日如约向被告发放足额贷款,但被告仅偿还部分本金、利息后就再未还款。截至2020年8月7日,被告尚欠本金651,493.19元、利息11,369.36元、复利192.72元。根据前述合同约定,原告有权主张贷款提前到期,提前收回部分或全部已发放的贷款本息并要求支付相关费用。现原告根据合同约定,要求被告提前归还全部贷款,即被告立即向原告偿还全部实际贷款本金、利息和复利,并要求对抵押物行使抵押权。

法院部分裁判意见:本院认为,平安银行股份有限公司天津分行与刘某慧、陈某签订的《个人循环授信额度合同》系双方真实意思表示,且内容不违反法律法规,应认定为合法有效,双方均应按照合同约定行使各自权利并履行各自义务。现平安银行股份有限公司天津分行已依约履行了放款义务,但刘某慧、陈某违反合同约定逾期偿还贷款本息,已构成违约,应承担违约责任,故平安银行股份有限公司天津分行主张刘某慧、陈某偿还其贷款本金651,493.19元及截至2020年8月7日的利息11,369.36元、复利192.72元,共计663,055.27元,并依据双方签订的《个人循环授信额度合同》中约定的利率及复利计算标准支付自2020年8月8日起至实际还款之日止的利息和复利的诉讼请求,符合双方约定,于法有据,本院予以支持。

律师点评:银行与借款人签订的借款合同,其还款期限较长,因此银行与借款人签订的合同中,一般都会约定,还款连续逾期或累计逾期达到一定天数,银行即有权要求提前清偿全部借款和利息,也就是我们前面提到的,对于分期还款,必须约定连续逾期达到一定天数或累计逾期达到一定天数时,权利人有权解除合同,并有权要求对方一次性清偿全部欠款并支付一定数额的违约金，如此才能有效督促还款人积极还款，并可以有效保障在还款人逾期还款时权利人的权利。

四、原则4：违反其他义务的情形，除设定违约金条款外，应规定在达到一定程度或条件时的解除权

（一）有的合同义务，即便违反，无法按每天支付违约金来计量，而是按次或项来计量，在此情况下，无法以逾期达到一定天数来约定合同解除权，此时，可以结合违约程度、次数、造成的后果损失等，约定违约解除权

条款范例1：设计合同对设计质量违约责任以及解除权的约定。

设计人对设计资料及文件出现的遗漏或错误负责修改或补充，由此造成报建备案延误、工程质量事故损失及其他损失，设计人除负责采取补救措施外，应免收直接受损部分的设计费，损失严重的根据损失的程度和设计人责任大小向发包人支付赔偿金，赔偿额另行约定。如经设计人修改两次仍不符合国家有关规定、设计任务书约定和设计质量要求，发包人有权单方解除本合同，双方按发包人审核确认的设计量结算，并且设计人需向发包人支付设计总价或者以确认设计量结算价20%的违约金。设计人的设计成果达不到发包人阶段审核要求的，须按发包人要求重新修改，费用由设计人自理，修改后仍达不到要求的，发包人有权单方解除合同，设计人应向发包人承担设计总价或者以确认设计量结算价的20%的违约金，并赔偿因此给发包人造成的损失。

律师点评：实务中，支付价款的一方，对于产品或服务的需求，其主要利益点在于提供产品和服务时限以及质量，因此，按时保质保量履行合同是提供产品和服务一方的主要义务，就此合同中应约定未能按时履行义务和未能按约提供符合双方约定质量的产品和服务的违约责任并设定相应的解除权，未能按时提供产品和服务，一般可以约定逾期违约金条款，并约定逾期达到一定天数，守约方有权解除合同；质量不符合约定达到一定程度（如造成守约方的重大损失或造成重大事故等）或质量问题经要求整改而未能在规定时间整改完毕，守约方有权解除合同。

条款范例2：承包人不履行合同义务，发包人在一定条件下有权解除合同。

1.1　如果承包人履行合同义务行为达不到国家有关规定及合同约定的标准

和条件,并经发包人书面要求改正后15日内仍未达到国家有关规定及合同约定的标准和条件的,发包人有权单方解除合同,并书面通知承包人后收回工程,由此造成的发包人经济损失,发包人有权在支付给承包人的任何款项中扣款补偿。如承包人剩余款项不足的,不足部分发包人有权向承包人进行追偿。

1.2 合同规定由承包人完成或提供配合的工作(包括合同、补充协议以及设计变更等),如承包人拒绝完成或不能按合同要求完成,发包人即可安排其他单位完成,发包人因此支付的全部费用及工期延误的损失由承包人承担。并且,承包人须按第三方进场施工工程造价的20%向发包人支付违约金。

1.3 如果承包人的施工进度或工程质量不能满足发包人要求导致本合同包含的部分工程项目须另外发包的,则发包人有权安排其他队伍进场,并直接从本合同中划除相应工程范围并从本合同中扣除相应的工程价款。同时书面知会承包人,但并不需要经过承包人同意,承包人必须无偿负责管理和配合。

律师点评:《民法典》规定的合同解除情形,主要包括未履行主要义务经催告仍不履行和迟延履行合同义务导致合同目的无法实现两种情形。因此,在设定有关违约和解除条款时,主要也分两种:一种是逾期履行义务达到一定天数,守约方有权解除合同;另一种是未履行主要义务或未履行义务达到一定程度(如造成某种严重损害),守约方有权解除合同。

比如,建设工程施工合同一般都会约定承包人逾期竣工达到一定天数,承包人有权解除合同。同时,发包人一般都不允许承包人转包或违法分包。因此,建设工程施工合同中一般约定:“承包人转包未经发包人同意的,发包人有权解除。”对此《民法典》也进行了规定,如《民法典》第806条规定承包人将建设工程转包、违法分包的,发包人可以解除合同。

案例:房屋主体结构质量不合格或房屋质量严重影响正常居住使用的,买受人有权解除合同

刘某福诉怒江永利房地产开发有限责任公司及第三人怒江州规划设计院、怒江州建设工程施工图设计审查中心、怒江傈僳族自治州工程质量监督站、怒江纬业建设监理有限公司房屋买卖合同案

案号:云南省泸水市人民法院(原云南省泸水县人民法院)(2015)泸民二初字第114号

法院裁判意见:关于原告所购房屋是否达到退房条件即解除合同的问题。

本院认为,房地产开发企业应该承担房地产开发项目的质量责任。本案中,被告交付给原告的房屋经昆明市建业技术工程部检测,房屋结构安全性能评定结果:根据《民用建筑可靠性鉴定标准》(GB 50292—1999)要求,单元安全性评级按地基基础和上部承重结构的评定结果中较低等级确定,评定该建筑安全等级为Csu级危房(安全性不符合要求,显著影响整体承载,应采取措施,且有可能少数构件必须立即采取措施),该房屋主体结构质量问题已严重影响原告正常居住使用。根据最高人民法院《关于审理商品房买卖合同纠纷案件适用法律若干问题的解释》第12条、第13条之规定,房屋主体结构质量不合格不能交付使用,或者房屋交付使用后房屋主体结构质量经核验确属不合格或因房屋质量问题严重影响正常居住使用的,买受人请求解除合同和赔偿损失的,应予支持。原告所购房屋已达到解除条件,故原告刘某福主张解除合同退还房屋的诉讼请求予以支持。

律师点评:商品房的质量分为结构性质量问题和质量瑕疵(如非结构性的空鼓、开裂等)。因结构性质量问题会影响房屋的结构安全,如房屋存在结构质量问题并影响结构安全的,买受人有权解除合同;如存在的质量问题并非结构性质量问题,则属于质量瑕疵,出卖人负有维保义务,但一般情况下买受人不得以此为由解除合同。

相关法律规定:

《商品房买卖合同解释》第9条规定:"因房屋主体结构质量不合格不能交付使用,或者房屋交付使用后,房屋主体结构质量经核验确属不合格,买受人请求解除合同和赔偿损失的,应予支持。"

第10条第1款规定:"因房屋质量问题严重影响正常居住使用,买受人请求解除合同和赔偿损失的,应予支持。"

(二)违反其他义务达到一定程度或情形解除权约定常用模式

●模式1:

乙方违反本合同约定的其他义务,导致甲方重大损失或名誉受损或导致合同目的无法实现的,甲方有权解除合同,并有权要求乙方按合同总额【】支付违约金。

●模式2:

乙方存有违约行为,经甲方要求整改,乙方拒不整改或未按甲方要求完成整改,累计次数达【】次或乙方的违约行为造成甲方重大损失的,甲方均有权解除合同,并有权要求乙方按合同总额【】支付违约金。

五、原则5:设定违约解除权条款,应同时设定解约违约金

(一)设定违约解除权条款,应同时设定解约违约金

《民法典》第566条规定:"合同解除后,尚未履行的,终止履行;已经履行的,根据履行情况和合同性质,当事人可以请求恢复原状或者采取其他补救措施,并有权请求赔偿损失。

合同因违约解除的,解除权人可以请求违约方承担违约责任,但是当事人另有约定的除外。"

根据以上规定,当事人解除合同,有权请求赔偿损失,合同因违约解除的,解除权人可要求违约方承担违约责任,对于因违约解除合同的责任,双方可以自行约定。

实务中,有的合同约定,守约方解除合同的,有权要求违约方赔偿损失,但没有约定具体的金额或可以直接依据合同计算出具体金额的违约金或损害赔偿责任的计算方法,由此导致的结果是,守约方只能主张损失赔偿,并需要对具体的损失举证证明,比如发包人与承包人约定,承包人逾期竣工达30天的,发包人有权解除合同并有权要求承包人赔偿损失,一旦发包人解除合同,如发包人拟向承包人主张损失赔偿的,则需举证证明其所受到的损失,此种合同条款,既不利于发包人在承包人违约并解除合同时即时向承包人主张权利(毕竟,发包人还必须证明损失,且即使提供证据,承包人也往往不予认可,尤其是有些损失,只是可能发生,从可能发生到最终承担,需要一个较长的过程,比如,逾期竣工造成开发商逾期交房导致的买受人主张的逾期交房违约金损失,往往通过诉讼解决,光是诉讼本身就是一个较长的过程),也加重了发包人在诉讼中的举证责任,不利于发包人主张其权利。

综上,在合同中,应尽可能约定,当事人依法或依约解除合同,其有权要求违约方按照一定数额支付违约金,并赔偿损失,如此,守约方在解除合同时,既可以即时

要求对方承担一定数额的违约金责任,也保留了继续追索违约方损失赔偿的权利。具体的约定方法,可以在每一条合同解除条款后面,加上违约金条款;同时为避免挂万漏一,可以约定兜底条款,如因甲方违约导致乙方依约或依法解除本合同的,甲方需另行支付本协议合同总价20%的违约金(本协议关于解约违约金另有约定的,按该约定)。

(二)条款范例和案例

条款范例1:某建设工程施工合同违约和解除合同条款。

37.2.2 发包人有权解除合同

如果承包人发生下述情况之一,或合同其他条款约定的解除合同的情形,发包人有权解除本合同:

(1)明确表示或者以行为表明不履行合同主要义务,又不遵照发包人和监理人的要求,在约定的合理时间内改正此类过失或违约行为;

(2)无正当理由而未能进场开工,又不能遵照发包人和监理人的要求在约定的合理时间内改正此类过失或违约行为;

(3)未能在收到通知和指令后14天内履行第21.4款发出的指令;

(4)将承包的建设工程转包、违法分包的;

(5)已完成的建设工程质量不合格,并拒绝修复的;

(6)承包人破产、无力偿还债务、发生非重组重建或合并时、失去政府所颁发的实施本合同工作所必须的资质或资格;

(7)违反本合同其他约定,合同约定发包人可单方解除的。

因承包人原因导致发包人解除合同的或承包人擅自解除合同或中途退场的,承包人须按合同总价的20%向发包人支付违约金,如上述违约金不足以弥补发包人的损失,则发包人有权对不足部分予以追偿。

37.2.3 发包人接收现场

发包人通知承包人解除合同后3天内,承包人必须将其在现场的临时生产和生活设施全部拆除完毕,并且将全部人员、机械和其他物品撤离现场,相关费用由承包人承担。如承包人拒绝退场,发包人有权随时接收并进驻现场。承包人不能以任何原因或方法,阻碍或阻止发包人新委托承包人接管及接收施工现场的一切,因承包人的阻碍或阻止造成发包人损失,承包人需负全责,承担发包人所有损失费用。承包人拒绝退场的,须向发包人支付违约金。

除解除合同的原因是承包人破产或清盘外,如果发包人在终止合同后14日内提出要求,承包人应当将任何为本合同而供货或施工的合同利益免费转让给发包人,但有关供应商或分包人有权对发包人的任何再转让提出合理反对。在任何情况下,只要承包人未支付为本合同而采购的材料和工程设备或执行了的工作的费用,发包人便可将有关费用支付给相应供货人或分包人。

承包人应当在发包人要求的时间内将其拥有或租赁的临时建筑物、机械、工具、设备和材料运出现场。如果承包人在发包人提出要求后的合理时间内仍未执行,发包人可(但不必对任何损失或破坏负责)运出现场和出售承包人的任何前述资产,并将扣除运出现场和出售过程所发生费用后的出售所得收入归还给承包人。

律师点评:以上关于违约责任的条款,发包人根据约定享有解除权的每一种情形,均通过兜底条款的方式约定了相应的解约违约金,且违约金的约定清楚明确,一旦发包人援引以上条款解除合同,可以直接主张解约违约金而无须承担举证责任。

条款范例2:租赁合同中关于解除租赁合同时的违约责任条款:

20-3　出现下列情形之一,甲方有权经书面通知乙方,立即解除合同。

20.3.1　按照本合同其他条款约定,甲方选择解除本合同的。

20.3.2　乙方未经甲方同意,对租赁场所进行建筑物结构、设施、设备的变更、改造、破坏,且在甲方书面通知后20日内未能恢复原状的。

20.3.3　乙方擅自变更租赁用途或约定品牌对外经营,经甲方书面通知后未在20日内改正的。

20.3.4　乙方违反本合同有关转租约定的。

20.3.5　乙方擅自使用租赁场所外墙面和楼顶的。

20-4　按第20-3条及本合同其他条款约定,甲方行使合同解除权的效力。

20.4.1　甲方依约或依法解除合同(不可抗力除外)或乙方单方面擅自解除合同的,甲方有权没收履约保证金,且乙方应按本合同约定承担违约责任。乙方应在接到甲方书面通知之日起20日内将租赁场所交还甲方,并与甲方和物业服务公司结清所有款项。

20.4.2　如果本合同解除时,乙方实际租赁期限不满5个租约年(包括计租日前解除的情况)的,乙方除承担本合同第20.4.1条责任外,还应向甲方支付相当于24个月租金的违约金。

20.4.3　如果本合同解除时,乙方实际租赁期限满5个租约年的,乙方除承担本合同第20.4.1条责任外,还应向甲方支付相当于6个月租金的违约金。前述计算违约金标准的“月租金”是指合同解除当月的月租金,如果合同解除当月尚未开始计租的,则以第一个租约年的月租金为准。

案例:合同中约定解约违约金,极大地便利守约方解除合同时主张该项违约金并免除守约方的举证责任

北京中天置地房地产经纪有限公司与杨某梅房屋租赁合同纠纷二审案

案号:北京市第二中级人民法院(2021)京02民终1662号

上诉人(原审被告):北京中天置地房地产经纪有限公司,住所地北京市朝阳区东四环中路78号楼12层15A09。

法定代表人:刘某,总经理。

委托诉讼代理人:孟某园,女,北京中天置地房地产经纪有限公司法务专员。

被上诉人(原审原告):杨某梅,女,1971年5月3日出生,住北京市平谷区。

委托诉讼代理人:王某琪(杨某梅之子),住北京市平谷区。

上诉人北京中天置地房地产经纪有限公司(以下简称中天公司)与被上诉人杨某梅房屋租赁合同纠纷一案,不服北京市丰台区人民法院(2020)京0106民初23145号民事判决,向本院提起上诉。本院于2021年1月21日立案后,根据全国人民代表大会常务委员会《关于授权最高人民法院在部分地区开展民事诉讼程序繁简分流改革试点工作的决定》,依法适用第二审程序,由审判员独任审理。本案现已审理终结。

中天公司上诉请求:撤销一审判决第一、二、四项,改判驳回杨某梅要求我公司支付违约金、房屋使用费的诉讼请求。事实及理由:因市场租金下降及隔断问题,我公司提出降低租金,双方达成一致意见后,杨某梅反悔表示要收房解除合同,我公司同意并办理房屋交接,因此是杨某梅违约在先。我公司不应支付违约金及租金。

杨某梅辩称,同意一审判决,不同意中天公司的上诉请求。(1)合同履行的中断是中天公司造成的,因其认为隔断被拆除,收益减少,主动中断合同。隔断本身是违法的,中天公司应自己承担业务不规范的风险。我没有违约行为。(2)根据合同约定,如果中天公司迟付租金5日以上,我有权解除合同,且中天公司还要支付200%的违约金。2019年12月15日,中天公司提出不降价要退房,19日我不同意降价,中天公司没有履行合同,已经违约。(3)我明确表达了我的立场,不履行合同就要承担相应责任。根据合同第13条,对合同有重大变更,应采取书面形式。

杨某梅向一审法院起诉,请求判令中天公司向杨某梅支付:(1)延迟支付租金的违约金25,000元;(2)提前终止合同违约金25,000元;(3)2019年12月29日至2020年1月6日的房屋使用费3600元;(4)水电费1720元。

一审法院认定事实:2018年12月28日,杨某梅(甲方)与中天公司(乙方)签订北京市房屋出租委托代理合同。约定:房屋坐落于北京市丰台区××1-5-401室。租赁用途为居住。出租代理期限自2018年12月29日至2021年12月28日,共计3年。甲方应于2018年12月29日前将房屋交付乙方,租金标准为每月房屋租金12,500元,租金交付期限为第一次2018年12月29日交付62,500元,第二次2019年6月29日交付75,000元,第三次2019年12月29日交付75,000元。合同第9条解除条款第4项约定,乙方有下列情形之一的,甲方有权单方解除合同:未按约定划付租金达5日以上的。第10条违约责任约定,出租代理期内甲方或乙方需提前终止合同的,应提前通知对方,并按月租金的200%支付违约金。

合同签订后,杨某梅依约交付了房屋,中天公司依约支付了第1笔和第2笔租金。租金实际支付至2019年12月28日。2019年12月29日后,中天公司未再支付租金。

另庭审中双方当事人均认可,2019年12月15日,中天公司以房屋不让打隔断为由,提出降低房租要求,后双方就房屋降低租金进行过磋商。12月29日,杨某梅明确告知中天公司不同意降低房租,中天公司提出要解除合同。2020年1月6日双方解除合同,中天公司搬出涉案房屋。

一审法院认为,依法成立的合同,受法律保护,对双方当事人具有法律约束力,双方当事人应当依照约定全面履行自己的义务。现因中天公司原因造成合同提前解除,中天公司对此应承担相应违约责任,故杨某梅起诉要求其按月租金的200%支付提前解除合同违约金25,000元的请求,法院予以支持。其要求中天公司支付2019年12月29日至2020年1月6日房屋使用费3600元的请求,并无不当,法院予以支持。其要求中天公司支付水电费1720元,中天公司予以认可,法院不持异议。其要求中天公司支付延迟支付租金违约金25,000元的请求,因同一行为不能同时适用两种罚则,故该项请求法院不予支持。判决:(1)北京中天置地房地产经纪有限公司于判决生效后7日内支付杨某梅违约金25,000元;(2)北京中天置地房地产经纪有限公司于判决生效后7日内支付杨某梅2019年12月29日至2020年1月6日的房屋使用费3600元;(3)北京中天置地房地产经纪有限公司于判决生效后7日内支付杨某梅水电费1720元;(4)驳回杨某梅的其他诉讼请求。如果未按判决指定的期间履行给付金钱义务,应当依照《民事诉讼法》第253条的规定,加倍支付迟延履行期间的债务利息。

二审中,双方当事人均未提交新证据,对一审判决查明的事实亦均无异议,本院予以确认。本院另查明,双方合同约定,甲乙双方对合同内容的变更或补充应采取书面形式,作为本合同的附件。

本院认为,关于中天公司上诉主张其提出降低租金,双方达成一致意见后,杨某梅反悔表示要收房解除合同一节,从双方沟通情况看,系中天公司先向杨某梅提出退租,在杨某梅表示提前解约要承担违约金之后,中天公司又提出降低租金;杨某梅确曾有过同意降低租金的想法,但是后来杨某梅明确表示不同意中天公司提出的降价,且双方沟通中提出要签一个补充协议,而根据现有证据尚不足以认定双方已就降低租金一节采用书面形式进行了确认,故不足以认定双方完成合同变更。在此情况下,一审判决认定系中天公司原因造成合同解除并判令中天公司承担违约金和腾退房屋之前的房屋使用费,并无不当,中天公司上诉主张杨某梅违约收房,依据不足,本院对于中天公司的该项主张不予采信。

综上,中天公司的上诉请求不能成立,应予驳回;一审判决结果正确,应予维持。依照《民事诉讼法》第170条第1款第1项之规定,判决如下:

驳回上诉,维持原判。

二审案件受理费515元,由北京中天置地房地产经纪有限公司承担(已交纳)。

本判决为终审判决。

律师点评:本案中,因诉请中的逾期违约金和解约违约金在合同中均有明确约定,因此原告起诉时,无须就损失另行提供证据,而只是根据合同约定向被告主张违约金即可,如此极大地便利了原告的举证责任,并且也基本达到了弥补原告损失的目的,可见,在合同中约定明确具体的解约违约金,除了在发生纠纷后便于计算违约金进而与对方协商赔偿外,还可以在诉讼中便于原告主张权利和举证。

第六章

如何约定合同解除条件以及相应的责任

一、任何合同中应尽可能约定合同解除条件

合同如同一个生命，经历了出生（签订合同）、成长（履行）、死亡（合同终止）三个阶段。任何合同都会终止，但终止的方式有所不同。

《民法典》第557条规定："有下列情形之一的，债权债务终止：

（一）债务已经履行；

（二）债务相互抵销；

（三）债务人依法将标的物提存；

（四）债权人免除债务；

（五）债权债务同归于一人；

（六）法律规定或者当事人约定终止的其他情形。

合同解除的，该合同的权利义务关系终止。"

从以上规定可见，合同解除只是双方债权债务终止的方式之一。合同签订后，其履行无非两种状态：一种是正常履行即双方均按约履行，在此情况下，一旦双方各自履行完毕合同义务，双方债权债务因履行而消灭；另一种则是非正常履行，即因一方、他方或不可抗力原因导致合同未能如约履行，此种情况下，守约方可以追究违约方违约责任，如违约方所违反合同主要义务、迟延履行债务或存在其他违约行为导致合同目的无法实现的，《民法典》赋予了当事人解除合同的权利，在合同履行处于非正常的情况下，只有赋予当事人解除合同的权利，才能使当事人尽快从合同枷锁中解脱出来，避免在对方无意或确实无力履行的合同情况下，因迟迟无法解除合同而导致整个社会效率的降低。

法律在赋予当事人法定解除权的同时，还允许双方约定合同解除的条件，一旦

符合约定的条件,当事人有权根据合同约定的条件解除合同。根据《民法典》的规定,当事人可以约定在一定条件下解除合同的权利。就法律规定而言,即便双方未约定解除合同的条件,对方违约行为达到一定程度时,守约方仍可以根据《民法典》的规定解除合同,但根据法律规定解除合同,存在争议大、举证麻烦、法官自由裁量权大的不足,这些因素对于当事人而言意味着巨大的诉讼风险;如约定解除条件,即便不能完全避免法官的自由裁量权,但可以在一定程度上限制其裁量权,且举证较为容易,因此在制定合同条款时,应尽可能约定合同解除的条件。

二、如何约定合同解除条款以及相应责任

(一)合同解除条件,应采取列举和兜底的方式,列举的解除条件一般可以包括违反法律法规的行为、违反合同主要义务的行为、迟延履行达到一定程度的行为、其他违约行为导致合同目的无法实现的情形;约定的合同解除条件应有利于督促对方积极履行合同,应有利于保持合同的稳定性

案例:约定一方违约,对方有权解除的条款,不利于合同的履行和维持合同的稳定性,在实务中应尽可能避免此类条款

上诉人四平九洲房地产开发有限责任公司(以下简称九洲公司)与被上诉人邝某、海南吉森鸿润投资发展有限公司(以下简称吉森公司)股权转让纠纷案

案号:最高人民法院(2018)最高法民终863号

本案双方争议的焦点之一在于邝某是否有权根据双方签订的合同条款即“11.任何一方违反本协议约定条款,即构成违约,违约方应向守约方承担违约责任,任何一方违约,并给对方造成损失时,守约方有权向违约方要求损失赔偿,并有权单方解除合同”解除涉案合同。

本案查明的事实:一审法院经审理查明:吉森公司成立于2013年6月6日,注册资本为5000万元,股东为邝某(出资3500万元占股70%)、鸿铖公司(出资1500万元占股30%),法定代表人为邝某。

2017年12月2日,邝某与九洲公司及吉森公司签订《股权转让协议书》,约定:(1)邝某将其持有的吉森公司70%的股权和在吉森公司享有的全部债权权益,整体转让予九洲公司。(2)此前九洲公司为吉森公司股权转让事宜,

曾授权王某新受让了邝某25%的股权，并于2017年4月18日、5月18日将股权转让款1250万元打入吉森公司指定账户，吉森公司已将该款项支付给邝某。现邝某再将其持有的吉森公司45%的股权转让予九洲公司，与此同时，王某新出具承诺书放弃吉森公司25%的持股权，邝某与王某新所签订的相关股权转让协议的受让人主体直接变更为九洲公司，总计邝某将持有的吉森公司70%的股权转让予九洲公司，由此引发的相关权利与义务由邝某、九洲公司双方承担（王某新出具的放弃吉森公司25%持股权的承诺书作为本协议附件）。(3)由于吉森公司的股权因借贷关系已设定质押，在本协议签订后，视为九洲公司已取得吉森公司70%的股权，在吉森公司质权释放后，邝某有义务配合九洲公司办理股权变更登记。(4)鸿铖公司持有吉森公司30%的股权，拟在近期内挂牌出让。对本协议双方的股权转让行为，鸿铖公司放弃优先购买权，并对邝某、九洲公司双方股权转让行为不持有异议（鸿铖公司放弃优先购买权书面声明作为本协议附件）。(5)九洲公司以1.5亿元的货币资金及海南陵水麒麟汇房地产项目B区酒店式公寓自持经营部分其中的建筑面积2000平方米不动产（使用权），支付邝某股权和债权转让对价利益。由于九洲公司已向邝某支付的股权转让价款及通过吉森公司向邝某出借的款项合计为3250万元，此款项视为九洲公司已向邝某交付的部分股权转让对价款，故九洲公司再向邝某支付股权转让对价款1.175亿元。(6)因转让的对价款及给付的2000平方米不动产（使用权）而产生的税费，应依据国家税收相关政策，邝某、九洲公司双方各自承担应当交付的相关税费，因处理转让股权对价款及不动产交付涉税费事宜（包括但不限于个人所得税、印花税、契税、增值税等均由吉森公司代扣代缴），邝某、九洲公司相互配合办理。(7)九洲公司应支付的1.5亿元的对价款应分三次向邝某支付完毕，第一次支付时间为本协议签订后的7个工作日内支付30%的剩余部分即1250万元（另3250万元已支付）；2018年3月1日前再支付30%即4500万元；2018年6月1日前将剩余的40%部分即6000万元支付完毕。2000平方米自持经营酒店式公寓（使用权），交付时间为酒店式公寓竣工验收合格后并达到交付使用条件30日内办理。(8)九洲公司支付首期股权转让对价款后，即使尚未办理股权登记变更手续，也视同九洲公司已取得股东的相应持股资格。邝某、九洲公司双方在本协议签订后7日内应完成包括但不限于公司日常经营管理;财务管理;公章、财务专用章、法人章等印章管理、各类资产、证照、U盾、支票、文件及所有档案资料的管理;项目开发、营销、人力资源、行政事务等各项事项的移交手续。(9)在本协议签订时,九洲公司已经知晓并认可吉森公司的股权已处于质权人万宁润达实业有限公司质押中,并同意承继该质押协议中的权利与义务。(10)本协议签订后,九洲公司应在7个工作日内筹措1.38亿元交付吉森公司用于偿还吉林银行长春亚泰大街支行借款并解除在万宁润达实业有限公司的股权质押以释放股权。在邝某收到九洲公司股权转让对价款的全部首付30%及不影响鸿铖公司挂牌转让公示真实性的前提下,即使邝某持有的吉森公司股权工商登记尚未办理到九洲公司名下,九洲公司已当然享有对吉森公司的全面经营管理权。在各方条件成就后,邝某、九洲公司即刻到工商机关办理股权变更登记手续。(11)任何一方违反本协议约定条款,即构成违约,违约方应向守约方承担违约责任,任何一方违约,并给对方造成损失时,守约方有权向违约方要求损失赔偿,并有权单方解除合同。九洲公司若不能按期向邝某支付股权转让对价款,即构成违约,违约责任为逾期支付款项的金额按延期时间计算,以月利率2%的标准向邝某支付逾期违约金,直至所欠款项给付完毕。若因邝某原因不能办理股权变更登记手续,或邝某出资不实,应返还已收取的全部转让价款,并按已转让价款总额的占有时间按月利率2%向九洲公司支付违约金,双方股权转让合同解除,九洲公司所发生的前期投资费用以现金方式或海南陵水麒麟汇房地产项目可售资产评估作价补偿给九洲公司。《股权转让协议书》还对双方的其他相关权利义务作了约定。邝某在该协议书落款处签字,九洲公司、吉森公司亦均在该协议书落款处签字并盖章。

上述《股权转让协议书》签订前,王某新分别于2017年4月18日、5月18日向吉森公司银行账户转入1245万元、5万元,合计1250万元,该款为《股权转让协议书》记载的此前王某新受让邝某的25%股权的股权转让款,协议书约定该25%股权的受让主体直接变更为九洲公司,此款项视为九洲公司已向邝某交付的部分股权转让对价款。2017年7月28日,邝某又向吉森公司银行账户转入2000万元,银行凭证记载为借款,《股权转让协议书》约定该款转为本案股权转让款。邝某认可上述款项共计3250万元视为九洲公司向其支付的本案股权转让的对价款。除上述3250万元外,九洲公司至今未向邝某支付过任何股权转让款。

2017年12月19日,九洲公司按照上述《股权转让协议书》的约定,通过银行转账向吉森公司支付1.38966亿元用于偿还吉森公司欠吉林银行长春亚泰大街支行的借款以解除案涉70%股权的质押。吉森公司《企业信用信息公示报告》显示,案涉70%的股权原质押登记2017年12月20日的状态为无效。九洲公司主张该股权的质押登记已经解除,邝某及吉森公司均未提出异议。

2018年1月14日,邝某作出《解除合同通知书》,内容:邝某已按双方签订的《股权转让协议书》约定履行了应尽义务,《股权转让协议书》约定九洲公司应在该协议书签订后7个工作日内向邝某支付股权转让对价款1250万元,但九洲公司至今未履行该付款义务。特依据该协议书第4条第1款"任何一方违反本协议约定条款,即构成违约,违约方应向守约方承担违约责任,任何一方违约,并给对方造成损失时,守约方有权向违约方要求损失赔偿,并有权单方解除合同"的约定,向九洲公司通知解除该协议书,九洲公司因该协议书所取得的所有权益和邝某已经履行的部分,九洲公司应全部退还给邝某,九洲公司不再享有因该协议书约定而产生的任何权益,同时邝某将保留进一步追究九洲公司违约责任的权利。邝某向九洲公司发送该《解除合同通知书》后,遂引发本案纠纷,九洲公司于2018年1月31日持该通知书向一审法院提起诉讼。

另查明:九洲公司主张邝某已于2017年12月10日、12日按约定向其移交了吉森公司的经营管理权及财产权,并移交了吉森公司的印鉴、文件资料、证照、资产等,但2018年1月15日00:10,邝某授意他人潜入吉森公司办公室盗走吉森公司的印章、银行U盾、财务资料、证照、档案等财物。2018年1月15日,九洲公司的员工汤某智向陵水县公安局陵城派出所报案,控告邝某等人盗窃吉森公司的上述财物。陵水县公安局陵城派出所于2018年1月19日作出《不予受理通知书》,认定该案属自诉案件,不属于公安机关管辖案件范围,决定不予受理。2018年2月13日,陵水县公安局作出《不予立案通知书》,认定邝某等的行为不符合犯罪构成要件,决定不予立案。《不予立案通知书》作出后,汤某智向陵水县公安局申请复议,该局于2018年3月9日作出《刑事复议决定书》,认定邝某等人的行为不构成盗窃,决定维持上述《不予立案通知书》所作的决定。九洲公司称其已向海南省公安厅申请对陵水县公安局的上述决定申请复核,但其并没有提供证据予以证明。

2018年1月17日,吉森公司在《海南日报》公告其公章不慎遗失并声明作废。现吉森公司已刻制了新的公章。

2018年1月29日,一审法院依九洲公司的诉前财产保全申请,依法作出(2018)琼财保1号《民事裁定书》,裁定冻结了邝某所持吉森公司70%的股权,以及查封了吉森公司琼(2017)陵水县不动产权第0002131号、第0002132号、第0002133号、第0002134号、第0002135号、第0002136号、第0002177号证项下国有建设用地使用权及地块上的在建工程(鸿润九洲麒麟汇项目)。

一审法院认为,根据各方当事人的诉辩主张,本案的争议焦点:(1)九洲公司请求判决确认邝某解除本案《股权转让协议书》的行为无效,并请求判令邝某、吉森公司继续履行该协议书,将邝某所持吉森公司70%的股权变更登记至九洲公司名下,是否有事实和法律依据;(2)九洲公司请求判令邝某向其交付新刻制的吉森公司公章,以及吉森公司的记账凭证、账簿、增值税专用发票抵扣联、报表、原始凭证等财务资料、财务专用章、法定代表人章、各银行U盾、营业执照、开户许可证、项目规划许可证、不动产证等证照及合同、协议、档案等资料,是否有事实和法律依据。

第一个层面关于九洲公司请求判决确认邝某解除本案《股权转让协议书》的行为无效,并请求判令邝某、吉森公司继续履行该协议书,将邝某所持吉森公司70%的股权变更登记至九洲公司名下,是否有事实和法律依据的问题。

邝某与九洲公司及吉森公司签订的《股权转让协议书》,系该三方当事人的真实意思表示,且其内容并不违反法律和行政法规的强制性规定,应为合法有效,邝某、九洲公司及吉森公司均应严格履行该协议书约定的义务。该《股权转让协议书》第2条第1点约定:邝某将其所持吉森公司70%的股权和在吉森公司享有的全部债权权益,整体转让给九洲公司。第3条第1点约定:九洲公司以1.5亿元的货币资金及海南陵水麒麟汇房地产项目B区酒店式公寓自持经营部分其中的建筑面积2000平方米不动产(使用权),支付邝某股权和债权转让对价利益。第3条第7点约定:本协议签订后,九洲公司应在7个工作日内筹措1.38亿元交付吉森公司用于偿还吉林银行长春亚泰大街支行借款。根据《股权转让协议书》的上述内容，双方已明确约定九洲公司受让案涉的70%股权和债权，应向邝某支付的对价款为1.5亿元的货币资金及麒麟汇房地产项目2000平方米的不动产使用权，九洲公司已付的1.38亿元系支付给吉森公司用于偿还该公司欠他人的借款债务，吉森公司与其股东邝某系相互独立的民事主体，该债务并非邝某的个人债务，上述1.38亿元并非系支付给邝某的股权和债权转让款。故九洲公司主张其已支付的股权转让款应包含该1.38亿元，没有事实和法律依据，不予采纳。九洲公司还主张，《股权转让协议书》约定在案涉股权质押登记解除后，邝某立即为九洲公司办理该股权的变更登记，但九洲公司为解除该股权质押登记按约定向吉森公司账户打入1.38亿元，该股权也已解除质押登记后，邝某并没有按约定为九洲公司办理该股权的工商变更登记，已构成严重违约。经查，《股权转让协议书》约定，除九洲公司已支付的股权转让款3250万元外，剩余的货币资金股权转让款九洲公司应分三期支付给邝某：第一期为该协议书签订后的7个工作日内支付1250万元；第二期为2018年3月1日前支付4500万元；第三期为2018年6月1日前支付余款6000万元。《股权转让协议书》的签订时间为2017年12月2日，故根据上述约定，九洲公司最迟应于2017年12月12日向邝某支付第一期股权转让款1250万元，但九洲公司在该协议书签订后至今未向邝某支付过任何款项，已构成违约。九洲公司于2017年12月19日向吉森公司支付上述1.38亿元用于吉森公司偿还欠他人的借款，以解除案涉股权作为该借款债务的担保而设置的质押登记。但如上所述，九洲公司至今未支付已于2017年12月12日到期的第一期股权转让款1250万元，九洲公司违约在先，邝某有权拒绝办理案涉股权的变更登记。故九洲公司主张邝某至今未将案涉股权办理变更登记至其名下已构成严重违约，理由不能成立，不予支持。九洲公司提交《股权收购框架意向书》及相关的银行转账凭证，以及吉森公司2017年各项支出明细及汇总、《发生额及余额表》、《银行余额表》，主张九洲公司的实际控制人林某与邝某、鸿铖公司已于2016年签订意向书，约定九洲公司收购鸿铖公司所持吉森公司30%的股权，并约定九洲公司交存5000万元保证金至吉森公司账户，未经林某书面同意吉森公司及鸿铖公司、邝某不得动用该保证金，但九洲公司于2017年12月接管吉森公司后发现邝某及吉森公司已挪用了该保证金的4400万元，已构成严重违约。

经查,按照九洲公司提交的《股权收购框架意向书》的记载,该意向书系对鸿铖公司所持吉森公司30%的股权而非本案邝某的70%股权签订的股权转让意向书,与本案股权转让并无关系。同时,吉森公司2017年各项支出明细及汇总、《发生额及余额表》系打印件,没有加盖任何相关印章,九洲公司不能证明其内容的真实性和合法来源,《银行余额表》没有原件,邝某、吉森公司对该三份证据的真实性、合法性均不予认可,对该三份证据依法均应不予采信,九洲公司主张邝某、吉森公司已挪用上述5000万元保证金亦缺乏事实依据。综上,上述5000万元保证金系鸿铖公司所持30%股权转让的保证金,本案《股权转让协议书》并无保证金的约定,该保证金与本案的70%股权转让无关,该保证金属于另一个合同法律关系,且九洲公司也不能提供有效证据证明邝某、吉森公司存在挪用该保证金的行为。故九洲公司主张邝某本案存在严重违约行为的上述理由,缺乏事实与法律依据,不予采纳。九洲公司提交案外人王某新与邝某签订的《股权转让协议》、《协议书》及相关的银行凭证,主张其此前已委托王某新与邝某签订协议,约定收购邝某本案70%股权中的25%股权,并约定邝某应在股权转让款到账后20日内办理股权变更登记至九洲公司名下,但九洲公司依约支付该股权转让款后,邝某自始没有办理该股权的变更登记,已构成严重违约。九洲公司提交的上述《股权转让协议》《协议书》均为复印件,邝某、吉森公司对其真实性均不予认可。即使该两份协议是真实的,其记载的合同主体即股权的受让人为王某新而非九洲公司,相关银行凭证记载的付款人也为王某新而非九洲公司,九洲公司所主张的是另外一个法律关系的协议约定,且该协议约定的是将股权变更登记给王某新或其指定的公司,并未明确变更登记给九洲公司,九洲公司在与邝某签订本案《股权转让协议书》时也已明知该25%的股权尚未变更给王某新,双方约定邝某直接将该股权变更给九洲公司。故九洲公司的上述主张理由亦不能成立,该院不予支持。九洲公司还主张其是本案股权转让款个人所得税的扣缴义务人,第一期股权转让款1250万元其有权代扣缴交邝某应付的个人所得税,其未向邝某支付该款并不构成违约。经查,《股权转让协议书》第3条第3点约定:“因转让的对价款及给付的2000平方米不动产使用权而产生的税费,应依据国家税收相关政策,邝某、九洲公司双方各自承担应当交付的相关税费,因处理转让股权对价款及不动产交付涉税费事宜(包括但不限于个人所得税、印花税、契税、增值税等均由吉森公司代扣代缴)，邝某、九洲公司相互配合办理。”根据上述合同内容，双方已明确约定各自承担应当交付的相关税费，包括个人所得税在内的各项税费均由吉森公司而非九洲公司代扣代缴。吉森公司系有限公司，共有两名股东，吉森公司是有独立人格的民事法人主体，不能与其股东混同。九洲公司以其已购买邝某的股权并已接管了吉森公司为由，主张吉森公司代扣代缴税费的义务即九洲公司的义务，理由不能成立。《股权转让协议书》已明确约定邝某的应纳个人所得税由吉森公司代扣代缴，九洲公司并不能证明其已将该税款支付给吉森公司。其主张由其代邝某缴交个人所得税，但其至今也未向税务机关缴交该税款。而且，其也未能说明邝某的股权转让款应缴交个人所得税金额多少，其径直以代邝某缴交个人所得税为由拒付到期的全部股权转让款1250万元，也缺乏事实依据。故九洲公司以由其代扣代缴邝某的个人所得税为由，主张其拒付邝某第一期股权转让款1250万元不构成违约，理由不能成立，不予采纳。综上所述，九洲公司以上所主张的其没有向邝某支付第一期股权转让款1250万元并不构成违约的各项理由，依法均不能成立，一审法院均不予支持。

《股权转让协议书》第4条第1点明确约定:“任何一方违反本协议约定条款，即构成违约，违约方应向守约方承担违约责任，任何一方违约，并给对方造成损失时，守约方有权向违约方要求损失赔偿，并有权单方解除合同。”如上所述，九洲公司并不能证明邝某存在违约行为，而九洲公司除在《股权转让协议书》签订前支付股权转让款3250万元外，在该协议书签订后未再向邝某支付过任何款项，其中双方约定的协议书签订后的第一期股权转让款已于2017年12月12日到期，九洲公司逾期支付该期全部股权转让款1250万元，已构成违约。故根据《股权转让协议书》的上述约定及《合同法》第93条第2款“当事人可以约定一方解除合同的条件。解除合同的条件成就时，解除权人可以解除合同”的规定，邝某有权解除该《股权转让协议书》，九洲公司起诉请求确认邝某解除该协议书的行为无效，没有事实和法律依据，不予支持。该协议书明确约定，任何一方违反协议约定条款，即构成违约，守约方有权单方解除合同。本案《股权转让协议书》中，支付合同对价款是付款人的主要合同义务，九洲公司逾期支付股权转让款高达1250万元，已违反合同的主要义务，已明显构成违约，其主张上述约定不明，不能作为邝某有权解除《股权转让协议书》的依据,理由不能成立。九洲公司向吉森公司支付的1.38亿元,系支付给吉森公司用于该公司偿还欠他人的借款债务,有限公司与其股东的人格相互独立,该债务并非邝某的个人债务,上述1.38亿元并非系支付给邝某的股权转让款。《股权转让协议书》已明确约定该协议书签订后的第一期股权转让款仅为1250万元,九洲公司已逾期支付该期全部股权转让款,九洲公司关于上述1.38亿元也属于其应付的第一期股权转让款,其已支付该1.38亿元,故其逾期支付的1250万元只占第一期股权转让款很低的比例的意见,与合同约定不符。九洲公司逾期支付第一期股权转让款长达33天后,邝某才作出《解除合同通知书》。因此,九洲公司主张其逾期支付的1250万元占第一期股权转让款的比例低、逾期支付的时间短,应确认邝某解除《股权转让协议书》的行为无效,缺乏事实和法律依据,应不予采纳。

《合同法》第96条第1款规定:"当事人一方依照本法第九十三条第二款、第九十四条的规定主张解除合同的,应当通知对方。合同自通知到达对方时解除。对方有异议的,可以请求人民法院或者仲裁机构确认解除合同的效力。"邝某作出的《解除合同通知书》九洲公司已经收到,如上所述,九洲公司请求确认邝某解除该协议书的行为无效,因理由不能成立,不予支持。故根据上述法律规定,九洲公司请求邝某、吉森公司继续履行该《股权转让协议书》,将邝某所持吉森公司70%的股权变更登记至九洲公司名下,没有事实和法律依据,亦不予支持。

以上是一审法院关于邝某是否享有解除权的认定,总体而言,一审法院认为"九洲公司主张其逾期支付的1250万元占第一期股权转让款的比例低、逾期支付的时间短,应确认邝某解除《股权转让协议书》的行为无效,缺乏事实和法律依据,应不予采纳"。

对于邝某是否享有解除权,二审法院则认为:

关于第二个层面邝某是否因九洲公司迟延支付1250万元而享有合同解除权的问题。如前所述,九洲公司的先履行抗辩权不成立,其迟延支付1250万元理应属于违约行为,而邝某是否据此享有合同解除权,应当根据《股权转让协议书》约定和全案事实作出判断。

关于合同约定解除权的问题。案涉《股权转让协议书》第4条违约责任第1点约定:"任何一方违反本协议约定条款,即构成违约,违约方应向守约方承担违约责任,任何一方违约,并给对方造成损失时,守约方有权向违约方要求损失赔偿,并有权单方解除合同。"第2点约定:"九洲公司若不能按期向邝某支付股权转让对价款,即构成违约,违约责任为逾期支付款项的金额,按延期时间计算,以月利率2%的标准向邝某支付逾期违约金,直至所欠款项给付完毕。"单从上述第1点来看,任何一方只要有任何违约行为并给对方造成损失的,不论违约程度轻重、损失后果大小,守约方均有权解除合同。虽然该约定将守约方行使合同解除权的条件限定为一方违约且同时造成对方损失,但由于客观上违约与损失息息相关,该条款实质仍着眼于只要发生了违约,则守约方即有权解除合同。如此一来,显然泛化了作为合同约定解除条件的违约行为,将所有违约行为不加区分同质化,若简单依此履行,必将造成解除合同过于随意,增加了合同被解除的风险,不利于交易安全和稳定。故上述第1点虽然在形式上约定了合同解除的条件,但实属对解除条件约定不明。合同当事人出现违约情形时,不能当然以此为由主张解除合同,而应当结合合同履行情况、违约程度等因素,从合理平衡双方利益出发,慎重判断合同是否符合法定解除条件。再从上述第2点来看,该条明确在九洲公司未按期向邝某支付股权转让款时,由九洲公司以支付违约金的方式承担违约责任。据此约定,九洲公司就逾期付款应当直接承担的是支付违约金而非合同解除的法律后果,邝某可就此另行主张权利。综上,案涉协议有关合同解除的条件约定不明,根据合同约定邝某不享有解除权。

关于合同法定解除权的问题。《合同法》第94条规定:"有下列情形之一的,当事人可以解除合同:(一)因不可抗力致使不能实现合同目的;(二)在履行期限届满之前,当事人一方明确表示或者以自己的行为表明不履行主要债务;(三)当事人一方迟延履行主要债务,经催告后在合理期限内仍未履行;(四)当事人一方迟延履行债务或者有其他违约行为致使不能实现合同目的;(五)法律规定的其他情形。"本案中,根据《股权转让协议书》第3条第7点的约定,九洲公司还负有筹措1.38亿元交付吉森公司用于解除股权质押的义务。事实上九洲公司已于2017年12月19日向吉森公司支付了1.38966亿元用于偿还吉森公司欠付银行的借款以解除案涉股权的质押。案涉《股权转让协议书》的合同目的是邝某向九洲公司转让吉森公司70%的股权。该协议订立时,各方均明知邝某持有的吉森公司70%的股权处于质押状态,协议作出九洲公司负责解除股权质押的交易安排亦符合合同目的。作为股权出让人的邝某,将股权过户至九洲公司名下是其合同主要义务,九洲公司依约定履行解除股权质押的合同义务,是股权过户的必要条件。九洲公司履行该义务与邝某的合同义务有机统一,不能将二者割裂看待。故《股权转让协议书》虽约定股权转让价款为1.5亿元及相关2000平方米房产,但从上述第3条第7点的约定来看,九洲公司系以支付1.38亿元解除案涉股权质押与支付股权转让价款共同作为其受让吉森公司70%股权的对价。据此,九洲公司未在2017年12月12日前支付第一期股权转让款1250万元固然构成违约,但其于2017年12月19日按照《股权转让协议书》约定履行了为解除案涉股权质押支付1.38966亿元的义务,仍然表明了具有继续履行《股权转让协议书》的意愿。并且依据《股权转让协议书》约定,第一期股权转让款的支付时间和筹措1.38亿元解除股权质押的支付时间均为"本协议签订后的7个工作日",该两项义务应当认定为九洲公司在同一时期须完成的合同义务,两笔款项数额相比较,九洲公司已经完成了该同一时期大部分的付款义务。实际上,九洲公司支付1.38亿元款项解除股权质押的时间亦超过了《股权转让协议书》约定日期,邝某并未对此提出异议。但是,对于同期九洲公司逾期支付1250万元的违约行为,邝某则未予同等的适度容忍,在九洲公司2017年12月12日逾期未付款后双方仍存在履行及接受履行的情况下,邝某未经催告履行而径行于2018年1月14日发出《解除合同通知书》,着实有违诚信履约之原则,不符合《合同法》第94条的规定。况且九洲公司在本案中一直积极要求完成付款义务继续履行合同,足见其履约之诚意,本院认为邝某不享有解除《股权转让协议书》的权利。九洲公司主张邝某解除《股权转让协议书》的行为无效于法有据,应予支持。本案尚不存在不能实现合同目的的客观障碍,《股权转让协议书》应当继续履行。

如前所述,邝某尚不享有解除案涉协议的权利,本院对归纳的涉及第三个层面"如邝某享有合同解除权,是否存在已经放弃解除权的情形"问题无须再行论证。

此外,九洲公司在本案的诉讼请求还包括要求继续履行《股权转让协议书》、变更邝某所持吉森公司70%的股权登记至九洲公司名下以及邝某向九洲公司移交吉森公司公章、财务资料等。本院认为,《股权转让协议书》第3

条第7点约定，在邝某收到九洲公司股权转让对价款的全部首付30%即1250万元及不影响鸿铖公司挂牌转让公示真实性的前提下，即使邝某持有的吉森公司股权工商登记尚未办理到九洲公司名下，九洲公司已当然享有对吉森公司的全面经营管理权；在各方条件成就后，邝某与九洲公司即刻到工商机关办理股权变更登记手续。由此可见，九洲公司应当首先负有支付股权转让款1250万元的义务，方有权向邝某提出过户案涉股权的请求。因九洲公司未支付该1250万元，且其未支付该款项还涉及违约责任的承担，则本院对九洲公司提出的除确认解除协议行为无效、继续履行合同之外的诉讼请求在本案中不予支持，即本案仅确认邝某解除《股权转让协议书》的行为无效，各方应继续履行本案《股权转让协议书》。

综上所述，九洲公司的上诉请求部分成立，应予支持；一审判决认定事实基本清楚，适用法律错误，应予纠正。

律师点评：引发本案争议的主要是合同第11条，该条约定“11.任何一方违反本协议约定条款，即构成违约，违约方应向守约方承担违约责任，任何一方违约，并给对方造成损失时，守约方有权向违约方要求损失赔偿，并有权单方解除合同”。该条只是简单的规定，一方违约并给对方造成损失，守约方有权解除合同，此种约定采取概括式的约定，即一旦存在违约并造成损失的，守约方即可解除合同，没有区分违反约定的行为是何种行为，违反的是主要义务还是附随义务，违约的程度和导致的后果等，如此约定，将使合同处于极不稳定状态，极容易导致轻微违约亦可能导致合同解除或合同几乎履行完毕的情况下仅仅是轻微迟延也可能导致合同被解除，比如付款，假设合同约定的付款总额为1万元，对方已经支付了9000元，仅仅是就剩余的1000元迟延支付1天，按照此类条款，守约方也可以解除合同，但此时解除合同，显然有悖诚实信用原则，也不利于交易的稳定，更会造成社会资源的极大浪费，因此有必要限制此种情况下合同的解除权。即如该案最高人民法院所认定的：据此，九洲公司未在2017年12月12日前支付第一期股权转让款1250万元固然构成违约，但其于2017年12月19日按照《股权转让协议书》约定履行了为解除案涉股权质押支付1.38966亿元的义务，仍然表明了具有继续履行《股权转让协议书》的意愿。并且依据《股权转让协议书》约定，第一期股权转让款的支付时间和筹措1.38亿元解除股权质押的支付时间均为“本协议签订后的7个工作日”，该两项义务应当认定为九洲公司在同一时期须完成的合同义务,两笔款项数额相比,九洲公司已经完成了该同一时期大部分的付款义务。实际上,九洲公司支付1.38亿元款项解除股权质押的时间亦超过了《股权转让协议书》约定日期,邝某并未对此提出异议。但是,对于同期九洲公司逾期支付1250万元的违约行为,邝某则未予同等的适度容忍,在九洲公司2017年12月12日逾期未付款后双方仍存在履行及接受履行的情况下,邝某未经催告履行而径行于2018年1月14日发出《解除合同通知书》,着实有违诚信履约之原则,不符合《合同法》第94条的规定。

最高人民法院在《九民纪要》中也持同样观点,该纪要第47条规定:【约定解除条件】合同约定的解除条件成就时,守约方以此为由请求解除合同的,人民法院应当审查违约方的违约程度是否显著轻微,是否影响守约方合同目的的实现,根据诚实信用原则,确定合同应否解除。违约方的违约程度显著轻微,不影响守约方合同目的实现,守约方请求解除合同的,人民法院不予支持;反之,则依法予以支持。

综上,在约定合同解除条件时,应避免约定类似于本案约定的合同解除条件,而应结合具体合同中当事人的主要义务、合同目的、违约程度等,约定具体明确的合同解除条件。

条款范例:某建设工程施工合同中约定发包人有权解除合同的条款。

3. 合同解除

3.1. 经甲、乙双方协商同意,可解除本合同。

3.2. 因重大政策调整、不可抗力,导致本合同无法继续履行的,双方可解除本合同。

3.3. 出现下列情形之一的,甲方有权单方面解除合同:

3.3.1 乙方总工期逾期竣工达30天的或各节点工期逾期累计达120天的。

3.3.2 乙方未经甲方同意中途撤场的。

3.3.3 乙方将其承包的全部工程转包给他人或者肢解以后以分包的名义分别转包给他人的。

3.3.4 因乙方原因导致工程出现不可弥补的质量缺陷或对甲方造成媒体曝光等不良社会影响的。

3.3.5 因乙方原因使工程工期出现重大延误导致甲方存在向购房人逾期交付风险的。

3.3.6 甲方根据市场需要,工程停建或者工程经设计修改导致不存在时。

3.3.7 乙方严重违反合同的其他各种违约行为的。

3.4. 甲方根据合同文件要求有权单方面解除合同的,以书面形式向乙方发出解除合同的通知,并在发出通知前7个日历天告知对方,通知到达对方时合同解除。合同解除后,不影响双方在合同中约定的结算和清理条款的效力。

3.5. 甲方依约或依法解除合同的,乙方需向甲方支付合同总价20%的违约金。

律师点评:以上条款是关于发包人有权解除合同的条款。建设工程施工合同中,发包人订立合同的主要目的在于,承包人按约定按质按量地将工程交付给发包人,因此对于与之有关的义务,系承包人对发包人应承担的主要义务,包括承包人不得无故停工、承包人必须按约定的节点工期和总工期完成等。为确保工程质量,《民法典》规定承包人不得将工程转包或违法分包,《民法典》第806条第1款规定:"承包人将建设工程转包、违法分包的,发包人可以解除合同。"因此以上条款将承包人违法转包分包作为合同的解除条件,同时以上条款还约定了兜底条款,即"乙方严重违反合同的其他各种违约行为的"。综上,在约定解除合同条件时,应围绕合同的目的、当事人主要义务、违约承担等进行约定,可以采取列举和概括相结合的方式具体约定解约条件。

(二)设定违约解除权条款,应同时设定解约违约金

关于此点,本书在上一节"违约责任"作了论述,这里不再赘述。

(三)合同解除如需要对方返还原物、交还场地的,应明确约定合同解除后应在何种时间范围内交还原物和场地、逾期交还的后果和责任(建议约定逾期交还的违约金)

《民法典》第566条第1款规定:"合同解除后,尚未履行的,终止履行;已经履行的,根据履行情况和合同性质,当事人可以请求恢复原状或者采取其他补救措施,并有权请求赔偿损失。"根据该条规定,合同解除后,当事人可以根据合同性质和履行情况,要求对方恢复原状。有些合同如租赁合同、建设工程施工合同等,一旦合同解除,对方需返还原物或交还场地(如《民法典》第733条规定:"租赁期限届满,承租人应当返还租赁物。返还的租赁物应当符合按照约定或者根据租赁物的性质使用后的状态"),在此情况下,应明确约定交还的时间、逾期交还的后果

等,以督促被告方在合同解除后及时交还标的物或场地,以便后续继续招租或由第三方及时进场开展工作和施工,以尽可能减少因此前合同履行纠纷造成的损失。

条款范例1:某租赁合同关于合同终止后交还租赁房屋的约定。

第十六条　房屋的交还

16－1　乙方应于租赁期限届满当日或本合同提前终止之日次日,将租赁房屋交还甲方。

16－2　除甲方另行书面确认同意保留的装饰、装修及/或安装、改造的设施设备外,乙方应将租赁房屋及设施、设备恢复原状,以良好整洁、可出租的状况(自然损耗除外)交还甲方,否则,无论乙方对租赁房屋进行装饰、装修及/或安装、改造设施设备时是否取得甲方同意,均视为乙方已放弃租赁房屋内的装饰、装修及安装、改造的设施设备的所有权,并放弃就装饰、装修及/或安装、改造设施设备而发生的费用要求甲方或管理公司赔偿或补偿,同时甲方为使租赁房屋及设施、设备符合交还条件而发生的费用,由乙方承担。

16－3　租赁房屋交还时,还应符合以下全部条件:

乙方已付清一切应付款项,包括但不限于租金、物业费、能耗费、设施设备使用费、房屋占用费、各类违约金、损害赔偿金(如有)等;

乙方以租赁房屋作为工商注册地的,乙方书面承诺在租赁房屋交还后10个工作日内完成注册地变更或注销手续,使租赁房屋可重新作为工商注册地供新租户使用;

若乙方办理过有关租赁房屋的水、电、燃气、通讯、网络等的开户或转户手续的,乙方已办理完毕相应的转出或销户手续;

乙方发放的以租赁房屋为经营场所或其他与租赁房屋有关的预付款类卡的退卡以及退费事项已经全部完成,被投诉等售后服务问题已解决;

乙方利用租赁房屋的其他经营事务已解决;

乙方已向甲方交还租赁房屋全部钥匙并签署了书面交接单。

16－4　若乙方未按照本合同约定的时间、条件将租赁房屋交还甲方的,在租赁期满当日或本合同提前终止之日次日,即视为乙方已经搬离租赁房屋,甲方有权开启并更换租赁房屋门锁,或采取其他措施收回租赁房屋;如租赁房屋内有留滞的物品,视为乙方已放弃该等物品的所有权,甲方有权将该等物品搬出,腾空并收回租赁房屋,甲方对因此造成的租赁房屋内设施设备的损失概不负责。对于租赁房屋内留滞的物品，甲方有权向乙方收取运输、仓储或其他费用，并有权按照甲方认为适当的方式出售、转让、丢弃或以任何其他方式处分，并将处分所得（如有）用于偿付乙方所欠甲方的任何款项或赔偿甲方的任何损失。但不论任何情况，甲方均无任何义务就该等物品向乙方支付或偿付任何款项。

16－5　乙方交还租赁房屋时，如甲方发现租赁房屋和/或本合同附件所列的装修、设备设施被损坏或遗失（自然损耗除外），甲方有权要求乙方修缮或赔偿，相关费用甲方有权从租赁保证金中直接扣除。如租赁保证金不足以弥补甲方损失的，甲方有权要求乙方补足差额。

16－6　乙方逾期交还租赁房屋的，每逾期一日，乙方须向甲方支付相当于租赁期限届满日或合同提前终止日日租金2倍的房屋占用费，并应承担本合同约定的能耗费。如因乙方逾期不迁出租赁房屋而造成甲方其他损失的，乙方还应承担赔偿责任。甲方按照本合同约定清理租赁房屋内留滞物品、设施设备的合理期间，视为乙方逾期交还期间。

16－7　乙方虽已交还租赁房屋，但未满足本合同16－3的全部交还条件的，视为逾期交还，每逾期一日，应按照租赁期限届满日或合同提前终止日日租金2倍的标准支付场地占用费。

律师点评：租赁合同中，如合同终止，则承租人负有交还房屋的义务。房屋租赁合同中，涉及房屋交还的问题，实务中常见的争议：承租人使用期间添附物的归属、承租人逾期交还房屋的责任该如何承担、在承租人迟迟不交房的情况下，出租人该如何采取自力救济的措施（如能否自行开锁、承租人房屋内物品如何处理等）；同时承租人租赁房屋如果用作经营的，往往还会以该地址作为工商登记的地址，且就该地址以承租人名义开通网络等，这些都需要承租人在合同终止后由承租人完成更名，因此以上合同还约定了承租人交还房屋时需承担上述附随义务。以上条款围绕交还房屋的时间、逾期交还的后果责任、交房需承担的其他义务等进行约定，此种约定可以充分保证出租人在房屋交还环节的合法权利，且具有可操作性。

条款范例2：某PPP项目合同，关于合同履行期限届满后的项目移交的约定。

八、项目移交

第49条　项目移交前过渡期

项目运营期届满前的12个月为过渡期。在过渡期之前，甲方和乙方应共同成立移交委员会,移交委员会由乙方委派3名代表和甲方委派3名代表组成。如本合同提前解除,需要成立移交委员会的,则移交委员会应在合同提前解除之前成立。

移交委员会应定期围绕资产移交、运营维护相关移交、产权过户及移交前大修等移交内容进行会谈,必要时可随时会谈,以便商定并明确项目设施移交的详尽程序及最后恢复性大修的内容、最后恢复性大修后的验收和应移交的建筑、设备、设施、物品、备品备件的详细清单等事宜。

移交委员会应在过渡期最后的3个月前确定资产评估方案、移交项目资产清单、性能测试方案及移交程序。

第50条　项目移交内容

50.1　移交代表

甲方和乙方应在移交日的6个月前明确各自负责移交事务的代表,并向对方出具相应的授权委托书,移交代表的具体权限以授权委托书所载明的内容为准。

50.2　移交方式

50.2.1　正常的移交

正常的移交即25年合作期届满后的移交。在此种情况下,乙方应根据本条约定,在完好、能正常运营、无债务、无设定抵押担保的条件下向甲方或接收人无偿移交项目资产、设施。

50.2.2　提前的移交

提前的移交即为本合同提前解除的移交,提前的移交应优先适用第52条的约定。

50.3　移交日期

除本合同另有约定外,乙方应在进入移交期间后向甲方或接收人移交交接标的物,并在移交日前将交接标的物全部交接/移交完毕。在移交期间之前乙方不得实施移交,甲方、接收人同意接收或所实施的移交不影响项目正常运营的除外。

50.4　移交范围

乙方应向接收人无偿完好移交项目全部权利和权益,包括但不限于:

(1)本项目的建筑物、构筑物和设施;

(2)本项目所使用的所有器材、机械、设备、备品备件和必备配套基础设施;

(3)本项目改扩建设施(如有);

(4)本项目的工程档案、竣工资料、各种图纸、养护资料、操作及维修手册和检测、设备修理记录、评定资料电子文档等;

(5)项目用地和项目全部设施的使用权,与项目设施相关使用的所有构件、设备、零备件和配件的使用权,和项目设施相关的附属配套设施的使用权;

(6)所有尚未到期并且依其性质可以转让的担保、保险及其他合同性权益;

(7)乙方在合作期内形成的一切商标、专利、软件、著作权、专有技术及所有知识产权或无形资产的文件;

(8)项目运营管理方案、维修和养护资料;

(9)保证甲方、接收人继续正常运作项目所需的其他文件。

在正常的移交情形下,乙方应确保:以上项目场地、设施、资产无权利瑕疵,不存在任何形式的抵押、质押、留置等担保负担、所有权约束和其他权利限制,亦不得存在任何种类、性质的索赔权、请求权。截至移交期间的首日,不得存在任何环境问题或环境遗留问题,经甲方书面同意保留或豁免的除外。其中,对于由占有、使用的交接标的物,应先行在移交期间前向乙方移交,再由乙方统一按照本章的约定向甲方或接收人移交。

50.5　移交前的最后恢复性大修

50.5.1　最后恢复性大修的期限

乙方应在过渡期的前6个月内对项目设施设备开始并完成最后恢复性大修,确保项目设施设备达到移交要求,具体的实施日期由移交委员会在过渡期前确定。

50.5.2　最后恢复性大修方案

最后恢复性大修方案的内容和具体实施时间应在过渡期前由移交委员会确定。乙方有义务将甲方合理提出的检修项目列入大修方案,并按照大修方案进行大修,大修方案中测算的大修费用若低于665.85万元(批复的实施方案中的测算费用)则乙方应将低于的部分于项目移交时返还至甲方;若高于665.85万元,则由甲方将超出部分于大修后一年第一季度内支付至乙方。大修完成后,由甲方和乙方共同选定具有资质的中介机构对项目技术、设备状况进行检测,检测报告和数据应作为移交依据,检测费用由乙方承担。

50.5.3 最后恢复性大修的标准

最后恢复性大修必须使所有设施、设备达到相关规范要求,所有基础设施满足正常使用,所有设备工况良好,满足性能、工艺参数要求满足当时的国家标准。所有建筑物外观整洁,设施完好,结构无损坏。经政府验收后,按项目设施清单移交。

50.5.4 不能进行最后恢复性大修的后果

如果乙方书面回复不能进行最后恢复性大修的,甲方可自行或委托第三方进行大修,由乙方承担费用和风险。甲方有权通过提取移交维修保函或扣减本合同项下应向乙方支付的任何费用、补贴等方式补偿甲方支出的最后恢复性大修之费用。在此情况下,甲方应向乙方提供所发生之支出的详细记录。

50.6 有关协议的取消、转让

50.6.1 与第三方相关协议的转让

乙方或在与第三方订立运营维护合同、设备合同及其他项目相关合同时,应使该等合同的有效期届满日不超过本合同合作期限届满日。如乙方或订立的该等合同在本合同合作期届满前不能履行完毕的,则乙方或应在签署前报经甲方同意;未经甲方同意的该等合同,由乙方之承担全部风险和责任。

在移交前,乙方或应当通知相关承包商、制造商和供应商与甲方确认尚未期满的义务的履行,甲方有权选择是否接受合同延续和承担由此发生的一切责任;在移交时,乙方有义务将所有承包商、制造商和供应商提供的尚未期满的担保及保证在可转让的范围内分别无偿转让给甲方,并促成供应商以过去同样的优惠价格供应设备、材料。

50.6.2 技术的转让

乙方在移交起始日前将运营维护本项目所必需且其享有所有权的所有技术和技术诀窍,无偿移交给甲方或其指定的机构,并确保甲方或其指定的机构不因此遭受损失。如果该技术和技术诀窍为第三方所有的,则乙方当协助甲方或其指定的机构按照实际使用费用取得这些技术的使用权。

50.6.3 保险的转让

在移交时,乙方将所有关于项目的保险单、暂保单和保险单批单转让给甲方或接收人,甲方或接收人有权选择是否接受;甲方或接收人接受的,则甲方应支付或退还上述移交之后保险期间的保险费;甲方或接收人不接受的,则由乙方自行处理。

50.6.4　备品备件的移交(如有)

在移交期间,乙方应向甲方无偿移交并能保持项目设施正常运行3个月并符合相关技术规范或标准的消耗性备件和事故抢修的零备件,此外还需提交备件的详细清单。同时,乙方应向甲方提交生产经营项目设施所需全部备品备件的厂商名单。

……

50.6.7　人员的接收及培训

合作期结束的6个月之前,乙方应各自提交在职员工名单,包括每位员工的职业资格、职位和收入的细节。甲方有权一概不接收乙方的员工,或以双向自由选择的方式在移交起始日之后聘用乙方的全部或部分员工,乙方应予以配合;乙方应对未获甲方聘用的员工妥善安置,甲方不承担任何义务和责任。

甲方或其指定机构需要在移交起始日之前派驻人员到项目所在地进行培训或学习的,应在移交起始日的6个月之前向乙方说明情况及拟派驻人员名单,乙方应免费为上述人员提供培训,使之对有技术要求的系统、设备达到熟练操作水平和相应管理要求。

50.6.8　人员的安置

项目移交后,乙方应妥善地安置好公司原来的所有员工,甲方和接任乙方的经营者不负责安置被解聘员工,人员的安置不应影响项目的正常运营。

50.6.9　移走无关物品

除非甲方和乙方另有约定,乙方应于移交日之后的30日内,自费移走乙方员工的个人用品及第50.4款移交范围之外的物品。如乙方未在上述期限前移走该等物品的,甲方有权自行处置相关物品或将之置于合适的地点保管并告知乙方。此等情形下,甲方处置、移走、运输、保管无关物品的合理费用和风险由乙方承担,甲方有权在移交维修保函中提取相应费用。

第51条　移交质量要求和验收程序

51.1　移交质量要求

在移交期间,乙方应保证本项目:

(1)项目设施设备的整体完好,并处于良好的运行状态;

(2)所有设施设备性能、工艺参数要求满足当时的国家标准;

(3)固定资产和设施完好、能正常运营、无债务、无设定抵押担保;

(4)符合本合同中所规定的移交标准。

51.2 移交验收程序

在到达移交期间之前,甲方应在接收人代表和乙方代表在场时对项目进行性能测试、移交验收,乙方有义务使测试所得的各项性能参数都符合届时的国家和地方技术规范或标准的要求。如发现存在缺陷或所测参数不符合要求的,则乙方应及时修复。

乙方不能自前次验收后30日内或双方同意的更长时间内修正任何上述缺陷的,则甲方可以自行修正,乙方承担甲方自行修正的风险和费用。在此种情况下,甲方有权从移交维修保函中提取相应金额以补偿修正上述缺陷的支出,但甲方应向乙方提供所发生之支出的详细记录作为提取保函的依据。

51.3 移交费用和批准

甲、乙双方应依法各自负担完成移交所需的税费和成本。如果乙方未按第50条约定的范围和内容进行移交,甲方为此发生支出或遭受损失,甲方有权从移交维修保函中扣除。

51.4 移交质量保证期

51.4.1 移交质量保证期期限

本项目移交质量保证期为6个月。

移交期间内全部完成交接标的物交接/移交的,移交质量保证期自移交日起算。

移交期间内不能全部完成交接标的物的交接/移交,如果系因可归责于乙方之事由导致的,移交质量保证期自交接标的物全部完成移交之日起算;如果系因甲方或接收人怠于接收交接标的物等可归责于甲方之事由导致的,移交质量保证期则自移交日起算。

51.4.2 移交质量保证期内的保修责任

在移交质量保证期内,乙方承担如下保修责任:

(1)甲方发现交接标的物质量不符合要求或无法正常使用、运行的,可向乙方发出修理通知,乙方在收到通知后应自费修正相应缺陷。如果乙方在收到甲方通知后30日内不能或拒绝修正缺陷,甲方有权自行或聘请第三方修正上述缺陷。在此种情况下,乙方应支付合理且必要的修理费用,否则甲方有权提取移交维修保函中相应金额以补偿此项费用。如果上述设施缺陷或损害及环境污染责任的修复无法实施或者修复后也无法达到标准要求,则甲方有权因本项目的性能指标降低而获得补偿。甲方有权通过提取移交维修保函的形式获得上述赔偿。

(2)前项所约定的修理通知应在移交质量保证期届满前发出,否则乙方有权拒绝承担本款所约定的保修责任。

(3)除非乙方存在故意或重大过失行为,乙方对项目的保修责任应限于移交维修保函项下的金额。

律师点评:PPP项目中,在运行期限届满后,项目公司需要将项目移交给项目实施机构(一般是当地住建部门或其他政府部门)。移交意味着全面的移交,包括人财物等的移交,除此之外,还需要对移交前项目公司签订的合同作出安排和处理。以上合同,对移交的标的、人财物的交接、其他事项(如保险、技术等)的移交、移交成员的组成、移交的步骤、移交需达到的质量要求、移交前修复、移交后的保修等作出了较为全面而完善的约定,可供其他涉及移交的合同作为参考。

条款范例3:某建设工程施工合同约定合同解除后承包人应办理场地移交以及逾期移交的后果。

3.5　合同解除后,乙方应妥善做好已完工程的保护和移交工作,按甲方的要求在合同解除后10日内将自有材料设备和人员撤出施工场地;甲方为乙方撤出提供必要的条件,已完工程价款在乙方根据甲方的要求完全撤出施工场地且办理结算手续后支付。

3.6　乙方未完善移交手续擅自撤场的,应该赔偿由此给甲方造成的一切损失。

3.7　乙方每逾期一天撤离施工场地的,则按合同价款1‰的金额向甲方支付场地占用费;甲方并有权直接进入施工场地施工,如有乙方员工或民工、材料商等人聚众闹事阻挠甲方进场施工,因此发生的一切责任及损失均由乙方自行承担。

3.8　甲方依约或依法解除合同的,甲方不支付乙方因撤出施工现场所发生的费用,且乙方除承担甲方的所有损失外,还应向甲方支付签约合同总价款10%的违约金。

律师点评:以上合同条款,对发包人依约或依法解除合同后承包人应按约撤场以及逾期撤场需承担的赔偿责任、发包人依约或依法解除合同承包人应承担解约违约金等作了约定。

(四)合同解除条款常用模式

●模式1:

乙方存有以下一种或数种情形的,甲方有权解除合同,并有权要求乙方按合同总价【】(%、‰或‱)支付违约金:(1)……(2)……

●模式2:

甲方依约或依法解除合同,有权要求乙方按合同总价【】(%、‰或‱)支付违约金(本合同另有约定的,按该约定)。

●模式3:

乙方应于解除通知送达之日起【】日内将【】交还甲方,逾期的,按合同总价每日【】(%、‰或‱)支付场地占用费(或标的使用费),造成的甲方损失,应予赔偿。

●模式4:

乙方应于合同终止之日起【】日内完成以下事项交接:(1)场地移交:……(2)乙方因履行合同取得全部资料档案原件的移交;(3)财务交接:……

乙方逾期完成任一事项交接的,分别按每日【】元支付违约金,造成甲方损失的,应予赔偿。

第七章

解决争议的方法

解决争议的方法主要包括诉讼和仲裁两种方式。

解决争议的方法，不因合同无效、被撤销或终止而受影响。《民法典》第507条规定："合同不生效、无效、被撤销或者终止的，不影响合同中有关解决争议方法的条款的效力。"

解决争议方法的条款，实务中主要是关于诉讼及管辖和仲裁的约定。

一、解决争议方法条款——诉讼

（一）约定通过诉讼解决争议的，尽可能同时约定管辖法院

合同中如果约定通过诉讼解决争议的，应尽可能约定管辖法院。有的合同，只约定双方发生争议的，可以通过诉讼解决纠纷或争议，并未约定管辖法院，如双方未约定管辖法院的，则根据法律规定来确定管辖法院。从有利于当事人一方利益来看，如约定通过诉讼解决争议，应同时约定管辖法院，由此可以为此后诉讼确定管辖法院奠定坚实的基础。当然，除专属管辖外，约定管辖的，应当符合民事诉讼法的规定。

（二）应当注意选择正确的管辖法院

《民事诉讼法》第34条规定："合同或者其他财产权益纠纷的当事人可以书面协议选择被告住所地、合同履行地、合同签订地、原告住所地、标的物所在地等与争议有实际联系的地点的人民法院管辖，但不得违反本法对级别管辖和专属管辖的规定。"根据上述规定，就合同纠纷案件，双方当事人如果在合同中约定了管辖法院，则应当按照双方约定执行，这里需要注意以下几个问题：

1. 根据上述《民事诉讼法》规定，约定的管辖法院必须是与争议有实际联系的

地点,与争议无实际联系的地点,即便双方进行了约定,该地点的法院也不能通过协议约定的方式取得管辖权。

2. 如果约定的管辖法院有两个或以上的,并不得视为双方约定不明,而应为约定的管辖法院都有管辖权,一方可以向其中任一法院起诉。《民事诉讼法解释》第30条规定:"根据管辖协议,起诉时能够确定管辖法院的,从其约定;不能确定的,依照民事诉讼法的相关规定确定管辖。管辖协议约定两个以上与争议有实际联系的地点的人民法院管辖,原告可以向其中一个人民法院起诉。"

3. 约定管辖法院,应使用强制性语言而非选择语言,如合同约定管辖法院为甲方所在为管辖法院的,可以有以下两种约定方式:

方式一:双方在合同履行中发生争议的,应协商解决,协商不成,一方可以向甲方所在地法院起诉解决;

方式二:双方在合同履行中发生争议的,应协商解决,协商不成,应当向甲方所在地法院起诉解决(或双方同意诉讼管辖法院为甲方所在地法院)。

以上两种方式,第一种方式容易产生歧义,毕竟写的是"可以向甲方所在地法院起诉解决",也就意味着可以不向甲方所在地法院起诉解决,由此极易引发争议,第二种方式则具体明确,不会产生争议。

根据《民事诉讼法》的相关规定,在排除专属管辖的情况下,存在两个或两个以上可以约定的管辖地点的,管辖法院一般都约定为该方当事人所在地法院,因为受诉法院在当事人所在地,从起诉到开庭,当事人都无须到外地,判决生效执行后,受诉一审法院也是作为执行法院,在此情况下,有利于当事人更好地与执行主办人员沟通,互通信息的有无等,因此,在有几个法院可以选择的情况下,从有利于当事人的角度出发,一般都会约定当事人所在地法院为诉讼管辖法院。

二、解决争议方法条款——仲裁

(一)关于选择仲裁机构仲裁的有关法律规定和司法解释

如果双方约定解决争议方法是通过仲裁的,则应约定具体明确的仲裁机构,否则可能被视为约定不明而无法适用仲裁条款。

《仲裁法》第18条规定:"仲裁协议对仲裁事项或者仲裁委员会没有约定或者

约定不明确的,当事人可以补充协议;达不成补充协议的,仲裁协议无效。"

《民事诉讼法解释》第215条规定:"依照民事诉讼法第一百二十四条第二项的规定,当事人在书面合同中订有仲裁条款,或者在发生纠纷后达成书面仲裁协议,一方向人民法院起诉的,人民法院应当告知原告向仲裁机构申请仲裁,其坚持起诉的,裁定不予受理,但仲裁条款或者仲裁协议不成立、无效、失效、内容不明确无法执行的除外。"

最高人民法院《关于适用〈中华人民共和国仲裁法〉若干问题的解释》第3条规定:"仲裁协议约定的仲裁机构名称不准确,但能够确定具体的仲裁机构的,应当认定选定了仲裁机构。"

第4条规定:"仲裁协议仅约定纠纷适用的仲裁规则的,视为未约定仲裁机构,但当事人达成补充协议或者按照约定的仲裁规则能够确定仲裁机构的除外。"

第5条规定:"仲裁协议约定两个以上仲裁机构的,当事人可以协议选择其中的一个仲裁机构申请仲裁;当事人不能就仲裁机构选择达成一致的,仲裁协议无效。"

(二)应如何约定仲裁条款

结合以上规定,约定仲裁条款时应注意以下事项:

1. 约定的仲裁机构应具体明确。如约定:双方就履行本合同发生争议,应通过仲裁解决争议,仲裁机构双方约定为南宁市仲裁委。

2. 约定的仲裁机构应当是真实存在的。

3. 仲裁能否排除专属管辖。

专属管辖是指法律强制规定某类案件只能由特定法院管辖,其他法院无权管辖,也不允许当事人协议变更管辖。与其他法定管辖相比,专属管辖具有优先性、排他性与强制性。专属管辖是法院管辖独有的制度,仲裁没有专属管辖。因此,专属管辖排除的是其他法院的管辖权,而不排除仲裁管辖权。

4. 常见的错误。

错误1:

双方在合同履行中发生争议的,应协商解决,协商不成的,双方可以通过诉讼或仲裁解决争议。

错误点:以上约定并不能达到选择仲裁机构仲裁的效果,因为双方既没有选择仲裁作为争议解决的唯一方式,也没有选择仲裁机构,因此以上约定的结果:如事后未能达成仲裁协议的,则应由法院管辖和审理案件。

错误2:

双方在合同履行中发生争议,应协商解决,协商不成的,双方可以通过以下方式解决争议:

□法院诉讼;□南宁市仲裁委仲裁

错误点:以上约定,提供了两种解决争议的方式,但由于未勾选相应的机构,因此实际上等于未选择仲裁,因此以上约定的结果:如事后未能达成仲裁协议的,则应由法院管辖和审理案件。

错误3:

双方在合同履行中发生争议的,应协商解决,协商不成的,双方可以通过仲裁解决争议。

错误点:以上条款虽然约定了仲裁,但未约定明确具体的仲裁机构,实际上视为未约定,因此以上约定的结果:如事后未能达成仲裁协议的,则应由法院管辖和审理案件。

以下举例说明:

案例1:约定仲裁机构仲裁的,仲裁机构应当存在,否则将被视为约定不明

申请人湖南惠天然投资发展有限公司与被申请人宋某余、陈某梅申请确认仲裁协议效力一审案

案号:湖南省株洲市中级人民法院(2020)湘02民特24号

湖南惠天然投资发展有限公司申请称:因双方签订的《商品房买卖合同(预售)》第27条中约定的仲裁条款不明确,故向株洲市中级人民法院申请确认《商品房买卖合同(预售)》第27条中约定仲裁条款无效。

宋某余、陈某梅答辩意见:被申请人与申请人约定的仲裁条款是合法有效且明确的,约定的仲裁地是株洲县仲裁委员会,株洲县系株洲地区,可视为株洲仲裁委员会。

法院裁判意见:申请人湖南惠天然投资发展有限公司与被申请人宋某余、陈某梅签订的《商品房买卖合同(预售)》第27条中约定:"本合同在履行过程中发生的争议,由双方当事人协商解决,也可通过消费者协会等机构调

节;或按照下列第1种方式解决:1.提交株洲县仲裁委员会仲裁。”

该合同约定的仲裁机构是株洲县仲裁委员会,但株洲地区没有株洲县仲裁委员会。《仲裁法》第18条规定,仲裁协议对仲裁事项或者仲裁委员会没有约定或者约定不明确的,当事人可以补充协议;达不成补充协议的,仲裁协议无效。本案申请人与被申请人的合同条款第27条约定仲裁委员会不存在,双方也没有签订补充协议,故申请人与被申请人签订的仲裁条款无效。申请人湖南惠天然投资发展有限公司要求确认仲裁条款无效的申请符合法律规定。依照《仲裁法》第18条的规定,裁定如下:

确认申请人湖南惠天然投资发展有限公司与被申请人宋某余、陈某梅2018年3月10日签订的《商品房买卖合同(预售)》第27条约定的仲裁条款无效。申请费400元,由被申请人宋某余、陈某梅承担。

律师点评:约定仲裁机构仲裁的,仲裁机构应当存在,否则将被视为约定不明,在双方无法就仲裁机构的选择达成补充协议的情况下,只能视为约定的仲裁条款无效,只能适用诉讼管辖。

案例2:未约定明确具体的仲裁机构,且事后双方也未就仲裁机构的选择达成协议,视为约定不明,案件应由法院管辖和审理

河北潜龙园林工程有限公司与大唐清苑热电有限公司建设工程施工合同纠纷二审案

案号:河北省保定市(地区)中级人民法院(2020)冀06民终3562号

河北潜龙园林工程有限公司(以下简称潜龙公司)上诉请求:撤销一审民事裁定,由法院继续立案审理。事实与理由:一审法院适用法律错误裁定不符合事实。第一,上诉人在2014年5月、2014年11月、2015年1月分别与大唐清苑热电有限公司(以下简称大唐公司)签订了三份合同,虽然规定了承包方在履行合同时发生争议,本着友好的原则进行协商,协商不成的可向当地仲裁机构申请仲裁。但也没有规定不能向法院诉讼,上诉人多次同被上诉人协商未果,有选择起诉的权利,一审法院驳回上诉人的起诉,无法律依据。第二,此案被上诉人在开庭前提出异议,但双方未提过仲裁协议的事,一审法院在被上诉人未提交仲裁协议情况下,驳回上诉人起诉,无法律依据,应继续审理。

被上诉人大唐公司针对上诉,辩称,一审认定事实清楚,适用法律正确,请二审法院驳回上诉,维持原裁定。

潜龙公司向一审法院起诉请求:(1)大唐公司一次性给付拖欠工程款1,463,407元整,利息604,533元,合计2,067,940元整。(2)诉讼费由大唐公司承担。

一审法院经审查认为,双方于2014年5月签订的大唐清苑热电有限公司厂区绿化升级合同(QYCC-JH-2014-053)、2014年11月签订的大唐清苑热电有限公司厂区绿化升级合同(QYCCGL-2014-008)和2015年1月21日签订的2015年粉煤灰污染区域绿化补种工程中均有以下约定:承包方在履行合同时发生争议,本着友好的原则进行协商,协商不成的可向当地仲裁机构申请仲裁。原告应按照合同约定向当地仲裁机构申请仲裁。依照《民事诉讼法》第124条第2项、第154条第1款第3项、最高人民法院《关于适用〈中华人民共和国民事诉讼法〉的解释》第208条第3款的规定,裁定:"驳回河北潜龙园林工程有限公司的起诉。"

本院二审期间,上诉人、被上诉人均未提交新证据。本院经审查认定事实与一审认定事实一致。

本院认为,上诉人潜龙公司、被上诉人大唐公司所签订的三份合同中所约定的仲裁条款不明确,未约定清楚具体仲裁机构名称,亦无证据显示上诉人、被上诉人就此达成了明确的仲裁协议,故一审法院以上诉人应按照合同约定向当地仲裁机构申请仲裁为由驳回上诉人即原审原告潜龙公司起诉不当,本院对此予以纠正,人民法院对本案应予审理。依照《民事诉讼法》第171条、最高人民法院《关于适用〈中华人民共和国民事诉讼法〉的解释》第332条之规定,裁定如下:

一、撤销河北省保定市清苑区人民法院(2020)冀0608民初604号民事裁定;

二、本案指令河北省保定市清苑区人民法院审理。

本裁定为终审裁定。

律师点评:本案中,潜龙公司与大唐公司签订的合同虽然约定了"协商不成的可向当地仲裁机构申请仲裁",但并未约定明确具体的仲裁机构,且事后双方也未就仲裁机构的选择达成协议,因此视为约定不明,该案仍应由法院管辖和审理。

案例 3:仲裁机构名称不准,但能够确定具体的仲裁机构的,应当认定选定了仲裁机构

温州体育发展投资集团有限公司、三箭建设工程集团有限公司申请确认仲裁协议效力特别程序民事裁定书

案号:浙江省温州市中级人民法院(2020)浙 03 民特 52 号

主要裁判意见:本院认为,本案系申请确认仲裁协议效力案件,故应依据《仲裁法》关于仲裁协议效力的相关规定进行审查。《仲裁法》第 4 条规定:"当事人采用仲裁方式解决纠纷,应当双方自愿,达成仲裁协议。没有仲裁协议,一方申请仲裁的,仲裁委员会不予受理。"第 16 条第 2 款规定:"仲裁协议应当具有下列内容:(一)请求仲裁的意思表示;(二)仲裁事项;(三)选定的仲裁委员会。"第 17 条规定:"有下列情形之一的,仲裁协议无效:(一)约定的仲裁事项超出法律规定的仲裁范围的;(二)无民事行为能力人或者限制民事行为能力人订立的仲裁协议;(三)一方采取胁迫手段,迫使对方订立仲裁协议的。"第 20 条第 1 款规定:"当事人对仲裁协议的效力有异议的,可以请求仲裁委员会作出决定或者请求人民法院作出裁定。"

本案中,招标文件第四章第二节专用条款第 37.1 条约定:"本合同在履行过程中发生的争议时,由双方当事人协商解决,协商不成的,按下列第 1 种方式解决:(1)提交温州市仲裁委员会仲裁;(2)依法向人民法院起诉。"虽然上述约定中仲裁委员会名称多了"市"字,但温州市仅一个仲裁委员会,即温州仲裁委员会,故能确定约定的就是温州仲裁委员会。

虽然《建设工程施工合同》第三部分专用条款第 37.1 条约定,在履行合同过程中产生争议时,请温州仲裁委员会调解。但该约定并未明确调解不成时的争议解决方式,故本院认为,该条约定的由温州仲裁委员会调解与招标文件中约定的发生争议协商不成时由温州仲裁委员会仲裁并不矛盾。且根据《中标通知书》约定,招标文件属于合同组成部分。结合双方当事人上述约定来看,双方均有将争议提交仲裁的合意,可以以此作为仲裁管辖的合同依据。

关于温州体育发展投资集团认为在人民法院已经开庭且双方均未对人民法院审理提出异议的情况下,应认定案件由人民法院主管的主张。《仲裁法》第 26 条规定:"当事人达成仲裁协议,一方向人民法院起诉未声明有仲裁协议,人民法院受理后,另一方在首次开庭前提交仲裁协议的,人民法院应当

驳回起诉,但仲裁协议无效的除外;另一方在首次开庭前未对人民法院受理该案提出异议的,视为放弃仲裁协议,人民法院应当继续审理。”最高人民法院《关于适用〈中华人民共和国仲裁法〉若干问题的解释》第14条规定:“仲裁法第二十六条规定的‘首次开庭’,是指答辩期满后人民法院组织的第一次开庭审理,不包括审前程序中的各项活动。”结合上述规定,可见温州体育发展投资集团有限公司在人民法院第一次开庭审理之前,仍可选择是否对人民法院受理该案提出异议。经本院审查,本院于2020年4月28日仅是进行了庭前证据交换,并未组织开庭。因三箭建设工程集团有限公司在第一次开庭审理之前已向法院申请撤回起诉,故不能视为双方已经对管辖问题重新达成了合意。

综上,申请人温州体育发展投资集团要求确认涉案《建设工程施工合同》第三部分专用条款第37.1条约定的仲裁条款无效及确认《温州奥林匹克体育中心-主体育场一期建设工程招标文件》第四章合同条款及格式第二节专用条款第37.1条约定的仲裁条款未成立的理由不能成立,本院不予支持。

律师点评:以上案件中,双方约定的仲裁机构为“温州市仲裁委员会”,仲裁委员会名称多了“市”字,但温州市仅一个仲裁委员会,即温州仲裁委员会,故能确定约定的就是温州仲裁委员会。因此该约定有效,本案应适用仲裁解决争议。

第八章

通知和送达条款

通知和送达条款虽然未规定在《民法典》第 470 条中，但就实体法和程序法而言，通知和送达条款都有着极为重要作用，在合同中应约定通知和送达条款。

一、通知和送达在实体法中的作用——通知和送达贯穿合同签订、履行和终止的全过程

(一)在合同订立过程中，一方应当按照诚实信用原则履行通知义务

合同的订立是通过要约和承诺完成，要约是希望与他人订立合同的意思表示，承诺则是对要约的同意。但无论是要约还是承诺，都必须将意思表示通知并送达给对方；如要撤回或撤销要约和承诺，也必须向对方送达撤回或撤销的通知。

关于要约和承诺的相关法律规定：

《民法典》第 472 条规定："要约是希望与他人订立合同的意思表示，该意思表示应当符合下列条件：(一)内容具体确定；(二)表明经受要约人承诺，要约人即受该意思表示约束。"

第 479 条规定："承诺是受要约人同意要约的意思表示。"

第 480 条规定："承诺应当以通知的方式作出；但是，根据交易习惯或者要约表明可以通过行为作出承诺的除外。"

第 481 条第 1 款规定："承诺应当在要约确定的期限内到达要约人。"

第 476 条规定："要约可以撤销，但是有下列情形之一的除外：(一)要约人以确定承诺期限或者其他形式明示要约不可撤销；(二)受要约人有理由认为要约是不可撤销的，并已经为履行合同做了合理准备工作。"

第477条规定:“撤销要约的意思表示以对话方式作出的,该意思表示的内容应当在受要约人作出承诺之前为受要约人所知道;撤销要约的意思表示以非对话方式作出的,应当在受要约人作出承诺之前到达受要约人。”

第485条规定:“承诺可以撤回。承诺的撤回适用本法第一百四十一条的规定。”

第486条规定:“受要约人超过承诺期限发出承诺,或者在承诺期限内发出承诺,按照通常情形不能及时到达要约人的,为新要约;但是,要约人及时通知受要约人该承诺有效的除外。”

(二)在合同履行中,一方应本着诚实信用原则履行通知义务;一方义务的履行往往有赖于向对方发出通知、递送相关的申请和资料

《民法典》第509条规定:“当事人应当按照约定全面履行自己的义务。当事人应当遵循诚信原则,根据合同的性质、目的和交易习惯履行通知、协助、保密等义务。”

(三)转让债权的,应当通知债务人

《民法典》第546条规定:“债权人转让债权,未通知债务人的,该转让对债务人不发生效力。债权转让的通知不得撤销,但是经受让人同意的除外。”

案例:债权转让应通知债务人

深圳长城装饰集团有限公司与中信重型机械有限责任公司建设工程施工合同纠纷二审案

案号:河南省洛阳市中级人民法院(2020)豫03民终9698号

法院裁判意见:

一审法院认为,依法成立的合同,对当事人具有法律约束力;当事人的合法权益受法律保护。中信重型机械有限责任公司(以下简称中信公司)与深圳长城装饰集团有限公司(以下简称长城装饰)签订的《建设装饰工程施工合同》以及中信重工机械股份有限公司与长城装饰签订的《装饰工程施工合同》,未违反国家强制性法律法规的规定,系双方当事人的真实意思表示,本院依法予以确认。对于中信重工机械股份有限公司与长城装饰是否就“生活服务中心”项目形成施工合同关系的问题,根据中信公司提交的有关“生活服务中心”的《工程结算确认单》、工程款收据等证据的内容、涉案其他工程项目的合同有关工作人员的约定等内容及其他合同履行过程中形成的工程

款收据、函件等书面材料的内容、形式,足以认定中信重工机械股份有限公司与长城装饰就涉案"生活服务中心"项目形成了施工合同关系并已经完成了最终的工程结算工作。同时,中信重工机械股份有限公司已经将其与长城装饰之间形成的涉案合同涉及的全部权利转让给中信公司且已经将转让事宜书面通知了长城装饰,在并无相反证据的情况下,本院确认中信公司依法受让了中信重工机械股份有限公司在涉案合同中的相关权利。关于工程款的支付问题,首先,中信公司与长城装饰就"职工医院"的工程款支付问题没有争议,故本院确定中信公司向长城装饰支付工程款1,045,300元并支付逾期付款的利息,同时,结合双方关于付款方式的约定以及合同实际履行情况,本院确定利息具体计算方式:(1)以652,770元为基数,自2014年7月18日开始计算;(2)以392,530元为基数,自2015年11月13日开始计算;以上均按照中国人民银行确定的商业银行同期贷款利率标准计算至2019年8月19日;自2019年8月20日开始,按照全国银行间同业拆借中心公布的贷款市场报价利率标准计算至欠款全部还清之日止。其次,对于"生活服务中心"项目的工程款问题,根据庭审查明的事实,中信重工机械股份有限公司已付款项数额大于最终结算的工程款数额,长城装饰应当将超付部分予以返还,故此,本院确定长城装饰向中信公司返还工程款722,260元。同时,根据双方最终结算的时间以及现有证据能够证实的中信重工机械股份有限公司或中信公司主张权利的时间,本院确定长城装饰向中信公司支付逾期返还的利息并确定利息计算方式为:以722,260元为基数,自2016年3月4日开始,按照中国人民银行确定的商业银行同期贷款利率标准计算至2019年8月19日;自2019年8月20日开始,按照全国银行间同业拆借中心公布的贷款市场报价利率标准计算至款项全部返还完毕之日止。最后,对于"工艺实验基地"项目的工程款问题,现有证据显示双方并未进行最终的决算,在无其他证据证实此项目最终的工程款数额的情况下,对该项目的工程款问题,本案不予处理,双方当事人可另行依法处理。故此,依照《合同法》第5条、第6条、第7条、第8条、第60条、第77条、第107条,《民事诉讼法》第64条之规定,经本院审判委员会研究,判决如下:(1)被告(反诉原告)中信重型机械有限责任公司向原告(反诉被告)深圳长城装饰集团有限公司支付工程款1,045,300元。(2)被告(反诉原告)中信重型机械有限责任公司向原告(反诉被告)深圳长城装饰集团有限公司支付利息(计算方式:以652,770元为基数,自2014年7月18日开始计算;以392,530元为基数,自2015年11月13日开始计算;以上均按照中国人民银行确定的商业银行同期贷款利率标准计算至2019年8月19日;自2019年8月20日开始,按照全国银行间同业拆借中心公布的贷款市场报价利率标准计算至欠款全部还清之日止)。(3)原告(反诉被告)深圳长城装饰集团有限公司向被告(反诉原告)中信重型机械有限责任公司返还工程款722,260元。(4)原告(反诉被告)深圳长城装饰集团有限公司向被告(反诉原告)中信重型机械有限责任公司支付逾期返还的利息。(计算方式:以722,260元为基数,自2016年3月4日开始,按照中国人民银行确定的商业银行同期贷款利率标准计算至2019年8月19日;自2019年8月20日开始,按照全国银行间同业拆借中心公布的贷款市场报价利率标准计算至款项全部返还完毕之日止)上述义务应当于本判决生效之日起10日内履行完毕,如果未按本判决指定的期间履行给付金钱义务,应当依照《民事诉讼法》第253条规定,加倍支付迟延履行期间的债务利息。(5)驳回原告(反诉被告)深圳长城装饰集团有限公司的其他诉讼请求。(6)驳回被告(反诉原告)中信重型机械有限责任公司的其他反诉请求。案件本诉受理费15,070元,保全费5000元,由原告(反诉被告)深圳长城装饰集团有限公司承担570元,被告(反诉原告)中信重型机械有限责任公司承担19,500元;案件反诉受理费6468元,由原告(反诉被告)深圳长城装饰集团有限公司承担5468元,被告(反诉原告)中信重型机械有限责任公司承担1000元。

本院二审中,双方当事人均未提交新证据。本院对一审法院查明的事实予以确认。

本院认为:由于长城装饰在上诉状中称对一审法院审理的本诉部分没有异议,故对本诉部分的工程与结算,本院不再赘述。

针对反诉部分,关于工艺实验基地大楼项目,2010年10月26日,中信公司与长城装饰签订《装饰工程施工合同》一份,关于双方争议的纠纷解决条款,是否属于仲裁条款问题,经审查该合同,在第16条第16.2款约定内容为:“发生合同纠纷时,双方应及时友好协商、双方领导协商解决,协商不成时,可向工程所在地的法律机构申请调解和仲裁。”该条款内容约定不清,未明确选择仲裁机构,不符合仲裁条款约定的法律特征,长城装饰认为应当进行仲裁的上诉理由不成立。

关于中信公司受让债权问题,2016 年 1 月 27 日,中信公司与中信重工机械股份有限公司共同向长城装饰发出《合同权利转让通知书》一份,就中信重工机械股份有限公司将《中信重工工艺实验基地室内装饰工程施工合同》中的全部权利一并转让于中信公司事项进行了说明;2016 年 3 月 1 日,中信公司向长城装饰出具《债权债务抵销通知书》,2016 年 3 月 10 日,长城装饰向中信公司出具《关于〈债务抵销通知书〉的回复》。以上事实,充分说明上述《合同权利转让通知书》已经送达长城装饰。《合同法》第 80 条第 1 款规定:"债权人转让权利的,应当通知债务人。"本案转让人与受让人已经完成了通知义务,《合同权利转让通知书》已生效。

关于一审法院受理反诉是否属于程序不当问题,如前所述,《合同权利转让通知书》已经生效,债权转移的法律程序已经完成,中信公司作为受让债权的债权人,在与长城装饰互负债权债务的情况下,有权提起反诉,一审法院受理反诉,不违反法律规定。

综上,原审法院根据各方当事人的诉辩、提交的证据,对本案事实进行了认定,对案件事实认定无误,并在此基础上依法作出原审判决,理由阐述充分,本院予以确认。长城装饰的上诉请求没有事实与法律依据,一审判决认定事实清楚,适用法律正确,应予维持。依照《民事诉讼法》第 170 条第 1 款第 1 项的规定,判决如下:

驳回上诉,维持原判。

律师点评:债权人可以将其在合同中的债权债务转让给第三人,转让债权的,应向债务人送达通知,通知送达时,转让即发生法律效力;债务人也可将其债务转让给第三人,但需经债权人同意。

《民法典》第 546 条规定:"债权人转让债权,未通知债务人的,该转让对债务人不发生效力。债权转让的通知不得撤销,但是经受让人同意的除外。"

第 547 条规定:"债权人转让债权的,受让人取得与债权有关的从权利,但是该从权利专属于债权人自身的除外。

受让人取得从权利不因该从权利未办理转移登记手续或者未转移占有而受到影响。"

第548条规定:"债务人接到债权转让通知后,债务人对让与人的抗辩,可以向受让人主张。"

从以上规定可见,向债务人送达债权转让通知是债权转让发生效力的必备条件。就本案而言,法院之所以认定债权转让成立,是其认为中信重工机械股份有限公司已经向长城装饰履行了通知义务,即"关于中信公司受让债权问题,2016年1月27日,中信公司与中信重工机械股份有限公司共同向长城装饰发出《合同权利转让通知书》一份,就中信重工机械股份有限公司将《中信重工工艺实验基地室内装饰工程施工合同》中的全部权利一并转让于中信公司事项进行了说明;2016年3月1日,中信公司向长城装饰出具《债权债务抵销通知书》;2016年3月10日,长城装饰向中信公司出具《关于〈债务抵销通知书〉的回复》。以上事实,充分说明,上述《合同权利转让通知书》已经送达长城装饰"。

(四)行使法律规定的权利,需要将有关通知送达对方,如行使解除权、抵销权等,主张权利的通知必须送达对方才发生法律效果(导致法律关系的变动和消灭)

《民法典》第565条规定:"当事人一方依法主张解除合同的,应当通知对方。合同自通知到达对方时解除;通知载明债务人在一定期限内不履行债务则合同自动解除,债务人在该期限内未履行债务的,合同自通知载明的期限届满时解除。对方对解除合同有异议的,任何一方当事人均可以请求人民法院或者仲裁机构确认解除行为的效力。

当事人一方未通知对方,直接以提起诉讼或者申请仲裁的方式依法主张解除合同,人民法院或者仲裁机构确认该主张的,合同自起诉状副本或者仲裁申请书副本送达对方时解除。"

第568条规定:"当事人互负债务,该债务的标的物种类、品质相同的,任何一方可以将自己的债务与对方的到期债务抵销;但是,根据债务性质、按照当事人约定或者依照法律规定不得抵销的除外。

当事人主张抵销的,应当通知对方。通知自到达对方时生效。抵销不得附条件或者附期限。"

案例:主张抵销的一方应向对方送达抵销通知

天津天资棉纺织品物流有限公司与天津市九鼎实业发展有限公司委托合同纠纷案

案号:最高人民法院(2019)最高法民再12号

裁判要旨

抵销的意思表示一经到达对方,其效力就溯及自抵销条件成就之日,即主动债权履行期限届满之日(2017年7月20日),故应当认定本案中双方互负的债务于该日起抵销。天资公司对九鼎公司享有的8,296,517.52元,先用于抵销其对九鼎公司负有的5000万元债务中的利息,然后再用于抵本金。

案情简介

原告:天津市九鼎实业发展有限公司(以下简称九鼎公司)。

被告:天津天资棉纺织品物流有限公司(以下简称天资公司)。

一审:九鼎公司与天资公司签订的《委托协议》,约定九鼎公司委托天资公司通过中国民生银行(以下简称民生银行)向东达神州(天津)商贸有限公司(以下简称东达公司)发放贷款5000万元,年利息23%。贷款期限为2012年6月8日至2013年6月7日。协议签订当日,九鼎公司分三次将5000万元汇入天资公司账户,天资公司出具了收据。同时天资公司通过民生银行天津支行将款项发放到东达公司。而后,该笔委托贷款展期至2015年6月9日。展期期间,天资公司与民生银行以及东达公司均签订了《公司委托贷款合同》。贷款期间,东达公司所支付的利息九鼎公司均通过天资公司收到。2015年6月2日,东达公司通过民生银行将上述款项5000万元归还天资公司,但天资公司未归还九鼎公司。

2015年12月31日,天资公司欠九鼎公司5000万元,九鼎公司欠天资公司8,296,517.52元,双方均在该函件上盖章。该函件上亦写明:"本函件仅为复核账目之用,并非催款结算。"

九鼎公司诉请:(1)判令天资公司归还所欠九鼎公司款项本金5000万元,并自2015年6月3日起按照年利息23%向九鼎公司支付利息;(2)案件诉讼费用由天资公司承担。

天资公司答辩:(1)对利息主张不认可;(2)九鼎公司欠天资公司

8,296,517.52 元,要求抵销。

最高人民法院再审判决

维持天津市第二中级人民法院(2017)津02民初225号民事判决第一项、第二项;天津市九鼎实业发展有限公司对天津天资棉纺织品物流有限公司所负的8,296,517.52元到期债务,于2017年7月20日与天津天资棉纺织品物流有限公司对天津市九鼎实业发展有限公司所负的5000万元债务及其利息相互抵销,抵销顺序为:先用于抵销5000万元债务对应的利息,再用于抵销本金。

争议焦点

关于九鼎公司对天资公司负有的8,296,517.52元债务能否抵销及其法律效果问题。

最高人民法院裁判意见

关于九鼎公司对天资公司负有的8,296,517.52元债务能否抵销及其法律效果问题,该问题涉及以下三个问题:一是九鼎公司对天资公司负有的8,296,517.52元债务是否存在以及何时到期;二是天资公司是否行使以及何时行使了抵销权;三是抵销的法律效果如何。

1.关于九鼎公司对天资公司负有的8,296,517.52元债务是否存在以及何时到期的问题。《企业询证函》《专项审核报告》等证据表明,截至2015年12月31日,九鼎公司尚欠天资公司8,296,517.52元。但本案中,双方存在长期的资金与业务往来关系,而《企业询证函》的目的“仅为复核账目之用,并非催款结算”。因此,尽管截至2015年12月31日,九鼎公司尚欠天资公司8,296,517.52元债务,但并不能据此表明该笔债务已于该日到期。鉴于双方并未就该笔债务的履行期限作出明确约定,根据《合同法》第62条第4项有关“履行期限不明确的,债务人可以随时履行,债权人也可以随时要求履行,但应当给对方必要的准备时间”的规定,其履行期限从债权人要求履行之日起届满。2017年7月20日,天资公司发出的《债务抵销通知书》到达九鼎公司,该通知中有关债务抵销的意思表示表明天资公司有要求九鼎公司履行该笔债务的意思,故抵销通知到达之时,同时也是该笔债务履行期限届满之时。据此,九鼎公司对天资公司负有的8,296,517.52元债务已于2017年7

月20日到期。

2. 关于天资公司是否行使以及何时行使抵销权问题。抵销的意思表示既可以通知的方式行使,也可以通过提出抗辩或者反诉的方式行使。本案中,天资公司先是于诉讼前向九鼎公司发送抵销通知,后又在本案诉讼中提出抵销的抗辩,尽管其在提出反诉后又撤诉,但在其并未明示撤回抵销意思表示的情况下,应当认定其已经行使了抵销权。九鼎公司关于天资公司撤回反诉即表示放弃行使抵销权的主张于法无据,本院不予支持。抵销的意思表示一经到达对方,其效力就溯及自抵销条件成就之日,即主动债权履行期限届满之日(2017年7月20日),故应当认定本案中双方互负的债务于该日起抵销。

3. 关于抵销的法律效果问题。天资公司据以行使抵销权的债权不足以抵销其对九鼎公司负有的全部债务,参照最高人民法院《关于适用〈中华人民共和国合同法〉若干问题的解释(二)》第21条的规定,应当按照实现债权的有关费用、利息、主债务的顺序进行抵销,即天资公司对九鼎公司享有的8,296,517.52元,先用于抵销其对九鼎公司负有的5000万元债务中的利息,然后再用于抵本金。天资公司有关8,296,517.52元先用于抵销5000万元本金的再审申请缺乏事实和法律依据,本院不予支持。

律师点评:抵销是双方债权债务终止的方式之一,《民法典》第557条规定:"有下列情形之一的,债权债务终止:(一)债务已经履行;(二)债务相互抵销;……"抵销包括约定抵销和法定抵销,所谓约定抵销,是指依照双方当事人的意思表示一致而抵销双方所负的债务。合意抵销是当事人意思自治的体现。所谓法定抵销,是指依法律规定的抵销条件而抵销。《民法典》第568条第1款规定:"当事人互负债务,该债务的标的物种类、品质相同的,任何一方可以将自己的债务与对方的到期债务抵销;但是,根据债务性质、按照当事人约定或者依照法律规定不得抵销的除外。

当事人主张抵销的,应当通知对方。通知自到达对方时生效。抵销不得附条件或者附期限。"

抵销权的行使,如双方有约定的,按照双方约定;未约定的,则需根据法律规定。根据《民法典》的规定,行使法定抵销权必须具备三个条件:其一,双方互负债务;其二,互负的债务种类、品质相同;其三,互负的债务均已到期。在行使方式上,当事人主张抵销权的,应通知对方,通知自送达对方时生效。以本案为例,最高人民法院认为,"抵销的意思表示既可以通知的方式行使,也可以通过提出抗辩或者反诉的方式行使。本案中,天资公司先是于诉讼前向九鼎公司发送抵销通知,后又在本案诉讼中提出抵销的抗辩,尽管其在提出反诉后又撤诉,但在其并未明示撤回抵销意思表示的情况下,应当认定其已经行使了抵销权"。

关于抵销权通知的方式,《九民纪要》也作了相关规定,该纪要第 43 条规定,"抵销权既可以通知的方式行使,也可以提出抗辩或者提起反诉的方式行使。抵销的意思表示自到达对方时生效,抵销一经生效,其效力溯及自抵销条件成就之时,双方互负的债务在同等数额内消灭。双方互负的债务数额,是截至抵销条件成就之时各自负有的包括主债务、利息、违约金、赔偿金等在内的全部债务数额。行使抵销权一方享有的债权不足以抵销全部债务数额,当事人对抵销顺序又没有特别约定的,应当根据实现债权的费用、利息、主债务的顺序进行抵销"。

关于抵销的顺序,如双方有约定的,按照约定;如未约定的,因抵销的本质在于主张抵销权的一方履行其债务。因此,应参照《民法典》关于债务履行的清偿顺序,《民法典》第 561 条规定:"债务人在履行主债务外还应当支付利息和实现债权的有关费用,其给付不足以清偿全部债务的,除当事人另有约定外,应当按照下列顺序履行:(一)实现债权的有关费用;(二)利息;(三)主债务。"

(五)涉及期间权利的,能否提供证据证明在规定期限内向对方主张权利(如送达了主张权利的通知),直接关系到权利是否消灭(除斥期间)或是否发生时效中断的效果(诉讼时效)

《民法典》第 195 条规定:"有下列情形之一的,诉讼时效中断,从中断、有关程序终结时起,诉讼时效期间重新计算:(一)权利人向义务人提出履行请求;(二)义务人同意履行义务;(三)权利人提起诉讼或者申请仲裁;(四)与提起诉讼或者申请仲裁具有同等效力的其他情形。"

第 564 条规定:"法律规定或者当事人约定解除权行使期限,期限届满当事人不行使的,该权利消灭。法律没有规定或者当事人没有约定解除权行使期限,自解除权人知道或者应当知道解除事由之日起一年内不行使,或者经对方催告后在合理期限内不行使的,该权利消灭。"

(六)发生不可抗力的,应及时通知对方

《民法典》第590条规定:“当事人一方因不可抗力不能履行合同的,根据不可抗力的影响,部分或者全部免除责任,但是法律另有规定的除外。因不可抗力不能履行合同的,应当及时通知对方,以减轻可能给对方造成的损失,并应当在合理期限内提供证明。当事人迟延履行后发生不可抗力的,不免除其违约责任。”

根据以上规定,在发生不可抗力致使不能履行合同的,应及时通知对方,以减轻可能给对方造成的损失。

案例:发生不可抗力的,应通知对方

梁某格与文山中正房地产开发有限公司商品房销售合同纠纷案

案号:云南省文山市人民法院(2020)云2601民初4316号

法院查明的事实:

2018年1月29日,梁某格(乙方)与文山中正房地产开发有限公司(以下简称中正公司)(甲方)签订《商品房购销合同》,约定了梁某格购买中正公司开发的位于文山市中天名郡A区房屋,房屋建筑面积152.25平方米,单价为3750.6元,总价款为571,029元,付款方式为2018年1月16日前支付首期房价款121,029元,余款450,000元向银行贷款支付,甲方应当在2020年3月30日前向乙方交付该商品房;同时约定甲方未按合同约定的时间交房,自本合同约定交房时间届满后的次日起至实际交房之日止60天内,甲方按每天50元向乙方支付违约金,合同继续履行。逾期60天后,甲方按乙方已付款的0.03%乘以逾期天数向乙方支付违约金,合同继续履行。合同签订后,梁某格向中正公司付清了房款,中正公司以154.09平方米的面积向梁某格出具了577,930元的购房发票。2020年2月4日,云南省住房和城乡建设厅发出云南省住房和城乡建设厅《关于进一步做好房地产行业新型冠状病毒感染肺炎疫情防控工作的通知》,通知落实企业延迟复工要求,除了在岗值守的物业企业从业人员外,其余企业不得早于2月9日24时前复工,绝不允许在没有可靠保障的情况下轻易复工等内容。2020年3月20日,中正公司以发生新型冠状病毒肺炎疫情卫生突发事件系不可抗力因素为由,在《文山日报》上刊登针对中天名郡A区业主的《延期交付通知》。2020年7月31日,中正公司在《文山日报》上刊登《中天名郡A区交房公告》,通知中天名郡A

区的全体业主房屋于2020年8月15日至17日正式交付。2020年8月15日,中正公司向梁某格出具《住宅质量保证书》,交付了中天名郡A区5幢二单元15层1501室房屋,中正公司逾期交房的天数为138天。庭审中,梁某格对中正公司从2020年春节放假后因新型冠状病毒肺炎疫情停工无异议,并表示不清楚复工时间。

针对诉辩双方的主张,本院归纳本案的争议焦点:中正公司延期交房是否应承担逾期交房违约金。

法院裁判意见

本院认为,《民法总则》第180条第1款规定:"因不可抗力不能履行民事义务的,不承担民事责任。"《合同法》第117条第1款规定:"因不可抗力不能履行合同的,根据不可抗力的影响,部分或者全部免除责任,但法律另有规定的除外。"最高人民法院《关于依法妥善审理涉新型冠状肺炎疫情民事案件若干问题的指导意见(一)》第3条第1款规定:"疫情或者疫情的防控措施直接导致合同不能履行的,依法适用不可抗力的规定,根据疫情或者疫情防控措施的影响程度部分或者全部免除责任……"最高人民法院《关于依法妥善审理涉新型冠状肺炎疫情民事案件若干问题的指导意见(二)》第1条第4款规定:"疫情或者疫情防控措施导致出卖人不能按照商品房买卖合同约定的期限交付房屋,或者导致买受人不能按照约定的期限支付购房款,当事人请求解除合同,由对方当事人承担违约责任的,人民法院不予支持。"2020年年初,受新型冠状病毒肺炎疫情影响,国家采取了各项措施严防疫情扩散,云南省住房和城乡建设厅也对房地产企业发出延迟房地产企业复工的通知。本案中,中正公司与梁某格约定的交房时间为2020年3月30日前,之后于2020年8月15日交房,逾期交房138天。中正公司履行交付房屋的时间发生于新型冠状病毒肺炎疫情期间,双方对中正公司在春节放假后因新型冠状病毒肺炎疫情停工无异议,故中正公司不能按照合同如期交房是因新型冠状病毒肺炎疫情导致停工,属于法律规定的不可抗力。中正公司已经就发生不可抗力对所有购房业主进行了通知,且因梁某格未提交合法有效的证据予以证明中正公司除新型冠状病毒肺炎疫情外还存在其他因自身问题而无法按时交房的情况,故对中正公司因发生新型冠状病毒肺炎疫情卫生突发事件导致公司不能按期交房，属不可抗力，不应承担违约责任的辩解，本院予以采纳。梁某格要求中正公司支付逾期违约金27，319.29元的诉讼请求依法不能成立，本院不予支持。

综上所述，依照《民法总则》第180条，《合同法》第117条、第118条，《民事诉讼法》第64条，最高人民法院《关于适用〈中华人民共和国民事诉讼法〉的解释》第90条之规定，判决如下：

驳回梁某格的诉讼请求。

案件受理费480元，减半收取计240元，由梁某格承担。

如不服本判决，可在判决书送达之日起15日内，向本院提交上诉状，并按对方当事人的人数提交副本，上诉于文山壮族苗族自治州中级人民法院。双方当事人均服判的，本判决即发生法律效力。

律师点评：不可抗力系合同履行违约的法定免责事由，结合本案，双方约定的交房时间为2020年3月30日前，但被告中正公司交房时间为2020年8月15日，逾期时间为138天，新型冠状病毒肺炎疫情发生在合同约定的交房期限内，对于因新型冠状病毒肺炎疫情导致的迟延，中正公司也通过报纸刊登了公告，据此，根据双方合同约定以及法律规定，中正公司对于因不可抗力导致的迟延履行，从实体和程序上均符合法律规定和双方约定，对由此导致的迟延应予免责。但就本案的判决结果，从法院查明的事实来看，仍存在一定问题，本案中，中正公司逾期天数为138天，但法院未查明新型冠状病毒肺炎疫情导致的迟延时间是多少天，是否就是138天，在未查明的情况下，仅仅以新型冠状病毒肺炎疫情发生在交房前，而直接认定中正公司免责天数为138天，显然是不够严谨的。

二、通知和送达条款在程序法中的作用

诉讼案件，起诉状、证据、举证通知、合议庭组成人员、诉讼权利义务告知、开庭传票等文书都需要送达给被告或第三人。如果无法邮寄送达的，还需要公告，以保障当事人的诉讼权利，可是一旦公告，将使整个诉讼进程变得极为缓慢。按照一般的诉讼程序，如果需要公告，至少需要公告两次，一次是起诉时的起诉状、证据、举证通知、合议庭组成人员、诉讼权利义务告知、开庭传票，走完一审程序至少需要8～9个月（有的会更长）；还有一次就是判决公告，如果此类案件一方上诉的，则从

公告上诉状、一审将案卷移送二审法院、二审确定合议庭组成人员、排期、开庭、二审判决等流程走完,也需要耗费大量的时间,走完以上程序至少也要6~8个月(有的会更久),为了解决因送达导致的诉讼进程缓慢并导致部分案件久拖不决的问题,最高人民法院2017年颁布了《关于进一步加强民事送达工作的若干意见》,对有关文书送达作出了规定。

第7条规定:"因当事人提供的送达地址不准确、拒不提供送达地址、送达地址变更未书面告知人民法院,导致民事诉讼文书未能被受送达人实际接收的,直接送达的,民事诉讼文书留在该地址之日为送达之日;邮寄送达的,文书被退回之日为送达之日。"

第8条规定:"当事人拒绝确认送达地址或以拒绝应诉、拒接电话、避而不见送达人员、搬离原住所等躲避、规避送达,人民法院不能或无法要求其确认送达地址的,可以分别以下列情形处理:

(一)当事人在诉讼所涉及的合同、往来函件中对送达地址有明确约定的,以约定的地址为送达地址;

(二)没有约定的,以当事人在诉讼中提交的书面材料中载明的自己的地址为送达地址;

(三)没有约定、当事人也未提交书面材料或者书面材料中未载明地址的,以一年内进行其他诉讼、仲裁案件中提供的地址为送达地址;

(四)无以上情形的,以当事人一年内进行民事活动时经常使用的地址为送达地址。

人民法院按照上述地址进行送达的,可以同时以电话、微信等方式通知受送达人。"

根据上述规定,如双方在合同中对送达地址有约定的,则以约定的地址为送达地址,一旦发生纠纷诉至法院,可以极大地便利法院有关文书的送达并极大地减少送达时间从而加快诉讼进程。

三、通知和送达条款常用模式

以下提供几个版本的通知和送达条款供读者参考:

条款范例1:某房地产公司《商品房买卖合同》通知和送达条款。

二十、对通知的补充约定

1. 买受人的有效送达地址以本合同中写明的联系地址为准(在该房屋交付后,该房屋的地址也可以作为有效送达地址);双方保证其留给对方的通讯联系地址、电话和传真均真实有效;买受人变更有效送达地址,未按照本条款约定通知出卖人的,出卖人按照原地址送达的视为向买受人送达了相关文件,由此给出卖人造成损失的,买受人负责赔偿。

2. 买受人补留或变更其通讯地址的,应当向出卖人出具其亲笔签名的书面文件,该书面文件经出卖人签收确认后方为有效。若买受人为两人或多人,则向其中任何一人发出的变更通知对全体买受人均具有约束力。

3. 买受人向出卖人预留或补留通讯地址和/或代收人,或预留的通讯地址有误的,或在邮寄途中发生延误或丢失的,出卖人不承担任何延误或买受人未收到通知的责任。

4. 买受人接收房屋后,任何给予买受人的通知如果该通知写明以买受人为收件人并被张贴在该房屋户门之日(以出卖人拍摄张贴有通知的照片、或拍摄设备显示的拍摄日为准)将被认为已发至买受人,并视为买受人于下一个工作日收到。

5. 双方确认,出卖人对买受人的通知可采用EMS特快专递、快递函件、报纸公告、手递材料、数据电文等方式送达。以EMS特快专递、快递函件方式送达的,函件发出(以快递公司电子信息为准)第3日为送达日;以报纸公告方式送达的,公告在当地报纸刊登之日即为送达日;以手递方式送达的,以手递日(以买受人、买受人同意的代收人或买受人同住亲属签收之日为准)为送达日;以数据电文方式送达的,以数据或电文显示送达成功之日的次日视为送达日。本协议约定的买受人通讯地址、联系人、代收人可用于法院诉讼文书送达,本协议所约定的EMS特快专递送达方式可用于司法送达,如买受人记载的地址错误或未及时告知变更后的地址,导致相关文书或诉讼文书未被实际接收、邮寄送达的,相关文书或诉讼文书退回之日即为送达之日。

律师点评:在商品房买卖合同有关权利义务中,出卖人的主要义务包括交房和办证,而交房需要出卖人在房屋达到交房条件时通知买受人办理房屋交接手续,逾期通知或未能提供证据证明已经通知买受人办理房屋交付手续的,将承担不利后果(包括逾期交房的违约责任);关于办证,出卖人需要在房屋达到办证条件后(一般是取得商品房销售许可证),通知买受人提交办理权属登记的文件,如果是买受人自行办理的,需通知买受人到出卖人指定地点领取办理权属登记时需由出卖人提供的证明文件;如果是委托出卖人办理的,则需要到出卖人指定地点办理委托手续。以上过程都需要出卖人书面通知买受人。可见,如何通知、如何保留通知的证据,对于出卖人履行其交房和办证的义务至关重要。实务中,由于买受人情况多种多样,如两个或两个以上买受人,签订买卖合同时预留的地址变更未及时通知出卖人;买受人因各种原因涉嫌犯罪被拘留或意外身亡等。都可能导致买受人实际上未能收到出卖人寄出的信函。因此对于出卖人而言,极有必要约定多种送达条款,包括:(1)约定多种的送达方式,如以上案例,通知和送达的方式包括 EMS 特快专递、登报公告,数据电文,手递送达等方式;(2)约定的送达方式具有可举证性,如 EMS 特快专递一般有快递回单,登报可以提供报纸等;(3)必须明确约定诉讼文书的送达以及后果,否则一旦发生纠纷,无法援引商品房买卖合同约定的送达地址作为司法文书送达地址,更无法援引最高人民法院 2017 年颁布的《关于进一步加强民事送达工作的若干意见》第 7 条,将约定地址视为诉讼文书送达地址,该意见第 7 条规定:"因当事人提供的送达地址不准确、拒不提供送达地址、送达地址变更未书面告知人民法院,导致民事诉讼文书未能被受送达人实际接收的,直接送达的,民事诉讼文书留在该地址之日为送达之日;邮寄送达的,文书被退回之日为送达之日。"第 8 条第 1 款第(1)项规定:"当事人在诉讼所涉及的合同、往来函件中对送达地址有明确约定的,以约定的地址为送达地址。"

条款范例 2:建设工程施工合同有关通知和送达的条款。

第十六条　通知方式

16.1　甲方可采取电话、短信、微信、发送电子邮件、传真、邮寄、登报等一种或多种方式通知乙方。

16.2　电话、传真方式通知的,乙方的电话:【 】,传真:【 】,以打入乙方以上电话、传真号码的通话记录为依据,即视为乙方已接到通知。

16.3　邮寄方式通知的,乙方的通讯地址:【 】;邮编:【 】,以邮件收据、邮戳等发往乙方通讯地址的邮寄凭证为依据,自寄出后的第 3 天即视为乙方已接到通知。

16.4　甲方也可以采取报纸(双方约定的发布媒体为广西日报传媒集团主办

的《南国早报》)的形式发布公告和通知,报纸刊登的时间为送达时间,报纸发布的内容为公告或者通知的内容。

16.5 甲方可以采取发送手机短信息的形式发送通知,乙方收信手机号码:【】,向该手机号码发送通知的发送时间即视为乙方收到通知的时间,发送内容即视为通知内容;如需改变收信手机号码的,乙方应当提前两日书面通知甲方,并提供新的收信手机号码。

16.6 甲方可以采取发送微信信息的形式发送通知,乙方收信微信号码:【】,向该微信号码发送通知的发送时间即视为乙方收到通知的时间,发送内容即视为通知内容;如需改变收信微信号码的,乙方应当提前两日书面通知甲方,并提供新的收信微信号码。

16.7 甲方可以采取向乙方电子邮箱发送通知的形式发送通知,乙方指定收信邮箱地址:【】,向该邮箱发送通知的发送时间即视为乙方收到通知的时间,发送内容即视为通知内容;如需改变收信邮箱地址的,乙方应当提前两日书面通知甲方,并提供新的邮箱地址。

16.8 以上联系方式若有变更,乙方应及时以书面形式通知甲方,否则,甲方按以上通信方式通知乙方,均视为乙方已收到。

16.9 以上载明的乙方地址可作为法院送达诉讼文书的地址,因载明的地址有误或未及时告知变更后的地址,导致相关文书及诉讼文书退回,退回之日即视为送达之日。

律师点评:建设工程施工合同履行中,对于发包方和承包方履行各自义务而言,在诸多情况下,均需要向对方发送通知:

其一,就发包方而言,在签订建设工程施工合同后,在现场达到开工条件的情况下,需向承包方送达开工通知(或者可以委托监理通知);在进度缓慢时,需要通知承包方赶工;在施工质量不符合约定时,需要通知承包方整改;因施工进度逾期或质量不符合双方约定造成发包方损失的,提出索赔时需要通知承包方;在设计变更时,需要通知承包方按照变更的图纸施工等,基本上涉及合同履行的每一个步骤,都需要向承包方进行通知和送达。

其二,就承包方而言,建设工程施工合同履行的各个环节,也需要向发包方进行通知和送达:设计图纸交底时,要求设计院和发包方对图纸不明确之处予以明确;隐蔽工程验收、阶段性验收(如基坑槽验收、桩基验收等)、竣工验收等需要通知发包方和监理;发生合同范围以外的工程施工需要签证的,需要在合同约定的期限内向发包方递送签证的资料和申请,需要通知发包方;发包方逾期支付工程款的,需要通知发包方支付工程款并承担违约责任;发生索赔事件的,需要根据合同约定时间通知发包方等。

综上可见,施工合同履行中,因施工合同履行涉及发包方、监理方和承包方的相互配合,因此,各个环节均需要向对方发送通知,而一旦双方发生纠纷,双方一般均会拒绝签收对方文件,因此,约定多种送达方式,有利于平等保护双方合法权益。以以上条款为例,以上条款的送达方式,除了常见的邮寄、登报等方式外,还增加了微信、短信、电子邮件等,一旦发生纠纷,发包方可以通过多种方式进行通知。就实务和诉讼而言,在双方发生纠纷,且对方拒绝签收发包方文件的情况下,发包方应尽可能使用双方约定的全部方式,包括电话、短信、微信、电子邮件、传真、邮寄、公告进行送达,这样可以在诉讼中有更为充分的证据证明已经对对方进行了通知和送达,且各种证据之间亦能形成证据链,让对方无法辩驳。相应地,在发包方拒绝签收承包方相关文件时,承包方亦应通过多种方式向发包方发送通知。

第三篇 Chapter 3 合同其他条款及内容

合同除了《民法典》第470条规定的主要条款外，条款还因订立合同的原因和目的、合同主体、交易模式和惯例、合同标的、合同类型的不同而有所不同，这些条款与合同主要条款组成一个有机整体。以下笔者结合合同中常见的非主要条款，从常见风险、设置条款的目的、如何设置等方面展开论述。

第一章

“鉴于”条款

有的合同,需要对签订合同主体、背景、依据和订约双方各自情况进行说明;有的合同,系对此前双方诸多合同以及合同履行进行清理并重新签订的合同,或者因此前双方发生争议,经协商后达成和解,在签订和解协议时,需要对双方此前的争议点、履行情况等进行描述;还有的合同,需要对订约双方各自的订约目的进行明确等。这些都需要在合同的首部约定“鉴于”或类似条款。“鉴于”条款在实务中有以下作用:

1. 证据的作用。因“鉴于”条款往往对双方之前的履行情况进行梳理并记载在合同中,因此,此类表述显然是双方对此前合同履行相关事实的确认和自认,一旦双方发生争议,“鉴于”所描述的事实将作为定案的事实依据。

2. 明确双方订立合同的目的。“鉴于”条款中,如陈述双方订约目的的,一旦合同履行无法达到该目的,则一方可以根据合同约定或法律规定,以合同未能达到目的为由解除合同。

3. 描述的交易背景、依据(含法律依据)可以作为此后运用情势变更原则的依据。由于“鉴于”条款往往会对双方订约的背景、依据等进行描述,一旦情势发生重大变更导致双方订约时的背景、依据发生重大变更的,一方在提供充分证据证明且符合法律规定的情况下,可以援引情势变更条款主张变更或解除合同。

《民法典》第 533 条规定:“合同成立后,合同的基础条件发生了当事人在订立合同时无法预见的、不属于商业风险的重大变化,继续履行合同对于当事人一方明显不公平的,受不利影响的当事人可以与对方重新协商;在合理期限内协商不成的,当事人可以请求人民法院或者仲裁机构变更或者解除合同。

人民法院或者仲裁机构应当结合案件的实际情况,根据公平原则变更或者解除合同。”

以下就不同情形的“鉴于”条款举例并进行论述。

一、对签订合同的背景、依据和订约双方各自情况进行说明

案例:RB保险公司与借款人的融资合同

鉴于:

1. 中国保监会发布了《关于中国××保险集团股份有限公司运用保险资金开展支农支小融资业务试点的批复》(保监许可〔2015〕××号)。

2. RB资本投资管理有限公司(以下简称RB资本)是中国××保险集团股份有限公司的全资子公司,是普惠金融投融资平台。根据保监会的“批复”发起设立“支农债权投资计划”资管产品,募集保险资金,用于支农融资业务。

3. 中国RM财产保险股份有限公司(以下简称RB财险)是中国RB集团控股、专门从事财产保险业务的保险公司,为农业生产经营提供全方位保险保障服务,构建完整的农业保险服务网络。

4. 基于RB财险的农业保险等综合保障能力,以及农村市场的机构网络和专业团队,RB资本授权RB财险作为“RB资本—支农债权投资计划”产品的代理人,运用所募集的资金开展支农融资业务,为农业保险客户提供延伸金融服务。据此,RB资本与RB财险就该项授权代理业务签署了《授权代理协议》,规定由RB财险作为RB资本的代理人向借款人发放和执行贷款,并作为当事人与借款人签署本《融资合同》及相关法律文件。

5. 根据本《融资合同》,借款人向RB财险申请支农融资贷款。RB财险经内部审批程序,同意向借款人提供支农融资贷款,专项用于借款人的农业生产和经营活动。双方已就融资条件和还款保障方式达成一致。

律师点评:保险公司以保险资金开展融资业务,根据保监会的批复,是为了“加强‘三农’和小微企业融资服务”,因此,在签订有关借款合同时,有必要介绍此类借款的依据和用途。

由于提供借款方RB资本并不直接参与借款的办理,而是委托其关联公司RB财险代为办理,因此,有必要在借款的首部将此种代理关系介绍清楚。

可见,“鉴于”的内容,在有的合同中,其作用在于介绍签订合同的政策法规背

景以及委托人和代理人的关系。

二、对此前双方诸多合同以及合同履行进行清理

案例:通过鉴于对此前双方诸多合同履行进行梳理

甲方:广西JC房地产开发有限公司

乙方:广西JY房地产有限责任公司

丙方:南宁市CH包装有限公司

丁方:广西HA房地产开发有限公司

鉴于:

1.在某路北一里原合页厂、包装厂工矿棚户片区改造项目一期地块出让土地中,根据2017年7月19日南宁市某城区人民政府与丙方签订的《某路北一里合页厂、包装厂工矿棚户片区改造项目一期地块出让土地回建安置房建设履约协议》(以下简称《履约协议》)的约定,丁方在竞得土地后36个月内,需在该项目一期范围内提供以下商品房用于安置被征收人:商铺1558.39平方米。丙方作为被征收人取得前述安置物业。

2.丁方配合丙方向某城区人民政府申请将上述单位回建安置商铺(建筑面积1558.39平方米)的物业安置变更为同等价值的货币补偿。货币补偿标准按照《履约协议》中约定的结算价格“一层商铺回建安置房按建筑面积25,005元/平方米计算”,共计人民币叁仟捌佰玖拾陆万柒仟伍佰肆拾壹元玖角伍分(¥38,967,541.95)。

3.甲、乙双方就南宁市西乡塘区新村路×××号广西GS职业技术学院旧城改造项目、南宁市西乡塘区中尧路×××号广西GS职业技术学院旧城改造项目、南宁市西乡塘区大学东路×××号南宁市HJ公司职工生活区旧城改造项目、南宁市良庆区某镇新村农民回建安置项目的合作事宜分别签订了《项目合作协议书》,乙方根据各《项目合作协议书》分别向甲方共计支付了项目履约保证金人民币肆仟万元整(¥40,000,000.00)(其中新村路×××号项目1000万元、中尧路×××号项目1000万元、大学东路×××号项目1500万元、新村农民回建安置项目500万元)。

甲方于2018年9月13日根据乙方委托向乙方指定的广西DA贸易有限

公司退回履约保证金人民币贰佰万元整(￥2,000,000.00)。以上乙方根据各《项目合作协议书》分别向甲方共计支付了项目履约保证金人民币肆仟万元整(￥40,000,000.00)(其中新村路×××号项目1000万元、中尧路×××号项目1000万元、大学东路×××号项目1500万元、新村农民回建安置项目500万元)。目前尚有保证金人民币叁仟捌佰万元整(￥38,000,000.00)未退回,甲方同意退还,且本协议各方同意前述甲方需退还乙方的3800万元,丙方同意承担连带清偿责任,并由丁方从应给付给丙方的安置补偿款中直接抵扣支付给乙方或按乙方指示账户支付或按乙方要求将款留在丁方账户。

现甲、乙、丙、丁四方就甲方向乙方返还上述履约保证金事宜,经各方友好协商一致,达成如下协议:

1. 丙方自愿与甲方连带承担应返还乙方的履约保证金责任;丙方同意以其从丁方应获得的货币补偿款中足额代甲方偿还给乙方;丁方可在应付丙方的安置补偿款中扣除该笔保证金人民币叁仟捌佰万元整(￥38,000,000.00)支付给乙方。

以上各方商定的由丙方以其从丁方取得安置补偿款进行抵扣支付给乙方的付款方式,不影响乙方可以另行有权以其他方式向甲方、丙方追索要求退还全部履约保证金责任的权利。

2. 剩余丁方应付丙方的货币补偿款人民币玖拾陆万柒仟伍佰肆拾壹元玖角伍分(￥967,541.95),丁方应在南宁市某城区人民政府支付安置物业回购款后5个工作日内支付至丙方如下银行账户:

开户名:南宁市CH包装有限公司

开户行:

账　号:

3. 各方同意,如在2018年12月30日前,丁方未能足额收到某城区人民政府补偿款导致未能按本协议予以扣款完毕的,除非各方另行达成补充约定,则乙方有权直接要求甲方、丙方连带承担本协议"鉴于"之第3条所述的全部款项支付的责任,甲方、丙方并应承担由此造成的乙方损失(若乙方已收到退还的部分保证金的,则应只对剩余的保证金进行追偿)。

4. 本协议一式四份,甲、乙、丙、丁各执一份,均自各方签字盖章之日起生效。

(以下无正文)

律师点评:

1. 以上合同的背景和各个主体关系的介绍:

本合同中,甲方系在南宁市专门从事旧城改造的公司,其参与了多个旧城改造项目;乙方是专门从事房地产开发的公司,乙方需要通过与甲方合作取得旧城改造的开发权,甲方则通过合作(包括转让股权、合作开发等方式),在取得某个旧城改造项目权利的情况下(如与业主单位签订合同而取得旧城改造参与和开发权),与乙方签订合同,由乙方提供资金,双方合作开发旧改项目。

甲乙双方合作的项目包括南宁市西乡塘区新村路×××号广西 GS 职业技术学院旧城改造项目、南宁市西乡塘区中尧路×××号广西 GS 职业技术学院旧城改造项目、南宁市西乡塘区大学东路×××号南宁市 HJ 公司职工生活区旧城改造项目、南宁市良庆区某镇新村农民回建安置项目,就以上项目的合作事宜双方分别签订了《项目合作协议书》,乙方根据以上协议约定,支付了合计 4000 万元的履约保证金。

丙方为某路北一里原合页厂、包装厂工矿棚户片区改造项目一期项目原土地使用权人,也为旧城改造的被改造单位,南宁市某城区人民政府在征收时承诺提供给丙方安置的商业物业,并就此与丙方签订了《某路北一里合页厂、包装厂工矿棚户片区改造项目一期地块出让土地回建安置房建设履约协议》。

丁方为该改造项目的项目公司,丁方通过前期的参与,并通过招拍挂的方式,竞得丙方名下地块的国有土地使用权,并在竞拍时承诺履行 2017 年 7 月 19 日南宁市某城区人民政府与丙方签订的《某路北一里合页厂、包装厂工矿棚户片区改造项目一期地块出让土地回建安置房建设履约协议》(以下简称《履约协议》)。根据该协议,丙方作为被征收人取得 1558.39 平方米商业物业作为安置物业。具体安置物业的提供方式为:政府支付商业物业房屋价款给丁方,丁方将建设好的商铺建筑面积 1558.39 平方米提供给丙方。此后,丙方拟将以上 1558.39 平方米的商业物业折算成现金,交由丁方并配合向政府申请,如申请成功,则政府将价款支付给丁方并由丁方支付给丙方。

丁方为某路北一里原合页厂、包装厂工矿棚户片区改造项目一期项目的土地使用权人,也为乙方的关联公司。

丙方为涉案项目的原土地权利人,在本合同签订时为甲方的关联公司。

2. 签约的目的:

目的1:梳理甲乙双方之间此前合作项目履约保证金的支付情况(含乙方支付给甲方的金额和甲方此后应退还的金额),因此前甲方退还的部分保证金并非直接支付至乙方账户,因此有必要予以说明。

目的2:明确约定甲方应退还乙方此前合作项目已经支付的全部履约保证金4000万元。

目的3:丙方和丁方同意改变原补偿方式,即将此前丁方应补偿的安置房变更为现金,又因为丙方系甲方的关联公司,丁方系乙方的关联公司,因此,各方均同意如申请成功,对于政府退给丁方并由丁方退给丙方的补偿金,由丁方直接扣除甲方所欠付的应退还给乙方的保证金。

目的4:甲方、丙方需对履约保证金的退还承担连带责任。

3. 基于以上目的,各方订立了本补充协议,但对于梳理各方之间的合作关系以及此前履行情况等,需通过“鉴于”进行交代和说明。

三、对订约双方各自的订约目的进行明确

案例:某对赌协议“鉴于”的合同内容

业绩保证及股权回购协议

甲方(投资方):

乙方(回购方及标的公司控股股东):

丙方(回购担保方):

丁方(标的公司):

鉴于:

甲方、乙方、丁方于2020年【】月【】日共同签订《增资扩股协议》(编号:【】),约定甲方以增资方式入股丁方,投资金额为人民币【】,其中人民币【】直接增加至丁方注册资本,【】计入丁方资本公积。

为保障甲方投资人合法权益,确保丁方经营稳步提升,甲、乙、丙、丁各方

经友好协商,就甲方资金进入后丁方的经营业绩确定、乙方股权回购及丙方连带担保等相关事宜,达成本协议,以兹共同遵守。

第一条 业绩承诺与股权回购

1.1 自甲方资金全部进入丁方指定账户后的次月1日起(如为当月1日至15日到账,则自当月1日起;如为16日至31日到账,则自次月1日起)满6个月(以下简称业绩承诺期间),乙方承诺确保丁方经营达到以下业绩:

1.1.1 丁方在业绩承诺期间的营业收入合计达到人民币【】;或者

1.1.2 丁方在业绩承诺期间扣除非经常性损益后的可分配净利润达到人民币【】。

1.2 发生以下情形之一的,乙方应无条件溢价回购甲方持有的丁方全部股权,丙方对乙方的回购义务承担连带保证责任:

1.2.1 乙方未实现本条1.1款中任意一项业绩承诺的,甲方要求乙方立即回购。

律师点评:以上是对赌协议的部分内容,因在此份对赌协议前,甲方、乙方、丁方签订了《增资扩股协议》,该份协议是此份对赌协议签约的背景和基础,因此,有必要通过“鉴于”的方式进行描述,以便于将前后两份协议串联起来。

关于对赌协议,《九民纪要》对对赌协议的定义和审判实践中的处理作了原则规定,《九民纪要》规定:实践中俗称的对赌协议,又称估值调整协议,是指投资方与融资方在达成股权性融资协议时,为解决交易双方对目标公司未来发展的不确定性、信息不对称以及代理成本而设计的包含了股权回购、金钱补偿等对未来目标公司的估值进行调整的协议。从订立对赌协议的主体来看,有投资方与目标公司的股东或者实际控制人“对赌”、投资方与目标公司“对赌”、投资方与目标公司的股东、目标公司“对赌”等形式。人民法院在审理对赌协议纠纷案件时,不仅应当适用《合同法》的相关规定,还应当适用《公司法》的相关规定;既要坚持鼓励投资方对实体企业特别是科技创新企业投资原则,从而在一定程度上缓解企业融资难问题,又要贯彻资本维持原则和保护债权人合法权益原则,依法平衡投资方、公司债权人、公司之间的利益。对于投资方与目标公司的股东或者实际控制人订立的对赌协议,如无其他无效事由,认定有效并支持实际履行,实践中并无争议。但投资方与目标公司订立的“对赌协议”是否有效以及能否实际履行,存在争议。对

此,应当把握如下处理规则:

投资方与目标公司订立的对赌协议在不存在法定无效事由的情况下,目标公司仅以存在股权回购或者金钱补偿约定为由,主张对赌协议无效的,人民法院不予支持,但投资方主张实际履行的,人民法院应当审查是否符合《公司法》关于"股东不得抽逃出资"及股份回购的强制性规定,判决是否支持其诉讼请求。

投资方请求目标公司回购股权的,人民法院应当依据《公司法》第 35 条关于"股东不得抽逃出资"或者第 142 条"关于股份回购的强制性规定"进行审查。经审查,目标公司未完成减资程序的,人民法院应当驳回其诉讼请求。

投资方请求目标公司承担金钱补偿义务的,人民法院应当依据《公司法》第 35 条关于"股东不得抽逃出资"和第 166 条关于"利润分配的强制性规定"进行审查。经审查,目标公司没有利润或者虽有利润但不足以补偿投资方的,人民法院应当驳回或者部分支持其诉讼请求。今后目标公司有利润时,投资方还可以依据该事实另行提起诉讼。

从以上《九民纪要》的规定不难看出,对赌协议的本质在于收购方(包括投资方)与出让方(包括融资方)在达成并购(或者融资)协议时,对于未来不确定的情况进行的一种约定。投资方的目的在于取得预期的利益,融资方的目的在于取得一定的资金,因此,投资方关注的点或者说其签订对赌协议的目的在于确保取得投资收益,因此,对赌协议一般都会通过条款约定确保投资方利益和收益,以上对赌协议中,通过"鉴于"部分强调投资的目的,即"为保障甲方投资人合法权益,确保丁方经营稳步提升,甲、乙、丙、丁各方经友好协商,就甲方资金进入后丁方的经营业绩确定",此后通过合同主文具体约定对赌的条件。

四、书写"鉴于"条款应注意的事项

1. 对于合同履行中,如款项并非支付至对方账户,务必通过"鉴于",确认对方收到款项,以避免出现争议后对方不认可收到该款项。

2. 对于此前双方法律关系不明确或现有的证据不足以证明双方之间法律关系的,可以在"鉴于"部分明确双方之间关系(如借款关系,此前贷款人仅有付款单,如双方就此达成还款协议的,可以在"鉴于"部分将双方关系明确为借贷关系)。

第二章

保证和陈述条款

在很多合同中，一般都会约定“保证和陈述”或“保证和承诺”条款。保证和陈述（承诺）条款，其作用和内容一般包括：

1. 签约主体签约资质的保证，如签约主体保证签订合同时其内部已经完成了签订本合同必要的审批程序，已经根据公司章程完成表决程序等。

2. 对于影响合同目的能否实现或合同一方在合同中核心利益能否实现和保障的事项，一般需由对方予以保证和承诺，且一旦违反，守约方即有权解除合同。比如合同主体根据合同对标的应具有相应的权利，且不存在法律或事实上的障碍，否则签订的合同将可能因权利人对标的不具有处分权而构成无权处分或者导致最终无法履行合同。

3. 对于可能影响合同履行的重大事项，一般需由责任方给予保证和承诺。

基于以上陈述和保证内容对合同的效力以及能否实现合同目的有着重要影响，因此，合同通常约定，如违反陈述和保证条款的，则对方有权解除合同并追究违约方的责任。

一、签约主体签约资质的保证，如签约主体保证签订合同时其内部已经完成了签订本合同必要的审批程序，已经根据公司章程完成表决程序等

案例：某合作合同中的保证和陈述条款

本《合作协议书》（文中简称本协议）由以下各方于2016年【】月【】日在中国【】签署：

1. 甲方：某股权投资基金管理中心（有限合伙）（文中简称甲方或某股权

投资基金)

2. 乙方:四川某科技限责任公司(文中简称乙方或科技公司)

3. 丙方:李某

4. 丁方:张某

注:丁方张某所持股权系代持股权,被代持人员详见"附表1"人员清单。

十、保证和陈述

10.1 甲方的陈述与保证

10.1.1 甲方具有完全、独立的法律地位和法律能力签署、交付并履行本协议,签署本协议并履行本协议项下义务不会违反任何有关法律、法规以及政府命令,亦不会与以其为一方的合同或者协议产生冲突。

10.1.2 甲方保证出借款来源合法,该款项可以合法用于本协议战略合作项目,并且其有足够的能力依据本协议的条款向乙方支付借款。

10.2 乙方及丙方丁方的陈述与保证

10.2.1 乙方具有完全、独立的法律地位和法律能力签署、交付并履行本协议,签署并履行本协议项下义务不会违反任何有关法律、法规以及政府命令,亦不会与以其为一方的合同或者协议产生冲突。

10.2.2 乙方为依法设立并有效存续的有限责任公司,在本协议签署生效后,附件1所列的技术(管理)团队人员与乙方签署的劳动合同剩余服务期限应不少于5年,在劳动合同服务期限内不从公司离职,亦不以任何方式(包括设立新的企业)从事与公司业务相同或类似的业务。

10.2.3 乙方及其团队在与甲方合作存续期内,未经甲方同意,均不得就乙方股权融资、债权融资与任何其他第三方机构继续接洽、讨论、谈判或签署任何相关协议、备忘录。

10.2.4 合作期内乙方、丙方、丁方及其团队的所有技术成果都归乙方,乙方确保用于本公司无人机产品的技术都属于自有的专利技术或不涉及侵犯第三方知识产权(或不存在任何争议)的通用技术。

10.2.5 乙方确保所借款项专款专用,不存在用于与无人机研发、生产和销售无关的其他方面。

10.2.6 在甲方根据需要在某市设立无人机总装基地并负责销售时,乙方、丙方、丁方以及乙方原技术(管理)团队有义务随时到某市基地进行技术指导和销售指导,必要时甲方可以要求技术团队常驻位于该市的总装基地以保障生产销售的顺利进行。

10.2.7　乙方、丙方、丁方承诺:在本协议生效后6个月内完成模块化通用无人机的初步设计,本协议生效后9个月内完成模块化通用无人机的详细设计,本协议生效后12个月内完成模块化通用无人机的样机试制,本协议生效后18个月内完成模块化通用无人机的试验试飞;某科技公司2017年应形成销售,到2018年年底前任何连续12个月净利润累计完成至少人民币1亿元。

10.3　任一方有违以上保证和承诺的,均视为根本性违约,守约方有权解除本协议并有权要求违约方支付解约违约金[　　]元。

律师点评:以上协议的背景:甲方通过调查了解,认可某科技公司生产无人机的实力和能力,甲方拟通过入股的方式投资该公司的无人机生产项目。其投资时主要考虑点:其一,各方均有充分的权利签署本协议,即主体适格;其二,无人机的生产依靠的是强大而稳定的科研团队,因此,甲方需要原有股东保证股东的稳定性和现有科研团队的稳定性;其三,既然是投资,因此,原股东和目标公司需要对甲方作出业绩的承诺;其四,投资资金必须专款专用于合作项目,不得挪用。基于以上考虑,双方订立了以上条款,且对于违反保证和陈述的条款,守约方有权解除合同,并追究违约方的赔偿责任。

二、对于影响合同目的能否实现或合同一方在合同中核心利益能否实现和保障的事项,一般需由对方予以保证和承诺,一旦违反,守约方即有权解除合同

案例:股权转让合同中的声明和保证条款

甲方一(转让方):李某

甲方二(转让方):广西某房地产有限责任公司

本协议如无特别说明,则甲方指的是甲方一和甲方二。

乙方(受让方):四川某实业有限公司

目标公司(丙方):天津市某房地产有限责任公司

六、转让方的声明与保证

1. 转让方系交易标的股权的合法持有者,依法具有处分权,不存在任何替他人代持成分。

2. 转让方向目标公司的出资乃至对目标公司股权的获得完全依照中国法律、法规操作,并进行了有效的验资,是合法有效的,且不存在任何未尽责任和争议,以及出资违约责任和出资不足责任。

3. 过渡期前,除转让方已披露并明确记载在本协议中本项目土地使用权抵押之外,目标公司不存在其他保证、资产抵押担保、股权质押等情形,在本协议项下转让的股权完成股权变更登记且目标公司交割日前,也不会就目标公司股权及资产等新设任何质押和其他他项权利。

4. 凡目标公司截至股权转让计价基准日的列明在资产表(见附件)中的所有资产,全部为目标公司所有,不存在任何产权争议。

5. 过渡期前,凡目标公司的负债(或根据受让方要求调整后资产负债表中的所有负债),均已列明于披露给受让方的目标公司的负债明细表中(见附件)。凡目标公司遭受或有负债的,转让方愿意按照本协议的约定向受让方履行赔偿义务。

6. 目标公司自成立以来所经历的分立、合并、改制、和重组均依法进行,其行为合法有效不可逆转,且不存在任何不确定或未尽事宜。

7. 过渡期前,目标公司依法设立、守法经营、照章纳税,不存在被吊销执照、责令关闭、强令退市、违法经营和偷税、漏税、逃税情况。

8. 过渡期前,目标公司自成立以来执行国家颁布的财务制度和会计准则,会计账目、凭证、报表等均符合中国政府有关企业财务会计准则和制度,且真实、全面、准确。

9. 转让方保证至目标公司过渡期前,目标公司不会减少注册资本、不会分配利润、不会用公积金转增注册资本、不会低价转让资产、不会赠与资产、不会无偿放弃自己的权益、不会无偿扩大自己义务。

10. 转让方保证至过渡期前,目标公司不会恶意签署有损受让方或目标公司利益的任何合同、协议等。本项目已经签订的合同(详见附件),除受让方明确继续由目标公司履行的外,转让方应按照受让方的要求进行处理,所涉及的费用均由转让方承担,转让方确保不因已签订合同的履行给目标公司和受让方造成任何损失,如有发生,全部费用由转让方承担。

11. 转让方保证至目标公司过渡期前,目标公司不会提升员工职务,不会对外招聘管理干部,不会变更已有的劳动合同增加员工的薪酬、不会变更提高已解除职务人员的赔偿金、不会签署新的劳动合同增加员工。目标公司已有的员工(清单详见附件)由转让方负责妥善终止劳动关系(但受让方同意继续录用的除外)并承担相应费用,转让方确保不因劳动争议给目标公司和受让方造成任何损失,如有发生,全部费用由转让方承担。

12. 转让方保证至目标公司过渡期前,无须目标公司清偿目标公司原股东或实际控制人之债务即可办理本项目开发相关手续,如有发生,全部费用及成本由转让方承担。

13. 转让方保证至目标公司过渡期前,本项目不存在土地闲置等情形而存在政府或相关部门要求目标公司支付滞纳金[除2014年因逾期缴纳土地出让金所支付的滞纳金(已缴纳)约1600余万元以外,该笔滞纳金已由转让方全部缴纳完毕]、违约金或收回本项目国有土地使用权风险,如有发生,受让方有权单方解除本协议,退出合作,转让方应返还受让方全部股权转让款及对本项目(及目标公司)的全部投入(包括但不限于注册资本金、股东借款等),并按前述全部款项年利率【18】%向受让方支付资金利息,受让方全额收到前述投入返还及资金利息后,将股权转让给转让方。

14. 在签订本协议之前,转让方保证如因目标公司此前已签全部合同、协议等,如存在逾期支付款项(包括但不限于土地出让金、转让款、工程款、设计款等)等违约行为而被追究违约金、滞纳金、损害赔偿金等,责任由转让方承担。

15. 甲方二有权签署本协议,且履行完毕甲方二根据法律、法规和公司章程等规定的表决和内部审批程序。

七、受让方的声明与保证

1. 受让方保证按本协议约定按期如数支付股权转让价款、向目标公司提供借款、解付共管账户内款项。

2. 受让方签署本协议并在本协议项下购买转让方的股权,已经得到受让方权力机构的批准和授权,为合法有效行为。

3. 受让方有权签署本协议,且履行完毕受让方根据法律、法规和公司章程等规定的表决和内部审批程序。

4. 受让方签署本协议不会违反(i)受让方须遵守的任何法律、法规、规章或其他规范性文件;或(ii)受让方合法成立及依法存续所依据的任何文件;或(iii)对受让方或其资产具有约束力的任何文件或协议。

十五、违约责任

1. 转让方的违约责任

(1)转让方违反本协议约定的声明及保证的某一项或数项的,致使受让方产生实际损失的,转让方应当承担赔偿责任,致使本协议解除的,除返还受让方已付全部款项外,还需按照本协议约定收购总价款的5%向受让方支付违约金。

……

2. 受让方的违约责任

(1)受让方违反本协议其声明及保证的一项或数项的,致使转让方产生损失的,受让方应当向转让方承担损失赔偿责任。

……

律师点评:

背景介绍:以上是作为甲方的广西某房地产有限责任公司拟将其与关联人李某所持的目标公司即丙方天津市某房地产有限责任公司股权转让给受让方四川某实业有限公司,进而实现项目的转让。此股权转让合同签订前,项目已经实际进行了将近1年的开发。

因时间紧迫,受让方签订本协议前未开展财务和法律尽职调查,相关财务数据和债务情况由转让方和目标公司披露。

对于受让方而言,由此导致的风险是无法了解清楚目标公司真实的债权债务;目标公司所持地块的权属状况(如是否存在查封、抵押、土地是否存在闲置以及是否需要缴纳闲置费);目标公司经营情况(如项目盈利还是亏损、项目用工、税务等)等,以上情形都将导致受让方入股目标公司后受让方承担最终责任,而土地被查封、抵押等将直接导致受让方受让股权后项目无法正常报批报建,目标地块被拍卖。基于上述原因,受让方有必要要求转让方就此作出相应的陈述和保证,一旦违反即视为违约,如导致合同目的无法实现的,则守约方有权解除合同。

基于以上考虑,本合同中,受让方要求转让方作出以上陈述和保证。

这里还需要补充说明的是,涉及公司股权转让合同,合同主体建议一般为转让方、受让方和目标公司,而非仅仅是转让方和受让方,虽然股权转让的主体为转让方和受让方,但转让标的毕竟涉及目标公司,且股权转让合同内容多有涉及目标公司,如目标公司经营情况,债权债务情况,在此情况下,有必要将目标公司列为合同的主体;一旦涉及诉讼,因目标公司作为合同主体,因此,应将目标公司列为案件当事人,这样有利于查明案件事实。

第三章

权利保留条款

一、问题的由来

合同履行过程中，往往会出现一种情况：违约方违约后仍继续履约，守约方接受了其履约。在此情况下，对于守约方接受该等履行，法院审理时往往会出现两种不同的裁判意见：一种观点认为，在违约方违约的情况下，守约方接受了违约方的履行，视为双方以实际行为变更了原合同义务的履行时间，守约方接受该等履行后，不得就此追究违约方违约责任；另一种观点认为，在违约方违约的情况下，守约方接受违约方继续履行的行为，并不等于守约方放弃追究违约方已经构成违约行为以及相应责任的权利，因为放弃权利应以明示的方式作出，而不应仅仅以守约方接受该等履行而视为放弃追究违约责任的权利。如出租人将房屋出租给承租人，双方签订了合法有效的租赁合同，合同约定租金的缴纳为每月月底缴纳下一个月的租金，逾期缴纳的，按应付租金额每日万分之三支付违约金。如应缴纳租金时间为 2021 年 3 月 1 日，承租人缴纳租金的时间为 2021 年 4 月 1 日，承租人行为已经构成违约。如按照第一种观点，如果出租人收取了承租人逾期缴纳的租金，则意味着其与承租人就该笔租金的缴纳时间以实际行为进行变更，因此，承租人无须支付违约金；按照第二种观点则为，即使出租人收取了租金但承租人仍需支付逾期缴纳租金所产生的违约金。

从以上所举例子不难看出，第一种观点不符合法律规定，荒谬且有违常理。

其一，放弃权利应以明示的方式作出，接受履行的行为不等于作出了放弃权利的意思表示。《民法典》第 140 条规定：“行为人可以明示或者默示作出意思表示。沉默只有在有法律规定、当事人约定或者符合当事人之间的交易习惯时，才可以视为意思表示。”根据该规定，如果守约方放弃追究违约方违约责任的权利，应以明示的方式作出,接受履行的行为并不等于放弃该等权利。

其二,变更合同应由双方作出明确的变更约定,仅仅是接受履行并非等于双方对合同变更作出了明确约定。《民法典》第543条规定:"当事人协商一致,可以变更合同。"第544条规定:"当事人对合同变更的内容约定不明确的,推定为未变更。"

其三,以接受违约方在违约情况下的履行行为即视为变更合同的观点,有违常理。违约方违约后,守约方为了弥补损失必然要求违约方采取一定的行为履行合同,如果就此接受违约方违约后履行行为就被视为双方变更合同,则意味着守约方在违约方违约后不得接受任何违约方的履行和补救措施,不得接受违约方支付的任何款项,此结论显然是极其荒谬的,也不符合常理,更背离了基本诚实信用原则。

案例:实际履行行为是否等于变更双方合同

云南熙久科技有限公司与某浜合同纠纷二审案

案号:云南省昆明市中级人民法院(2020)云01民终9310号

云南熙久科技有限公司上诉请求:(1)撤销一审民事判决第一项,改判驳回被上诉人对上诉人的诉讼请求;(2)撤销一审民事判决第二项,改判驳回被上诉人对上诉人的诉讼请求;(3)一审、二审诉讼费由被上诉人承担;(4)将本案发回原审法院重新审理。事实和理由:一审法院判决认定的部分事实错误:(1)被上诉人签署协议时明确知晓案涉土地的权属并不在上诉人名下,且协议中明确约定双方的合同义务,本案实质为转让招商机会引起的合同纠纷。(2)上诉人与被上诉人通过实际行为变更合同款项为80万元,以及变更合同履行期限,本案实质为转让招商机会引起的合同纠纷。(3)被上诉人签署协议后仍明确表明自愿接手案涉土地的挂牌拍卖并自愿承担相应后果,被上诉人应自担全部合同风险。

某浜、某强辩称,一审判决认定事实清楚、适用法律正确,请求二审法院驳回上诉,维持原判。

云南玮泉房地产开发有限公司述称,请求法院依法裁判。

某浜、某强向一审法院起诉请求:(1)立即解除原告、被告双方于2018年6月29日签订的《土地转让协议》;(2)被告向原告返还土地转让费人民币850,000元及资金占用费46,808.22元(以850,000元为基数,按照年利率

6%自2018年9月19日起计算至2019年8月19日止,共335天,以及自2019年8月20日起按全国银行间同业拆借中心公布的贷款市场报价利率计算至实际还清之日止);(3)被告承担本案全部诉讼费。

一审法院认定以下案件事实:2015年12月24日,被告(乙方)与第三人(甲方)签订《官渡区工业园区招商协议》,约定:甲方作为昆明国际印刷包装城的管理单位,乙方拟建项目所用地块位于昆明市官渡区昆明国际包装印刷产业基地二期4-1号地块,面积为32.52亩,该地块已经取得云南省国土资源厅的批复,乙方对意向地块周边情况清楚(包括焦化制气厂及部队对地块影响),并愿意在意向地块上投资进行建设,乙方计划在该地块上建设高技术不锈钢基地。甲方协助乙方通过参加国土部门组织的挂牌交易取得本协议标的地块的国有土地使用权,如乙方未在挂牌交易中获得该标的地块的国有土地使用权,则由甲方全额返还乙方已缴纳的项目保证金(不计利息),期间发生的其他费用由乙方自行承担。乙方拟建项目用地的土地使用性质为工业用地。乙方在本协议签署的7个工作日内,向甲方缴纳项目保证金1,767,120元和"三项指标"考核保证金1,495,920元。由国土部门在具有土地"招、拍、挂"资格的土地交易中心组织的地块国有土地使用权挂牌交易,乙方自主参加,并按土地交易中心相关规定完成报名、竞拍、签约、缴款、纳税等全部程序,获得标的地块国有土地使用权。乙方自主参加挂牌交易并成功获得《国有土地使用权证》后,由乙方提出书面申请,根据证载面积对乙方前期缴纳的项目保证金进行单独结算(不计利息)。若乙方在"挂牌交易"过程中放弃竞拍或竞拍失败,则甲方在接到乙方书面退款申请书之日起30个工作日内,全额退还乙方前期缴纳的项目保证金(不计利息),甲乙双方均不承担违约责任,本协议自动终止,本协议约定的拟建项目在符合园区产业政策的前提下,可在官渡区工业园区范围内另行选址,优先安排。乙方项目建成投产后,由甲乙双方共同委托评估机构对乙方投建项目的投资强度和亩均年产值、亩均年税收贡献指标进行评估,如投资强度指标和亩均年产值、亩均年税收贡献指标达到协议约定的,分别退还"三项指标"考核保证金的50%,如达不到约定的,"三项指标"考核保证金不予退还。在甲乙双方签订入园协议,乙方按协议要求向甲方缴纳相应款项后,甲方可向乙方提供标的地块的相关资料,以便于乙方开展相应前期设计工作。标的地块的正式交付时间为乙方取得国有土地使用权证后的15个工作日内。甲方负责将“挂牌交易”所需的材料组件完毕并移交国土部门,国土部门接件后,将委托“挂牌交易”事宜,具体挂牌时间及交易程序以土地交易中心发布相关公告为准。甲方应协助乙方按照国家相关规定,通过参加挂牌交易取得标的地块的国有土地使用权。乙方在签订正式协议后,属于甲方招商引资项目,不得与其他任何招商分局签订服务协议,乙方必须配合甲方提交相应资金到位证明(验资报告、进账单以及其他材料)。任何一方对于因政策调整及发生不可抗力且自身无过错造成延误或不能履行本协议义务的,不承担违约责任,但必须采取一切必要的补救措施以减少造成的损失。

2018年6月29日,两原告(乙方)与被告(甲方)签订《土地转让协议》,约定:甲方同意将位于大板桥国际印刷产业基地二期4-1号土地转让给乙方名下,该地块面积32.52亩,土地用途为工业用地,属第三人开发用地。甲方需配合乙方直至园区和甲方办理终止该土地前期合同和乙方重新签订新购买合同手续办理事宜为止,乙方负责协调园区相关部门办理甲方和园区签订的原合同解除及乙方和园区的合同签订的所有工作,甲方全力配合。土地转让费为甲方原交给园区的费用3,263,040元,加转让费3,096,960元,合计土地转让总价款为6,360,000元。乙方同意按以下时间和金额分期向甲方支付土地转让款,第一期定金460,000元,付款时间为2018年6月29日,条件为双方签订土地转让协议书及甲方提供园区的一切相关手续,且甲方配合乙方签订该土地的购买合同(甲方必须先办理终止该土地前期合同)。第二期付款乙方和园区已签订该土地的购买合同时,乙方付清原甲方交给园区的费用3,263,040元及转让费扣除定金后的尾款2,636,960元。如乙方支付甲方定金后,甲方不配合乙方办理后面相关手续,甲方应按定金的双倍赔偿给乙方,如乙方违约定金不予退还。本协议为双方私下协议,不能交给园区相关部门。2018年7月5日、8月28日和9月18日,两原告分别付给被告700,000元、50,000元和100,000元,合计850,000元。2019年12月13日,被告出具《确认函》给第三人,主要内容:收到贵公司代昆明国际印刷包装城管理委员会退还的保证金3,263,040元,我公司收到此笔款项后,与贵单位土地二次结算全部结清。庭审中,第三人明确表示与被告签订的《官渡区工业园区招商协议》第11条约定“招商入园资格不能转让他人,与被告签订的协议未终止或解除”。

一审法院认为:本案原告、被告签订的协议名称虽为《土地转让协议》,但从协议的内容和被告与第三人订立的《官渡区工业园区招商协议》约定看,实质并非土地转让,而是涉及招商资格的更名等问题,故本案的案由应确定为合同纠纷。《合同法》第 94 条规定,有下列情形之一的,当事人可以解除合同:(1)因不可抗力致使不能实现合同目的;(2)在履行期限届满之前,当事人一方明确表示或者以自己的行为表明不履行主要债务;(3)当事人一方迟延履行主要债务,经催告后在合理期限内仍未履行;(4)当事人一方迟延履行债务或者有其他违约行为致使不能实现合同目的;(5)法律规定的其他情形。根据原告、被告《土地转让协议》关于“乙方同意按以下时间和金额分期向甲方支付土地转让款,第一期定金 460,000 元,付款时间为 2018 年 6 月 29 日,条件为双方签订《土地转让协议》及甲方提供园区的一切相关手续,且甲方配合乙方签订该土地的购买合同(甲方必须先办理终止该土地前期合同)”的约定,原告付第一期款的条件为被告与第三人解除协议,而原告付款已超过第一期付款约定的金额,第三人在本案中认为其与被告订立的协议并未解除,本案现有有效证据不能证实被告与第三人订立的协议已终止或解除,第三人亦明确表示招商入园资格不能转让他人,故原告、被告之间的协议已无继续履行的可能,一审法院对原告要求解除协议、返还转让费的诉请予以支持。同时,从《土地转让协议》“本协议为双方私下协议,不能交给园区相关部门”的约定来看,原告明知双方的协议存在“园区相关部门”知悉后不能履行的可能,且原告亦无证据证实其已履行了负责协调园区相关部门办理甲方和园区签订的原合同解除及乙方和园区的合同签订的所有工作的合同义务,故原告主张资金占用费没有事实及法律依据,一审法院不予支持。据此,依照《合同法》第 94 条、第 97 条,《民事诉讼法》第 64 条之规定,判决:(1)解除原告某浜、原告某强与被告云南熙久科技有限公司于 2018 年 6 月 29 日签订的《土地转让协议》;(2)被告云南熙久科技有限公司于本判决生效之日起 15 日内,退还原告某浜、原告某强转让费 850,000 元;(3)驳回原告某浜、原告某强的其他诉讼请求。

在二审审理过程中,上诉人提交如下证据:(1)《官渡区投资项目服务协议书》;(2)合同解除协议,欲证明合同是可以履行的。经质证,被上诉人对证据的三性不予认可。原审第三人对合同解除协议的真实性认可,但证明目的不认可,对《官渡区投资项目服务协议书》三性不认可。本院认为,《官渡区投资项目服务协议书》不符合证据的形式要件,且协议书双方不是本案当事人,与本案不具有关联性,本院不予采信。合同解除协议的真实性本院认可,但上诉人与原审第三人是将原协议约定的19号地块置换到4-1地块,因此,需要解除原合同而签订新合同,并不能证明上诉人与原审第三人之间合同义务的终止,本院对该份证据不予采信。

对一审认定的案件事实,各方当事人均无异议。同时,上诉人要求补充确认:上诉人与被上诉人曾向原审第三人递交过变更合同的申请。对此,被上诉人、原审第三人均不予认可。本院认为,上诉人对其主张没有证据予以证明,本院对上诉人要求补充确认的案件事实不予采信。综上,本院对双方当事人无异议的事实依法予以确认。本案经本院二审审理查明的案件事实与一审判决认定的案件事实一致。

综合双方当事人的诉辩主张,本案的争议焦点:上诉人的上诉请求是否成立?

本院认为:当事人对自己提出的诉讼请求所依据的事实或者反驳对方诉讼请求所依据的事实有责任提供证据加以证明。没有证据或者证据不足以证明当事人的事实主张的,由负有举证责任的当事人承担不利后果。本案中,上诉人认为其主要合同义务是解除与第三人于2015年12月24日签署的《官渡区工业园区招商协议》,配合被上诉人与园区签署协议。上诉人未提交证据证明其已经与原审第三人解除了2015年12月24日签署的《官渡区工业园区招商协议》并且配合被上诉人与园区签署协议,因此,上诉人应当承担举证不能的法律后果。上诉人提交与原审第三人签订的《合同解除协议》是为了置换土地而解除原协议,重新签订新合同,解除协议解除的是2015年12月24日之前签订的协议,重新签订的新合同指的是本案所涉及的2015年12月24日签署的《官渡区工业园区招商协议》,因此,上诉人提交的《合同解除协议》,不能证明双方已经将2015年12月24日签署的《官渡区工业园区招商协议》解除。上诉人认为双方变更了《土地转让协议》约定的价款,被上诉人未按约定时间支付价款,不能因此证明双方对价款支付时间、金额达成新的合意,因此,上诉人主张无事实和法律依据,本院不予支持。上诉人认为被上诉人应当承担签订合同会产生的风险,但是此风险不应当包括因上诉人违约而产生的法律后果,上诉人的主张无事实和法律依据,本院不予支持。

综上,上诉人云南熙久科技有限公司的上诉请求不能成立,本院予以驳回;一审判决认定事实清楚,适用法律正确,本院予以维持。依照《民事诉讼法》第170条第1款第1项之规定,判决如下:

驳回上诉,维持原判。

二审案件受理费12,768元,由上诉人云南熙久科技有限公司承担。

本判决为终审判决。

律师点评:本案中,上诉人云南熙久科技有限公司(以下简称云南熙久公司)与被上诉人于2018年6月29日签订了《土地转让协议》,协议约定:甲方同意将位于大板桥国际印刷产业基地二期4-1号土地转让给乙方名下,该地块面积32.52亩,土地用途为工业用地,属第三人开发用地。该协议签订时,云南熙久公司并未取得土地使用权,且双方约定"甲方(云南熙久公司)需配合乙方(某浜、某强)直至园区和甲方办理终止该土地前期合同和乙方重新签订新购买合同手续办理事宜为止,乙方负责协调园区相关部门办理甲方和园区签订的原合同解除及乙方和园区的合同签订的所有工作,甲方全力配合"。根据以上约定,双方本质上并非土地使用权的转让,而是某种资格的转让,因此,法院认定本案系合同纠纷。

双方争议焦点之一在于被上诉人某浜、某强在云南熙久公司未达到合同约定第一期款支付条件的情况下[付款条件为双方签订土地转让协议书及甲方提供园区的一切相关手续,且甲方配合乙方签订该土地的购买合同(甲方必须先办理终止该土地前期合同)]支付款项的行为,是否等于双方以实际行为变更了合同约定的付款条件,即上诉人云南熙久公司认为"双方变更了《土地转让协议》约定的价款",二审法院则认为"被上诉人未按约定时间支付价款,不能因此证明双方对价款支付时间、金额达成新的协议,因此,上诉人主张无事实和法律依据,本院不予支持"。

二、权利保留条款的内容

基于实务中的争议(违约方违约的情况下守约方接受履行视为变更合同)以及避免法院在此类案件过多地运用自由裁量权干涉合同,很多合同都会约定权利保留条款即接受对方履行行为或未及时向对方主张权利的,不视为放弃该等权利,以下举例：

条款范例：某租赁合同，出租方对有关权利保留条款的约定。

第二十八条　权利的放弃、部分有效和非排他性补救

28-1　在乙方违约的情况下而甲方又接受租金或其他款项时，不能视为甲方放弃追究乙方违约责任的权利。乙方交付的租金或其他款项不足本合同之规定金额时，或甲方接受金额不足的租金或其他款项，均不能视为甲方同意乙方少付租金或其他款项，也不影响甲方追索欠租欠款的权利以及根据本合同及法律规定的其他权利。此外，甲乙双方未能或延迟行使本合同项下的任何权利将不意味放弃该等权利。甲乙双方任何权利的放弃均以甲乙双方签署的书面明确表示为准。

28-2　如本合同的任何规定在任何方面成为无效或不合法，应不影响本合同其他条款的合法有效性。

28-3　本合同规定的甲方和乙方各自的权利和补救措施，不应排除或替代各方根据法律所应有之权利和补救措施。当一方违约，另一方可行使或采取根据本合同或法律所应有的所有权利和补救措施，直至其损失得到足够的赔偿。

三、权利保留条款常用模式

●模式1：

本协议的任何一方未行使或延迟行使本协议或与本协议有关的任何其他合同或协议项下的任何权利、权力或特权，不应被视为是对该等权利、权力或特权的放弃；对该等权利、权力或特权的任何单独行使或部分行使，亦不应排除将来对该等权利、权力或特权的任何其他行使。

●模式2：

乙方违约的情况下而甲方又接受乙方支付的款项时，不能视为甲方放弃追究乙方违约责任的权利。乙方支付的款项不足本合同规定的金额时，或甲方接受金额不足的支付，均不能视为甲方同意乙方可以少付应支付的款项，也不影响甲方追索欠款的权利以及根据本合同及法律规定的其他权利。此外，甲乙双方未能或延迟行使本合同项下的任何权利将不意味放弃该等权利。甲乙双方任何权利的放弃均以甲乙双方签署的书面明确表示为准。

第四章

默示条款

一、沉默意思表示及其后果

根据《民法典》的规定，意思表示分两种，一种是明示的意思表示，另一种是沉默的意思表示，沉默的意思表示只有在法律规定或当事人约定的情况下才视为当事人意思表示。《民法典》第 140 条规定："行为人可以明示或者默示作出意思表示。沉默只有在有法律规定、当事人约定或者符合当事人之间的交易习惯时，才可以视为意思表示。"关于双方约定的沉默意思表示的后果和效力，部分司法解释也有规定，如《建设工程解释一》第 21 条规定："当事人约定，发包人收到竣工结算文件后，在约定期限内不予答复，视为认可竣工结算文件的，按照约定处理。承包人请求按照竣工结算文件结算工程价款的，人民法院应予支持。"

沉默的意思表示意味着在法律规定或双方约定时间内，当事人不作答复的，即视为对对方意见的认可，此种后果对当事人而言意味着在某种程度上剥夺了其意思自治的权利，是对当事人意思自治的限制，因此，沉默的意思表示必须有明确的法律规定或当事人的明确约定，相应地，法院在审理具体案件时，即便双方约定了沉默意思表示的后果，但法院仍会本着查明事实的原则，对双方约定的沉默意思表示效力和后果采取极为审慎的态度，尽可能限制或不予适用，尤其是沉默意思表示的后果（如双方约定逾期答复即视为认可对方主张金额等），如与查明的事实不符，法院仍会以事实为依据据实裁判。如《建设工程解释一》第 10 条规定："当事人约定顺延工期应当经发包人或者监理人签证等方式确认，承包人虽未取得工期顺延的确认，但能够证明在合同约定的期限内向发包人或者监理人申请过工期顺延且顺延事由符合合同约定，承包人以此为由主张工期顺延的，人民法院应予支持。当事人约定承包人未在约定期限内提出工期顺延申请视为工期不顺延的，按照约定处理，但发包人在约定期限后同意工期顺延或者承包人提出合理抗辩的除外。”

江苏省高级人民法院在适用最高人民法院《关于审理建设工程施工合同纠纷案件适用法律问题的解释》（法释〔2004〕14号）第20条规定时，采取了极为审慎的态度，其认为：根据《建设工程司法解释（一）》第20条规定［因该书出版时间为2019年，因此这里的《建设工程司法解释（一）》是指2004年颁布的最高人民法院《关于审理建设工程施工合同纠纷案件适用法律问题的解释》（法释〔2004〕14号），对应2020年颁布的《建设工程解释一》第22条规定，笔者注］，当事人约定，发包人收到竣工结算文件后，在约定期限内不予答复，视为认可竣工结算文件的，按照约定处理。承包人请求按照竣工结算文件结算工程价款的，应予支持。实践中，对此条司法解释如何适用存在较大争议。我们认为由于实践中承包人提交的竣工结算文件一般会超过甚至大幅超过实际工程造价，按承包人提交的竣工结算文件结算易造成利益失衡，故应坚持严格适用的原则。具体而言，应注意以下几方面：一是专用条款应有明确约定。根据2017年版《建设工程施工合同（示范文本）》通用条款第14条规定，发包人在收到承包人提交的竣工结算申请单，并自发包人收到承包人提交的竣工结算书申请单后第29天起视为已签发竣工付款证书。通用条款的目的是提供示范文本供当事人选择适用，提高施工合同签订的规范性和效率，本身对当事人并不具有约束力。最高人民法院于2006年针对重庆市高级人民法院的请示回复函中也明确，适用《建设工程司法解释（一）》第20条规定的前提条件是当事人之间约定了发包人收到竣工结算文件后，在约定期限内不予答复，则视为认可竣工结算文件。承包人提交的竣工结算文件可以作为工程款结算的依据。这里的约定应当是专用条款的约定。二是应注意审查发包人有无提出异议。约定的期限内的答复包括发包人对承包人的竣工结算文件提出异议，包括发出不予认可的函件、要求补充结算资料等。如果发包人有证据证明在合同约定的期限内提出异议的，承包人要求按照竣工结算文件进行工程价款结算的，不予支持。三是建设工程合同无效的，不影响该条款的效力。合同专用条款相关约定性质上为结算条款，根据《建设工程司法解释（一）》相关规定可参照适用。①

---

① 李玉生主编：《建设工程施工合同案件审理指南》，人民法院出版社2019年版，第128页。

二、沉默意思表示在实务中的争议及案例

案例1:沉默的意思表示必须有双方明确约定

温州银行股份有限公司宁波分行诉浙江创菱电器有限公司等金融借款合同纠纷案

(最高人民法院颁布的指导案例57号　最高人民法院审判委员会讨论于2016年5月20日发布)

关键词:民事/金融借款合同/最高额担保

裁判要点

在有数份最高额担保合同情形下,具体贷款合同中选择性列明部分最高额担保合同,如债务发生在最高额担保合同约定的决算期内,且债权人未明示放弃担保权利,未列明的最高额担保合同的担保人也应当在最高债权限额内承担担保责任。

相关法条

《中华人民共和国担保法》第14条

案情简介

原告浙江省温州银行股份有限公司宁波分行(以下简称温州银行)诉称:其与被告宁波婷微电子科技有限公司(以下简称婷微电子公司)、岑某锋、宁波三好塑模制造有限公司(以下简称三好塑模公司)分别签订了"最高额保证合同",约定三被告为浙江创菱电器有限公司(以下简称创菱电器公司)一定时期和最高额度内借款,提供连带责任担保。创菱电器公司从温州银行借款后,不能按期归还部分贷款,故诉请判令被告创菱电器公司归还原告借款本金250万元,支付利息、罚息和律师费用;岑某锋、三好塑模公司、婷微电子公司对上述债务承担连带保证责任。

被告创菱电器公司、岑某锋未作答辩。

被告三好塑模公司辩称:原告诉请的律师费不应支持。

被告婷微电子公司辩称:其与温州银行签订的最高额保证合同,并未被列入借款合同所约定的担保合同范围,故其不应承担保证责任。

法院经审理查明:2010年9月10日,温州银行与婷微电子公司、岑某锋

分别签订了编号为温银9022010年高保字01003号、01004号的最高额保证合同,约定婷微电子公司、岑某锋自愿为创菱电器公司在2010年9月10日至2011年10月18日期间发生的余额不超过1100万元的债务本金及利息、罚息等提供连带责任保证担保。

2011年10月12日,温州银行与岑某锋、三好塑模公司分别签署了编号为温银9022011年高保字00808号、00809号最高额保证合同,岑某锋、三好塑模公司自愿为创菱电器公司在2010年9月10日至2011年10月18日期间发生的余额不超过550万元的债务本金及利息、罚息等提供连带责任保证担保。

2011年10月14日,温州银行与创菱电器公司签署了编号为温银9022011企贷字00542号借款合同,约定温州银行向创菱电器公司发放贷款500万元,到期日为2012年10月13日,并列明担保合同编号分别为温银9022011年高保字00808号、00809号。贷款发放后,创菱电器公司于2012年8月6日归还了借款本金250万元,婷微电子公司于2012年6月29日、10月31日、11月30日先后支付了贷款利息31,115.3元、53,693.71元、21,312.59元。截至2013年4月24日,创菱电器公司尚欠借款本金250万元、利息141,509.01元。另查明,温州银行为实现本案债权而发生律师费用95,200元。

裁判结果

浙江省宁波市江东区人民法院于2013年12月12日作出(2013)甬东商初字第1261号民事判决:(1)创菱电器公司于本判决生效之日起10日内归还温州银行借款本金250万元,支付利息141,509.01元,并支付自2013年4月25日起至本判决确定的履行之日止按借款合同约定计算的利息、罚息;(2)创菱电器公司于本判决生效之日起10日内赔偿温州银行为实现债权而发生的律师费用95,200元;(3)岑某锋、三好塑模公司、婷微电子公司对上述第一、二项款项承担连带清偿责任,其承担保证责任后,有权向创菱电器公司追偿。宣判后,婷微电子公司以其未被列入借款合同,不应承担保证责任为由,提起上诉。浙江省宁波市中级人民法院于2014年5月14日作出(2014)浙甬商终字第369号民事判决,驳回上诉,维持原判。

裁判理由

法院生效裁判认为:温州银行与创菱电器公司之间签订的编号为温银9022011企贷字00542号借款合同合法有效,温州银行发放贷款后,创菱电器公司未按约还本付息,已经构成违约。原告要求创菱电器公司归还贷款本金250万元,支付按合同约定方式计算的利息、罚息,并支付原告为实现债权而发生的律师费95,200元,应予支持。岑某锋、三好塑模公司自愿为上述债务提供最高额保证担保,应承担连带清偿责任,其承担保证责任后,有权向创菱电器公司追偿。

本案的争议焦点为,婷微电子公司签订的温银9022010年高保字01003号最高额保证合同未被选择列入温银9022011企贷字00542号借款合同所约定的担保合同范围,婷微电子公司是否应当对温银9022011企贷字00542号借款合同项下债务承担保证责任。对此,法院经审理认为,婷微电子公司应当承担保证责任。理由如下:第一,民事权利的放弃必须采取明示的意思表示才能发生法律效力,默示的意思表示只有在法律有明确规定及当事人有特别约定的情况下才能发生法律效力,不宜在无明确约定或者法律无特别规定的情况下,推定当事人对权利进行放弃。具体到本案,温州银行与创菱电器公司签订的温银9022011企贷字00542号借款合同虽未将婷微电子公司签订的最高额保证合同列入,但原告未以明示方式放弃婷微电子公司提供的最高额保证,故婷微电子公司仍是该诉争借款合同的最高额保证人。第二,本案诉争借款合同签订时间及贷款发放时间均在婷微电子公司签订的编号温银9022010年高保字01003号最高额保证合同约定的决算期内(2010年9月10日至2011年10月18日),温州银行向婷微电子公司主张权利并未超过合同约定的保证期间,故婷微电子公司应依约在其承诺的最高债权限额内为创菱电器公司对温州银行的欠债承担连带保证责任。第三,最高额担保合同是债权人和担保人之间约定担保法律关系和相关权利义务关系的直接合同依据,不能以主合同内容取代从合同的内容。具体到本案,温州银行与婷微电子公司签订了最高额保证合同,双方的担保权利义务应以该合同为准,不受温州银行与创菱电器公司之间签订的温州银行非自然人借款合同约束或变更。第四,婷微电子公司曾于2012年6月、10月、11月三次归还过本案借款利息,上述行为也是婷微电子公司对本案借款履行保证责任的行为表征。综上,婷微电子公司应对创菱电器公司的上述债务承担连带清偿责任,其承担保证责任后,有权向创菱电器公司追偿。

律师点评:本案双方争议焦点之一在于婷微电子公司签订的温银9022010年高保字01003号最高额保证合同未被选择列入温银9022011企贷字00542号借款合同所约定的担保合同范围,婷微电子公司是否应当对温银9022011企贷字00542号借款合同项下债务承担保证责任。对此,法院经审理认为:“婷微电子公司应当承担保证责任。理由如下:第一,民事权利的放弃必须采取明示的意思表示才能发生法律效力,默示的意思表示只有在法律有明确规定及当事人有特别约定的情况下才能发生法律效力,不宜在无明确约定或者法律无特别规定的情况下,推定当事人对权利进行放弃。具体到本案,温州银行与创菱电器公司签订的温银9022011企贷字00542号借款合同虽未将婷微电子公司签订的最高额保证合同列入,但原告未以明示方式放弃婷微电子公司提供的最高额保证,故婷微电子公司仍是该诉争借款合同的最高额保证人。”

在以上裁判意见中,明确载明,权利的放弃必须以明示的意思表示才能发生法律效力,沉默的意思表示只有在法律有明确规定及当事人有特别约定的情况下才能发生法律效力。

案例2:建设工程施工合同承包人单方提交的结算文件的效力

黄浦住安公司与农工商超市有限公司工程款纠纷案

裁判要旨

发包人收到承包人提交的竣工结算报告及结算资料,逾期不予答复的,其法律后果取决于双方当事人在施工合同中的约定。即直接采信承包方提交的结算文件作为计价依据还是判定发包人支付拖欠工程款利息并承担违约责任,取决于双方当事人在合同中约定适用《建设工程价款结算暂行办法》第16条还是《建设工程施工合同(示范文本)》通用条款第33.3条。

案情简介

2004年,黄浦住安公司承建农工商超市分店的改建、装修及水电安装工程。双方签订施工合同一份,关于结算问题双方约定:“发包人收到承包人递交的竣工结算报告及结算资料后28天内进行核实,给予确认或提出修改意见。发包人收到承包人递交的竣工结算报告及结算资料后28天内无正当理由不支付工程竣工结算价款,从第29天起按同期银行贷款利率向承包人支付拖欠工程价的利息,并承担违约责任。"黄浦住安公司按约完成了施工任务,在未经竣工验收的情形下农工商超市使用了工程。黄浦住安公司在工程完工后向农工商超市递交了工程结算报告、结算资料。

后双方就工程款协商未果,黄浦住安公司作为原告遂将农工商超市作为被告诉至法院。审理中,双方就原告单方提交的结算报告能否作为结算依据产生争议。

一审法院经审理后认为:根据《建设工程价款结算暂行办法》第16条第1款的规定,"发包人收到竣工结算报告及完整的结算资料后,在本办法规定或合同约定的期限内,对结算报告及资料没有提出意见,则视为认可"。同时根据最高人民法院《关于审理建设工程施工合同纠纷案件适用法律问题的解释》第17条的规定,"当事人对欠付工程价款利息标准有约定的,按约定处理;没有约定的,按照中国人民银行发布的同期同类贷款利率计息"。第20条规定,"当事人约定,发包人收到竣工结算文件后,在约定期限内不予答复,视为认可竣工结算文件的,按照约定处理。承包人请求按照竣工结算文件结算工程款的,应予支持"。本案中,原告于2005年4月29日向被告提交了该项工程的决算资料,被告在合同约定的接受竣工结算报告及结算资料后28天的期限内未予答复,也未支付工程款,故原告要求按照结算资料请求被告支付工程款及逾期付款的利息,应予支持。至于被告辩称原告所提交的是不完整的决算资料,且在2005年5月18日仍在补充决算资料的理由,无事实和法律依据,不予采纳。故一审法院根据原告的单方结算资料作了判决,农工商超市对原审判决不服,上诉要求对工程款进行审计。

裁判结果

一审法院根据原告的单方结算资料作了判决。二审法院根据农工商超市的申请委托鉴定单位对涉案工程造价进行了审计鉴定,并根据审计结果进行了改判。

裁判理由

二审法院认为,根据最高人民法院《关于审理建设工程施工合同纠纷案件适用法律问题的解释》第20条的规定来理解，只有当事人明确约定“发包人收到竣工结算文件后，在约定期限内不予答复”，才会发生如约定条件成就即可按单方报价结算的后果。而如果双方并未就此作出明确约定，单方报价的结算文件并不能作为结算依据。本案中，合同通用条款第33.2条载明：发包人收到承包人递交的竣工结算报告及结算资料后28天内进行核实，给予确认或提出修改意见；第33.3条载明：发包人收到承包人递交的竣工结算报告及结算资料后28天内无正当理由不支付工程竣工结算价款，从第29天起按承包人同期向银行贷款利率支付拖欠工程款的利息，并承担违约责任。因此，本案当事人只约定发包方若不按期审核应承担违约责任，并未明确将产生“视为认可竣工结算文件”的后果，故本案不属于第20条规定的情形。原审法院对该条理解有误，上诉人农工商超市的该项上诉请求理由能够成立。据此，二审法院根据农工商超市的申请委托鉴定单位对涉案工程造价进行了审计鉴定，并根据审计结果进行了改判。①

律师点评：以上案件中，双方争议的焦点在于：承包人向发包人提交了竣工结算资料，发包人未在合同约定时间内给予确认或提出修改意见，承包人能否根据合同约定，以发包人收到竣工结算资料后逾期给予确认或提出修改意见为由，主张以承包人提交的结算资料作为结算价款。根据《民法典》的规定，沉默意思表示必须以法律规定和双方明确约定为适用的前提。本案中，虽然《建设工程价款结算暂行办法》第16条第1款规定：“发包人收到竣工结算报告及完整的结算资料后，在本办法规定或合同约定期限内，对结算报告及资料没有提出意见，则视同认可。”但该办法并非法律规定，至于合同，双方签订的建设工程施工合同通用条款第33.2条只是规定“发包人收到承包人递交的竣工结算报告及结算资料后28天内无正当理由不支付工程竣工结算价款，从第29天起按承包人同期向银行贷款利率支付拖欠工程款的利息，并承担违约责任”，该条并未规定发包人逾期给予确认或提出修改意见视为认可承包人提交的竣工结算报告，因此本案不得在法律未规定和双方未约定的情况下，以发包人未在规定时间内对承包人提交的竣工结算文件和资料给予确认或提出修改意见为由，视为发包人认可承包人提交的竣工结算文件。

---

① 贾劲松主编：《建设工程施工合同案件裁判要点与观点》，法律出版社2016年版，第175～176页。

案例3:权利的放弃必须以明确的意思表示为有效

曾某凤、杨某云民间借贷纠纷再审审查与审判监督民事裁定书

案号:湖北省高级人民法院(2019)鄂民申2016号

再审申请人(一审原告、二审上诉人):曾某凤,女,1961年4月9日出生,汉族,住湖北省公安县。

委托诉讼代理人:伍某财,湖北三鼎律师事务所律师。

被申请人(一审被告、二审被上诉人):杨某云,男,1966年10月25日出生,回族,住湖北省公安县。

被申请人(一审被告、二审被上诉人):邹某元,男,1963年3月9日出生,汉族,住湖北省公安县。

一审被告:周某平,男,1971年9月6日出生,汉族,住湖北省公安县。

曾某凤诉杨某云、邹某元、周某平民间借贷纠纷一案,原由湖北省公安县人民法院于2018年9月11日作出(2018)鄂1022民初1179号民事判决。曾某凤不服,提起上诉。湖北省荆州市中级人民法院于2019年1月22日作出(2018)鄂10民终1460号民事判决。判决生效后,曾某凤不服,向本院申请再审。本院受理后依法组成合议庭对本案进行了审查。本案现已审查终结。

曾某凤申请再审称,原判决认定的基本事实缺乏证据证明且适用法律错误。本案借款人为荆州市正阳物资贸易有限公司(以下简称正阳公司)和周某平,原判决认定借款人仅为正阳公司属认定事实错误。原判决基于申请人与周某平签订《还款协议》,进而认为申请人放弃对正阳公司主张债权的权利缺乏证据,有违事实和法律。周某平与正阳公司同是本案借款人,该协议并不能免除正阳公司还款责任,二者应承担连带还款责任。周某平签订该协议,构成债的加入,周某平和正阳公司均没有表示不承担责任,申请人也未免除正阳公司责任。原判决适用默示推定原则认定申请人免除正阳公司责任缺乏证据、有违法律。申请人与周某平均未明确表示放弃对正阳公司的债权,也没有这样的交易习惯,原判决推定申请人放弃对正阳公司的还款责任,不符合《民法总则》第140条关于沉默意思表示的规定。根据《民事诉讼法司法解释》第93条第3项、第4项的规定,本案没有满足该条规定的推定前提。且根据《继承法》的规定,涉及实体处分须以当事人明示作出,申请人未明示放弃对正阳公司的债权权利。原判决加重了周某平的还款责任,侵害申请人

和周某平的权益。即便如原判决认定本案借款属正阳公司,该公司未经清算办理注销,公司股东即被申请人杨某云、邹某元及周某平均应对案涉借款本息承担连带责任。依法请求再审。

本院经审查查明,2012年8月2日,杨某云、周某平、邹某元合伙开办了正阳公司,法定代表人为杨某云。正阳公司在经营期间,曾委托曾某凤所开办的荆州市汉安物资贸易有限公司开具增值税发票并收取货款。2013年12月10日,周某平代表正阳公司与曾某凤进行了结算,确认截至当日,共欠下荆州市汉安物资贸易有限公司人民币60万元。周某平向曾某凤出具了《借条》一份。载明"今借到曾某凤现金陆拾万元整(¥600,000.00元);月息2%,借款时间半年;借款人:周某平;2013年12月10日"。该《借条》同时加盖了正阳公司的公章。《借条》订立后,周某平归还了部分借款。2015年7月5日,周某平经结算再次确认还欠曾某凤借款人民币450,953元。2016年2月1日,曾某凤与周某平签订了《还款协议》一份。约定"一、乙方周某平因拓展业务向甲方曾某凤借款450,953元,现双方同意以38万元作为还款总额。二、乙方周某平从2016年2月起每月偿还甲方曾某凤借款2万元,分十九个月还清,每月25日作为还款时间。三、乙方周某平按本协议第二条偿还欠款后,甲方曾某凤放弃金额70,969元的清偿权。自38万元到账后,此笔债权债务关系就此消灭,甲方曾某凤不得再次主张任何民事权利。四、甲、乙双方达成还款协议后,乙方周某平当月逾期支付的,应在第二月补齐偿还余额。若乙方周某平未按本协议第二条约定付款,甲方曾某凤保留向乙方周某平追偿全部欠款本金及利息"。《还款协议》签订后,周某平未向曾某凤付款,遂引发本案诉争。另查明,2017年9月11日,经正阳公司全体股东申请,公安县工商行政管理局依法准予该公司注销登记。曾某凤向一审法院提出诉讼请求:(1)杨某云、周某平、邹某元偿还所欠的现金450,953元并支付按月利率2%计算从2013年12月10日起至还清全部欠款之日止的借款利息;(2)杨某云、周某平、邹某元承担本案全部诉讼费用。

一审法院认为,正阳公司经与曾某凤结算并协商,就曾某凤所开办的荆州市汉安物资贸易有限公司相关垫付费用达成了一致协议,周某平代表正阳公司向曾某凤立下《借条》一份,正阳公司在《借条》落款处加盖了公章,曾某凤与正阳公司之间形成了合法、有效的借款合同关系。2016年2月1日,曾某凤与周某平签订了《还款协议》,还款义务人确定为周某平,《还款协议》的内容没有涉及正阳公司,且正阳公司没有加盖单位公章。视为曾某凤同意由周某平偿还其《借条》所指向的借款。该《还款协议》不损害国家、集体及正阳公司的利益,亦未违反法律及行政法规的强制性规定,为合法、有效之合同。《还款协议》签订后,周某平并未按照协议履行自己的还款义务,曾某凤诉请偿还人民币450,953元借款本金并以该借款额为基数按月利率2%标准计付借款利息的请求,符合《还款协议》约定及法律规定,该院予以支持。曾某凤诉称"在办理正阳公司注销登记过程中,杨某云、周某平、邹某元没有如实履行债务告知义务,应对该公司所欠借款承担连带清偿责任"的理由没有事实及法律依据,不予支持。

一审判决:(1)周某平偿还曾某凤借款人民币450,953元。(2)周某平从2015年7月6日起至还清全部欠款之日止以人民币450,953元为基数按月利率2%标准向曾某凤计付借款利息。(3)驳回曾某凤其他诉讼请求。上列款项应在判决生效之日起10日内给付。

曾某凤不服,提起上诉。

湖北省荆州市中级人民法院二审判决:驳回上诉,维持原裁判。

本院认为,曾某凤的再审申请事由依法不能成立。述理如下:

关于原判决是否存在认定的基本事实缺乏证据证明的问题。2013年12月10日,周某平代表正阳公司与曾某凤进行了结算,并向曾某凤出具《借条》,该《借条》加盖有正阳公司财务专用章,周某平在《借条》上签名的行为应认定为受正阳公司委托,原判决据此认定曾某凤与正阳公司之间形成了合法、有效的借款合同关系正确。2016年2月1日,曾某凤与周某平签订了《还款协议》,还款义务人仅为周某平一人,并无涉及正阳公司的还款约定,且正阳公司亦未加盖单位公章。该《还款协议》符合债务承担的概念、特征,即债权人与第三人之间达成转移债务的协议,由第三人取代原债务人承担全部债务,且该协议一旦成立便生效。原判决据此认定曾某凤同意由周某平偿还《借条》项下借款,有事实和法律依据。曾某凤的该项申请再审事由不能成立。

关于原判决是否存在适用法律错误的问题。曾某凤主张原判决不符合《民法总则》第140条的规定,依据《继承法》的规定,涉及实体处分需以当事人明示作出,曾某凤未明示放弃对正阳公司的债权权利。本院认为,《民法总则》第140条系对意思表示作出方式的规定,曾某凤取得周某平受托出具的盖有正阳公司财务专用章的《借条》以及在债务关系变化的《还款协议》上签字确认,均属明示行为,不适用该条第2款规定的默示情形。本案系民间借贷纠纷,亦不适用《继承法》的相关规定。

曾某凤还主张正阳公司未经清算即办理注销,损害其合法权益。本院认为,2016年2月1日的《还款协议》已使正阳公司下欠曾某凤的债务转由周某平承担,该公司于2017年9月11日申请注销登记对曾某凤债权的实现并无影响。曾某凤的该项主张亦不能成立。

综上,原判决认定事实清楚,适用法律正确,审判程序合法。曾某凤的申请再审事由不符合《民事诉讼法》第200条规定的情形。依照《民事诉讼法》第204条第1款、最高人民法院《关于适用〈中华人民共和国民事诉讼法〉的解释》第395条第2款之规定,裁定如下:

驳回曾某凤的再审申请。

律师点评:本案的事实较为简单:周某平此前承认欠付曾某凤货款,出具《借条》,该《借条》加盖正阳公司财务专用章;后周某平与曾某凤签订《还款协议》,承诺周某平向曾某凤清偿欠款,一旦清偿,则曾某凤不得再行主张民事权利,结合以上事实,本案双方争议的焦点在于一审原告曾某凤与被告周某平签订了《还款协议》后,是否视为曾某凤放弃了对原债务人正阳公司的债权主张?从本案一审、二审判决和再审认定来看,法院均认为:2016年2月1日,曾某凤与周某平签订了《还款协议》,还款义务人仅为周某平一人,并无涉及正阳公司的还款约定,且正阳公司亦未加盖单位公章。该《还款协议》符合债务承担的概念、特征,即债权人与第三人之间达成转移债务的协议,由第三人取代原债务人承担全部债务,且该协议一旦成立便生效。原判决据此认定曾某凤同意由周某平偿还《借条》项下借款,有事实和法律依据。曾某凤的该项申请再审事由不能成立。

尽管湖北省高级人民法院作出了驳回再审申请的裁定,但笔者认为以上一审、二审和再审法院的认定值得商榷,本案如果按照法院的逻辑,2016年2月1日的《还款协议》视为正阳公司将债务转移给了周某平一人,既然是债务转移,根据此前有效的《合同法》第84条规定,“债务人将合同的义务全部或者部分转移给第三人的,应当经债权人同意”。该笔债务的债务人为正阳公司,正阳公司与曾某凤之间并未签订任何的债务转移协议,双方更不可就债务转移给周某平作出意思表示,且正阳公司法定代表人为杨某云,并非周某平。因此,周某平的行为非为公司代表行为。在此情况下,直接认定2016年2月1日曾某凤与周某平签订的《还款协议》为正阳公司与曾某凤之间达成了债务转移协议缺乏依据;就另一个角度而言,该还款协议本质为债务的加入,即周某平就另行承担正阳公司的债务与曾某凤达成清偿协议,即便在协议中约定,周某平清偿了该债务后,曾某凤不得再行主张债权。从合同相对性和效果看,如周某平清偿债务即意味着加入债务的主体清偿了正阳公司所负债务,正阳公司欠付的债务因周某平的清偿而消灭,曾某凤当然不得再主张该债权,但该约定绝不等于曾某凤放弃了对正阳公司权利的主张。

该案再审法院认为,“《民法总则》第140条系对意思表示作出方式的规定,曾某凤取得周某平受托出具的盖有正阳公司财务专用章的《借条》以及在债务关系变化的《还款协议》上签字确认,均属明示行为,不适用该条第2款规定的默示情形”。笔者认为此认定显然缺乏依据,是错误的,既然法院认为是明示行为,但从《还款协议》的内容看,曾某凤从未作出明确的放弃追究正阳公司的意思表示,因此,法院的认定缺乏事实依据。

同时,从以上案例看出,明示或默示行为在一定情况下往往也存在争议,且在实务中,当事人之间在一方违约情况下达成了新的还款计划或协议,在不明确守约方未放弃此前违约责任追究的情况下,往往会被视为以新的协议放弃了对此前违约责任的追究,在此情况下,有必要在新的协议中就守约方对此前违约方违约责任是否放弃或在何种条件可以放弃进行约定,比如,乙方于2020年1月1日向甲方借款人民币100万元,约定还款期为1个月,还款期内的年利率为6%,如逾期还款的,则自逾期之日起按年10%支付逾期利息。乙方由于未能按约还款,在还款期限届满后的1年与甲方就还款达成协议,此种协议按照不同的写法,产生的结果可能不同。

协议1:经双方协商,同意乙方按以下时间还款:2021年6月30日一次性清偿全部借款,借款利息按月6%计算。

协议2:鉴于此前甲方向乙方提供借款100万元,乙方已经逾期还款达1年,根据双方约定,乙方应自逾期之日按年10%计付逾期利息,现甲乙双方协商,同意如乙方按以下时间和金额还款:乙方应在2021年6月30日前一次性清偿全部借款,借款利息按月6%,从2020年1月1日开始计算至6月30日;如乙方未能按照以上约定在2021年6月30日前清偿全部借款本金利息的,则以上约定的条款"乙方应在2021年6月30日前一次性清偿全部借款,借款利息按月6%,从2020年1月1日开始计算至6月30日"自动终止失效,乙方除需清偿借款本金外,还必须按照年10%支付利息,计算时间从2020年2月1日开始计算至清偿完毕全部本息时止。

或者可以约定:鉴于此前甲方向乙方提供借款100万元,乙方已经逾期还款达1年,根据双方该约定,乙方应自逾期之日按年10%计付逾期利息,现甲乙双方协商达成本补充协议,同意乙方按以下时间和金额还款:乙方应在2021年6月30日前一次性清偿全部借款,借款利息按年6%,从2020年1月1日开始计算至6月30日;如乙方未能按照以上约定在2021年6月30日前清偿全部借款本金利息的,乙方除需偿还本金100万元外,需按以下方式支付利息:2020年1月1日至31日,按年6%支付利息;2020年2月1日起至付清全部本息时止,按年10%支付利息。

以上两种不同的约定,其中协议1容易产生争议,即该协议是否意味着双方就还款重新达成协议且甲方放弃了此前逾期还款按年10%计算利息的权利,且将可能被视为此后双方的利息均按照年6%计算,包括逾期还款也是按照年6%计算。

协议2则明确约定了何种条件下可以按照年6%计算利息,一旦未能达到条件,则乙方仍需按照此前约定的逾期利率支付利息,约定的较为明确,避免了因签订《补充协议》导致在对方不按照补充协议履行的情况下,被认定为放弃了此前追究对方有关责任的权利。

条款范例:默示条款。

住建部和国家工商总局颁布的《建设工程施工合同(示范文本)》(GF-2017-0201)、《通用合同条款》:

14.2　竣工结算审核

(1)除专用合同条款另有约定外,监理人应在收到竣工结算申请单后14天内完成核查并报送发包人。发包人应在收到监理人提交的经审核的竣工结算申请单后14天内完成审批,并由监理人向承包人签发经发包人签认的竣工付款证书。监理人或发包人对竣工结算申请单有异议的,有权要求承包人进行修正和提供补充资料,承包人应提交修正后的竣工结算申请单。

发包人在收到承包人提交竣工结算申请书后28天内未完成审批且未提出异议的,视为发包人认可承包人提交的竣工结算申请单,并自发包人收到承包人提交的竣工结算申请单后第29天起视为已签发竣工付款证书。

(2)除专用合同条款另有约定外,发包人应在签发竣工付款证书后的14天内,完成对承包人的竣工付款。发包人逾期支付的,按照中国人民银行发布的同期同类贷款基准利率支付违约金;逾期支付超过56天的,按照中国人民银行发布的同期同类贷款基准利率的两倍支付违约金。

(3)承包人对发包人签认的竣工付款证书有异议的,对于有异议部分应在收到发包人签认的竣工付款证书后7天内提出异议,并由合同当事人按照专用合同条款约定的方式和程序进行复核,或按照第20条〔争议解决〕约定处理。对于无异议部分,发包人应签发临时竣工付款证书,并按本款第(2)项完成付款。承包人逾期未提出异议的,视为认可发包人的审批结果。

律师点评:以上通用条款对于发包人在收到承包人提交的结算申请书后28天内未提出异议的后果作出了规定,即视为认可承包人提出的结算申请单。在实务中,很多建设工程施工合同都是按照协议书、通用条款、专用条款来签订,通用条款一般都是直接引用以上固定文本,一旦发生争议,承包人多以以上条款为由,在发包人收到其结算申请单后28天未提出异议而直接主张按照承包人提出的结算申请单确定造价,考虑到该通用条款是固定的示范文本,很多当事人签订合同援引该文本时并未认真查阅亦未在合同中对通用条款盖章确定,因此,一般直接援引通用条款作为默示条款并以此要求作为结算依据,法院都采取极为审慎的态度且一般不会支持援引该条作为双方结算依据。

三、实务中该如何对待和约定与沉默有关的条款

考虑到沉默条款对当事人意思自治的限制以及稍有不慎可能带来的不利后果,实务中很多合同都明确约定不得适用默示条款或沉默条款。

条款范例:某发包人制定的建设工程施工合同“专用条款”。

14.2 竣工结算审核

发包人审批竣工结算申请单的期限:发包人应在接到承包人的结算报告和完整的结算资料后28日内提出结算初审意见。

发包人在收到承包人提交竣工结算申请书后28天内未完成审批且未提出异议的,不得视为发包人认可承包人提交的竣工结算申请单,亦不视为发包人已签发竣工付款证书。但发包人应及时审核审批。

补充条款:承包人提交给发包人的所有通知、报告、信函、索赔申请以及其他相关文件等,发包人在指定时间内没有回复的,不视为默认同意、接受或认可。

四、默示条款以及限制适用默示条款的常用模式

●默示条款模式1:

发包人在收到承包人提交竣工结算申请书后28天内未完成审批且未提出异议的,视为发包人认可承包人提交的竣工结算申请单,并自发包人收到承包人提交的竣工结算申请单后第29天起视为已签发竣工付款证书。

●默示条款模式2:

甲方收到乙方发送的通知文件后【】日必须回复,否则视为认同乙方发送有关通知文件的内容。

●限制适用默示条款模式1:

乙方提交给甲方的所有通知、报告、信函、索赔申请以及其他相关文件等,甲方在本合同约定时间内没有回复或未回复的,不视为默认同意、接受或认可。

●限制适用默示条款模式2:

乙方不得以甲方未对乙方发送的通知、信函、申请以及任何形式的文件等回复为由而视为甲方对有关通知、信函、申请以及任何形式文件的认可。

第五章

保密条款

合同本质上属于双方意思自治的范畴，是双方意思自治的结果，第三人不得非法干涉，因此，合同的内容本身就具有一定的私密性，且通过合同获取的对方相关材料、信息等，该方当事人一般也要求对方给予保密，基于以上原因，很多合同中都特别约定了保密条款。保密条款涉及保密的范围、承担保密义务的责任主体、保密期限、违反保密义务的后果（如承担违约责任或损失赔偿）、保密的除外情形。

一、保密条款范例

条款范例1：某劳动合同约定的保密条款。

第二十二条　乙方应当保守甲方以及甲方所属集团公司、分（子）公司、关联公司的商业秘密、专有信息等，专有信息指由甲方或以甲方名义[含甲方所属集团公司、分（子）公司、关联公司]开发、创造、发现、使用、保存的在生产、技术、经营、管理等领域与甲方相关的信息。甲方的商业秘密指不为外界知悉，能够为甲方带来经济利益，具有实用性的且甲方采取了相应保密措施的相关经营、管理、技术、财务等领域的甲方技术和经营信息，或属于第三方但甲方对该第三方承担了保密义务的任何信息，双方确认该等信息甲方均已通过成文或不成文的工作纪律、内部制度或工作惯例予以保密。甲方有权单方确认与甲方经营和销售有关的未向社会公开或只在一定范围内公开的信息、数据、资料等为公司秘密。甲方商业秘密内容及范围包括但不限于以下内容：

1. 保密内容。

凡属甲方内部不为公众所知的信息或甲方的信息如被他人知晓可能会给甲方带来经营损失等不利结果的信息、事件或资料等，都属于保密内容。包括但不限于以下内容：

(1)公司经营战略、规划、决策、阶段性经营策略、政策。

(2)经营目标及预算、经营数据、统计报告等；各种财务报表、财务数据、凭证以及其他与财务有关资料。

(3)公司管理制度、业务流程等。

(4)公司各类合同、合同文本、格式文本等。

(5)公司内部各种审批流程以及由此产生的一切文件、资料；各种审批文件；内部各部门之间以及与第三方的各种文件、函件往来。

(6)公司档案、人事资料、绩效考核方案、劳务性收入信息等。

(7)公司会计报表、会计数据、会计资料、内部审计报告等。

(8)公司招标、采购资料、采购价格、投标资料、各种供应商、合作单位信息、采购报表等。

(9)公司市场营销策略、营销方案、营销活动信息、公关合作信息等。

(10)公司客户资料信息等。

(11)公司档案、合作协议、技术资料、业务信息等。

(12)公司销售价格、销售合同、意向客户信息等。

(13)甲方通过合作所知悉、获取的他方信息、资料、文件等。

2. 保密范围。

(1)乙方在劳动合同前所持有的科研成果和技术秘密，经双方协议乙方同意被甲方应用和生产的；

(2)乙方在劳动合同期内职务发明、工作成果、科研成果和专利技术；

(3)乙方在劳动合同前甲方已有的商业秘密；

(4)乙方在劳动合同期内甲方所拥有的商业秘密。

第二十三条　在劳动合同期内，乙方违反保密义务，视为乙方不胜任工作，甲方有权单方调整乙方工作岗位，并相应调整其薪金待遇。

在劳动合同期内，乙方违反保密义务，应支付违约金5万元/次，造成甲方损失达人民币5万元或造成较大影响的，视为严重违反公司规章制度的行为，甲方可随时单方解除与乙方签订的劳动合同，不支付任何补偿金，并由乙方负责赔偿由此给甲方造成的所有损失。

乙方违反保密义务情节严重构成犯罪的,甲方将移送或报案至公安机关,依法追究乙方的刑事责任。

律师点评:劳动合同一般都约定有保密条款,保密条款应明确约定保密范围、保密期限、保密内容,保密的内容可以采取具体列举和概括兜底的方式进行约定,同时应明确约定违反保密义务的责任后果。

条款范例2:某公积金中心与某邮政单位签订的保密合同。

保密协议书

甲方:某公积金中心(以下简称甲方)

乙方:某市邮政青秀分局(以下简称乙方)

为向甲方提供优质服务,经甲乙双方友好协商,就乙方对甲方所提供的名址资料、个人账户信息等资料的保密事宜达成以下协议,乙方承诺严格遵守和履行本协议中的各项条款:

一、保密条款要求

(一)保密范围:乙方(含其雇员)在与甲方合作过程中所知悉、获取的甲方以及甲方所提供的有关人员用户名址资料、个人账户信息、各种文件资料等,均属甲方秘密(以上在下文中均简称秘密),乙方均有保密的义务并有义务确保甲方以及甲方所提供的秘密的安全,在商谈过程中获知甲方的秘密,无论在合同期限内或合同终止后,均应予以保密。

(二)乙方在生成、打印、封装甲方用户函件过程中,保证准确无误地封装。在此过程中乙方对知悉的秘密均有保密的义务。

(三)在寄送甲方用户函件过程中,乙方有义务确保函件到达甲方客户,防止函件散落、遗失、毁损,泄露甲方名址信息秘密。

(四)乙方有义务保证参与甲方用户函件制作人员和投递人员遵守职业道德。制作人员必须在指定的制作场所制作甲方用户函件,不允许离开制作场所进行制作。制作人员在制作过程中知悉甲方名址信息秘密,必须予以保密。投递人员只负责信函的寄送,不得拆封和重新封装信封,对信函负有严格保管和确保信函信息不泄露的义务。

(五)经证实系由乙方原因造成以上损失的,按《邮政法》相关条款予以赔偿。

二、附则

本协议自双方盖章立即生效。本协议一式两份,双方各执一份,均具有同等法律效力。本协议的未尽事宜及实际运作过程中出现的具体操作问题,由甲乙双方本着平等互利、互谅互让的原则协商解决。对本协议的任何修改补充或变更均须双方书面签署同意方能生效。

律师点评:公积金中心在与邮政部门就快递事宜合作过程中,需向邮政部门提供相关人员的身份信息、住址、电话等,因此,需要与合作单位签订保密协议,以上合同主要就合作单位承担保密义务的人员范围即乙方及其雇员,保密的内容和期限作出了约定。

条款范例3:某律师事务所对尽职调查中被调查单位作出的保密承诺。

保密承诺书

致:南宁某物流有限公司

某律师事务所(以下简称我方)接受委托人×××公司的委托,对贵司进行法律尽职调查并出具法律尽职调查报告。鉴于在合作的过程中,贵司提供给我方或我方自行接触到的信息,我方不能向任何第三方进行任何披露,因此,我方特向贵司作出如下陈述与承诺,并保证受本承诺书的约束。本承诺书自【】年【】月【】日起生效。

第一条:定义

本承诺书中,有关术语含义如下:

"信息"指任何以口头、书面、图表或电子形式存在的信息,包括但不限于:

(1)任何涉及贵司过去、现在或将来的商业计划、规章制度、操作规程、处理手段、财务信息;

(2)任何贵司的技术措施、技术方案、软件应用及开发,硬件设备的品种、质量、数量、品牌等;

(3)任何贵司的技术秘密或专有知识、文件、报告、数据、客户软件、流程图、数据库、发明、知识及贸易秘密;

(4)任何贵司的客户信息、业务信息;

(5)任何贵司工作项目的内容、模板、样品和成品及相关信息;

(6)任何其他的以有形方式或无形方式存在的信息。

无论贵司对上述信息是否享有知识产权。“保密信息”指贵司明确表示我方应当保守秘密的任何“信息”,该明确表示可以通过:

(一)书面的形式;

(二)口头的形式。

该明确表示可以发生在我方接受或接触到的该信息的当时,也可以发生于在此之后的任何时间。

第二条:我方保密的义务

(一)我方对于从贵司收到的保密信息,在未经贵司事先书面允可的情况下,不以任何方式提供给任何第三方。

(二)我方对于从贵司得到的保密信息,应当通过建立内部保密制度、培训员工等方式和措施确保保密信息的安全,并且如果我方内部已有保密制度的,应将从贵司得到的保密信息视同我方内部的保密信息一样进行安全管理。

1. 我方严格保证:

(1)所收到的信息只用于我方为贵司提供专项法律服务的目的,而不得用于任何其他目的;

(2)所收到的信息在本所内部能得到谨慎的使用。

(3)对于所收到的信息,除为合作项目之目的在本所内部进行适当的复制外,不进行任何复制和传播。

2. 除非贵司同意,否则我方不向第三方披露我方与贵司的任何会谈、会议、协商或共同工作的内容。

第三条:非保密信息

下述信息不视为保密信息:

(一)非由于我方违反本承诺书的原因进入公共领域的信息;

(二)我方在收到信息前已经合法掌握的信息;

(三)我方在收到信息前已经通过正当途径获得的信息。

第四条:保密责任的例外

在下述两情况下,如发生保密信息的泄露,应免除我方相应的责任:

(一)我方被所在国的法律要求披露有关保密信息;

(二)非我方原因导致的泄露;

（三）由于我方不可预见、不可避免、不可控制的原因，即不可抗力的原因，导致了保密信息的泄露。

第五条：对本承诺书的保证

未经贵司书面同意，本承诺书不以任何方式进行修改、终止或解除。本承诺书项下的权利义务不得转让。

第六条：本承诺书的效力范围

本承诺书的效力仅限于保密责任。在任何情况下，我方向贵司提交本承诺书都不表示或意味着贵司有责任与我方建立任何形式的商业合作关系。同时，贵司与我方交换信息的行为不应被视为是双方之间建立合作关系的合同，或者被视为与贵司签订合同或协议的承诺。

第七条：产生于泄密的责任

任何保密信息的泄露或任何其他违反本承诺书的行为给贵司造成损失，我方应承担相应的赔偿责任及其他所有可能涉及的民事（包括侵权）的、行政的和刑事的法律责任。

第八条：司法管辖和法律适用

如我方与贵司因本承诺发生民事纠纷，应通过友好协商解决。协商不成，应向某市某区人民法院起诉。

第九条：承诺书的有效期

本承诺书自双方签字并加盖公章之日起生效，并将一直保持有效。

条款范例4：某股权转让合同保密条款。

二十一、其他约定

1. 自本协议生效之日起，此前双方签署的意向协议书、意向协议、框架协议、备忘录、纪要、记录等，凡是其内容与本协议冲突或不一致的内容一概废止。

2. 除在适用地区的法律或条例或股票上市场所交易规则要求披露外，任何一方对在本合同协商、签署、履行过程中所知悉对方的任何商业秘密、本合同的存在和内容，均负有保密义务，并约束其雇员遵守本保密条款，直至该秘密被合法公开。本条中的商业秘密包括一方持有的不能被公众通过公开、合法渠道获取的任何信息。

案例:违反保密义务应承担违约责任

温某强与戴某水合同纠纷二审案

案号:广东省深圳市中级人民法院(2019)粤03民终14405号

关于一审被告温某强是否违反保密义务,一审、二审法院认定如下:

一审法院的认定:关于温某强是否存在违约行为的问题。戴某水与温某强及其他公司股东签订的《成立协议》、《保密协议》及《退股协议》约定,公司成立后,技术方掌握的现有技术和以后开发的技术成果均属于公司资产;温某强离职后3年内不得进入与本公司相同的行业,在中国境内不得从事研发生产德康威尔公司主营范围的直线电机,不得泄露公司的任何商业秘密、技术。直线电机的研发生产系温某强在德康威尔公司工作期间的营业范围,其于2015年离职后,在不到1年的时间内即以自己为发明人之一、安格锐公司为申请人就"一种嵌入式工字型线圈的无铁芯直线电机"申请专利,违反了双方关于"在中国境内不得从事研发生产德康威尔公司主营范围的直线电机,不得泄露公司的技术"的约定,温某强存在违约行为。温某强抗辩认为,双方关于竞业限制的约定因违反《劳动合同法》,应认定无效。本案中,温某强不仅系德康威尔公司的高级管理人员,还系公司的股东,其以股东身份与戴某水等其他股东签订的《成立协议》、《保密协议》及《退股协议》等系股东之间建立的平等主体之间的权利义务关系。上述协议对竞业限制的期限及条件与《劳动合同法》的规定有所不同,系温某强除劳动者的身份之外,作为股东的约束和承诺。故温某强以约定违反《劳动合同法》为由主张约定无效的抗辩理由,原审法院不予采纳。温某强还抗辩,戴某水书面同意温某强至安格锐公司工作,表明双方竞业限制条款已由德康威尔公司自行解除。德康威尔公司虽为温某强出具《推荐函》,推荐其至安格锐公司工作,但不代表戴某水同意温某强"从事研发德康威尔公司主营范围的直线电机"的行为。温某强还抗辩,戴某水存在违约行为,温某强有权行使同时履行抗辩权。《合同法》第66条规定,当事人互负债务,没有先后履行顺序的,应当同时履行。一方在对方履行之前有权拒绝其履行要求。温某强以戴某水未履行第三期股权转让款义务为由,拒绝履行竞业限制的相关履行义务。《退股协议》约定第三期转让款的支付条件为:迪科旺投资公司和德康威尔公司股权转让变更注册后的半年内,在温某强负责的德康威尔公司各项工作移交完毕的情况下;

约定“竞业限制”相关条款的时间为离职后3年内。两种合同义务均有明确的条件和期限,不存在没有先后履行顺序的问题,且温某强若认为戴某水未履行支付股权转让款的合同义务,可依据协议约定主张权利,故其在本案中主张同时履行抗辩权的意见,原审法院不予采纳。温某强存在违约行为,应向戴某水承担违约责任。《成立协议》第19条约定,如技术方违约每人必须向投资方赔偿50万元;《保密协议》第7条违约责任约定,违约罚款最少不低于人民币50万元,故戴某水主张温某强支付其违约金50万元的诉讼请求,原审法院予以支持。

二审法院的认定:温某强在2015年9月29日签署《退股协议》离开德康威尔公司后很快就进入安格锐公司工作。2016年4月25日,安格锐公司作为申请人,温某强、谢某容等8人作为发明人申请了名称为“一种嵌入式工字型线圈的无铁芯直线电机”的实用新型专利。该专利虽然最终被宣告无效,但足以证明温某强在安格锐公司工作期间参与了“直线电机”的研发工作。而《退股协议》中明确约定温某强退股后的3年内,不得在中国境内从事研发生产德康威尔公司主营范围的直线电机,温某强违反了《退股协议》的约定,构成违约。

关于温某强所应承担的违约赔偿责任。根据《成立协议》的内容,出资方戴某水正是看中温某强具有多年从事高端自动化设备制造行业的经历、拥有先进的直线电机及其控制的制造技术、具有丰富的生产管理经验和强大的设计开发能力等优势,才决定与温某强等人共同发起成立德康威尔公司。温某强以直线电机控制技术入股公司后,公司投资人戴某水为温某强的技术支付了对价。现温某强违反《退股协议》中的承诺,加入安格锐公司从事直线电机的研发工作,必然抢占德康威尔公司的业务,造成德康威尔公司的损失。原审法院参照《成立协议》《保密协议》中关于违约责任的约定,判决温某强承担50万元的赔偿责任,处理适当,本院予以支持。

律师点评:本案中,因双方当事人在有关《保密协议》中明确约定了违反《保密协议》应承担的违约金金额,因此,对于戴某水而言,只需要证明温某强违约即可,如果双方约定的是赔偿损失,则戴某水需要就因温某强违约造成的损失举证,不仅烦琐,且即便提供了证据,仍会面临对方对证据的质疑和否认,加之损失计算缺乏相应的规范和标准,因此,对于损失,最终只能通过鉴定完成,一旦鉴定,则鉴定结果也非原告所能预料。可见,如果不在保密协议中约定具体违约金金额,一旦对方违约,举证较为困难,即便提供了证据,对方一般不会认可,提供证据证明的金额也未必能得到法官的支持;而约定具体明确的违约金金额,可以有效避免以上风险。

二、约定保密条款应注意的事项

综合以上案例,约定保密条款应注意以下事项:

1. 保密的内容应尽可能采取列举加概括兜底的方式进行约定,以避免挂万漏一。

2. 违反保密义务的后果应尽可能约定具体金额的违约金,毕竟有的案件对违反保密义务导致的损失较难举证。

第六章

履约保证金/函条款

一、履约保证金/函的概念

所谓履约保证金，是指为合同的履行所提供的一种金钱保证，即对方在合同履行中存在违约行为，可以根据双方约定对履约保证金予以扣除以达到追究违约方违约责任的效果。履约保证金一般是在双方合同到期或者依法解除，在扣除应承担责任的金额后才予以退还。它不是法定的债的担保方式，其性质和效力依据双方约定办理。建设工程施工合同、租赁合同等，一般都约定有履约保证金。

所谓履约保函，是指应劳务方和承包方(申请人)的请求，银行金融机构向工程的业主方(受益人)作出的一种履约保证承诺。如果劳务方和承包方日后未能按时、按质、按量完成其所承建的工程，则银行将向业主方支付一笔约占合约金额一定比例的款项。履约保函有一定的格式限制，也有一定的条件。

约定履约保证金/函一般应注意以下事项：

1. 必须明确约定缴纳(提交)履约保证金/函的时间以及后果；

2. 必须明确可以扣除履约保证金/函的事项以及扣除后补足履约保证金的时间和后果；

3. 对于相关法律法规、政策等对履约保证金/函有明确规定的，应符合该规定。

如住房和城乡建设部等部门颁布的《关于加快推进房屋建筑和市政基础设施工程实行工程担保制度的指导意见》:“三、分类实施工程担保制度

(一)推行工程保函替代保证金。加快推行银行保函制度，在有条件的地区推行工程担保公司保函和工程保证保险。严格落实国务院清理规范工程建设领域保证金的工作要求，对于投标保证金、履约保证金、工程质量保证金、农民工工资保证金，建筑业企业可以保函的方式缴纳。严禁任何单位和部门将现金保证金挪作他

用,保证金到期应当及时予以退还。

(二)大力推行投标担保。对于投标人在投标有效期内撤销投标文件、中标后在规定期限内不签订合同或未在规定的期限内提交履约担保等行为,鼓励将其纳入投标保函的保证范围进行索赔。招标人到期不按规定退还投标保证金及银行同期存款利息或投标保函的,应作为不良行为记入信用记录。

(三)着力推行履约担保。招标文件要求中标人提交履约担保的,中标人应当按照招标文件的要求提交。招标人要求中标人提供履约担保的,应当同时向中标人提供工程款支付担保。建设单位和建筑业企业应当加强工程风险防控能力建设。工程担保保证人应当不断提高专业化承保能力,增强风险识别能力,认真开展保中、保后管理,及时做好预警预案,并在违约发生后,按保函约定及时代为履行或承担损失赔付责任。

(四)强化工程质量保证银行保函应用。以银行保函替代工程质量保证金的,银行保函金额不得超过工程价款结算总额的3%。在工程项目竣工前,已经缴纳履约保证金的,建设单位不得同时预留工程质量保证金。建设单位到期未退还保证金的,应作为不良行为记入信用记录。"

二、履约保证金/函的条款范例及案例

条款范例1:无条件支付的履约保函。

某PPP合同关于建设期履约担保和保函的约定:

甲方(项目实施机构):某市住房和城乡建设局

地址:

法定代表人:　　　　　　职务:

乙方(项目公司):

地址:

法定代表人:　　　　　　职务:

丙方(政府方出资代表):

地址:

法定代表人：　　　　　　职务：

丁方(社会资本)：　　　(如社会资本为联合体的,则应分列)

地址：

法定代表人：　　　　　　职务：

第11条　合作履约担保

11.1　保函的性质

本合同项下的建设履约保函、运营维护保函和移交维修保函,均应载明为见索即付保函,在提交之时均应已经生效,保函受益人均应为甲方或甲方指定的第三人。

11.2　建设履约保函

11.2.1　建设履约保函的提供

丁方应于项目公司在正式签订PPP项目合同后的5个工作日内向甲方提供符合下列要求的建设履约保函,作为乙方履行本合同项下投融资义务、建设义务和其他相关义务的担保：

(1)符合本合同附件8《建设履约保函》规定的格式或甲方同意的其他格式；

(2)由甲方认可的金融机构出具；

(3)金额为人民币捌佰万元整(￥8,000,000.00)；

(4)有效期符合第11.2.3款的要求。

如乙方在前述建设履约保函提交期限届满前已经成立的,亦可由乙方提交符合本款约定的建设履约保函。

11.2.2　建设履约保函金额的恢复

甲方根据本合同约定提取建设履约保函项下款项的,乙方有义务在提取后10个工作日内将建设履约保函恢复到800万元整,并向甲方提供建设履约保函已足额恢复的证据。恢复保函的形式可以是保函开立人重新承诺恢复保函金额,也可以是保函提交人重新按照第11.2.1款的要求提交相应金额的保函。

甲方提取建设履约保函的权利不影响甲方在本合同项下的其他权利,并且不应解除乙方不履行合同义务而对甲方所负的任何进一步的责任和义务。

本合同所称的建设履约保函提交人系指乙方或丁方中的一方：如果建设履约

保函是由丁方提交的,则应由丁方按照前段约定承担恢复保函义务;如果建设履约保函是由乙方提交的,则应由乙方按照前段约定承担恢复保函义务,但乙方不能恢复或足额恢复的,则丁方仍应按照前段约定承担恢复保函义务。

11.2.3　建设履约保函的有效期和解除

(1)有效期

在自项目运营之日起10个工作日内到期(即有效期在××××年××月××日届满)。

(2)解除

建设履约保函到期前,同时符合如下条件的,建设履约保函提交人可向甲方发出解除保函的书面请求,甲方在收到请求后10个工作日内在建设履约保函提交人的配合下解除建设履约保函:

①本项目在建设履约保函到期前完成整体竣工验收;

②根据建设期绩效考核的最终结果,建设履约保函未被提取或被提取后尚有余额;

③乙方已根据第11.3款的约定提交运营维护保函。

建设履约保函到期后,丁方/乙方可向甲方发出解除保函的书面请求,甲方在收到请求后10个工作日内在丁方/乙方的配合下解除保函。

建设履约保函应在建设期绩效考核最终结果得出后的第30日和项目公司递交运营维护保函后两者中较早的一个日期到期。建设履约保函到期后,乙方可向甲方发出解除保函的书面请求,甲方在收到请求后10个工作日内及乙方的配合下解除保函。

附件8:建设履约保函(格式)

建设履约保函(格式)

不可撤销的银行保函编号:

日期:

受益人:某市住建局(以下简称甲方)

地址:

邮政编码:

申请人:　　　　　　　　　　(以下简称乙方)

地址:

邮政编码:

鉴于申请人【】(以下简称乙方)与甲方于【】年【】月【】日签订了关于某市园区排水排污工程PPP项目(以下简称项目)合同及其附件。根据该协议之规定,乙方按照受益人要求投资建设本项目,乙方应向甲方提供由其认可的银行保函,以担保在运营期内全面、正确地履行项目投资和建设等义务。

我行同意为乙方出具上述担保函,并特此确认:若因乙方违反《PPP合同》及其附件中所确定的义务,我行将作为担保人并代表乙方向甲方负责,担保金额为人民币捌佰万元整(¥8,000,000.00)。我行无条件地、不可撤销地承诺,在收到甲方首次书面要求即付的5个营业日内,我行将无条件地代乙方向甲方支付上述金额限度内的任何一笔或数笔款项,并且甲方无须出具证明或陈述要求支付款项的原因或理由。

我行放弃要求甲方在向我方提出付款要求之前首先向乙方提出付款等所有事项的抗辩权利。

我行承诺并保证,甲方与乙方之间可能对《PPP合同》及其附件或任何其他文件的条款所作的任何更改或补充,都不免除我方在本担保项下应承担的担保责任。我行在此放弃对此类更改、补充或修改要求给予通知的权利。

本保函自签署之日【】年【】月【】日起至【】年【】月【】日(乙方提交运营维护保函之日)止始终有效。如果《PPP合同》提前解除,建设履约保函应在解除日后6个月内保持有效。

我行承诺为出具本担保函而须办理的有关法律手续已经齐备,我行放弃以其他任何理由主张该担保函无效的抗辩权利。

本保函中使用的所有术语具有《PPP合同》中规定的含义。因本保函而产生的纠纷,由甲方住所地人民法院管辖。

银行/金融机构名称:____________________

银行/金融机构盖章____________________

法定代表人或负责人签字:____________________

日期:____________________

律师点评:PPP 项目中,一般都要求项目公司或社会资本方提供履约担保,履约担保期主要分为建设期、运营期、移交维保期 3 个阶段,以上是建设期的履约担保。担保内容主要为投资和建设义务,担保形式为履约保函,履约保函出具主体要求为银行。实务中,履约保函主要问题在于,守约方向保函提供人发函扣除保证金,违约方则提出各自理由和抗辩,由此引发争议,由于保函出具方并非法院,无法就双方意见和证据作出居中裁判,因存在争议最终导致守约方无法实现扣除违约方保证金的目的,在此情况下,有必要要求保函提供方出具无条件扣款的保函,以上模板,可供参考。

条款范例 2:某建设工程施工合同关于履约保证金的约定。

3.7　履约保证金

承包人提供履约担保的形式、金额及期限:承包人在收到中标通知书后,需在 7 日内向发包人提交合同价款 3% 的履约担保,履约担保形式为现金,逾期支付履约保证金的按每日万分之三支付违约金,且发包人有权在此后应付工程款中直接扣收。

承包人存有本协议约定的违约情形以及其他违约行为的,对于承包人应支付的违约金和赔偿金,发包人有权以履约保证金直接扣除,承包人应在扣减之日起 5 日内补足履约保证金,逾期的按应补足金额每日万分之三支付违约金。

履约担保的有效期自本合同生效之日起至发包人签认并由监理人向承包人出具竣工验收证明材料之日止。

工程竣工验收合格并对验收发现的问题完成整改后的 7 个日历天内,发包人无息退还履约保证金的 80%;承包人向发包人完成(施工)竣工资料移交手续后,可向发包人申请退还剩余履约保证金,发包人应在收到申请之日起 28 个日历天内扣减承包人应承担的违约金、赔偿金和其他应从承包人扣回的款项后,将履约保证金的余额退还给承包人(无息)。

律师点评:较为重大的建设工程施工合同一般都会要求承包人提供一定金额的履约保证金,履约保证金的功能之一在于督促当事人按照合同约定履行,因此,履约保证金一般约定,违约方违反合同约定的,守约方有权直接扣减履约保证金,且为保证履约保证金的足值,需约定违约方在规定时间内补足履约保证金。

履约保证金的退还时间一般应约定在合同履行完毕后,在扣除应扣除金额后无息退还,以建设工程施工合同为例,一般为工程竣工验收,因为工程竣工验收后,如工程存在问题,则为保修的问题,一般可以保修金承担责任。

条款范例3:某建设工程施工合同关于履约保函的约定。

3.7　履约担保

承包人是否提供履约担保:是。

承包人提供履约担保的形式、金额及期限:担保形式为由承包人按第3.7.1条向发包人提供银行保函,担保期限自本合同签订至本合同约定权利义务履行完毕时止;如合同权利义务未履行完毕而合同终止的,则担保期限应至承包人履行、承担、支付完毕全部发包人所认可或法院生效裁决(如果提起诉讼)所确定的义务、责任、违约金、损失赔偿金等时止。

3.7.1　承包人应向发包人出具不可撤销的银行保函。由出具担保函的银行对承包人的履约行为在该履约保函范围内承担连带责任担保并向发包人支付违约金、赔偿以及其他各种承包人应付费用,在发包人收到银行担保函后,经向担保银行核实且同意该银行担保函的情况下,承包人可无须以现金方式向发包人支付履约保证金。当承包人以银行担保函的方式进行履约担保时,该银行保函的有效期从开具之日起至本合同履行完毕止。一旦承包人在履行合同中出现违约行为以及其他需承担损失、费用的情况,发包人有权不告知承包人或不经承包人同意而自行通知出具保函的银行在担保金额内直接向发包人支付违约金,承包人不得有异议,且承包人应确保银行亦应无条件在收到发包人函件后3日内按发包人要求完成相关违约金、损失、费用的支付,发包人将在收到违约金后3日内书面通知承包人。

3.7.2　由于承包人原因造成的工期延误超出银行履约保函有效期时限的,承包人应向发包人提交延误期的银行履约保函。

3.7.3　承包人需于本合同签订前5天内按合同价的5%向发包人提交银行履约担保函,逾期未提供的,按应提供的保函额度的银行同期同类贷款利率的4倍作为违约金承担违约责任。发包人有权暂缓拨付应付工程进度款,直至承包人按要求提交银行履约担保函止,且承包人不得以此为由停止施工,否则视为承包人违约;或者发包人有权变更本履约担保形式,改由承包人以现金担保,发包人可以从应付工程款中直接扣除;逾期1个月未提供银行履约担保函的,发包人有权终止本合同,承包人不得要求发包人支付相应工程款,且需另行支付发包人违约金1,000,000元。

案例:履约保证金条款在实务中的运用

上诉人沈阳浑南新城建设有限公司与被上诉人山东双轮股份有限公司买卖合同纠纷二审案

案号:辽宁省沈阳市中级人民法院(2016)辽01民终5637号

双轮公司向原审法院起诉称:双轮公司、新城公司于2012年7月12日签订总额为851,000元的水泵设备采购合同。双轮公司依约交付水泵等设备,目前新城公司共计给付货款638,250.10元,余款212,749.90元拖欠至今未付。双轮公司多次催要,新城公司以各种理由拒绝给付,故诉至法院,请求判令:(1)新城公司给付到期欠款212,749.90元;(2)新城公司承担本案诉讼费。在审理过程中,双轮公司增加诉讼请求:(1)新城公司返还履约保证金85,100元;(2)新城公司支付逾期付款利息。

新城公司在原审法院答辩称:(1)对合同总价款851,000元没有异议,但是新城公司已经支付723,350.1元,超过了总价款的85%,而且设备还未移交物管公司,按约定双轮公司无权要求支付合同价款的10%,另外质量保修期尚未届满,双轮公司也无权要求支付5%的质量保修金。(2)货物存在质量问题,而且双轮公司没有按照合同约定履行质量保证义务构成违约,其应承担合同总价款20%的违约金。(3)双轮公司存在延期交货行为,按约定应承担逾期货到金额20%的违约金。(4)因货物存在质量问题以及未能及时维修给新城公司造成经济损失,目前正在和沈阳市浑南区人民政府核算损失金额,导致沈阳市浑南区人民政府拒绝支付相关款项,新城公司保留主张损失赔偿的权利。(5)履约保证金还没到返还时间。另外协议约定,履约保证金在双轮公司违约金的情况下,新城公司有权从履约保证金中扣除违约金、赔偿金等费用,经计算,履约保证金不足以抵扣全部违约金。(6)关于逾期付款利息。新城公司不存在逾期付款,双轮公司在延期交付、产品质量问题以及未及时履行维修、故障处理等方面存在违约行为,因此,双轮公司无权要求新城公司支付逾期付款违约金。

新城公司向原审法院反诉称:双轮公司未按约定在合同签订后的45天内完成全部交货义务,其中潜水排污泵(一控一)总计204台,单价1625元/

台,总价331,500元,控一污水控制箱总计204台,单价998元/台,总价203,592元,均于2013年4月10日交货,延期交货超过7日,双轮公司应支付逾期交货总额535,092元的20%,即107,018.4元的违约金。另外,经双轮公司、新城公司双方及施工总包单位、物业公司四方于2015年4月25日共同验收,确定存在大量质量问题,双轮公司未按约定及时履行维修义务,直到2015年6月16日才进行维修,双轮公司应按合同约定支付合同总价款851,000元的20%,即170,200元的违约金。以上两项违约行为双轮公司应支付违约金共计277,218.4元,请求法院判令:(1)双轮公司支付违约金277,218.4元;(2)双轮公司承担反诉费用。

查明事实:2012年7月12日,双轮公司与新城公司签订《浑南新城上深南、北地块项目水泵采购合同》,约定双轮公司向新城公司供应潜污泵及电控箱设备等相关配套设施,并负责运输、指导安装、调试、开通验收及售后服务、维修保养等,合同总价款851,000元;双轮公司应在合同签订之日起45天内完成全部设备的交货;质量保修期为自设备通过最终验收并使用之日起36个月;双轮公司逾期交货或逾期完成安装调试并移交设备的,每逾期一天,支付本合同总价款1%的违约金,逾期7日以上的,支付逾期货到金额20%的违约金,且新城公司有权解除合同;除本合同另有约定或法律另有规定外,双轮公司任何未履行或未完全履本合同约定义务的行为均视为违约,按本合同总价款20%支付违约金,并赔偿新城公司实际损失;双轮公司应支付本合同总价款10%的履约保金,新城公司同时应支付本合同总价款30%的定金。所有货物到现场经新城公司验收合格后支付本合同总价款的55%;设备经调试运行和验收合格并移交物管公司后,支付本合同总价款的10%;余款5%经质量保修期满后无质量问题或双轮公司提供合格保修服务的,由新城公司无息返还。

双轮公司于2012年7月27日支付履约保金85,100元。供货情况:2012年7月16日供应气压罐2台,2012年9月28日供应水泵108台、控制箱54台,2012年11月8日供应水泵4台,2013年4月10日供应水泵204台、控制箱204台,至此完成全部供货,总货款为851,000元。每次供货时,新城公司均在送货清单上签字并加盖工程管理部章,并有施工单位或材料设备部签字盖章,同时均对材料外包装、外观有无破损、是否与样板相符、是否符合约定的质量标准、随机文件和相关资料是否齐全等项目验收合格后签署《材料进场验收单》。

新城公司付款情况:2012年9月24日支付定金255,300元,2013年8月9日支付251,777.4元,2013年11月15日支付131,172.7元,合计638,250.1元,占总货款的75%,尚欠款212,749.9元。

安装调试验收情况:2014年11月3日,设备安装调试完毕。2014年11月6日,双轮公司、新城公司(工程管理部)及安装单位、管理方共同签署《甲供材料安装完成验收合格证明书》,载明:质保期限2年。双轮公司、新城公司双方因余款支付问题发生纠纷,双轮公司诉至法院,新城公司提起反诉。

二审主要裁判意见:

本院另查明:《浑南新城上深南、北地块项目水泵采购合同》附件报价表载明:案涉水泵的单价为1625元/台,控制箱单价为998元/台。

本院认为:2012年7月12日,双轮公司与新城公司签订的《浑南新城上深南、北地块项目水泵采购合同》系双方当事人真实意思表示,没有违反法律法规的强制性规定,合法有效,双方当事人均应依约履行。本案双方当事人的争议焦点:1.双轮公司交付的案涉货物是否存在质量问题;2.双轮公司是否延迟交货构成违约及相关责任承担;3.新城公司应否支付剩余的全部价款。

关于争议焦点1,双轮公司交付的案涉货物是否存在质量问题。双轮公司将案涉货物交付与新城公司后,新城公司验收后,由施工单位、监理单位及新城公司共同签署《材料进场验收单》,验收结果均为符合质量要求。另外,案涉货物安装调试完毕后,由安装单位、管理方及新城公司(工程管理部门)于2014年11月6日共同签署《甲供材料安装完成验收合格证明书》,确定双轮公司交付的案涉设备质量合格。现新城公司主张案涉设备存在质量问题,并提供了查验记录表及短信截图等证据,短信截图的真实性无法确认并且未体现设备查验的内容,查验记录表上载明的问题亦不属于产品质量问题,而属于产品保养维护及维修问题。现新城公司提供的证据不能证明双轮公司交付的案涉设备存在质量问题,新城公司的该项主张不能成立,对新城公司的相应诉讼请求,本院不予支持。

关于争议焦点2,双轮公司是否延迟交货构成违约及相关责任承担问题。

(1)确定双轮公司的交货日期。《浑南新城上深南、北地块项目水泵采购合同》第14条约定双轮公司支付合同总价款10%的履约保金的同时,新城公司应支付合同总价款30%的定金。双轮公司于2012年7月27日支付了履约保金,新城公司于2012年9月24日支付定金255,300元,根据双方履约保金及定金的目的,可以确认,自2012年9月24日起,双方才真正为履行合同义务完全做好了准备。因此,新城公司虽未按约定在双轮公司支付履约保金的同时支付定金,但并不影响合同的成立及效力,也不能认定双方对交货期限的约定"卖方应在合同签订之日起45天内完成全部设备的交货"无效,而应根据合同目的及本案实际情况,确认交货完成的起算日期从合同签订之日顺延至新城公司实际支付定金之日。综上,可以确定双轮公司的交货日期为新城公司实际支付定金之日起45天内完成全部设备的交货,即双轮公司应于2012年11月9日前完成交货。双轮公司关于由于新城公司延迟交付订金,导致其不能按照合同约定的期限交付货物,合同中关于交付货物期限的约定无效的抗辩不能成立,本院不予支持。(2)双轮公司实际交货情况。前述已查明的事实:双轮公司于2012年7月16日交付气压罐2台,2012年9月28日交付水泵108台、控制箱54台,2012年11月8日交付水泵4台,2013年4月10日交付水泵204台、控制箱204台。根据其上述确定的交货日期计算,双轮公司于2013年4月10日交付水泵204台、控制箱204台已经构成延迟交付,应当承担延迟交付的违约责任。(3)违约金额认定。根据《浑南新城上深南、北地块项目水泵采购合同》第13条的约定,双轮公司逾期交货或逾期完成安装调试并移交设备的,每逾期一天,支付本合同总价款1%的违约金,逾期7日以上的,支付逾期货到金额20%的违约金,且新城公司有权解除合同。双轮公司应当支付204台水泵及204台控制箱货款的20%作为违约金。根据双方在合同附件中对水泵及控制箱单价的约定:水泵单价1625元/台,控制箱单价998元/台,该204台水泵及204台控制箱货款总额为535,092元。因此,双轮公司应当支付的违约金金额为107,018.4元(535,092元×20%)。(4)违约金的支付方式。根据《浑南新城上深南、北地块项目水泵采购合同》第18条第1款的约定,"……如卖方按合同约定或法律规定应向买方支付违约金……买方有权从履约保证金中得到补偿,不足部分,卖方应在3日内补足",双轮公司缴纳的履约保证金85,100元用于抵扣其应支付的违约金,不足部分21,918.4元(107,018.4元-85,100元)应由双轮公司给付。

……

律师点评:履约保证金的目的在于为履约提供担保,一旦违约方违约,则可以结合违约情况,从履约保证金中,就违约方应承担的违约责任、应承担的费用金额等进行扣除。本案中,对于双轮公司应支付的违约金,法院判决先以履约保证金进行抵扣,不足部分再由双轮公司承担。

第七章

账户共管条款

交易双方之所以要订立合同,目的在于通过合同反映双方的意思表示、订约目的以及各自对风险的规避,而任何交易都有风险,因此,如何规避或减少交易风险,是交易当事人考虑的重要问题之一。交易的风险基本上与资金的支付有关,支付资金的一方担心给付资金后对方不履行合同,履行合同(如供货、转让股权)的一方担心履行供货、转让股权义务后对方不支付资金,为了有效解决双方对以上风险的担忧,实务中最常用的办法就是对收款账户进行共管,由此,有必要对共管账户的开立、共管、共管账户资金的提取、共管的解除等进行约定。

一、共管账户的方式、风险

1. 共管账户的方式一般有两种,一种方式是由交易双方与银行签订有关账户监管的合同,通过合同约定共管账户如何设立、账户名称、款项提取需要办理的手续、共管账户的解除等,此种方式最重要的特点在于银行是作为共管账户合同的一方。另一种方式则为,交易双方直接向银行预留印鉴、分别保管网银 U 盾的方式实现共管。

2. 共管账户的风险:

(1)无法有效规避账户被冻结的风险。共管账户一般都是以收款方的名义开设,一旦收款方与其他第三方存在债权债务纠纷,第三方有可能查封、冻结该共管账户,直接导致共管账户内资金无法使用,并导致双方合同无法继续履行。

(2)共管解除。在双方发生争议时,即便达到了双方约定解除账户共管的条件,但另一方不配合办理账户共管解除手续,则只能通过诉讼方式解除账户共管,毕竟银行作为中间方,在双方发生争议时,无法凭借一方或双方提供的证据材料自行认定是否达到解除账户共管的条件,在此情况下,一般只能通过诉讼解除账户共管。

二、账户共管合同必备条款

账户名称、开户行、共管账户的共管方式(如约定共同向银行提供预留印鉴;开设网银的,则各执一个U盾)、共管账户内资金的支付条件、支付方式和共管账户的解除等。

三、账户共管条款范例和案例

条款范例:某合作开发合同中,合作双方签订的账户共管协议。

银行账户共管协议

合同编号:

甲方:南宁某房地产开发有限公司

法定代表人:

住所(地址):

乙方:广西某投资有限公司

法定代表人:

住所(地址):

鉴于甲方与乙方于【】年【】月【】日签订《》(合同编号:　　)(以下简称框架协议),约定由乙方向甲方支付合作意向金人民币【大写:】整【小写:】,乙方将合作意向金支付至甲、乙双方共管的银行账户视为乙方完成款项支付义务。根据框架协议,就共管账户的开立以及相关事宜,经甲、乙双方协商,签订本协议以资各方共同遵守。

第一条　合作意向金发放

1.1　乙方将合作意向金支付至按本协议约定开设的以甲方名义设立的共管账户,该账户由甲、乙双方共同监管,账户如下:

户名:

开户行:

账号:

1.2 甲、乙双方一致确认:乙方将合作意向金支付至上述银行共管账户即视为乙方完成框架协议约定的款项支付义务,银行共管账户内的资金所有权即属于甲方,各方按照约定共同控制该银行共管账户资金仅是资金支配的方式,不因乙方参与资金控制而改变该账户资金所有权归属,也不影响甲方已实际收到合作意向金的事实。

第二条 银行共管账户监管

2.1 甲、乙双方一致确认:乙方支付给甲方并已汇入本协议1.1约定的银行共管账户内的合作意向金资金,由甲、乙双方共同监管。监管方式:在开设共管账户时,由甲方、乙方在开户行分别预留印鉴,如开通网银的,则双方各持一个U盾,未经一方同意,另一方不得以任何方式从共管账户支出款项,否则按每次【】元支付违约金,造成损失的,应予赔偿。

2.2 甲方必须按照《合作意向金协议》约定的合作意向金用途使用银行共管账户资金,否则乙方有权拒绝配合。

第三条 各方确认

3.1 上述条款属于对《合作意向金协议》第5条的补充完善,各方承诺遵照执行。

3.2 甲方应在本协议签订后2日内开设甲、乙双方银行共管账户,乙方应予配合。

第四条 争议解决条款

4.1 本协议的订立、有效性、解释、签署以及与本协议有关的一切争议的解决均应受中国法律(不含我国港、澳、台地区法律或规定)的管辖,并据其进行解释。

4.2 本协议履行过程中,如果发生争议,各方应协商解决,如协商不成,任何一方均应向乙方所在地人民法院提起诉讼。若由于一方或多方违约造成诉讼,则守约方在诉讼过程中产生的所有费用(包括但不限于律师费、诉讼费、财产保全费、公证费、鉴定费、审计评估费、公告费、提存费)均由违约方承担。

第五条 其他事项

5.1 本协议经甲、乙双方签章后生效,协议一式肆份,双方各持贰份,均具有同等效力。

5.2 本协议与《合作意向金协议》不一致的,以本协议为准;本协议未尽事宜,按《合作意向金协议》约定执行。

5.3 本协议未尽事宜,由各方另行签订补充协议进行约定。

________________以下为签章页,无正文________________

甲方(公章):	乙方(公章):
法定代表人或授权代表:	法定代表人或授权代表:
签约日期:20　年　月　日	签约日期:20　年　月　日

律师点评:以上合同有关共管账户的条款,明确约定了共管账户的名称、开户行、账号等,考虑到因资金实行共管,必然导致收款方支配共管资金的权利受到限制——不能单独使用共管资金,因此,有必要约定:其一,资金所有权的归属,即归属于收款方;其二,即便资金共管导致收款方未能单独使用共管资金,但仍视为支付方履行了支付义务。

共管账户条款还应当约定如何共管,即共管的方式,否则所谓的“共管”将成为空谈,结合以上合同,一般账户共管方式为:在开设共管账户时,由双方在开户行分别预留印鉴,如开通网银的,则双方各持一个U盾。

案例:共管账户条款在实务中可以有效平衡各方利益,化解各方争议

背景介绍:

1.各方之间的关系:

(1)目标公司为项目公司,在信宜拥有可开发的地块。

(2)乙方为目标公司全资股东。

(3)乙方此前欠付甲方款项,双方之间为债权债务关系;因乙方此前欠付甲方款项,因此,乙方此前将持有的目标公司全部股权质押给甲方,并且将目标公司所拥有的土地使用权抵押给甲方,并办理了抵押登记。

(4)丙方为一房地产公司,拟通过收购乙方持有的目标公司全部股权进而对目标公司持有的地块进行房地产开发和建设。

信宜F项目三方协议

甲方:广西TT发展有限公司

法定代表人:

地址:

乙方:牛某

身份证号码:

联系地址:

丙方:鹤山市 BGY 房地产开发有限公司

法定代表人:

联系地址:

目标公司:信宜 FH 实业有限公司

法定代表人:

联系地址:

担保方:佛山市 BG 地产有限公司

法定代表人:

联系地址:

为促进信宜 F 城项目按时开发,经甲方、乙方、丙方、目标公司、担保方友好协商,达成如下约定:

第一条　关于解除目标公司股权质押的约定

1. 本协议签订且以下条件满足后,甲方在接到丙方书面通知后 5 日内应办理完成涂销目标公司 100% 股权质押登记在其名下的手续,乙方和目标公司应予以配合,相关手续费用由乙方负责:

乙方已完成向目标公司投入 5000 万元用于实缴注册资本并取得验资报告,目标公司将收到的实缴注册资本用于偿还乙方欠款,目标公司应偿还乙方的欠款金额减少为 8922.68 万元。

2. 甲方按丙方通知解除目标公司 100% 股权的质押后 2 个工作日内,丙方应入股目标公司,乙方需办理将其持有的目标公司 80% 股权转让至丙方名下,同时乙方需将持有的目标公司剩余的20%股权质押给丙方。乙方、丙方确保在甲方解除股权质押后7日内完成相关的股权工商登记变更手续及法定代表人变更为丙方指定人员的登记手续。

第二条　关于解除目标地块抵押的约定

1. 协议各方确认:目标公司拥有的位于信宜市某地块[土地证号为:信府国用(2015)第000027×号、信府国用(2015)第00002××号]现抵押在甲方名下,甲方为以上地块的抵押权人,具体详见附件一《他项权证》[编号:信他项(2015)第011×号、信他项(2015)第011×号]。

2. 甲丙双方同意:丙方应促成目标公司与甲方在丙方入股后5个工作日内以目标公司名义新开设双方共管的银行账户(双方预留印鉴,如开设网银的,则双方各持一个U盾),丙方需于2016年12月25日前向目标公司提供6000万元的股东借款并支付至共管账户。逾期设立共管账户的,违约方按每日10万元的标准支付违约金,逾期超过10天,如属于丙方违约,则丙方需直接向甲方支付6000万元,甲方收到该6000万元后应按本条第3款约定履行解除地块抵押手续的义务。

3. 丙方向上述共管账户支付6000万元到账后3个工作日内,甲方应按丙方的书面要求(解除抵押所需的手续、文件以及清单)向国土部门递交注销上述抵押地块抵押权所需的材料。

基于乙方与甲方及相关方签订的相关协议(具体协议内容以甲方、乙方及相关方签订的协议为准),乙方对甲方负有债务清偿责任,故在甲方将解除土地抵押手续递交到国土部门并取得受理回执的当日,乙方同意委托目标公司通过共管账户(甲方予以配合解除共管)向本协议附件《委托支付函》指定账号支付6000万元,由目标公司代乙方向甲方偿还6000万元,该6000万元到达该账号后,即视为目标公司已偿还乙方6000万元欠款以及乙方已向甲方偿还6000万元债务。

丙方需无条件配合完成上述操作流程。

4. 目标公司未能按本条第3款约定向附件《委托支付函》的指定账号解付款项至甲方指定账户的(甲方未配合解除共管账户的共管而导致除外),甲方有权要求目标公司以6000万元为基数,按每天万分之五支付标准向甲方支付违约金,直至6000万元本金支付完毕为止;逾期超过7个工作日的,甲方有权要求解除本协议,并有权要求目标公司向甲方支付500万元的违约金,乙方、目标公司以及丙方应配合将第2条第1款的标的地块无偿无条件重新抵押给甲方。对上述目标公司应承担的义务责任(包括支付6000万元以及违约金责任),乙方及丙方应承担连带责任。担保方佛山市BG地产有限公司(丙方控股股东)对本条第2款、第3款所约定的丙方义务包括但不限于目标公司、丙方支付义务、丙方配合乙方解付共管账户款项以及目标公司按甲方指定账户解付款项义务以及违约金责任损失等提供连带责任担保,担保期间为1年,具体由担保方佛山市BG地产有限公司出具担保函,该保函为不可撤销的保函。

5. 甲方未按本条第3款约定提交抵押地块抵押权注销手续的,每逾期一天应向丙方支付违约金3万元,逾期超过7天的,丙方可解除本协议并要求甲方支付违约金200万元,甲方并应同时解除共管账户的共管,配合丙方取回目标公司账户中的全部资金。

第三条　关于丙方或目标公司向乙方支付款项的约定

乙方根据与丙方之间相关合作协议以及合作开发目标公司所属项目过程中所取得各种款项,乙方、丙方一致同意在支付给乙方前提前2个工作日由丙方或目标公司通知甲方指定人员(可以书面或短信通知),由丙方或目标公司向本协议附件《委托支付函》的指定账号支付,该《委托支付函》所指定的收款账户,未经收款账户所属的主体单位书面同意和确认,不得变更,否则违约方需在2个工作日内予以改正,并且按每次500万元支付违约金,对由此造成的损失由违约方承担。丙方或目标公司支付款项到达该账户后,即视为丙方或目标公司已向乙方支付了相应金额的款项。

……

律师点评:

1. 各方对风险的评估。

(1)丙方拟受让乙方持有的目标公司股权,必须先解除股权质押登记;拟进行房地产开发建设,必须解除土地抵押登记;丙方担心将受让股权的资金全部支付给乙方,如乙方不全部清偿所欠甲方债务,则无法解除股权质押登记,无法解除土地使用权抵押登记,最终将导致虽然支付了股权转让款,但既不能实际完成股权变更登记,也无法解除土地使用权抵押登记。因此,丙方希望甲方先解除股权质押登记和土地使用权抵押登记后,由丙方受让乙方持有的目标公司股权,然后再代乙方向甲方偿还借款。

(2)甲方担心,在未能收到还款的情况下,贸然解除股权质押登记和土地使用权抵押登记,一旦丙方与乙方之间因合同履行出现纠纷,则丙方不入股目标公司,也不再代乙方偿还债务,导致的结果:甲方未能得到债务清偿的情况下,却解除了股权质押登记和土地抵押登记,导致此前乙方欠付债务失去了全部担保措施,由此造成甲方债务清偿的巨大风险。

2. 对风险的评估、防范和化解。

(1)关于股权质押登记的解除。丙方此前与乙方签订合同,明确约定,丙方只有实际受让80%股权,且成为目标公司股东后,才能以股东借款方式将资金支付至目标公司账户,如果丙方不能先入股,则后续操作根本无从谈起。甲方认为,基于乙方对甲方的欠款,股权质押只是担保的措施之一,且目标公司如果要进行地产开发,必须解除土地使用权抵押登记,且对土地行使抵押权比对股权行使质押权,其效果更佳。换言之,对于两个担保措施,最重要的是土地抵押权,且目标公司在此前对乙方欠付甲方债务,也在签订的合同中约定在6000万元范围内承担连带保证责任,一旦丙方入股,丙方作为实力较强的开发商,远比乙方作为股东要更有利于甲方债务清偿。因此,甲方同意先解除股权质押登记,考虑到乙方和丙方之间对股权受让签订有协议,因此,对于解除股权质押登记,以丙方通知甲方解除股权质押登记的时间为准。

就此,各方达成一致,即甲方在收到丙方通知后及时解除股权质押登记。

(2)关于解除土地使用权抵押登记和资金共管。丙方拟要求甲方解除土地使用权抵押登记,甲方则担心一旦解除土地使用权抵押登记,丙方不代乙方清偿欠款,如此则意味着甲方失去最重要的担保措施,此后要向乙方追偿债权已经几无可能。丙方则担心,如支付款项后,甲方不配合解除土地使用权抵押登记,将导致即使付款也无法解除土地使用权抵押登记并最终影响项目的开发报建。基于以上各自对风险的考虑,最终经各方妥协,结合解除土地使用权抵押登记办理流程达成以下方案:

其一,在丙方入股后,需开设以目标公司为名称的由甲方和丙方共管的账户,丙方需将拟代偿的6000万元转入该账户,由此,可在一定程度确保丙方完成6000万元的支付,也利于甲方对该资金的监管。

其二,关于解除土地使用权抵押登记,按照政府的办理流程,需由抵押权人将解除土地使用权抵押登记的申请和相关手续递交给政府部门,取得受理回执,一旦取得受理回执,基本意味着解除土地使用权抵押登记的流程已经无法逆转,除非在政府受理后且在解除土地使用权抵押登记前,该地块被查封。经各方协商认为,该风险的承担者不应由甲方即申请方承担,最终各方就此达成一致,即乙方对甲方负有债务清偿责任,在甲方将解除土地使用权抵押登记手续递交到国土部门并取得受理回执的当日内,乙方同意委托目标公司通过共管账户(甲方予以配合解除共管)向本协议附件《委托支付函》指定账号支付6000万元,由目标公司代乙方向甲方偿还6000万元,该6000万元到达该账户后,即视为目标公司已偿还乙方6000万元欠款以及乙方已向甲方偿还6000万元债务。丙方无条件配合完成上述操作流程。

3. 结语:从以上合同签订过程可见,对合同可能存在的风险必须结合具体的办理流程来发现风险;合同的达成是各方基于对风险的评估和认知,经妥协达成的合意,在这个过程中,设置相应的机制来确保各方利益并相应防范风险尤为重要,以本协议为例,关于款项的支付,丙方作为支付方不愿意先付款后解除抵押登记,甲方作为最终的收款方在没有看到任何资金的情况下也不愿意解除抵押登记,最终各方通过账户共管的方式达成妥协。

案例:就共管账户解除各方未能达成一致,只能通过诉讼解除共管

石家庄冀鲁天业房地产开发有限公司与石家庄美尚房地产开发有限公司股权转让纠纷一审案

案号:河北省高级人民法院(2018)冀民初141号

原告天业公司向本院提出诉讼请求:(1)请求判令解除原告天业公司与被告美尚公司在2017年9月13日签订的《河北石家庄燕星公司股权转让协议》及2017年9月20日签订的《河北石家庄燕星公司股权转让协议补充协议》,并判令解除原告天业公司与被告美尚公司及第三人民生银行石家庄分行在2017年10月23日签订的《银行账户监管协议书》;(2)请求判令被告美尚公司向原告天业公司返还1.5亿元股权转让款;(3)请求解除被告美尚公司及第三人民生银行石家庄分行对监管账户(存有1.5亿元及利息)的监管措施(取消被告美尚公司法定代表人李某的预留印鉴,更换为原告天业公司法定代表人巩某伟的印鉴);(4)请求判令被告美尚公司向原告天业公司支付违约金(自2017年9月13日,按月息2%计算,要求计算至被告美尚公司实际给付股权转让之日止,截至2019年10月13日违约金2.28亿元);(5)诉讼费及保全费由被告美尚公司承担。庭审中,原告天业公司提出增加诉讼请求申请,将原诉讼请求计算违约金的基数由3亿元增加至6亿元。

案件事实[详细见本书第2篇第三章第三点"三、价款支付应与合同履行进度相挂钩"第(二)"如何设定付款条件"第2点之案例1]

判决结果

1. 解除原告石家庄冀鲁天业房地产开发有限公司与被告石家庄美尚房地产开发有限公司在2017年9月13日签订的《河北石家庄燕星公司股权转让协议》及2017年9月20日签订的《河北石家庄燕星公司股权转让协议补充协议》;被告石家庄美尚房地产开发有限公司于本判决生效之日起10日内向原告石家庄冀鲁天业房地产开发有限公司返还1.5亿元股权转让款。

2. 解除原告石家庄冀鲁天业房地产开发有限公司与被告石家庄美尚房地产开发有限公司、第三人中国民生银行股份有限公司石家庄分行于2017年10月23日签订的《银行账户监管协议书》,解除被告石家庄美尚房地产开发有限公司及第三人中国民生银行股份有限公司石家庄分行对监管账户的监管措施(取消被告石家庄美尚房地产开发有限公司法定代表人李某的预留印鉴,更换为原告石家庄冀鲁天业房地产开发有限公司法定代表人巩某伟的印鉴)。

3. 被告石家庄美尚房地产开发有限公司于本判决生效之日起10日内向原告石家庄冀鲁天业房地产开发有限公司支付违约金[违约金以3亿元为基数分两部分计算,其中:(1)原告支付给被告的1.5亿元,自2018年3月13日起至2019年8月19日止按中国人民银行同期同类贷款利率的1.5倍计算,自2019年8月20日起至实际返还1.5亿元之日止,按贷款市场报价利率的1.5倍计算。(2)共管账户内的1.5亿元,自2018年3月13日起至2019年8月19日止按中国人民银行同期同类贷款利率的1.5倍计算,自2019年

8月20日起至共管账号解除共管措施之日止，按贷款市场报价利率的1.5倍计算，被告支付该部分违约金时应扣减中国民生银行股份有限公司石家庄分行支付的利息]。

4. 驳回原告石家庄冀鲁天业房地产开发有限公司的其他诉讼请求。

律师点评：在设定共管账户后，如果其中一方不配合解除账户共管，解除共管的唯一办法只能通过诉讼。毕竟作为监管方的银行，在办理共管时依据的是双方共同预留的印鉴，解除该共管也有赖于双方共同办理，在双方有争议的情况下，仅仅凭着一方提供证据来证明达成解除共管条件，作为监管的银行是难以办理的，银行毕竟不是居中裁判的司法机构，无法召集双方举证质证，更无权居中作出有法律效力的裁判，在此情况下，解除共管只有通过法院居中裁判来解决，因此，在设立共管账户时，作为收款的一方，一定要考虑到发生争议时，拟解除账户共管进而使用共管账户的资金，一般只能通过诉讼或仲裁的方式解决。

四、账户共管条款常用模式

本合同签订后【 】日内，由甲方到【 】银行以甲方名义开设共管账户，双方分别向银行预留印鉴，如开设网银的，双方各执一个U盾。共管账户内的资金，经双方同意方可支付。

第八章

实际履行合同与报政府备案合同不一致的解释条款

登记的物权、股权等变更，除了双方签订合同外，还需要到政府办理变更登记手续。此外，公司章程需要到工商部门备案。涉及政府备案、登记的标的，办理审批手续时，需要向政府提供相应的合同文件。从法理上说，合同是双方意思自治的结果，政府部门对当事人提交的用于变更登记物权或股权的合同，不应对内容强加干涉，但实际上，政府出于各种原因（如方便管理），对于当事人提交的文本，必须符合政府部门规定的格式和内容，为了办理变更登记，当事人也只能按照政府部门要求重新签署一份符合政府要求的合同，在此情况下，就出现报政府的合同与双方实际履行的合同不一致的情形，如果对此不加以解释和说明，一旦发生纠纷，由于报政府的合同后于此前双方签订的合同，极易被法院视为对此前合同变更，因此，有必要在合同中明确约定此前签订的合同是双方真实意思表示，而报政府的合同只是用于办理备案或变更登记。

条款范例1：某股权转让合同约定实际履行合同与报政府备案合同不一致的解释条款。

第九条　其他

9.1 本协议由各方签章之日起生效，如有修改、补充或变更，均需采用书面形式签署补充协议。之前签署的相关文件与本协议有冲突的，以本协议约定为准。

9.2 在本合同履行过程中，如政府有关部门要求各方签订相关的协议及其他法律文件的，各方同意按政府部门的要求签订，但双方权利义务以本协议（或补充协议等）约定为准。

条款范例2:某增资扩股协议约定实际履行合同与报政府备案合同不一致的解释条款。

1.本协议涉及的各具体事项及未尽事宜,可由各方在充分协商的前提下订立补充协议。本协议的任何修改需经各方同意并签署书面文件后方可生效;任何修改和补充协议是本协议不可分割部分,并与本协议具有同等的法律效力。

2.如因此前办理工商变更登记手续签署的相关增资扩股协议与本协议有冲突的,以本协议的约定为准。

条款范例3:向政府提交的合同不得作为任一方主张权利的依据。

双方因办理股权(或房屋权属)变更登记,向政府提交的股权转让协议(或存量房买卖合同)仅用于办理股权(或房屋权属)变更,任一方不得以此为据向对方主张权利,有关双方之间的权利义务,以双方于【 】年【 】月【 】日签订的《　　合同》为准。

第九章

附条件合同的条件条款

一般而言,合同签订即生效,但有的情况下,当事人出于各种考虑,需要对合同效力(生效和失效)作出限制性的约定,此即附生效条件和终止条件的合同。《民法典》第158条规定:"民事法律行为可以附条件,但是根据其性质不得附条件的除外。附生效条件的民事法律行为,自条件成就时生效。附解除条件的民事法律行为,自条件成就时失效。"

一、合同约定生效条件或终止条件,应注意的事项

1. 所附条件是由双方当事人约定的,并且作为合同的一个条款列入合同中。其与法定条件的最大区别在于后者是由法律规定,不由当事人意思决定并具有普遍约束力的条件。因此,合同双方当事人不得以法定条件作为所附条件。

2. 条件是将来可能发生的事实。过去的、现存的事实或者将来必定发生的事实或者必定不能发生的事实不能作为所附条件。此外,法律规定的事实也不能作为附条件,如子女继承父亲遗产要等到父亲死亡,就不能作为条件。

3. 附条件民事法律行为中的条件是当事人用以限定民事法律行为生效或失效的附属意思表示,而不属于民事法律行为本身的内容。它同当事人约定的所谓供货条件、付款条件是不同的,后者是合同自身内容的一部分,而附条件合同的所附条件只是合同的附属内容。

4. 所附条件必须是合法的事实。违法的事实不能作为条件,如双方当事人不能约定某人杀死某人作为合同生效的条件。

5. 合同义务不能成为附解除条件合同的失效条件。

6. 附生效条件的合同,应约定合同未能生效的责任承担。附生效条件的合同

未生效,但不等于没有责任的产生,合同未生效的,对应的是缔约过失责任,因此,有必要约定合同未生效的责任承担。相关法律规范:《民法典》第157条规定:"民事法律行为无效、被撤销或者确定不发生效力后,行为人因该行为取得的财产,应当予以返还;不能返还或者没有必要返还的,应当折价补偿。有过错的一方应当赔偿对方由此所受到的损失;各方都有过错的,应当各自承担相应的责任。法律另有规定的,依照其规定。"

二、附条件合同条款范例和案例

条款范例1:某上市企业购买房屋的买卖合同约定的合同生效条件。

甲方:南宁某房地产公司

乙方:某上市企业

《商品房买卖合同》、本补充协议自双方签署,并完全满足下列条件之日起生效:

1. 乙方股东大会批准《商品房买卖合同》及本补充协议;

2. 中国证券监督管理委员会核准乙方在资本市场募集资金用于购买甲方目标房产且募集资金到达乙方账户。

律师点评:乙方某上市企业购买甲方开发的房屋,购房资金系通过上市筹集,因此,该合同明确约定了合同生效条件,即(1)乙方股东大会批准《商品房买卖合同》及本补充协议;(2)中国证券监督管理委员会核准乙方在资本市场募集资金用于购买甲方目标房产且募集资金到达乙方账户。

前述条件,不属于乙方的义务范畴,签订合同时尚未发生,且约定的条件能否达成亦存在一定的不确定性,符合法律规定的所附条件。

条款范例2:某合作意向书,双方约定的终止条件。

第五条　乙方将诚意金足额支付至本协议约定的个人联名账户后20日内,甲乙双方未能就合作事项达成一致并签订正式合作合同的,则本意向书自动终止失效,且各方互不承担责任和损失,但甲方必须在以上时间届满后的3日内无条件配合乙方解付本协议约定的个人联名账户中的全部资金,否则每逾期一天,按诚意金金额的万分之五承担违约金责任。如双方在期限届满后同意另行延长期限的,则由双方另行商定。

律师点评:合作意向书的本质为预约协议,即约定双方在未来某一时间内签订合同的协议。预约合同也是合同,对双方也具有约束力。《民法典》第495条规定:"当事人约定在将来一定期限内订立合同的认购书、订购书、预订书等,构成预约合同。当事人一方不履行预约合同约定的订立合同义务的,对方可以请求其承担预约合同的违约责任。"因此,有必要就未能在约定时间内签订合同的责任作出约定。

以上条款对未能签订正式合同的责任作出了约定,即双方互不承担责任损失。

案例:合同义务不能成为附解除条件合同的失效条件

原告:南通虹波工程装备有限公司。

被告:南通市通州区人民政府。

被告:南通荣鑫管业有限公司。

案情简介

2008年12月1日,江苏省苏通大桥工业区管委会(2003年8月12日建立,2009年4月2日更名为江苏省苏通大桥科技产业园管委会)与荣鑫管业签订《用地协议书》,约定:(1)江苏省苏通大桥工业区管委会在原通州港区范围内(金利油脂北侧)向荣鑫管业提供工业用地约90亩以建办管业制造项目,具体以实地丈量为准;……(4)在未办理土地出让前,该宗土地目前由荣鑫管业向江苏省苏通大桥工业区管委会租赁,租赁费为每年1400元/亩,具体按政策规定的统一标准执行。江苏省苏通大桥工业区管委会积极为荣鑫管业争取土地指标,待有土地指标时荣鑫管业征用该宗土地。征地费用按13.6万元/亩由荣鑫管业支付。荣鑫管业租赁期至办理好征地手续为止。(5)江苏省苏通大桥工业区管委会向荣鑫管业收取25,000元/亩的配套费,合计225万元(此费用江苏省苏通大桥工业区管委会一次性收取,江苏省苏通大桥工业区管委会收取200万元,剩余25万元不再收取,由荣鑫管业自行负责水、电的配套费用)……2009年5月25日,通州市国土资源局和虹波公司签订编号为3206832009CR0041的《国有建设用地使用权出让合同》,合同约定出让宗地编号为2009-G021,宗地总面积201,600平方米,出让土地面积201,600平方米,宗地四至及界址点见《出让宗地界址图》,宗地坐落于通州港区通洋工业园,出让宗地的平面界址为详见勘测定界图,出让宗地的平面界址详见附件1,出让宗地的竖向界限以1985年国家高程为基准,向上40米为上届,以1985年国家高程为基准,向下10米为下届,高度差为50米。出让宗地竖向截图详见附件2。出让价款为41,126,400元,每平方米为204元。同日,通州市张芝山镇人民政府与虹波公司签订《土地交付合同》,通州市张芝山镇人民政府同意承担《国有建设用地使用权出让合同》(编号:3206832009CR0041)项下出让宗地的事物交付义务。通州市张芝山镇人民政府在虹波公司按出让合同规定付清该宗地成交价并办妥相应手续后30日内,将出让合同项下出让宗地建设用地使用权及界址交付给虹波公司,并保证该宗地达到以下土地条件:现状条件。

2009年8月24日,江苏省苏通大桥科技产业园管委会(甲方)、虹波公司(乙方)、荣鑫管业(丙方)三方鉴于乙方受让土地2009－G021红线内有部分土地在受让前甲方已租给丙方,并已动建,现经三方协商,达成协议如下:(1)丙方已用土地46亩左右(具体以实际丈量为准),考虑到已基本建成并投产,故该地块继续由其使用;(2)该地块征用费(含契税等一切费用)由丙方按照14.09万元/亩于协议成立之日3日内付给乙方。该地块5年内转让给丙方,转让时土地单价、面积保持不变,相关手续由乙丙协助甲方办理,转让契税由甲方负责,其余费用丙方承担;……(4)考虑到乙方单体投资规模大、效益好,甲方负责提供乙方所使用地块的"三通一平"的配套服务,具体标准、要求、费用、施工期限等施工协议,由甲方负责签订,费用由甲方承担,总额不超过300万元;……(6)协议中约定的应付款项逾期均按每日5‰支付滞纳金,延期付款超过20日的、"三通一平"未能按期到位,本协议失效。乙方有权要求甲方按土地交付合同交地;(7)协议三方严格按照所规定的权利、义务执行,违约方承担一切损失。

2009年8月27日,江苏省苏通大桥科技产业园管委会与荣鑫管业签订《关于荣鑫管业用地面积发生变化的协议》,约定根据上述三方协议精神,荣鑫管业目前实际使用面积46亩左右,为原使用面积的一半,故苏通大桥科技产业园管委会退还荣鑫管业一半的配套费100万元整。2009年8月28日,荣鑫管业通过建设银行汇款400万元至虹波公司账户,2009年9月2日荣鑫管业通过江苏银行汇款2,481,400元至虹波公司账户,合计给付土地转让费6,481,400元。后荣鑫管业一直使用该46亩土地至今,并已支付相应的城镇土地使用税、房产税。

另查明,虹波公司、荣鑫管业、南通长江混凝土有限公司均在前述编号为3206832009CR0041的《国有建设用地使用权出让合同》的地块中。虹波公司于2014年12月4日装电表,荣鑫管业于2009年8月1日装电表,南通长江混凝土有限公司于2009年10月22日装电表。虹波公司于2018年4月首次产生水费928.8元,荣鑫管业于2009年4月首次产生水费,南通长江混凝土有限公司于2011年11月首次产生水费。

2010年7月,通州区张芝山镇人民政府与南通市交通建设工程有限公司签订了张芝山镇2010年度港区道路建设工程合同书及补充合同书,合同约定张芝山镇2010港区道路建设工程,开工日期为2010年7月5日,竣工时间为2010年9月5日。补充合同书约定通州区张芝山镇人民政府的2010年度港区道路建设工程,现根据实际情况,在正大农药厂北路口至荣鑫管业厂门道路在设计的基础上加一层15cm厚8%灰土作为混凝土路面及二灰碎石的基础,该部分费用为18,000元整,原合同其余内容保持不变。该工程单价中标为106.77元/平方米,经现场实际丈量,实际完成工程量为10,702平方米,工程审定价为1,160,600元,该工程已于2010年10月9日竣工验收。另外,2010年2月,江苏省苏通大桥科技产业园管委会通过转账支票的方式支付给虹波公司50万元,用于“三通一平”配套费用。虹波公司出具收据一张,载明“基础设施补偿”。

还查明,2011年南通市人民政府第68号专题会议纪要载明“关于南通经济技术开发区内其他‘飞地’及尚未移交地块问题,由南通经济技术开发区、苏通科技产业园与通州区作全面梳理,整体移交南通经济技术开发区统一管理”。2011年年底通州区政府已将案涉地块移交给南通市经济技术开发区管理委员会管理。2012年12月25日,南通市通州区机构编制委员会发文(通编〔2017〕71号)整建制撤销江苏省苏通大桥科技产业园党工委、管委会。

虹波公司自2010年起即知晓“三通一平”配套服务没有完全完成。2018年2月14日,荣鑫管业将虹波公司、通州区政府诉至本院,要求虹波公司协助其办理46亩土地的变更登记手续。虹波公司在该案件中提起反诉,要求确认其与荣鑫管业、江苏省苏通大桥科技产业园管委会三方于2009年8月24日签订的三方协议失效,并要求通州区政府交付荣鑫管业占用的土地,荣鑫管业予以协助。后虹波公司又撤回该反诉,另行诉至本院,提出如前诉请。

法院裁判意见:本院认为,江苏省苏通大桥科技产业园管委会与虹波公司、荣鑫管业于2009年8月24日签订的《荣鑫管业地块使用协议》是三方当事人的真实意思表示,且该三方协议内容不违反法律、法规的强制性规定,故该协议合法有效。本案的争议焦点:(1)合同定性问题,即前述三方协议是《合同法》第45条规定的附解除条件的合同,还是《合同法》第93条规定的有约定解除条件的合同;(2)合同上的解除条件是否成就;(3)原告主张合同失效是否在法定期限内。

就争议焦点(1),对于附解除条件的合同,《合同法》第45条第1款规定:"当事人对合同的效力可以约定附条件。附生效条件的合同,自条件成就时生效。附解除条件的合同,自条件成就时失效。"所谓附条件的合同,是指合同的双方当事人在合同中约定某种事实状态,并以将来发生或不发生作为合同生效或不生效的限制条件的合同。其所附条件实质上是当事人对民事法律行为所添加的限制,由于这个限制,使法律效果的发生、变更、消灭系于将来不确定的事实。这个条件只能是外来不确定的事实,而不能由当事人主观意志来实现,否则就失去了附条件的应有之义。故所附条件必须具备以下几个要求:一是将来发生的事实且不确定;二是当事人约定而不是法定;三是合法的事实;四是所附条件不能与合同内容相矛盾,特别是不能将合同约定的义务作为所附条件。

而对有约定解除条件的合同,《合同法》第93条规定:"当事人协商一致,可以解除合同。当事人可以约定一方解除合同的条件,解除合同条件成就时,解除权人可以解除合同。"所以附解除条件合同与有约定解除条件的合同主要区别就在于以下4个方面:

1. 两者权利性质不同。附解除条件的合同,对解除条件则应满足前述4个要求,一旦所附条件成就,该合同效力就自动归于消灭。在附解除条件的合同中表现的是当事人可期待条件出现时合同效力归于消灭的一种期待权。而在约定解除条件的合同中,则表现为当事人根据合同约定的解除条件成就时而享有的可以按自己意愿直接依法行使的合同解除权。

2. 两者解除方式不同。附解除条件的合同,一旦条件成就,合同就自动解除失效,无须当事人主动行使解除权。但基于合同当事人相互协助、告知义务,当事人应在合理期限内告知对方失效情形。而约定解除条件的合同,双方约定的解除条件成就时,还要享有解除权的一方当事人按法定方式主动行使,方能实现解除合同的法律后果。

3. 两者解除后果不同。附解除条件的合同,如果条件自然成就,且非当事人恶意促使,合同当事人无须承担违约责任。而约定解除条件成就时,享有解除权的当事人要解除合同的,必须依法行使解除权,且如果对方合同义务没有完成的,其还可以要求对方承担相应的违约责任。

4. 两者解除条件内容不同。附解除条件的合同不能将合同当事人应当承担的义务作为解除条件内容。因为此时合同义务如果能成为所附条件,那么必将给当事人合同履行造成巨大道德风险。理由如下:首先,合同义务具有约束力,当事人应当按照约定履行其义务,而条件是否能够成就是不确定的。但祈求利益最大化的当事人为实现一己之利容易滋生促使条件成就的意思。其次,依法成立的合同具有约束力和确定性,附条件法律行为的不确定性是合同确定性的例外。如果将条件的范围扩大到合同义务,那么条件天然的不确定性将毁灭合同的确定性本身。最后,条件的作用是限制合同效力,如果合同义务可以作为条件,那么合同效力将完全取决于当事人的履行意愿。基于民事主体趋利避害的本性使然,其必然会选择对其最为有利的行为方式,从而给恶意违约当事人预留了行为空间。而约定解除条件的合同则完全可以将当事人不履行合同义务作为解除条件,且通常都是这样约定的,这是合同当事人对在履行合同过程中可能出现不利于自己的情形时而进行的权利补救措施,而且并不影响己方追究对方的违约责任。

回到本案中,根据案涉三方协议的约定,"延期付款超过20日的、'三通一平'未能按期到位,本协议失效",显然按期付款是三方协议中荣鑫管业应当履行的合同主要义务,而"三通一平"则是江苏省苏通大桥科技产业园管委会应当履行的合同主要义务。上述两个条件就是合同履行的主要义务,这就完全取决当事人的主观意愿,而非客观的、外来的、不确定的事实,故实质上是双方约定的解除条件。故只有荣鑫管业和江苏省苏通大桥科技产业园管委会不履行合同主要义务,虹波公司才可以行使合同解除权。所以本院认为,江苏省苏通大桥科技产业园管委会与虹波公司、荣鑫管业于2009年8月

24日签订的《荣鑫管业地块使用协议》本质上是约定了解除条件的合同,而非附解除条件的合同。原告依据《合同法》第45条规定主张合同失效不能成立,本院不予以支持。

关于争议焦点(2),合同上的解除条件是否成就。根据双方约定,荣鑫管业需按约付款,延期的不能超过20日。现荣鑫管业已按约付清款项,故延期超过20日的付款行为不存在,这点双方不持有争议。因此,争议关键还在于协议中的"三通一平"是否按期到位。所谓"三通一平"就是指通电、通水、通路以及土地平整。通电、通水应当指电、水接通到该地块红线范围即可,而非接通到地块内部各个地方,地块内厂区内部的水、电应当由企业根据自身生产经营需要申请连接。根据本院调查,荣鑫管业与南通长江混凝土有限公司均位于编号为3206832009CR0041的《国有建设用地使用权出让合同》约定的2009－G021宗地内,在南北两个方向。其中荣鑫管业与南通长江混凝土有限公司均在2009年就已装电表,荣鑫管业在2009年就产生水费,南通长江混凝土有限公司在2011年也产生水费,足以证明案涉地块红线范围早已经实现通电、通水。而虹波公司于2014年12月4日装电表,于2014年12月18日申请接水,于2016年4月接通水,在其接通水后直至2018年4月才首次产生水费928.8元,作为企业接通水后2年未产生水费,显然是基于企业自身的安排,同样何时接水通电也系其根据自身需要自行决定,并不能证明该地块水电未通。至于通路和土地平整,三方协议中未作明确约定,故通州区张芝山镇人民政府已经将港区道路工程发包施工并已经竣工验收,可以视为完成通路。而土地平整,从本院调查材料反映,土地平整在当时确有一部分未完成,因此,才会有当时江苏省苏通大桥科技产业园管委会支付给虹波公司50万元作为"三通一平"基础设施未完成的补偿,后续未完成的"三通一平"由虹波公司自行完成。此后2年内,即在江苏省苏通大桥科技产业园管委会2012年12月被撤销前,原告并未有证据证明其向政府部门提出过异议,再要求过"三通一平"。原告也不能举证证明,自2013年至今其曾向通州区人民政府提出过"三通一平"的要求。由此,本院认为,江苏省苏通大桥科技产业园管委会在协议中负有"三通一平"中的土地平整义务确实未能全部完成,但原告虹波公司在收取补偿款后这么长时间内未再主张,时至今日其再主张有违诚信,其应自行完成剩余未完成的土地平整部分。故三方协议约定的解除条件并不成就。

关于争议焦点(3),原告主张合同失效是否在法定期限内。即使如原告所说,该三方协议是附解除条件的合同,解除条件成就的,该合同就归于失效。本院认为,根据《合同法》第60条的规定,当事人之间应当遵循诚实信用的原则,根据合同的性质、目的和交易习惯履行通知、协助、保密等义务。附解除条件的合同,即使条件成就而失效的,合同一方也应在合理期限内通知相对方,以及时、顺利地结束双方权利和义务的关系。故本案中即使按原告所述三方协议自动失效,其也理应在合理期限内告知相对方,并要求返还土地。事实上原告早在2010年就知晓存在土地平整未能完成的情况,但其不仅接受了江苏省苏通大桥科技产业园管委会给付的50万元基础设施补偿费用,还在8年时间里从未向政府部门提出过合同已失效,并要求返还土地的请求。所以这个行为时间已突破了合理期限的范围,系明显怠于履行其合同协助、告知的义务。其实探究虹波公司本案起诉真正目的还是对抗荣鑫管业另案要求虹波公司按三方协议履行协助办理土地变更登记的义务。从三方协议形成历史因素上来讲,荣鑫管业早在虹波公司取得整宗土地前已实际占用了案涉地块。在虹波公司受让了包括荣鑫管业实际占用的案涉地块后,为了解决历史遗留问题才达成这样一个三方协议,这也是为双方企业的经营需要。合同中当事人行使权利、履行义务应当高度遵循诚实信用原则。荣鑫管业8年前已按约向虹波公司给付了相应的土地费用,并按期向政府部门缴纳了相应的土地税费。而虹波公司现在才提出合同失效并要求返还案涉地块,已超出了合理期限,实有违诚实信用的原则。

而《合同法》第95条规定:“法律规定或当事人约定解除权行使期限,期限届满当事人不行使的,该权利消灭。法律没有规定或当事人没有约定解除权行使期限的,经对方催告后在合理期限内不行使的,该权利消灭。”法律不保护躺在权利上睡大觉的人。所以案涉三方协议系约定解除条件的合同,原告若主张解除权,其同样也应当在一定期限内行使,否则将会置法律关系长期于不稳定的状态,不利于当事人之间的交易和商业流通。本案中,双方对解除权虽没有约定,但原告早在2010年就明知“三通一平”还有部分没有完成,所以其也应在合理期限内主动向荣鑫管业和江苏省苏通大桥科技产业园管委会主张协议解除,而非等至8年后在荣鑫管业来要求按约办理土地变更手续时才主张合同失效。原告在这么长的期间内一直怠于行使自己的权利。参照最高人民法院《关于审理商品房买卖合同纠纷案件适用法律若干问题的解释》第15条规定,法律没有规定或当事人没有约定的,经对方催告后,解除权行使的合理期限为3个月。对方没有催告的,解除权应当在解除权发生之日起1年内行使;逾期不行使的,解除权消灭。退一步讲即使原告有解除权,但其行使期限也远超过1年。

最后,案涉地块已经于2011年由通州区政府移交南通市经济技术开发区管委会管理,通州区政府既不是土地占有使用人,也不再对该地块再享有管理权,其不具有返还土地的能力。

综上,原告诉讼请求无事实和法律依据,本院不予支持。

据此,依照《合同法》第6条、第60条、第90条、第93条、第95条之规定,判决如下:

驳回原告南通虹波工程装备有限公司的诉讼请求。

律师点评:《民法典》第158条规定:"民事法律行为可以附条件,但是根据其性质不得附条件的除外。附生效条件的民事法律行为,自条件成就时生效。附解除条件的民事法律行为,自条件成就时失效。"民事法律行为可以附生效条件或解除条件,但"根据其性质不得附条件的除外"如何理解,《民法典》并未规定。就何种民事法律行为不得附条件,何种条件不得作为所附的条件,最高人民法院认为:"民事法律行为所附的条件,具有以下四个特点:第一,条件由当事人自行约定,并作为民事法律行为内容的一部分。这是与法定条件最大的不同之处,后者是指由法律直接规定、不由当事人意思决定并具有普遍约束力的条件。第二,条件是一种将来的或然事实,该事实未来可能发生,未来也可能不发生,具有或然性。换言之,已经发生的以及将来确定不会发生的事实(如女生向男生表示'如果你把月亮摘下来我就嫁给你')则视为当事人根本不希望实施该民事法律行为。如果当事人将已经发生的或根本不可能发生的事实作为民事法律行为的条件,则视为根本未附条件。第三,附条件民事法律行为中的条件,是当事人以限定民事法律行为生效或失效的附属意思表示,而不属于民事法律行为本身的内容。'附条件'中的'附',是指附属的意思。也就是说,应当将所附条件与民事法律行为中的供货条件、付款条件等相互区分,后者是民事法律行为自身内容的一部分,而非决定其生效或失效的附属意思表示,前者则不是民事法律行为自身的内容。第四,所附条件中的事实应为合法的事实,违法事实不能作为民事法律行为的条件。”[①]

以本案为例,根据案涉三方协议的约定,“延期付款超过20日的、‘三通一平’未能按期到位,本协议失效”,显然按期付款是三方协议中荣鑫管业应当履行的合同主要义务,而“三通一平”则是江苏省苏通大桥科技产业园管委会应当履行的合同主要义务。上述两个条件是合同履行中的主要义务,属于民事法律行为自身内容的一部分,不能作为所附条件。

① 最高人民法院民法典贯彻实施工作领导小组主编:《中华人民共和国民法典总则编理解与适用(下)》,人民法院出版社2020年版,第794页。

第四篇 Chapter 4

如何办理诉讼过程中的和解与调解

第一章

前　言

诉讼过程中的和解和调解,本质上也系合同,但因其在诉讼中产生,在程序和实体上仍有别于一般意义上的合同,就此,有必要对诉讼中的和解和调解进行专门的论述。

一、和解与调解的共同点

1. 和解和调解本质上都属于合同,且都属于诉讼中产生的合同。

2. 和解和调解贯穿于整个诉讼过程中,即在整个诉讼过程中判决生效前,双方都可以经协商达成和解或调解。

3. 经和解或调解达成的协议,均具有法律约束力,双方均应按达成的和解或调解协议履行。

4. 和解协议往往是调解协议的基础,和解协议内容经法院审核后,纳入调解协议,并据此制作调解书,调解书内容如经审查确与调解协议不符的,法院可根据调解协议对调解书进行补正。

最高人民法院《关于人民法院民事调解工作若干问题的规定》第 13 条规定:"当事人以民事调解书与调解协议的原意不一致为由提出异议,人民法院审查后认为异议成立的,应当根据调解协议裁定补正民事调解书的相关内容。"

5. 和解和调解的内容都可超出诉讼请求范围。

和解协议主要是原被告自行协商并签署的协议,法官一般不予干涉,因此,和解协议的内容双方可以自行约定,相应地,和解协议内容可以超出诉讼请求范围并无争议。有争议的是调解协议和调解书内容能否超出诉讼请求范围,毕竟签署调解协议后,法官将根据调解协议内容出具调解书,调解书一旦生效即具有强制执行力，因此生效的调解书其法律效力与生效判决相同；而就判决而言，法官不得超出当事人诉请范围作出判决，相应地，对于具有同样法律效力的调解书内容能否超出诉讼请求范围存有争议。最高人民法院《关于人民法院民事调解工作若干问题的规定》第7条规定："调解协议内容超出诉讼请求的，人民法院可以准许。"

第9条规定："调解协议约定一方提供担保或者案外人同意为当事人提供担保的，人民法院应当准许。案外人提供担保的，人民法院制作调解书应当列明担保人，并将调解书送交担保人。担保人不签收调解书的，不影响调解书生效。当事人或者案外人提供的担保符合民法典规定的条件时生效。"

结合以上规定，调解协议内容可以超出诉讼请求范围，调解书内容能否超出诉讼请求范围，以上规定并未明确，但根据以上规定，调解书内容与调解协议不一致的，当事人可以提出异议，因此调解书内容应当以调解协议内容为准，既然如此，调解书内容当然可以超出诉讼请求范围。

二、和解与调解的区别

1. 二者依据的法律规定不同。和解依据的是《民事诉讼法》第50条规定："双方当事人可以自行和解。"调解的依据则来自《民事诉讼法》第8章，该章第93条至第99条对调解作了规定，相关法律规定如下。

《民事诉讼法》第93条规定："人民法院审理民事案件，根据当事人自愿的原则，在事实清楚的基础上，分清是非，进行调解。"

第94条规定："人民法院进行调解，可以由审判员一人主持，也可以由合议庭主持，并尽可能就地进行。人民法院进行调解，可以用简便方式通知当事人、证人到庭。"

第95条规定："人民法院进行调解，可以邀请有关单位和个人协助。被邀请的单位和个人，应当协助人民法院进行调解。"

第96条规定："调解达成协议，必须双方自愿，不得强迫。调解协议的内容不得违反法律规定。"

第97条规定："调解达成协议，人民法院应当制作调解书。调解书应当写明诉讼请求、案件的事实和调解结果。调解书由审判人员、书记员署名，加盖人民法院印章,送达双方当事人。调解书经双方当事人签收后,即具有法律效力。”

第98条规定:“下列案件调解达成协议,人民法院可以不制作调解书:

(一)调解和好的离婚案件;

(二)调解维持收养关系的案件;

(三)能够即时履行的案件;

(四)其他不需要制作调解书的案件。

对不需要制作调解书的协议,应当记入笔录,由双方当事人、审判人员、书记员签名或者盖章后,即具有法律效力。”

第99条规定:“调解未达成协议或者调解书送达前一方反悔的,人民法院应当及时判决。”

2. 二者参加的主体不同。调解必须有审判员或者合议庭的成员参加,而和解一般就是双方的主体参加,当事人在和解过程中申请人民法院对和解活动进行协调,人民法院可以委派审判辅助人员或者是邀请、委托有关单位和个人从事协调活动,法院方面参加庭外和解的最多只能是审判辅助人员。

3. 二者的效力不同。和解协议就本质而言是一份在诉讼中达成的协议,对签订协议的双方具有法律约束力,但不具有强制执行力,和解一方不履行和解协议的,对方只能通过起诉的方式,以和解协议为据主张权利,在经法院审判并取得生效判决后,才能通过判决申请强制执行,而且和解协议约定的内容、责任能否得到法院支持,有待法院裁判。而调解协议则是在法院主持参与下达成的协议,根据调解协议制作的调解书一经当事人签收即具有强制执行力,一方不履行调解书,对方可申请强制执行。而且,对调解书申请再审的条件相较于生效判决更为严苛,申请再审的条件为《民事诉讼法》第200条,该条规定:“当事人的申请符合下列情形之一的,人民法院应当再审:

(一)有新的证据,足以推翻原判决、裁定的;

(二)原判决、裁定认定的基本事实缺乏证据证明的;

(三)原判决、裁定认定事实的主要证据是伪造的;

(四)原判决、裁定认定事实的主要证据未经质证的;

(五)对审理案件需要的主要证据,当事人因客观原因不能自行收集,书面申请人民法院调查收集,人民法院未调查收集的;

(六)原判决、裁定适用法律确有错误的;

(七)审判组织的组成不合法或者依法应当回避的审判人员没有回避的;

(八)无诉讼行为能力人未经法定代理人代为诉讼或者应当参加诉讼的当事人,因不能归责于本人或者其诉讼代理人的事由,未参加诉讼的;

(九)违反法律规定,剥夺当事人辩论权利的;

(十)未经传票传唤,缺席判决的;

(十一)原判决、裁定遗漏或者超出诉讼请求的;

(十二)据以作出原判决、裁定的法律文书被撤销或者变更的;

(十三)审判人员审理该案件时有贪污受贿,徇私舞弊,枉法裁判行为的。"

关于调解书申请再审的条件,《民事诉讼法》第201条规定:"当事人对已经发生法律效力的调解书,提出证据证明调解违反自愿原则或者调解协议的内容违反法律的,可以申请再审。经人民法院审查属实的,应当再审。"

4. 和解协议和调解书可以记载的内容不同。和解协议更多属于双方自行达成的协议,本身亦不具有强制执行力,因此,对于和解的内容法庭亦不干预。而调解书则不同,由于调解书本身具有强制执行力,因此,调解书的内容一般需要法院审核,法院审核调解书一般考虑以下几点:其一,调解书的内容一般为明确具体的给付内容,一旦调解生效,即具有可强制执行性;其二,调解书记载的给付内容可以超出诉请范围,但应与本案诉请有关;其三,调解书达成的调解结果不得损害第三方合法权益。基于以上三点,即便双方在达成调解前可能已经签订了和解协议,但和解协议内容未必能全部记入调解书。在此情况下,如果一方需要将未能记入调解书有关事实予以确定,可与法官沟通,将其记入调解笔录。

5. 和解的范围大于调解的范围。只要法律不禁止,双方都可以达成和解,但达成的和解,不一定能由法院进行调解并制作调解书。如以房抵债,原被告可以在诉讼中达成以房抵债的和解协议,但根据《八民纪要》的规定,法院一般不制作调解书,当事人达成以房抵债协议,并要求制作调解书的,人民法院应当严格审查协议是否在平等自愿基础上达成;对存在重大误解或显失公平的,应当予以释明;对利用协议损害其他债权人利益或者规避公共管理政策的,不能制作调解书;对当事人行为构成虚假诉讼的,严格按照《民事诉讼法》第120条和最高人民法院《关于适用〈中华人民共和国民事诉讼法〉的解释》第190条、第191条的规定处理;涉嫌犯罪的,移送刑事侦查机关处理。

三、选择和解还是调解

在实务中,当事人往往面临选择和解还是调解的困惑。笔者认为,选择和解还是调解,应该是结合和解和调解的共同点和区别,针对自身情况而定,不能一概而论,具体建议如下:

1. 如原告系要求被告给付金钱的,建议尽可能采取调解的方式,毕竟起诉要求给付金钱,原因在于被告此前未能按约支付价款,只有采取调解书的方式,才能快速地解决纠纷,被告不按调解书履行时可通过申请法院强制执行的方式维护权益,也避免达成和解后对方不履行和解协议的诉累。

2. 如被告方和解前或和解的同时已经履行完毕支付义务,则采取和解亦无不可,毕竟原告的合法权益已经得到实现,也不存在被告不履行和解协议的可能。

3. 如案件有多个被告,而部分被告不到场,原告与到场的部分被告经协商达成一致的,只能选择和解,然后撤诉;如果要采取调解的方式,原告只能撤回对不参与和解的被告的起诉,然后才能与同意调解的被告签署调解协议并由法院出具调解书。

四、不宜和解与调解的情形——案件处理结果为被告向案外人追偿(索赔)或诉讼的依据

有的案件处理结果(包括认定的事实和判决金额)系作为该案当事人向案外人追偿或起诉的依据,此类案件一般不宜和解和调解,毕竟经生效判决认定的事实当事人无须举证,当事人在取得生效判决后,可以生效判决作为另案起诉或追偿的证据,如此可以免去举证的麻烦和风险。

法律依据:

最高人民法院《关于民事诉讼证据的若干规定》第10条规定:"下列事实,当事人无须举证证明:

(一)自然规律以及定理、定律;

(二)众所周知的事实;

(三)根据法律规定推定的事实;

(四)根据已知的事实和日常生活经验法则推定出的另一事实;

(五)已为仲裁机构的生效裁决所确认的事实;

(六)已为人民法院发生法律效力的裁判所确认的基本事实;

(七)已为有效公证文书所证明的事实。

前款第二项至第五项事实,当事人有相反证据足以反驳的除外;第六项、第七项事实,当事人有相反证据足以推翻的除外。"

案例:

甲系某宾馆,其向乙保险公司投保了公众责任险。丙系住客,其于某日入住该宾馆,在入住期间,所住房间被盗,遂向派出所报案称,其财物被盗,具体损失包括笔记本电脑一台,价值1万元;丢失皮包一个,价值3000元,皮包里面装有现金1万元;结婚戒指一枚,价值2万元。经派出所现场勘查,决定立案侦查。丙认为,甲未能尽到安全保障义务导致其财物被盗,甲应承担全部赔偿责任,丙以甲为被告诉至法院要求其赔偿各项损失总计4.3万元(10,000元+3000元+10,000元+20,000元)。甲此前向乙保险公司投保了公众责任险,保险条款第3条约定:"在保险期间内,被保险人在保险单载明的区域范围内因经营业务发生意外事故,造成第三者的人身伤亡或财产损失,依照中华人民共和国法律(不包括港澳台地区法律)应由被保险人承担的经济赔偿责任,保险人按照本保险合同约定负责赔偿。"基于上述条款,甲认为本案应由乙保险公司赔偿。

律师分析:本案实际上存在两个法律关系,一个是丙与甲之间的合同(或侵权)损害赔偿法律关系,在该法律关系中,丙系受害人,甲系违约或侵权人,保险公司与该损害赔偿法律关系无关;另一个是保险赔偿法律关系,投保人和被保险人为甲,保险人为乙。

就第一个法律关系,即丙以合同(或侵权)起诉要求甲承担赔偿责任,关于责任的承担并无争议。无论是基于合同还是基于侵权,甲应承担相应的赔偿责任。本案双方争议的焦点为赔偿金额如何确定,毕竟丙主张的笔记本电脑、皮包、现金和戒指的损失,丙需承担举证责任,尤其是现金,如何举证,较为困难。对甲而言,其对丙的诉请,可以有两种处理方式:一是和解或调解,二是由法院作出生效判决。

由于甲在乙投保了保险,最终的损失将由保险公司承担。在保险公司未对丙主张的损失进行审核和确认的情况下,如甲与丙和解或调解,一旦其向保险公司索赔,仍必须就条款第3条约定的事项(包括甲应否承担责任和损失金额)举证,结合以上条款,其必须证明:其一,甲依照法律规定应承担赔偿责任;其二,损失的金额。而甲与丙达成的和解和调解显然无法直接证明以上事项,尤其是具体赔偿金额,因为和解或调解确定的金额毕竟是甲与丙之间达成的合意,不等于甲依法应承担责任的金额,也不等于丙实际遭受的损失。如果甲与丙和解或调解,显然不利于此后向保险公司索赔。因此,本案甲最佳的处理方式是等待法院判决,由生效判决来确定甲责任的大小、损失的具体金额,有了生效判决,对于有关事实和损失的具体金额,保险公司只能按照法院判决予以确认。

综上,本案因甲与丙案件处理结果系作为其此后向保险公司索赔的依据,此类案件不宜进行和解或调解。

第二章

和解应注意的问题

一、一个失败和解案例引发的思考

(一)案例简介

A公司与B公司签订《设备买卖合同》,A公司向B公司购买2台变压器设备。合同签订生效后,B公司向A公司交付了2台设备,经检测,2台设备均存在质量问题,A公司拒绝付款。

双方就故障设备的处理无法达成一致意见,B公司向法院提起诉讼,要求A公司支付货款及利息,一审期间A公司未到庭应诉。一审法院判决A公司向B公司支付剩余货款80万元,并按每月2%的利率支付违约金。A公司上诉后,A公司与B公司达成和解协议,内容:(1)B公司在签订和解协议后30日内将不合格的设备取走,并在30日内将新设备送至指定地点;(2)B公司同意赔偿A公司20万元,在剩余未付货款中抵扣;(3)货到A公司指定地点后10日内A公司支付剩余货款60万元;(4)A公司同意出具谅解书,新设备到达指定地点10日内将谅解书交给B公司,由B公司交给质监局,以解决之前设备不合格被A公司投诉的问题;(5)案件受理费的问题:一审受理费各自承担一半,二审上诉费由A公司承担。

双方签订和解书后,A公司撤回上诉。随后B公司申请执行一审判决。

(二)分析——以上和解协议的不足以及正确做法

本案当事人A公司在二审上诉后与B公司进行和解并撤回上诉,导致一审判决生效的后果。在此过程中,A公司存在以下错误。

1. A公司错误1:本案中,当事人没有选择由二审法院调解并出具调解书,而是和解后撤回上诉,导致不利于A公司的一审判决生效,一审原告就此对一审判决申请强制执行。

正确的做法:双方在二审期间应由法院调解出具调解书或者在签订和解协议后,由一审原告撤回起诉。以上两种做法均不会发生撤回上诉后一审判决生效的不利后果。

法律依据:《民事诉讼法解释》第 338 条规定:“在第二审程序中,原审原告申请撤回起诉,经其他当事人同意,且不损害国家利益、社会公共利益、他人合法权益的,人民法院可以准许。准许撤诉的,应当一并裁定撤销一审裁判。原审原告在第二审程序中撤回起诉后重复起诉的,人民法院不予受理。”

2. A 公司错误 2:和解协议的内容没有约定如何处理一审判决支付违约金的问题,即使签订了和解协议,A 公司仍可能被追究违约责任。

正确的做法:应在和解协议中约定:双方同意,B 公司不得以一审判决向 A 公司追索违约金以及相关责任。

3. A 公司错误 3:和解协议中约定以新设备到达指定地点为支付剩余货款的条件,导致的后果是如 B 公司再次提供不合格的设备,A 公司仍必须按时付清剩余款项。

正确的做法:双方应在和解协议约定:货到后经 A 公司、项目业主、A 公司和项目业主共同委托的第三方检测机构检测合格(需符合双方约定的质量标准),在第三方检测机构出具检测合格的报告后 10 日内付清余款。支付款项前,B 公司应开具全额的合法有效的增值税专用发票,否则 A 公司有权相应顺延付款。

(三)以上案例引发的思考

1. 诉讼中进行和解,务必清楚所在的程序,尤其是二审和再审达成和解的,应要求原审原告撤回起诉,而不是要求被告方撤回上诉或申请再审的一方撤回申请,否则将直接导致一审判决生效或恢复原生效判决执行的结果。

2. 和解应彻底解决案件的纠纷,包括对双方争议本金的核算、违约金损失的处理等,必须明确承担的主体和金额,必须约定互不追究责任的条款等,由此才可彻底解决纠纷。

二、和解应注意的问题

(一)和解应彻底解决双方之间的纠纷

诉讼中的和解,应彻底解决双方之间纠纷,避免和解后,因遗留问题未处理而继续引发争议和诉讼,就此应做到以下几点。

1. 对双方之间有关合同的履行、争议进行描述和梳理,在此基础上,厘清双方之间的权利义务、责任。

2. 设置互不追究责任条款。和解协议中,应约定“按照本和解协议履行后,双方互不追究对方在签订、履行、终止×××合同过程中已经发生或可能发生的一切责任损失”。

3. 对于需要支付款项的一方,必须约定,除和解协议约定应付的款项外,无须再行支付其他任何款项和费用,无须承担其他任何责任损失。

4. 对于接收款项的一方,必须约定在收到全部或大部分款项后才撤诉。如需要对方履行其他义务的,履行该等义务亦作为撤诉的条件。

5. 由于和解一般是原告出于尽快解决纠纷尽快取得回款,原告或多或少都做了让步,为了避免此等让步在对方不履行和解协议的情况下被视为放弃追究对方此前违约责任的权利,在操作上应采取以下方式:

(1)签订和解的当天或之前,对方应当履行和解协议内容;

(2)在和解协议中约定,如对方不按照和解协议履行,应按照此前签订协议的约定承担责任或直接约定较重的违约责任,考虑到和解协议系诉讼中双方经审慎考虑后达成的合意,此等合意即使约定较重的违约责任,法院一般也予以支持,最高人民法院颁布的指导案例166号“北京隆昌伟业贸易有限公司诉北京城建重工有限公司合同纠纷案”,裁判要点为:“当事人双方就债务清偿达成和解协议,约定解除财产保全措施及违约责任。一方当事人依约申请人民法院解除了保全措施后,另一方当事人违反诚实信用原则不履行和解协议,并在和解协议违约金诉讼中请求减少违约金的,人民法院不予支持。”

案例:单方民事法律行为在和解中的运用

原告李某购买了某南宁某小区1-1001号房,房屋总价100万元,但开发商要求同时捆绑销售车位,车位价格为30万元,在销售房屋时,车位尚未取得预售证。李某在签订商品房买卖合同时,按照房屋的商品房买卖合同约定付清了购房款100万元,同时应开发商要求预先支付部分购车款7万元,买受人支付7万元是以购房款的名义支付。针对车位,双方未签订车位买卖合同。原告此后拒绝购买车位,并要求开发商退还多支付的7万元款项,开发商则以其拒绝购买车位为由拒绝给其房屋买卖合同网签和备案，双方由此发生纠纷，原告诉至法院，要求退还多支付的7万元房款，并办理房屋的网签，诉讼过程中，虽然双方达成和解，但开发商担心一旦签订和解协议，买受人手上也会持有一份，经协商，最终由买受人以出具承诺和申请书的方式进行和解。

承诺和申请书

南宁市某实业有限公司：

就购买贵公司开发的南宁某项目1－1001号房，该套房的房屋总价款为人民币　　元，交款时间为：　　　　，已经支付的款项金额总计为　　元。现就　　年　　月　　日支付的款项人民币7万元以及房屋网签备案等事宜，提出申请如下：

1. 本人承诺在签署本《承诺和申请书》后，按照本《承诺和申请书》第4条向南宁市青秀区人民法院提出撤诉申请并在本人取得撤诉裁定书后的次日内将裁定书提交给贵公司，在此情况下本人申请由贵公司于　　　年　　月　　日前向本人一次性退还于　　　年　　月　　日缴纳的¥70,000.00元（大写：人民币柒万元整）。其他相关款项和事宜仍继续执行双方签订的《商品房买卖合同》。

2. 在签署本承诺和申请书且取得撤诉裁定书后20个工作日内，贵公司协助本人进行1－1001号房网签和备案。

3. 本人收到上述款项后，本人与南宁市某实业有限公司因该事件引起的争议已得到妥善解决。本人承诺本人及家属不再就此事要求南宁市某实业有限公司承担其他任何责任及费用。本人亦确认和承诺，就以上1－1001号房的购买、签约、备案、网签、预告登记以及与该合同履行相关责任、损失、费用（包括但不限于诉讼费、律师费、差旅费以及其他费用），本人亦放弃向贵公司提出任何主张的权利。

4. 本人承诺，就已经起诉至南宁市青秀区人民法院的案件【案号：________】，本人于2020年【】月【】日前向该院提出撤诉申请并取得回执和裁定书，逾期提交并取得回执和裁定书的，贵公司支付款项时间顺延。本人自行承担该案相关的诉讼费、律师费以及其他费用，不向贵公司主张。

5. 本人承诺对本承诺和申请书内容负有保密义务，不得向本人以外任何人透露或提供文件(包括复印件等),否则南宁市某实业有限公司有权要求本人退还以上7万元并有权解除《商品房买卖合同》,如有本人之外的其他人就该事件再行提出主张的,一概由本人负责解决。以上承诺和确认书经本人签字即不可撤销有效。

承诺人:

身份证号:

日期:　　年　　月　　日

律师点评:以上和解,就总体而言对原告不利,毕竟原告需要先撤诉才能取得退款,当然此案最终开发商如约履行其退款义务。对开发商而言,此承诺和申请书设定了兜底条款,可以有效彻底解决双方之间的纠纷,任何和解协议,对于支付价款的一方,都应约定兜底条款。

本次和解,采取的是由买受人单方承诺和提出申请的方式进行处理,单方承诺,本质上属于单方民事法律行为,《民法典》第134条规定:“民事法律行为可以基于双方或者多方的意思表示一致成立,也可以基于单方的意思表示成立。法人、非法人组织依照法律或者章程规定的议事方式和表决程序作出决议的,该决议行为成立。”根据以上规定,单方民事法律行为对作出意思表示的当事人具有法律约束力。由单方作出承诺(或申请、声明等),在实务中有着广泛的应用:在很多情况下,一方当事人想与对方达成某种一致,但不愿采取签订合同的方式,毕竟合同是双方持有,而其中一方当事人不希望对方以及其他第三方持有涉及合同内容的任何文书;且合同中记载的内容,当事人亦不愿为外界知悉等,在此情况下,采取由一方单方承诺或申请的方式可以有效解决这些问题。

(二)和解应注意所在的程序以及相应后果

和解可以发生在诉讼的任何阶段,包括一审、二审、再审、执行阶段都可以和解。每个阶段的和解对应的法律意义不同。

一审阶段和解,和解协议履行完毕,原告撤回对被告的起诉;二审阶段和解,在二审判决前,原一审原告也是撤回对被告的起诉。

再审阶段,和解达成后,申请人可撤回申请或由一审原告撤诉,如申请人撤回申请的,则由法院裁定终结再审,原二审判决生效且恢复原执行程序;如一审原告撤回起诉的,需经其他当事人同意,且不损害国家利益、社会公共利益、他人合法权益的,人民法院可以准许。法院裁定准许撤诉的,应当一并撤销原判决。

相关法律依据:

《民事诉讼法解释》第406条规定:"再审审理期间,有下列情形之一的,可以裁定终结再审程序:

(一)再审申请人在再审期间撤回再审请求,人民法院准许的;

(二)再审申请人经传票传唤,无正当理由拒不到庭的,或者未经法庭许可中途退庭,按撤回再审请求处理的;

(三)人民检察院撤回抗诉的;

(四)有本解释第四百零二条第一项至第四项规定情形的。

因人民检察院提出抗诉裁定再审的案件,申请抗诉的当事人有前款规定的情形,且不损害国家利益、社会公共利益或者他人合法权益的,人民法院应当裁定终结再审程序。

再审程序终结后,人民法院裁定中止执行的原生效判决自动恢复执行。"

第410条规定:"一审原告在再审审理程序中申请撤回起诉,经其他当事人同意,且不损害国家利益、社会公共利益、他人合法权益的,人民法院可以准许。裁定准许撤诉的,应当一并撤销原判决。

一审原告在再审审理程序中撤回起诉后重复起诉的,人民法院不予受理。"

执行和解,是指在执行中,双方当事人自行和解达成协议的,执行员应当将协议内容记入笔录,由双方当事人签名或者盖章。一方当事人不履行和解协议,人民法院可以根据对方当事人的申请,恢复对原生效法律文书的执行。和解的内容,可以是一方自愿放弃一部分或全部权利,也可以是一方满足另一方的要求,还可以是双方都作一些让步。人民法院执行员应当将协议内容记入笔录,由双方签名或盖章。

(三)和解协议常用的兜底条款模式

●模式1:

双方同意,在乙方按照本协议约定履行后,甲方不得就《×××合同》签订、履行、终止过程中已经产生或可能产生的一切责任损失等提出主张。

●模式2:

甲方除需根据本协议第【 】条支付款项外,甲方无须再行支付任何款项和费用,乙方亦不得向甲方以任何理由、任何方式提出任何主张。

●模式3:

甲方、乙方按照本协议履行后,双方互不追究对方在签订、履行、终止《×××合同》所产生或可能产生的一切责任损失。

●模式4:

乙方按照本协议约定履行完毕【】义务后【】日内,甲方向【】法院提出撤诉的申请并取得同意撤诉的裁定书。

●模式5:

乙方未按本和解协议第【】条约定履行的,应向甲方支付违约金,违约金自【】年【】月【】日计算,按【】金额每日【】计算(注:这里的违约责任最好是从乙方最早的违约行为发生之日计算,且违约金比例不少于签订和解协议前约定的比例)。

以上模式亦可用于调解协议。

第三章

办理调解应注意的问题

一、调解书应当载明不按调解书履行的责任和后果，避免因调解作出的让步和妥协，在对方不履行调解书的情况下丧失追索责任的权利

调解之所以达成，一般情况下一方或双方或多或少都要作出让步，而调解书一经送达即具有法律强制性执行力，如果不在调解书约定未按调解书履行的责任，势必造成一方只能按照调解书确定的给付内容申请执行，如此极不利于因调解作出妥协和让步的一方。

例如，甲方系供货商，向乙方供货，经双方核定，累计供货金额为 100 万元，按照双方约定，乙方应在 2020 年 12 月 31 日前付清全部货款，但截至 2021 年 5 月 1 日，乙方并未支付，按照合同约定，乙方逾期支付货款的，按每日万分之五支付违约金。由于乙方逾期支付货款，甲方将乙方诉至法院，要求支付货款 100 万元，违约金 100 万元 ×5/10,000 ×120 天（从 2021 年 1 月 1 日计算至 5 月 1 日，共 120 天）= 6 万元。

诉讼过程中，经法官组织调解，双方达成调解协议，主要内容：乙方在签订调解协议后的 10 日内一次性付清全部货款，甲方放弃追究违约金，以下为两个不同版本的调解协议。

调解协议 1：

(1)乙方在调解书生效之日起 10 日内一次性付清全部货款 100 万元；(2)甲方放弃向乙方追究违约金的权利；(3)本案诉讼费由乙方承担。

调解协议 2：

(1)乙方在调解书生效之日起 10 日内一次性付清全部货款 100 万元；(2)在乙方按照本调解协议第 1 条履行付款义务的，甲方放弃向乙方追究违约金的权利；

(3)乙方未按照本调解第1条履行付款义务的,除应支付100万元货款外,还应支付违约金,违约金自2021年1月1日起,按应付未付货款每日万分之五支付至付清全部货款本金和违约金时止;(4)本案诉讼费由乙方承担。

律师意见:以上两份调解协议,调解协议1仅仅约定甲方放弃追究乙方违约金的权利,未约定乙方逾期履行调解书的后果和责任,一旦乙方未按照调解书履行,甲方只能申请强制执行货款本金和《民事诉讼法》规定的滞纳金;而乙方则利用调解,彻底免除了违约金,尽管这不符合甲方放弃违约金的本意。因此,调解协议1对甲方而言,既没有达到调解目的,反而使乙方利用调解免责,该协议对甲方不利。

调解协议2则明确约定了乙方不按照调解书履行的责任和后果,在乙方未按照调解书履行的情况下,甲方仍保有向乙方追索违约金的权利,且该责任自乙方违约时开始计算,调解协议2完全符合甲方调解的本意,也不会导致调解协议1的不利后果。

法律依据:最高人民法院《关于人民法院民事调解工作若干问题的规定》第8条规定:"人民法院对于调解协议约定一方不履行协议应当承担民事责任的,应予准许。调解协议约定一方不履行协议,另一方可以请求人民法院对案件作出裁判的条款,人民法院不予准许。"

二、调解书不便记入或法院经审查不允许记入调解书的内容,可以记入调解笔录

有些事实与案件有关,由于未经双方质证,也未经法庭核实,法官在审核的时候不一定允许记入调解书,在此情况下,可以将有关事实记入调解笔录,一旦发生纠纷,就有关事实的认定,可以直接援引调解笔录的内容作为证据。

案例:湖北某集团第三建筑工程有限公司诉被告一广西某制药有限公司和被告二广东某医药集团有限公司建设工程施工合同纠纷案

原告诉请:

1. 请求判令被告一向原告支付工程款本金9,462,694.32元。

2. 请求判令被告一向原告支付逾期支付工程进度款的违约金2,248,705

元(暂计算至2020年5月31日,此后顺延支付至付清欠款本金和违约金时止)。

3. 请求判令被告一向原告支付逾期支付结算款的违约金5,176,094元(从2019年1月1日起暂计算至2020年7月1日,此后顺延支付至付清欠款本金和违约金时止)。

4. 请求判令被告一支付延误工期导致增加费用及合理利润1,547,514.47元;以上1~4项合计人民币18,435,007.79元。

5. 请求判令被告一支付律师费10万元。

6. 被告二对以上1~5项请求承担连带责任。

7. 请求判令被告一、被告二连带承担本案全部诉讼费用(含受理费、评估鉴定费、律师费、保全费)。

事实与理由:2015年10月20日,被告一与原告签订了《建设工程施工合同》(以下简称《合同》),将位于广西东盟经济开发区的被告一GMP技改扩建项目发包给原告施工,《合同》约定的工程承包内容包括被告一GMP技改扩建项目:液体制剂车间、生产车间、检验楼、公共厕所、门卫与围墙、项目总平(道路与总平面图外网安装部分)。承包范围包括发包人提供的设计图中双方已明确的土建及安装工程,其中检验楼主体、装饰工程和液体制剂车间净化暖通工程甲方可以另行发包。

双方还就工期、合同价款及调整、工程款支付以及违约责任等相关事宜作了约定。

上述《合同》签订后,原告于2015年11月19日开始施工,于2018年8月2日完成《合同》约定工程内容,并于2018年8月4日将工程移交给被告一。

2018年10月24日,原告向被告一提交《GMP技改扩建项目工程竣工结算书》(以下简称《竣工结算书》)。根据《合同》约定,被告一应当从接到竣工结算报告和完整的竣工结算资料之日起60天内进行审定,未在约定期限内审定的视为其同意竣工结算报告及结算资料,并以此作为最终结算的依据。至今,被告一仍未能完成竣工结算审核,因此,被告一应当以原告提交的《竣工结算书》为结算依据,依约向原告支付工程款及利息。另外,施工期间,因被告一原因未能按时支付工程进度款导致工期延误,被告一应承担由此延误的工期、增加的费用及合理利润,以及被告一因上述违约行为应承担的违约金。

原告认为:

一、关于支付工程款

原告在按约履行完毕工程施工合同内容并将工程移交给被告一后,于2018年10月24日向被告一提交《GMP技改扩建项目工程竣工结算书》(以下简称《竣工结算书》)。根据《合同》第三部分《专用合同条款》第14.2款的约定,被告一应当从接到竣工结算报告和完整的竣工结算资料之日起60天内进行审定,未在约定期限内审定的视为其同意竣工结算报告及结算资料,并以此作为最终结算的依据。但至今,被告一仍未能按照上述约定完成竣工结算审核,因此,被告一应当以原告提交的《竣工结算书》为结算依据。原告提交的《竣工结算书》载明竣工结算总价为人民币贰仟柒佰零陆万叁仟贰佰贰拾叁元贰角伍分(¥27,063,223.25元)。根据《合同》第三部分《专用合同条款》第12.4.1条约定"工程竣工结算总价经第三方审计并经双方确认之日起五日内,发包人扣除竣工结算总价4%工程质量保修金,其余价款一次性支付给承包方",因此,被告一最迟应当于2018年12月31日前向原告支付完毕工程款25,980,694.32元(27,063,223.25元-27,063,223.25元×4%)。此前原告收到案涉工程款项共计16,518,000元,因此,被告一应当依约向原告支付尚欠的工程款本金9,462,694.32元。

二、关于逾期付款的责任

1.进度款逾期付款的责任

在工程开工后,原告按约履行了施工义务,但被告一未按约定付款节点予以支付,被告应根据双方签订《合同》第12.4.4条约定,按日息千分之一支付违约金,经计算,截至2020年5月31日,被告应支付的进度款违约金合计2,248,705元。

2.结算款逾期支付责任

原告于2018年10月24日向被告一提交《竣工结算书》,被告一未进行审定,根据《合同》应当以原告所报的竣工结算书记载的结算金额作为结算依据,即结算金额为27,063,223.25元,扣除质保金和此前被告一已经支付的工程款,被告尚欠原告欠付9,462,694.32元工程款。因被告一未按约支付该款,因此,被告一应承担违约责任,具体参照以上《合同》第12.4.4条,具体计算方式：以9,462,694.32元为基数，按每日千分之一计算，从2019年1月1日起暂计至2020年7月1日止（共547天），逾期付款利息共计9,462,694.32元×0.1%×547天=5,176,094元。

三、关于增加的费用与合理利润

根据《合同》第7.5.1条，由于发包人未能按合同约定日期支付工程进度款或竣工结算款导致工期延误和费用增加的，由发包人承担由此延误的工期和增加的费用，且发包人应支付承包人合理的利润。经原告核算（暂计至2020年5月31日），因被告一逾期支付工程进度款以及未按约定完成竣工结算审核导致增加的费用及合理利润及税费，共计1,547,514.47元。

以上第1~3条金额合计：9,462,694.32元+2,248,705元+5,176,094元+1,547,514.47元=18,435,007.79元。

四、关于诉讼费和律师费等

被告一上述行为构成违约，被告一应向原告支付律师费共计10万元，并承担本案全部诉讼费用包含受理费、评估鉴定费、律师费、保全费等费用。

五、关于被告二的责任

经查，被告二系被告一的全资法人股东，根据《公司法》第63条规定，被告二应对被告一的责任承担连带责任。

案件调解：

经原告与被告一、被告二协商，三方同意调解，在调解前，三方事先就协议内容进行协商并达成一致意见（但未签字），内容如下：

和解协议

甲方：广西某制药有限公司

乙方：湖北某集团第三建筑工程有限公司

丙方：广东某医药集团有限公司

鉴于：

2015年10月20日，甲方与乙方签订《建设工程施工合同》（以下简称《施工合同》），将位于广西东盟经济开发区的广西某制药有限公司GMP技改扩建项目发包由乙方承包施工。项目于2015年11月19日开工，开工后，乙方根据双方签订的《施工合同》以及补充协议、会议纪要等应施工项目，于2018年8月2日全部完工,并于2018年8月4日移交给甲方使用。

乙方竣工决算资料于2018年10月24日交给甲方,甲方未在约定时间内完成审定并回复乙方。

丙方系甲方的全资法人股东。

经甲、乙、丙三方真诚协商,达成以下和解条款:

一、工程审计最终结算总价。

大写:人民币贰仟贰佰捌拾万元整(小写¥22,800,000.00)。

其中包含:检验楼土建造价5,362,098.74元、安装造价404,788.7元;液体制剂车间5,626,245.32元、安装造价581,986.69元;生产车间土建造价7,068,200.02元、安装造价183,495.11元;门卫室土建造价111,604.42元、安装造价84,529.42元;总平图道路铺装部分造价1,024,129.25元、安装造价434,270.93元;签证总造价136,453.13元;检验试验费200,000元;停工补偿1,491,303.96元;以上各项全部合计22,800,000.76元。

二、工程款的支付。

甲乙双方同意项目最终决算总价2280万元,甲方此前已支付1701.8万元,剩余578.2万元未支付(因保修期已过,不再扣除保修金)。

1.在双方签署协议后3日内甲方支付200万元。

2.2020年11月1日前甲方支付100万元。

3.2021年2月1日前甲方支付128.2万元。

4.2021年5月1日前支付全部尾款150万元。

三、甲方应按约定将上述款项汇入乙方以下账户:

户名:【】;开户行:【】账号:【】

如甲方逾期付款,甲方除应支付逾期未付款项外,还应支付逾期未付款项的利息,该利息按照年利率15%计算,任何一笔付款逾期,均按照前述利率相应计付利息。

四、甲方按照本协议约定全部履行的乙方同意放弃以下权利:

(1)根据2018年10月24日乙方的竣工决算书向甲方主张权利;

(2)根据合同条款第12.4.4条约定向甲方主张延期支付工程款违约金;

(3)按照合同条款第7.5.1条约定向甲方主张拖延支付工程进度款造成工程

延期导致增加的费用与合理利润;

(4)向甲方主张一审受理费、律师代理费、保险费、保全费。

甲方不按照本协议履行的,乙方有权根据上述《施工合同》、补充协议等向甲方主张前述1~4项权利以及根据合同约定乙方享有的权利。

五、丙方对本协议甲方的义务责任承担连带责任。

六、甲方放弃向乙方主张《施工合同》签订履行过程中相关责任损失的权利。

七、本协议经各方签字或者盖章后生效。本协议一式四份,甲、乙、丙各一份,由乙方提交法院一份。

(以下无正文)

调解过程中,三方同意以上述内容作为调解协议的内容并由法院出具调解书,但法官在审核的时候,不同意将和解协议第一部分内容写入调解书,法院坚持调解书只记载原告诉请和具有给付内容的结果,其他有关事实毕竟未经审核,不宜记入调解书。而和解协议第一段内容涉及的事实极为关键,包括工程完工时间、原告将工程移交给被告一和被告一使用工程的时间、原告将结算资料提交给被告一以及被告一未在约定时间内进行审核的事实,这些对于原告主张支付竣工结算款有着重要意义,也是原告有权主张工程结算款的依据,原告坚持必须记入调解书,最后经协商并经法院同意,记入调解笔录。